陈园园 著

浙江地方文化研究

A STUDY OF ZHEJIANG LOCAL CULTURE

浙江大学出版社
ZHEJIANG UNIVERSITY PRESS

前　言

　　浙江山水秀美，历史悠久，人文荟萃。千百年来，浙江特有的地理环境、生产生活方式、历史上的多次人口迁徙和文化交融，造就了浙江人民兼有农耕文明和海洋文明的文化特质，锤炼了浙江人民兼容并蓄、励志图强的生活气度，砥砺了浙江人民厚德崇文、创业创新的精神品格。远在数万年前，浙江大地就已经出现了"建德人"的足迹。跨湖桥、河姆渡、马家浜、良渚文化，更是进一步呈现出文明的曙光。夏、商、周三代以降，由于生产力水平、人口数量以及政治、文化各方面的因素，浙江地区的开发虽然总体上相对落后于北方黄河流域，但浙江文明的发展仍处于不断的累积过程中。从魏晋南北朝开始，随着北方移民的南迁，先进的学术文化和技术文明催动了浙江地区的快速发展。尤其是南宋定都杭州以后，风云际会，政治调整、经济更新、文化重建等各种要素的整合，将两浙地区的社会整体发展提升到了全国的最高水平，并在这个基础上造就了各领域的人才精英群体。到了明、清两朝，以及民国时期，浙江已经成了全国无可争议的财赋命脉和文化重镇。

　　在浙江人民创造自己灿烂文明史的背后，始终支撑着、推进着和引领着他们的力量，正是浙江人民特色鲜明的人文精神。在漫长的历史实践过程中，浙江人民的人文精神得以凝练成了以人为本、注重民生的观念，求真务实、主体自觉的理性，兼容并蓄、创业创新的胸襟，人我共生、天人合一的情怀，讲义守信、义利并举的品行，刚健正直、坚贞不屈的气节和卧薪尝胆、发愤图强的志向。源远流长的浙江人文精神，始终流淌在浙江人民的血脉里，构成了代代相传的文化基因，它们"一遇雨露就发芽，一有阳光就灿烂"。建设中国特色社会主义伟大实践的阳光雨露，全面激活了浙江人的这种"文化基因"。在浙江的改革开放和现代化建设中，"自强不息、坚韧不拔、勇于创新、讲求实效"的浙江精神极大地促进了经济快速发展，成为能动的经济创造力；极大地促进了社会全面进步，成为巨大的社会凝聚力；极大地促进了文化大省建设，成为核心的文化竞争力。党的十八大以来，中共浙江省委、省政府紧密结合浙江实际，坚持用浙江历史教育人民，用浙江文化熏陶人民，用浙江经验鼓舞人民，用浙江精神激励人民，大力弘扬和培育"求真务实、诚信和谐、开放图强"的浙江精神，逐步形成了新的共同的精神认同和文化认同，从而进一步激发了浙江人民敢为人先、创新创业的智慧和勇气，陶冶了浙江人民特别能吃苦、特别能忍耐、特别能创业、特别能发现商机、特别能化解危机、特别能适应市场经济的优秀品行。

区域发展经验和世界历史进程均已表明，文化不仅是一种意愿、一种动力，更是一种资源、一种实力。文化的发展，既来源于历史的传承，也有赖于现实的展现，更需要未来的引领。习近平总书记赋予浙江省"努力成为新时代全面展示中国特色社会主义制度优越性的重要窗口"的新定位、新使命，不仅为文化建设提供了雄厚的物质基础，而且还进一步凸显了文化建设的地位，指明了文化建设的方向，也对文化建设提出了新的更高的要求。面对新的机遇和挑战，深入研究浙江地方文化，挖掘地方文化的当代价值，扎实有效地推进浙江文化建设，使全省的文化建设与经济社会发展相协调，与浙江的历史文化地位相适应，不断满足人民群众日益增长的精神文化需求。

目 录
CONTENTS

第一章

浙江地方文化概述

中国是一个地域广阔、历史悠久的文明古国。在漫长的历史进程中，各个民族、各个地区的文化在发展中既趋于同一的方向，又不断体现出自身的特点，从而丰富和推进着整个中华民族的文化发展。一部中华文化史，实际上就是一部地方文化的共同发展史。正因为如此，地方文化的研究也就显得十分重要，它构成整个中华文化研究的基础。研究浙江地方文化发展历程也是发展浙江地方文化的需要，它不仅能够帮助人们认识和了解浙江地区的文化发展历史，也有助于总结浙江地区文化发展的历史经验和教训，发掘整理和继承地方优秀历史文化遗产，为浙江地区的现代化文化建设提供有益的借鉴。

第一节　浙江地方文化环境与沿革

无论是古代还是现代，自然环境都是制约文化发展的最重要的因素之一。对一个以农业为发展基础的古代社会来说，自然环境的影响可以说是决定性的。自然条件不适合发展农耕的地区，当地的农业文化必然是脆弱的；适合游牧业的地区，其文化类型必然与农耕地区有差别。因而，自然环境深刻影响着文化及其发展方向。自然环境除直接影响各地文化外，还通过影响各地的交通状况、经济类型等来进一步影响当地区域文化发展的总体格局。

一、浙江地方文化环境

（一）地貌

自然环境主要包括地貌和气候。在浙江，各区域间气候条件差异不大，影响区域文化差异的自然环境主要是地貌，而地貌可分为平原、丘陵、盆地、山脉、湖泊、河流等。浙江的地貌，可分为两大部分：一是杭嘉湖平原、宁绍平原。这一区域以平原为主，仅在周边地区有一些丘陵、低山。地势平坦，河网密布，湖泊众多。二是会稽山脉、四明山脉、天目山脉以南地区。这一区域地貌以山地为主，盆地众多，平原面积不大，仅分布于沿海的河口附近；山间盆地、沿海平原是当地人口最稠密的地区，也是当地经济、文化发展的主要基地。

杭嘉湖平原、宁绍平原众多的河流及平坦的地貌为典型的水乡文化产生与发展提供了良好的土壤。平原地区河流水速平缓，无险滩，水源充足，对发展航运业来说，这是最有利的条件。当地人的生活与水息息相关，船是最重要的交通工具，在20世纪下半期铁路、公路大规模建设之前，船运一直占有绝对优势地位。就民间信仰而言，这一区域特别盛行航运保护神信仰。平坦的地形、稠密的河网便利了区域内部人员、货物的来往，而交往的频繁，加强了文化交流。

浙江南部山地众多，在公路普及之前，大山对当地生产生活产生了重要的影响，狩猎、采木、烧炭等行业成了当地人的主要谋生方式，反映在他们的信仰方面，是对山神、山鬼崇拜的盛行。

相比较而言，大江、大河对两岸文化的分隔作用远远小于山脉的影响。虽然钱塘江使得两岸的交通有所不便，但通过船舶，两地的货物、人员还是可以自由来往。从方言来说，太湖片的临绍小片即跨越钱塘江两岸，钱塘江西侧的杭州府临安、富阳、新城，严州府的桐庐、分水等县方言同钱塘江东侧的绍兴府辖县方言同归一类。就县级行政区的管辖范围而言，杭州府辖富阳、新城，严州府辖建德、桐庐都跨越钱塘江两岸，两侧的方言、风俗似无多大的区别。而宁波、绍兴两府南部的会稽山脉、天台山脉、四明山脉却使得宁波、绍兴两府与南部诸府交通甚为不便，因而宁、绍两府的方言和民间信仰等与南部诸府差异甚大。不仅如此，南部诸府之间，多有高大的山脉相隔，彼此间来往并不方便，这也就使得南部诸府的方言情况更为复杂。相对于南部诸府而言，北部的杭嘉湖宁绍五府文化差异较小，没有山脉阻隔是其重要原因。

（二）气候条件

气候主要包括降水与气温，对于浙江的农耕制度而言，两者在浙江境内的差异并不十分明显，在影响浙江各区域文化差异的自然因素中，可以说并不起关键作用。但对于浙江区域文化的共性而言，气候条件又显得极为重要。浙江全境属亚热带季风性湿润气候，光、热、水资源较为丰富，春、夏季雨热同步，有利于喜温、喜湿农作物的生长，秋、冬季光温互补，有助于秋熟作物和越冬作物的生长。优越的气候条件为浙江农耕文化的发展提供了良好的基础。远在新石器时代，浙江发展农业的优势就极为明显，是水稻种植业最为发达的地区之一。唐代以前，虽然北方农耕文化总体上较为先进，但浙江潜在的发展前途是非常明显的。近代以来，浙江能渐次发展成为全国经济、文化发达的地区之一，与良好的气候条件有着不可分割的关系。

虽然浙江降水较丰富，但降水的年内、年际变化都比较大。每年五六月份梅雨季节，降水持续且雨量较大，容易造成洪灾与涝灾。每年七八月份，在副热带高气压带的作用下，降水量明显偏少，温度偏高，降水量远远低于蒸发量，经常会造成严重的干旱（伏旱）。从文献记载来看，浙江各地的水、旱灾害还是比较频繁的。水、旱灾害的频繁及其严重程度，对浙江民间信仰产生了重大影响，问神求雨是浙江民间信仰中最重要、最普遍的活动之一，龙神崇拜是浙江全省各地都很普遍的现象，龙王庙是浙江数量最多的庙宇之一。除了龙王之外，其他神灵也多充当求雨活动时的神灵，特别是内地的丘陵地区，如金衢盆地，干旱最易发生，其求雨活动规模盛大，造成传说有降雨灵异的神灵信仰特别隆盛，如胡则神、周雄神等。

（三）潮水现象

在浙江的钱塘江口及东南沿海一带，由于受潮汐作用，每天都有两次潮水。每年农历八月十八前后，是钱塘江口的天文大潮期，其时钱塘江潮水之壮观天下独有，极具观赏价值，因而钱塘江两岸岁时习俗中形成了八月十八的"观潮节"。与此同时，历史上潮水却经常对钱塘江沿岸及沿海人民的生命、财产造成严重的危害。在钱塘江北岸，历史上潮溢现象最为严重，"沧海桑田"之变最为明显。北宋时，海宁县城盐官镇距离钱塘江尚有几十里地，而清代时，钱塘江已濒临城下。每次潮侵都对钱塘江两岸人民造成巨大的生命、财产损失，因而钱塘江两岸在历史早期便对潮水十分敬畏，远在东汉以前就产生了潮神崇拜现象。从历史记载来看，在台、温两府的沿海地区，海溢现象也曾达到非常严重的程度。如《宋史·五行志》载乾道二年（1166）"八月丁亥，温州大风，海溢，漂民庐"，又如永乐二十二年（1424）七月"黄岩潮溢，溺死八百人"[①]，因而台、温两府也有潮神崇拜现象。只是这两地的潮神与钱塘江两岸所祭拜的潮神有所不同。

综上所述，从历史早期来看，区域文化与自然区域的关系是非常密切的。早在新石器时代，浙江的区域文化就已出现了一定的区域差异。新石器时代浙江文化区可划分为杭嘉湖文化区、宁绍文化区、金衢文化区、浙南文化区。杭嘉湖地区一脉相承的文化类型是罗家角类型—马家浜文化—崧泽文化—良渚文化；宁绍地区的文化类型以河姆渡遗址为代表，它分为一期、二期、三期、四期，其发展脉络十分清楚，与杭嘉湖地区的新石器时代文化有一定的区域差异；金衢盆地的新石器时代又呈现出另一种类型，这一区域以山丘盆地为主，由于水土易于流失等原因，完整的新石器时代遗址发现较少，但仍有大量新石器时代遗物发现，其中以石器为主，时代虽与良渚文化相当，但从遗物上判断，其文化似与良渚文化不属一个系列，而与皖南一带的新石器文化类型更为相似，

---

① ［清］陆人骥编.中国历代灾害性海潮史料[C].北京：海洋出版社，1984：91.

因而这一区域的新石器时代文化似与皖南同属一个类型。而台温处（今丽水）地区所发现的新石器时代遗址与金衢盆地、宁绍平原、杭嘉湖平原都不相同，这一地区出土的石器多为小型石箭头，陶片上有黑色彩绘，内涵与福建昙石山文化类型很接近。也就是说，新石器时代浙江区域文化的类型差异实际上与自然区域有着相对应的关系。进入文明时代以后，浙江区域文化仍是在原来有差异的基础上发展的。春秋时，杭嘉湖平原主体部分是吴国的基本组成部分，而越国则是以宁绍平原为基地的。西汉时的东瓯国又是以台温处为其立国基础（主要是瓯江流域）。秦代时期，乌伤（今义乌）、大末（今龙游）两县则是以金衢盆地为依托的。发展到宋元明清时期，浙江这四个区域的文化差异似仍存在。

（四）地理区位

浙江位于东南沿海，处于全国海岸线的中段。在沿海航运及海外贸易不甚发达的古代，浙江与部分内地省份相比，经济、文化的发展优势并不明显。特别是南部各府，山区占有较大比重，经济、文化水平偏低，属边鄙之地。但进入近世以后，沿海航运及海外贸易兴起，浙江的交通地位就变得重要起来，是南下闽广及东南亚的必经之途，也是通往日本、朝鲜的主要通道，这样的地理区位就为浙江在全国经济、文化先进地位的确立铺设了良好的基础。

浙江东南地连福建，西南毗邻安徽、江西，北与苏南合为一体。这样的地理区位对浙江区域文化特色产生了较大的影响。在岁时习俗方面，浙江南部各府对元宵灯节的重视似与福建、江西有较多的共性，如板龙灯在浙江南部诸府中都十分盛行，而北部各府却极少有这种习俗。在民间信仰方面，与福建相邻的温州府、处州府与福建相邻各府一样，马仙姑、陈十四夫人信仰都很普及。处州府有较多的万寿宫，这一现象似与处州府各县毗邻江西，其地手工业者、商人多与江西密切往来相关。与徽州相邻的淳安、遂安、建德等地分布有地方神贺齐、汪华的崇拜现象，而浙江其他地区却很罕见，显然这也是受邻省影响所致。

京杭大运河的开辟对浙江经济、文化起到巨大的促进作用。隋炀帝于大业年间（605—618）开凿了以洛阳为中心，北起涿郡（北京）、南到余杭（杭州）的大运河。这一交通大动脉自大运河开通至清季，一直是南北交通的最主要通道之一，是广大北方地区及长江下游地区通往岭南乃至海外的必经之路，也是福建、广东以及海外商人北上中原的最顺达的通路。这一通道的打开，使得沿钱塘江、大运河两岸的经济发展速度加快。如嘉兴位于江南运河中段，自五代吴越设立秀州后，其地经济、人口的增长势头都比较迅猛，南宋庆元元年（1195）即升为府，其经济、文化的地位迅速超过了三国吴时已设郡的湖州府（吴兴郡）。同时，这一通道的打开，大大便利了浙江各地同北方各省的交往。自唐后期开始，中央财政在很大程度上就依赖于东南地区。运河的开通，使得浙江与京师之间的联系大大加强，浙江在全国的地位也迅速上升。同时，每当北方发生战乱时，就有大批人口沿运河南下。他们的到来，又为浙江的发展提供了开发区域经济、发展当地文化的动力。南宋定都临安，就与临安位于大运河起点有很大关系。可以说，如果没有京杭大运河的开凿，就没有近世以来浙江在全国的经济、文化的先进地位。

（五）内河航运

除南部部分山区外，浙江绝大多数地区古代交通以内河航运为主。早在春秋时，吴、越两国的人民就以船为主要交通工具，相互间进行贸易、战争等。杭嘉湖、宁绍平原河网密集，水流缓慢，水深无险，非常适合水上航行。迄今为止，这一区域仍是全国内河航运最为发达的地区。便利的水上交通促进了本区域的商业发展，而商业的发展又带动了本区的经济发展，并为文化的繁荣提供了丰厚的物质基础。明清时期，江南商品经济发达，产生了一些大小适中，从事专业生产、贸易的市镇。联系这些市镇之间的通道便是稠密的水上运输网络。除了一般河流地区常有的白天舟船航班外，在这一地区的各城市之间，还分布有快捷便利的夜航船，它们使得这一区域间的人员来往非常方便。明清时期江南进士数量独步全国，其原因众多，而发达的水上交通则为本地学子的求学、访师问友、应试提供了便利。同时，发达的水上航运使得这一区域内部人员来往较频繁，促使这一地区的文化存在较多的共性。在内河航运发达的太湖平原（含杭嘉湖平原及今苏南地区）、宁绍平原之间，其方言基本上是相通的。

它们共同组成通话程度最高的太湖片。由于水上航行对平原水乡的人来说非常重要，因而这一地区的水神种类较多，而且与江淮一带有共通之处，如金龙四大王、金总管信仰的地理分布就是与水运密切相关的。

近代以来，除了杭嘉湖平原、宁绍平原之外，钱塘江干流及其支流的航运也是浙江内河航运的重要组成部分之一。古代金、衢、严三府之间虽也有陆路交通，但三地之间的人员、货物往来主要还是靠水上航运的。三地之间文化共性的产生，似与钱塘江干流及支流所提供的水上航运有较大的关系。近世以来，金衢两地通往杭州都要经过严州，因而严州的外地人中，金、衢人占了较大的比重，他们把家乡的胡公大帝（胡则）信仰传到了严州。同时，婺剧在严州建德、寿昌的流行也与水上交通的便利有较大关系。另外，严州的九姓渔民也是沿钱塘江及其支流而分布的，他们构成了钱塘江水运文化史上的一道独特风景线。台、温两府的沿海平原内河航运也较发达。但它们的腹地都很小，仅在同府范围的平原之间来往较多。尽管如此，这样的来往也促使了区域内部的文化共性较多，如生活在温州府的永嘉、乐清、瑞安、平阳的平原及附近丘陵的人语言互通程度较高（外地人俗称他们所讲的方言为"温州话"），都有航运保护神"惠民王"信仰的分布。

（六）海运与对外贸易

浙江宁波以南的沿海区域多岩质海岸，海岸线曲折，因而优良港口多。这一区域经济、文化的繁荣与否似与港口的兴废息息相关。从历史发展来看，该区域的交通即依赖于沿海航运。台、温两府虽有崇山峻岭与内陆各府相隔，陆路交通颇为不便，但沿海多有优良港口。汉代时中央政权在台、温最早设置的回浦（今章安）和永宁（今永嘉）两县都是港口所在地，说明北方移民是沿着海岸航行而来的。从有关记载来看，秦汉时期，北方人往福建、交趾（今越南北半部）多取道于海道，而宁波、台州、温州都是必经之地。浙江南部沿海港口除了滨海外，还有河流同陆地内部相联系，因而也形成了一定的腹地。如处州府属各县基本上是温州港的腹地，来自处州的瓷器通过瓯江航道运抵温州，再由温州出海，贩运至东南沿海各地及日本、东南亚诸国。当海外及沿海贸易盛行之时，往往也是此一区域在浙江的地位上升之时，如南宋以来海外贸易大盛，此后宁波、台州、温州人才辈出，成为学术繁荣之地。其中温州之繁荣尤为明显，南宋时期，朝廷在温州设有市舶务，管理对外贸易事务。当时温州海外贸易及沿海贸易十分兴盛，南北方沿海地区都留下了温州商人的足迹。这一时期，温州商人还广泛与日本、朝鲜等国开展贸易。高度发达的商品经济，为温州文化的繁荣打下了深厚的基础。从进士统计数量可知，南宋时温州籍进士居浙江第一。永嘉学派的大本营就在温州，涌现出了薛季宣、陈傅良、叶适这样一流的人物。反之，在闭关锁国时期，这一区域的文化也趋向衰弱。明代时因海寇在沿海的活动频繁，明政府采取了闭关锁国政策，使得沿海的经济受到了很大的打击，温州、台州及宁波的部分地区经济、文化走向衰弱。清初也曾实行海禁，颁布迁海令，使沿海的港口优势不能发挥出来，因而其地经济发展水平并不突出。明清时期，温州籍人士考中进士的人数并不多，高度繁荣的学术风气也随之中断。沿海交通的便利导致了一些文化现象在沿海地区传播，使得沿海地区出现了一些区域性的文化特征。

二、浙江地方文化沿革

（一）浙江地方文化的形成时期

浙江文化作为中华文明的重要组成部分，有着与中原文化一样悠久和相对独立发展的历史。早在旧石器时代，浙西山区建德一带已有人类活动，考古界称之为"建德人"。越人早期主要生活在浙江东部的宁绍平原和浙西北部的杭嘉湖平原一带，由于几次海侵和海退所造成的自然环境与条件变化，越人曾数次迁徙，由高地迁往沿海平原，或由平原迁往高地。大约在7000年前的新石器时代晚期，越人因海侵，再度由沿海平原向高处迁徙：一部分向内陆高处，分别在杭嘉湖平原的马家浜、宁绍平原的河姆渡等地建立聚落；另一部分则漂洋过海，迁徙到了日本群岛、南洋群岛等地。《越绝书》将这两支分别称为"内越"和"外越"。可见，浙江是以后逐渐遍及亚洲东南部的百越文化的发祥地。古越族又称"百越"，是我国的一个古老民族，分布于我国的东南及南部地区，甚至越南北部的广大地区也有百越的足迹。

史前浙江文化至少有两大特点。其一便是文化发生的多元性。河姆渡文化与马家浜文化在生产工具与生活用具等器物方面有着明显不同的特征，这些不同的文化内涵说明了两种文化各自独立发生的特殊性。文化发生的多元性还体现在外部其他地区文化的影响，这种影响在金衢地区和瓯江水域两支文化的发生过程中有最充分的表现。其二是地区多元文化之间又具有很大的共性，如在生产方式上都主要以稻作农业为主并兼营渔猎采集和驯养业；其生活习惯上也有许多共同特点，如居住多采用干栏式的榫卯木构建筑等，这种共性亦充分说明了同一地区内各支文化之间的密切联系乃至有亲缘关系。这种关系随着文化聚落的发展和扩大而进一步加深，从而不断走向融合，最终汇合成统一的地方文化。浙江史前文化的上述共性与当时中原文化的内涵特征则有极大的差异，这也说明了浙江地区早期文化是独立地发生和发展起来的，它为中华民族的文明发展添加了浓重的一笔。同时，作为百越文化的发祥地，它也构成了亚洲文明发展的重要源头之一。

"越有百种"，于越、句吴、扬越、越、南越、东越、骆越、瓯越，都是越族中著名的分支。百越是这一族群的统称，随着时代的变迁、社会的变化，百越中的各支有的融合，有的迁徙他乡，有的消亡。而被称为"内越""大越"的于越却发展较好，文明程度较高。于越民族的形成主要来自地区内部不同文化间的融合，通过聚落与民族之间日益密切的交往而最终建立起最亲密的血缘纽带，其时间距今 4000 年左右。于越民族自尧、舜、禹时代已与中原各族发生密切的联系，至少在禹建立夏朝前后，于越地区已加入华夏民族的部落政治联盟。

浙江有文字记载的历史，正是始于夏禹时代。现在绍兴会稽山麓的大禹陵，传说是夏禹的陵。相传夏朝第六代帝王少康的庶子无余为祭祀大禹而成为于越部落的首领，当时"文身断发，披草莱而邑"①。公元前 11 世纪时，于越首领还参加了周朝廷的朝聘活动。约公元前 7 世纪或公元前 6 世纪，于越人在钱塘江

---

① 赵晔：《吴越春秋》卷六 . 《越王无余外传》，中华书局，1985，第 126 页。

东南岸建立了我省第一个部族——于越。初时范围狭小，后来得到楚国帮助逐渐壮大。越王允常死后，勾践继位不久，他把于越部落活动中心从崎岖狭隘的山区迁到北面山麓宽广的平原，开始改造利用沼泽、平原，有力地推动了农业生产的发展。这次大规模的人口迁移，为越国社会经济的发展创造了有利条件。越国与吴国交战多年，国力消耗巨大，人口大减。越王在吴国受辱返国后20年，卧薪尝胆，发愤图强，采取了奖励生育的人口政策，问疾葬死，发展农业生产，优待四方贤士，招徕四方之民，至公元前481年时，越国土"东至于句甬（今宁波、舟山），西至于檇李（今嘉兴），南至于姑末（今龙游一带），北至平原（今海盐一带），纵横八百余里"（《吴越春秋》卷八）。至灭吴称霸中原时，越国国土范围大致包括今江苏北部、安徽南部、江西东部和浙江全境。

战国后期，由于王室内乱，越国渐趋衰落，约在公元前306年为楚国所败，成为楚国的附庸。公元前223年，秦灭楚，次年于原越国地置会稽郡，郡治为吴县，共设置15个县。15个县名中，诸暨、上虞、余姚、句章、鄞、乌伤（今义乌）、大末（今龙游）、钱塘、余杭、由拳（今嘉兴）、乌程（今湖州）皆属于越语地名，是越文化的标志，表现了越文化发展的延续性；而山阴（今绍兴）、海盐则是以中原语言习惯命名的地名，因为"水南山北为阴"，是中原人对地名命名的原则；越语"盐""海"分别读为"余""夷"，则是受了中原文化的影响。

秦朝对于越族地区的归化采取了强制性的手段，如颁布法律以矫正民俗，但其中最主要的是移民政策，如《越绝书》所记，迫令越人迁徙至浙西、皖南等荒僻之地，同时以越地中心为北方"有罪吏民"的流放之所。这导致了越人大量的流散与逃亡，加上长期战争所造成的人口剧减，经济、文化的破坏，在很长一段时期内，浙江地区一直是国内人口稀少，经济与文化十分落后的地区之一。越民族与中原汉民族文化的完全融合从根本上讲有赖于这一地区经济与文化的开发，事实上，在秦朝与两汉时，浙江文化在许多方面仍保留了原始民族的特征，如"信巫鬼，重淫祀"等风俗和观念即是一例。汉武帝以后曾制定政策开发江南，吴王刘濞曾在浙江铸钱煮盐，这使浙江的手工业有所进步，农业上也开始使用铁制农具。纵观整个西汉，浙江文化多少得到一些发展，但由于交通的艰难和自然环境的恶劣，中原文化对浙江的影响十分有限，浙江地区文化的发展仍是非常缓慢的。

西汉时期，浙江地区已达 20 县。汉武帝时黄河下游大量贫民迁移，其中迁入会稽郡的关东贫民约为 14.5 万人。西汉末年王莽改制失败，社会危机加剧，终于爆发了绿林赤眉农民起义，而江南等地社会相对稳定，北方士人纷纷南迁，也有大量农民、手工业者南移。由于人口增加，东汉永建四年（129）以钱塘江为界，会稽郡分为吴郡与会稽郡。从此，浙江分属吴、会稽、丹阳三郡，计有 23 个县。三国时期，浙江属东吴境内，社会经济得到较快发展，孙吴在浙江北部增设了新都郡（今新安江上游）、吴兴郡（今临安至江苏宜兴一带），中部设置了东阳郡（今金华、义乌、遂昌一带），南部又设置了临海郡（今台州、温州、丽水市全部及闽北一部）。隋代设永嘉郡（今丽水地区）。隋唐时期由于社会稳定，浙江的经济得到了较大发展。

（二）浙江地方文化的发展时期

东汉是浙江文化走出低谷的开始，这主要是西汉末年北方战乱促成的。当时大批北方士族避乱江南，随之避乱的还有大量的农民和手工业者。这是中国历史上第一次颇具规模的北方人口南移，浙江是这次北人南移的主要地区之一，其结果是带来了中原先进的文化，这不仅包括大量的北方劳动力人口，也包括北方先进的农业、手工业技术，以及中原的人才及学术与思想观念。从历史的进程看，这次文化南移不仅刺激了浙江文化的开发，并且导致了浙江文化与中原文化的基本同化，完成了从一个落后、偏僻且一直保持自身原始内涵的地方民族文化向先进的文化共同体中同构的区域性文化的根本性转变。当然，浙江文化仍保留了许多自身特点，它对大量引进的中原先进文化，还需要不断吸收和消化，而这些都有待于区域文化获得新的发展契机。

魏晋南北朝、隋唐和五代是浙江地方文化快速发展的时期。促成这种发展的原因主要有二。一是继续受北方文化南移的影响，魏晋南北朝时期的文化南移，较之西汉末年的文化南移不仅规模上大得多，而且自西晋迁都建康（今南京）后，建立东晋政权，将汉民族的政治文化中心迁移到了南方，从而形成了中国历史上南北文化对峙的局面。这次文化南移大大刺激和增强了浙江地区文化的内在生机与活力，使之走上了飞速发展的道路。二是安定的社会环境为浙江经济与文化的发展提供了必要的条件。魏晋南北朝时期战乱频仍，史称"三百六十年混战"，但战争大多在北方进行，南方较北方相对安定，而浙江地区更是极少受战乱的侵扰。长期的社会稳定为文化带来持久的发展。魏晋南北朝时期的文化南移对浙江文化的影响是巨大的。晋代永嘉以后，大量人口移居浙江，其中不仅包括大批士族知识分子，也包括了大量熟练劳动力。这些人口的迁入，使浙江社会与文化结构发生重大变化，他们与当地土著居民一起开发浙江，垦荒辟地，推广和发展农业、手工业技术，推动商业的进步。在当时，浙江无论是科学技术、文艺还是学术创造，都取得了举世瞩目的成就。另外，儒学、佛教和道教思想的进一步传播，对改造浙江民风习俗产生重大影响。加上浙江社会的持久安定，为隋唐五代时期浙江文化的起飞奠定了深厚的物质基础。隋唐是中国文化的辉煌时期，也是中国南方文化的飞跃发展时期。京杭大运河的开通为南北经济、文化与贸易往来提供了极大的便利，而浙江受惠最多。就浙江文化来看，经济上的高速发展是这一时期的最大特点，盛唐以后，江南经济已直追北方，到了与之并驾齐驱的地步，浙江成为当时经济最为发达的地区之一。至于科学、文学艺术及学术创造等方面，由于唐代北方的异常繁荣，江浙一带反而稍逊一筹。不过，就整个文化形势而言，隋唐时北方文化中心的长久格局已被打破。安史之乱以后，北方再度沉沦，经济、文化日渐衰退，南方文化反而后来居上。尤其是浙江，不仅隋唐两代都保持了经济、文化的持续发展，即使唐代以后的五代十国时期，南北文化均受到战乱不同程度的侵扰与破坏，唯独两浙地区在吴越国的统治下社会安定，维持了文化繁盛的局面。吴越国在短短70余年内修建海塘，治理西湖，扩建杭州城市，致力于地方经济与文化的发展，为浙江文化在宋代达到高度繁荣做出了重大贡献。

唐肃宗乾元元年（758）分江南东道为浙江东、西两道，各设节度使。这是浙江作为行政区域名称的开始。北宋置两浙路，于是有"两浙"之称。南宋分为两浙东路和两浙西路，浙东、浙西之名称始于此。五代十国时，临安（今杭州）

人钱镠建立吴越国。元代时，浙江属江浙行中书省。明初改元制为浙江承宣布政使司，辖 11 府、1 州、75 县，省界区域基本定型。清康熙初年改为浙江省，建制至此确定。

（三）浙江地方文化的繁荣时期

两宋时代，浙江地方文化出现高度繁荣的历史。北宋时期，国家的政治中心虽仍在北方，但经济的重心已移至江南，而南方两浙地区则是北宋最富庶的地区，是当时经济的中心，国家财政岁入的四分之一来自两浙，因此政府对发展两浙的生产十分重视。在政府的支持下，浙江人民兴修大规模的水利工程，包括疏浚湖泊河流、扩建海塘、加固堤堰，扩大水田面积和围垦湖滩、海涂以增加农田面积。此外，还引进和改良水稻品种。这些措施大大提高了两浙地区的粮食总产量。在发展粮食生产的同时，浙江人民还发展多种经营，扩大蚕桑、芝麻、茶叶、水果、甘蔗等的生产。农业的繁荣推动了手工业与农产品加工业的发展。北宋时期，浙江以丝绸为主要产品的纺织业在全国首屈一指。浙江的丝绸不仅花色品种繁多，而且产量也居全国第一位。除纺织业外，茶叶加工业、造船业、造纸业、冶铸业、制瓷业以及酿酒业等无论规模、产量还是质量在当时都居于前列，并有享誉国内外的特色品种。伴随发达的农业和手工业而来的是繁荣的商品贸易，当时浙江水陆交通十分发达，乡镇间贸易往来频繁，许多市镇都是非常热闹的商品贸易集散地。当时杭州、明州（今宁波）、温州既是国内贸易的大港，也是对外贸易的重要口岸。

北宋是中国文化南北格局发生彻底变化的时期，南方在经济上已占有压倒性优势，从此北方的衰退与南方的持续兴旺发展已不可避免。浙江成为当时全国的经济中心，其意义是十分重大的，这也是南宋迁都临安的一个至关重要的原因。进入南宋以后，尽管赵宋王朝国运衰退，北方大部分地区遭到战争的严重破坏，但南方仍是歌舞升平，尤其是浙江为王朝偏安所在，仍维持了数十年繁盛的局面。同时由于伴随着逃亡政府而来的中国历史上又一次大规模的北方文化南移，不仅大批人口涌入浙江，而且中原文化的数千年精华也荟萃于此。浙江文化从此进入了前所未有的繁荣期，成为当时中国政治、经济和文化的中心。

两宋经济的发展促进了文化上的全面进步，其时浙江的文化教育事业十分发达，书院、乡学等遍布各地，讲学与求学之风甚盛；学术思想、科学技术、文学艺术等方面都走在前列，有许多杰出的创造和杰出的人物。如在学术思想方面，浙江既是宋代新儒学运动的萌发地区之一，又是这一运动的重要传播和流变地区，是中世纪后期批判哲学和启蒙思想的摇篮。在科学技术领域，浙江出了沈括这样人类科学史上不朽的大家；在文学艺术领域，词有周邦彦，诗有陆游，均为当时领时代风骚的杰出人物。总之，当时的浙江人才辈出。另外，随着都市、乡镇的繁荣，世俗文化也蓬勃发展起来，这不仅是民众文化生活丰富的标志，同时也构成了启蒙近代的人文精神萌发的社会文化基础。

宋代是浙江文化历史的重大转折点，浙江文化的进步与发达，不仅大大提高了本地的人文素质与水平，而且对改变乡风习俗产生了重大影响。改变浙江风俗的还有其他两大因素：一是佛、道两大宗教的进一步传播，它们与本地的鬼神崇拜充分融合并在民间信仰中占了主导地位；二是南宋北方文化南移后，北方人的生活方式和风俗习惯在浙江落脚，对浙江人的生活方式和风俗习惯产生重大影响，诸如在语言、礼节、饮食习惯等许多方面，都有充分的吸收和融合。因此，经过两宋时期经济、文化的繁荣与发展，浙江已彻底摘掉了南蛮落后地区的帽子，真正成为中华民族的"文化之邦"，成为当时人文的渊薮、文化的"正朔"所在。

（四）浙江地方文化的近代化

元、明、清三代浙江文化发展的历史，揭示了浙江文化走向近代的轨迹。中国文化自宋代以后，开始进入它的中世纪晚期，元、明、清三代都属于这个时期，这也是中国文化由中世纪向近代演变的转型期。在这一时期，近代资本主义经济萌芽的顽强生长，封建社会结构的逐渐解体，中西文化的剧烈冲突及其所引起的封闭与开放的巨大困惑，乃至启蒙思想和人文精神的兴起及因此而产生的新旧思想之间的尖锐冲突，激烈的社会阶级矛盾和斗争，等等，这些都是整个中国文化所面对和经历过的问题。浙江作为"文化之邦"，中国经济文化最发达的地区之一，必然处于当时种种文化冲突的中心，成为各个时代矛盾的聚集点。

　　浙江经济在元代很快就得到恢复，并在以往的基础上有所发展，因此进入明清以后，新旧时代文化上的冲突迹象在各个方面都日益清晰地显现出来。

　　首先是资本主义经济萌芽的生长。明清两代，浙江经济无论在农村还是在市镇都有资本主义因素出现并获得不同程度的发展。在农村主要表现为：随着农业生产的发展，分工不断扩大，生产的商品化因素不断增长，这使得农村小生产的自给自足经济遭到严重破坏，大量的农户在商品经济的冲击下纷纷破产，农村雇佣劳动者的队伍不断扩大，贫富加剧，阶级日益分化，货币地租逐渐取代实物地租。农产品市场的扩大不仅推动着商业发展，而且也大大刺激了手工业的发展，从而导致了市镇经济的繁荣，而大批农村无产者为寻求生存和就业机会不断涌入市镇，为市镇经济的繁荣增添了力量。据统计，明代以后，浙江的市镇迅速增加，杭州、湖州、温州等均辖有几十个市镇，小者千户，大者万家以上，成为商业、手工业的聚集地。在这些市镇中，手工业作坊、工场林立，有的规模大得惊人，此外还出现了各种商行，这些商行不仅控制了商业，而且利用资本不断影响和控制着生产，这标志着商业资本已逐渐向产业资本转化。

　　其次是批判中世纪思想的启蒙哲学的出现和人文主义思潮的兴起。经济的发达与变革使得浙江文化紧贴时代的脉搏，成为明清新思想和新思潮的主要萌发地区。明清时期思想专制甚烈，作为封建中世纪后期正统思想的程朱理学已完全丧失宋代新儒学运动时革新经学的新气象，彻底堕入压抑人性、束缚思想的泥淖。因此，明代中叶有浙东王阳明的启蒙哲学出现，批判、清算经学和理学。王阳明哲学的最大特点是继承了南宋心学与事功学的主体精神和现实精神，鼓励人们从经学和理学的思想束缚中解放出来，诉诸良知，注重亲身践履。王阳明的哲学在当时思想界掀起巨大波澜，由王学的传播而导致了明末清初更大规模的人文主义启蒙思潮的兴起，湖南王夫之，安徽方以智，江苏顾炎武，山西傅山，河北颜元、李塨等都是当时启蒙思潮的杰出代表，而以黄宗羲为首、章学诚殿后的浙东史学则承接王阳明思想之余绪，革新学术风气，鼓吹民主思想，提倡经世致用，抨击经学和理学，与上述诸人相呼应，成为当时启蒙思潮的生力军。可以说，明清两代浙江思想界在某种程度上主导了当时思想的发展。

　　明清人文主义思潮在浙江文学艺术领域中亦有充分体现。入元以后，浙江进入文艺发展的黄金时代，元代浙江在杂剧和散曲方面就有上乘的表现，而其中许多作者都是民间艺人，他们的作品表现了文艺的世俗化倾向。明清之时，浙江文艺巨星迭起，硕果累累，徐渭、洪昇、李渔等大家各领风骚，同时他们也是开启近代人文精神的先驱人物。在明清浙江的文艺创作中，出现了愈来愈明显的世俗化和自由化的倾向，人性的解放成为时代创作的思想主题。从这些作品中，我们可以感受到当时人们对新世界的朦胧追求与向往。

　　最后是中西文化的冲撞。明清之时大批的西方基督教传教士来到中国，他们企图在中国扩张教皇的势力，但同时也带来了西方的文化、思想和科学技术。浙江是传教士觊觎的主要地区，因而中西文化冲撞在这里表现得更为剧烈。浙江的学者对西方的科学和思想表现出了极大的热情，李之藻、杨廷筠、黄宗羲、李善兰等都是当时积极介绍、吸收西方科学思想的浙江学者。西学的传入对中国走向近代起了很大的推动作用，然而也激起了新旧思想更猛烈的冲突，并且引起了人们文化心理上对于封闭与开放的巨大困惑。这次中西文化冲撞最后以流产告终，未能形成更广泛的世界性交流，尽管有许多方面的原因，但封建主义的专制与保守是造成其流产的主要因素。

　　从以上三个方面我们可以看到，浙江文化在明清时代无论是经济基础还是上层建筑都已经在酝酿着巨大的变动，这些变动与其他地区的变动相呼应，并且由于西学的传入而获得了参与世界文化进程的良好契机，这一切都充分表明，中国古老的文明此时已经临近了近代化的门槛。然而遗憾的是，这些努力在明清封建专制主义的压迫下遭到严重挫折，发展的机会又随即丧失。中国文化的近代化一开始就踏上了一条极其艰难的路程。尽管如此，文化的进步潮流是不可逆转的。清末，浙江终于又有伟大的学者龚自珍冲破万马齐喑的沉寂与黑暗，重新拉开了中国近代化的序幕。

第二节 浙江地方文化的基本特征

浙江地方文化到底是怎样一种文化？浙江地方文化具有什么样的区域文化特征？

首先，浙江地方文化特征的一个重要方面，是人文多样性造成的文化多元发展和互补。这个多样性和多元互补构成了浙江地方文化发展的最本质的特性。浙江地方文化从人文地理环境特征看，应该是内河文化与海洋文化、山地文化与平原文化的结合体。浙江从地理位置看，地处欧亚大陆的东南角，东面是东海，分布着众多的岛屿，南面隔着台湾海峡与台湾岛相望，西面则连接着我国的内陆地区，与江西和安徽接壤。从地理形势看，除了东南靠海，浙江的东北部是平原，南面和西面是山地，中间还有一块盆地。当然，平原、盆地的面积相对较小，山地的面积占了相当大的比例。而在这平原、盆地和山地之中，由西向东贯穿了钱塘江、瓯江、椒江、姚江、甬江等五大河流以及众多的支流，且在东部的平原和中部的盆地中间，河网密布。故浙江有"七山一水二分田"的说法。这个说法基本概括了浙江的地理面貌，只是未将海岸线、海岛和海洋面积算进去。

从历史地理学和文化发生学的角度看，人文地理环境并不是简单地停留在对个体特征的描述上，而是需更进一步，在把握了多样性世界的事物差异性之后，进一步揭示其对立统一的运动和规律。换句话说，把握了事物的多样性及其关系和运动，才算是完整地把握了事物的本质。从这个意义上说，显然文化的多样性和多元互补，才是浙江地方文化及其发展的本质。过去学界有一种观点，片面以为海洋文化优于内河文化，认为前者开放，后者封闭，殊不知任何单一的文化环境条件和要素，都是各有其长，也各有其短的。文明的孕育、生成和发展，或者衰落和灭亡，不取决于单一条件和要素的长短优劣，而取决于多样性与否。多样性始终是物质世界存在和发展的前提。浙江地方文化有优秀的传统，在改革开放过程中又有突出的表现，成为中国目前最适于全球化和现代市场发展的地区之一，并不是取决于它有海洋文化特征，而是取决于其自身多样性和多元互补。这种多样性和多元互补，始终是浙江地方文化的生命力和活力所在。事实上，这种文化生成、生存和发展的多样性和多元互补，也是中国文明可持续发展的本质特征和必要条件之一，不仅成就了中国数千年不朽的文明，而且是今日中国充满活力的根源。中国文明并非如有些学者论述的那样，是黄河文明或长江文明的一个简单的发展，而是黄河、长江代表的内河文明，太平洋海岸的海洋文明，东南、西北山地及青藏高原等山地文明的多样集合体。

其次，浙江地方文化的另一特征，就是其在漫长的文明发展历史中形成的灿烂文化成就及人文个性和人文精神。历史上，浙江不仅是中华文明的一个源头，而且作为中华文明的一个重要区域，也是极具文化创新力的地区之一。浙江山水秀美，人文荟萃，自古就有"文物之邦""人文渊薮"的赞誉和美称。千百年来，浙江人民以自己的智慧和勤劳谱写了灿烂的文明史。从先秦的越国起直到近代，浙江文化出现过数次繁荣的高峰，涌现出大批的思想家、文学家，以及宗教、艺术、史学、科技等领域内的杰出人物，为中国文化的形成与发展做出了重要贡献，浙江文化同时也是中国文化的重要组成部分之一。在漫长的文明史中，浙江人民励志图强、厚德载物，在建设鱼米之乡、丝绸之府的同时，培植了一脉相承、与时俱进的优秀人文传统，不断推动浙江人民的历史创造，并始终引领着浙江人民的未来追求。

根据历史的记载，浙江在夏朝初期便已经与中原文化紧密结合，完全融入了中华文明的大家庭。夏、商、周三代以降，由于生产力水平、人口数量，以及政治、文化各方面的因素，浙江地区的开发虽然总体上相对落后于北方黄河流域，但浙江文明的发展仍处于不断的累积过程中。先秦越国因越王勾践卧薪尝胆而至国力鼎盛，不仅灭了吴国，会盟诸侯，称霸一方，并且涌现出了范蠡、计倪（又名计然）、文种等杰出的人物。秦以后亦曾有王充、魏伯阳这样的富有批判精神或创造性的哲学家以杰出的成就站在历史的最高点上。

从魏晋南北朝开始，随着北方移民的南迁，先进的学术文化和技术文明催生了浙江地区的快速发展。晚唐及五代十国时期，经济重心进一步南移，北方大部分地区频受战乱破坏，而以杭州为中心的吴越国始终保持社会的稳定，从而使浙江地区的这种快速发展得以持续推进，并最终奠定了杭州"东南第一州"的翘楚地位。吴越国时期，杭州不仅获得了空前的繁荣，而且以其强大的辐射力带动了整个杭嘉湖地区以及宁绍等其他地区的全面进步。

进入宋代，尤其是南宋定都杭州以后，风云际会，政治变革、经济更新、文化重建等各种要素的整合，将两浙地区的社会整体发展提升到了全国的最高水平，并在这个基础上造就了各领域的人才精英群体。此外，发达的海外贸易及其挟带着的民间文化交流，为浙江的社会发展注入了新的活力。到了明、清两朝，以及民国时期，浙江已经成了全国无可争议的财赋命脉和文化重镇。

越虽旧邦，其命维新。浙江先民千百年来自强不息、坚韧不拔，创造了悠久灿烂的文明历史。毫无疑问，在浙江人民创造自己灿烂文明史的背后，始终支撑着、推动着和引领着他们的力量，正是其人文积淀和人文精神。在漫长的历史实践过程中，浙江人文以其独有的传承和创造力，凝练成了自己的文化、观念、理性、胸襟、情怀、品行、气节和志向。它们浑然一体，既流溢在良渚的玉器上、鲁迅的诗文里，也徜徉在西湖的山水间、梁祝的蝶舞中。它们不仅与浙江人民的历史生命相伴，更与浙江人民的现实生活与未来创造相随。承前启后、与时俱进的浙江人文成就与人文精神，始终是浙江人民奋发向上的动力。

浙江地方文化成就经千百年的传承和创新，不仅硕果累累，而且凝聚成独特的区域文化特征。这种独特的区域文化特征主要表现在以下几个方面。

一、柔慧智巧、开放兼容的文化魅力

浙江文化的源头是水，浙江文化的背景是水。然"山水有灵，亦当惊知己于千古矣"（东晋袁山松《宜都山川记》）。"凡民函五常之性，而其刚柔缓急，音声不同，系水土之风气。"（《汉书·地理志》）旧志就这样载录：吴越古地"山水清佳，风气朴茂"，因而"人性柔慧，敏于习文，疏于用武"。江南的自然环境、湿地文化滋养了浙江人柔慧俊逸的性格：温文尔雅、浪漫洒脱、机智敏捷、精明强干。尤其是文人，个性气质深受江南水性的滋润。张方平《府学记》云："山水发秀，人文自江左而后，清流美士遗韵相续。"刘焘进士《题名碑记》亦云："水逶迤而清深，山连属而秀拔，人才之生是以似之。"现代文化名人徐志摩、戴望舒、郁达夫等就极为典型。他们崇尚信马由缰的笔致，潜心于抒写性灵，将水的俊逸恣肆张扬到了极致。尤其是海宁徐志摩，这位素来被人称为"抒写性灵的诗人"，其为人，自由洒脱、飘忽俊逸；其作诗，至情至性，直抒真心。性灵之美，充溢在诗人的人生与创作之中，这种诗美特质的本源则在于诗人对故土文化的依恋。

水的柔性与灵性，也激发和培养了浙江人的智巧。身处江河湖泊之上，在长期的捕鱼、耕织等近水劳作中，要求人善于把握时机、时节。水在孕育生灵的同时也促使人学会与水打交道，进而使生活在水环境中的人们的社会生活尤其是商业行为也带有明显的水性印记。于是，善于抢抓机遇的经商意识也就成为浙江人个性精神的体现。同时，由于浙江"七山一水二分田"，人多地少，且偏于一隅，因此，思维敏捷的浙江人为开拓生存空间，或实现自己的人生价值，就有了强烈的向外拓展的冲动。浙江人几乎与生俱来的创业意识，由此而来。

水文化的恣肆汪洋与博大浩荡，造就了浙江文化的开放性与兼容性。吴越地域自古以来就是中原文化、闽粤文化与吴越文化交融会通之地，对异质文化少有排异性，具有十分自然而不勉强的开放兼容气度。越与楚各有文化渊源、内涵、风格和影响存在着较大的差异，但由于两国部分境土相接、玉帛相通、交流密切，故此在文化上相互影响较深。越国的青铜冶铸、陶瓷、农具、建筑及音乐歌舞等对楚国都有较大影响。吴越青铜工艺为楚国的青铜业发展注入了新生机，越国的干栏式建筑对楚国建筑产生了一定影响，如楚国的"层台累榭"中的"累榭"，或多或少受到了越人干栏式建筑的启示。在陶瓷制造上，战国时期越式鼎对楚式罐形铜鼎和陶的形态演变产生了极大影响。越国的农业和手工业工具也曾对楚国产生影响。在文学上，有研究表明，《楚辞》中的《九歌》是屈原在越人之地仿越人之歌而作的,《离骚》与越歌,至少与越人有着某种关联。在绘画艺术上,楚国更是受到越文化的熏染。文化的交流影响是多向的,越文化也受到楚文化的多方面影响。越国长期处在比较闭塞的环境中,国力较弱,楚国为了牵制吴国,曾采取助越攻吴的策略,如担任越国执政大夫的范蠡和文种,都是楚国人,他们带来了楚国治国的丰富经验,对越国的政治、经济和文化产生了深刻影响。在建筑方面,当时的越国国都山阴大城的建设格局就是按照范蠡的构思设计的,故清代屈大均在《广东新语》中就明确认为"越宫室始于楚庭"。在民俗方面,越国也同样受到楚文化的熏染,越楚文化之间的交融对于其以后地壤相邻区域的风俗都有很大的影响。越与中原文化的关系也十分密切。根据文献记载,早在商代初年,居住在东南沿海的于越,就已经与中原地区的华夏族在政治、经济、文化各方面有频繁的交流,两者关系密切。到了春秋战国时期,随着越国的"横行江淮东",并"兴师北伐齐""西伐楚,与中国争强"(《史记·越王勾践世家》),国力不断强盛,与中原华夏族的文化联系更为密切。其时,越国已使用华夏文字,以华夏语为官方语言,越国的一些风俗也受到中原文化的影响。因此,有学者认为,"至少从春秋后期起,越族已开始与华夏族融合"[1]。

二、自强不息、开拓创新的文化力量

水之柔,滋养了浙江人的柔慧智巧,培育了浙江文化的开放兼容;而水之动,同样也滋润和滋养了浙江文化自强不息、开拓创新的文化品格。亘古之时,古越先民生活于长江下游的太湖和钱塘江湾及沿海地区,在长期与水拼搏的过程中,养成了眼界开阔、创新进取、富有活力的开拓的思想性格。古越先民充分利用天时、地利,发挥丰富的水资源优势,创造了古老的农业文明。浦江上山遗址、余姚河姆渡遗址发现的大量稻谷、稻秆、稻壳、稻叶证明,古越先民早就开始人工栽培水稻,吴兴钱山漾和良渚文化遗址也都发现了人工栽培的稻和籼稻。秦汉以后,在落后于中原地区的情势下,古越先民善于学习南下北方

---

[1] 杨宽:《战国史》,上海人民出版社,1990,第267页。

人的长处，使浙江经济、文化逐渐呈现上升趋势，最后赶上并超过北方。地处江南的越人，由于濒临大海大江，地下水位较高，缺少穴居的基本条件，为了生存和繁衍后代，在实践中创造了全新的居住建筑方式——干栏式建筑。古越先民极具自由的个性，善于变革自己的观念形态。他们从不固守家园，总在不断流徙的过程中寻求新的发展空间。例如，于越民族的历史，就是一部流徙的历史。公元前468年，勾践迁都琅琊。公元前379年，"于越迁于吴"。公元前333年，越王无疆为楚所败后回走"南山"。公元前210年，秦胁迫越人迁徙异地，并改"大越"为"山阴"。其后，西汉和三国时期，于越时而内迁，时而流徙，且多遭征讨。于越先民或是被迫，或是自发的频繁迁徙生涯，却培养和锻炼了他们顽强拼搏、开拓进取、善于汲取的品格和精神，并且总是对理想执着追求，对人生价值的实现锲而不舍。"大禹治水""劳身焦思十三年于外，三过家门而不入"，其人格精神已成为中华民族坚强意志与献身精神的理想化身。《吴越春秋》里的记载当是浙江人的励志经典：越王勾践任用贤臣，练习攻战，修筑城池，建造车船，繁殖人口，薄赋轻徭，韬光养晦，结交盟国。"十年生聚，十年教训"，终于击败吴国，一雪丧权辱国之耻。南宋之时，宁海人胡三省为《资治通鉴》作注，穷尽终生之力，书稿几度散失，但仍不气馁，痴心不改。从大禹坚定信念、敬业治水，到勾践卧薪尝胆、励精图治，再到钱王保境安民、纳土归宋，直至方孝孺和张苍水刚正不阿、以身殉国……一部浙江史，就是一部浙江人坚韧不拔、自强不息的奋斗史。

浙江人敢于创新，锐意进取，不盲从权威，不墨守成规，具有冲决罗网、一往无前的精神气概。南宋之际，面对主流文化——程朱理学，叶适力倡"事功之学"；明代中叶，王阳明以"心学"改造儒学传统，反对据守经典，坚守人的主体精神；近代之时，龚自珍、章炳麟更具创新精神。在新的历史时期和社会条件下，浙江文化开拓创新的水性特质进一步衍生为艰苦奋斗、知难而进、积极进取、敢于拼搏的文化力量。在这种力量的支配下，浙江人取得了令人瞩目的成就。

一方面，浙江东临大海，曲折的海岸线绵延千里，悠久的海洋文明哺育了浙江人民海一样兼容并蓄的襟怀。另一方面，浙江人民并不安于简单的拿来主义，而更善于熔铸百家，形成了浙江文化与时俱进的强大内在动力。历代以来，浙江人民始终以这种动力把浙江由一个落后贫穷的地区逐步建设成一个富饶美丽的天堂。东汉以后，大量北方移民涌入浙江，如西汉末年战乱导致的难民南迁，东晋永嘉之乱时大批中原人士的举家南渡，南宋的举国南移，这些迁徙给浙江带来了中原地区先进的农业、手工业技术和思想文化，浙江先民很快吸收了这些先进思想、文化和技术，有力地推动了经济社会发展。中国传统科技史上的巨匠沈括的《梦溪笔谈》，是人类科技史上一部十分重要的著作，在天文学、地理学、数学、医药学、工程技术学等方面都有独到的发明和创见，对于人类的科学发展做出了重大贡献。

浙江人的创新精神还表现在对新思想的接受和容纳上。佛教本是印度的宗教，在两汉之际开始由西域传入中国，不久也传入越地。据佛教史的记载，佛教传入越地约在东汉末年。越地与中原一样，有着肥沃的宗教土壤，尚鬼好祀。印度和西域的僧人，如安世高、支谦、康僧会等高僧相继进入，尤其是代表佛教宝典的佛经，迅速在浙人中产生影响。南朝乃至隋、唐、五代，是浙江佛教发展的鼎盛时期，佛门出现了众多流派，如天台宗、三论宗、唯识宗、华严宗、律宗、净土宗和禅宗等，特别是滋生于浙江天台的天台宗，信众广泛，社会影响力持久，其教理富有思辨性，哲理性强，成为佛教理论的代表，在海外的佛教徒和学者中享有美誉。明末，大批西方基督教传教士来到中国，带来了西方文化思想和科学技术。浙江是传教士觊觎的主要地区。浙江的学者对西方的科学和思想表现出了极大热情，李之藻、杨廷筠、黄宗羲、张岱、李善兰等都是当时介绍西方科学思想的有名学者。到了近代，这种具有开拓、创新、进取精神的文化特征又有了新的内容，浙江人较其他地区的中国人早一步迈出国门，去学习近代西方资产阶级的思想和文化。一些人在西方资产阶级民主思想的影响下，勇敢地投入反对清王朝、推翻封建专制的斗争。陶成章、秋瑾、徐锡麟就是他们中的典型代表。

这种思维敏捷，兼具开拓、创新、进取精神的文化特征，使得浙江在文学、艺术、哲学、历史、科学等方面人才辈出。东汉时期的王充（27—约97），出身贫寒，自幼勤奋求学，聪慧过人。后入洛阳太学深造，师从大历史学家班彪，终于作成《讥俗节义》《政务之书》《养性之书》和《论衡》。其中《论衡》，实乃彪炳史册之作。不仅在当时以其议论石破天惊而为时人所重，就在今天，其洋溢着朴素的无神论思想也给人以有益的启迪。明清时期，绍兴的"师爷文化"更是彰显出浙江人的智慧与灵气。师爷是明清时代地方官署中主管官员聘请、帮助自己处理刑名、钱谷、文案等事务的无官职佐理人员，师爷凭借自己具有的刑名律例（法律）和钱粮会计（财会）、文书案牍等方面的专业知识与才能辅佐主官。由于绍兴人当师爷的极多，几乎遍布全国，且名声极大，久而久之形成了一个专门的称谓——绍兴师爷。清代有句俗谚，"无绍不成衙"，"绍"就是指绍兴籍的师爷和书吏，绍兴籍师爷龚未斋形容本乡人从事幕业的盛况说："吾乡之业于斯者，不啻万家。"清代人说绍兴有"三通行"，即绍兴酒、绍兴话、绍兴师爷。当时绍兴师爷成为绍兴读书人主要从事的职业之一。"绍兴师爷"文化现象的产生，是由于绍兴教育兴盛，读书人多，因而科场竞争激烈，许多科场不顺的读书人就选择当师爷这条路。绍兴地处水乡，绍兴人头脑敏捷，他们并不守株待兔，而是乐于迁徙，开拓进取。绍兴民谚说："麻鸟（麻雀）、豆腐、绍兴人。"意思是绍兴人和麻雀、豆腐一样，到处都有，随遇而安，随遇而兴；绍兴读书人大多具有精细谨严、善于谋划、处世圆滑、善于交际、八面玲珑等师爷职业所具有的素质。绍兴师爷兴于明中叶，盛于清雍正、乾隆之后。清朝的重臣曾国藩、张之洞、左宗棠、李鸿章身边都聚集了绍兴师爷，出名的有邬斯道、汪辉祖等，这些师爷为主人排忧解难、出谋划策，起到了非常重要的作用。清末"四大奇案"主角之一的杨乃武，也是个擅长刀笔的师爷，其平反出狱后，替人写诉状，深受欢迎。师爷文化正是浙江人思维敏捷、善于算计，富有开拓创新精神的体现。

近现代的浙江，更是大放异彩。这一时期，浙江出现了一大批学贯中西、闻名中外的大科学家、大教育家、大文学家、大历史学家。浙江海宁人王国维，对文学、美学、哲学均有深湛的研究，他是我国近代第一个引进尼采哲学的人，对安阳殷墟甲骨文字、中国古代戏曲及词学的研究，使他成为我国近代最有影响的文化名人之一。蔡元培，浙江绍兴人，著名的教育家，早年参加光复会、同盟会，后来担任南京临时政府教育总长、北京大学校长等职，他为近代资产阶级思想在中国的传播和中国教育的发展做出了卓越的贡献。他在北京大学校长任上提出的"思想自由，兼容并包"的办学理念对中国的教育产生了深远的影响。鲁迅，浙江绍兴人，早年留学日本曾学习医学，后来觉得中国人最需要的是解除思想上的顽疾，为此弃医学文，以笔为匕首，与封建专制进行坚决的斗争，他的杂文起到了警醒一代国人的作用，从而成为我国近现代文学史上的大文豪。此外，还有翁文灏、竺可桢、严济慈、赵忠尧、钱学森、钱伟长、钱三强、贝时璋、钟观光、伍献文、苏步青、茅盾、范文澜、吴晗、潘天寿，等等，各类人才数不胜数。

　　浙江人最大的成就就是令国人惊奇的富裕。追求发展，寻求富强，是浙江悠久的传统。从先秦范蠡、计倪"农末俱利"的主张，到明末清初黄宗羲"工商皆本"的思想，充分展示了浙江人兴利富民的传统理念。但君子爱财，取之有道，在浙江人兴利富民的理念中，又始终贯穿了讲义守信的品行和操守。浙江人笃信"义利双行""义利并立""以利和义"的信条，形成了诚实守信诺千金的儒商文化，对不诚信的经营行为深恶痛绝。全国闻名的百年老店胡庆余堂，大堂内挂着的是"戒欺"牌，告诫员工牢记诚信经营；大堂外挂出的是"真不二价"招牌，接受客户的评定监督。在中国近现代工商业发展史上具有举足轻重地位的浙江工商业者，以其勤勉诚信的优秀品行，开银行，办企业，建商会。宁波帮创下了50个全国第一的骄人业绩，湖州商人中产生了俗称"四象八牛七十二黄金狗"的工商巨子。在工商业成功的基础上，他们还兴学举善，反哺社会。今天我们所倡导、浙商所崇尚的讲义守信、义利并举，与胡庆余堂和宁波、湖州的工商业者所信奉的经商品行实属一脉相承。在传统中国以农为本的经济结构中，浙江既能够坚持以农为本，又坚持工商并重，进而发展出讲义守信、义利并举的品行，这是难能可贵的历史实践。它不仅有功于当时，而且遗泽于后世，对改革开放以来浙江民营经济的迅速崛起具有深刻的影响。

浙江的富裕与繁荣得益于浙江人特别能吃苦，异常坚忍。改革开放之初，"浙江人民走全国"。在国内任何一个地区，最底层的职业中，几乎都有浙江人。他们往往干着当地人所不屑的如装修、包装、修鞋、理发之类的工作，甚至有妇女身上背着孩子在街头为同样是母亲的妇女和她们的孩子擦鞋。艰难的生存状态，让人落泪。但浙江人深深懂得，生活不相信眼泪，他们并不认为自己低贱，也不以自己的工作为耻辱，更不会拿着自己的贫困做资本，他们始终都在寻找生存发展的机会。正是靠"白天当老板，晚上睡地板"的吃苦耐劳、自强不息的生存意志，许多浙江人完成了自己的原始积累，并创办起自己的企业。而这些乡镇企业从诞生到发展，走过的也是一条坎坷曲折的道路。为了创业，求得市场经济发展的一席之地，浙江企业家想尽千方百计，走过千山万水，说遍千言万语，历经千难万险，在创业的过程中，严酷的竞争环境迫使他们艰苦奋斗，锐意进取，不怨天尤人，不灰心丧气。雅戈尔集团和杉杉集团都是靠着这种坚韧不拔的精神，艰苦创业，从小企业发展成为富有名气的大企业。"全国人民奔浙江"，发展壮大的民营企业成为全省国民经济的重要支柱，"五分天下有其四"，规模宏大，市场广阔。

浙江现代化建设成就的取得，展示了浙江人的精神、浙江人的素质。而浙江人的精神和素质又进一步丰富了浙江文化自强不息、开拓创新的传统内涵。

三、敢于冒险、重利事功的文化个性

黑格尔《历史哲学》在对人类历史的地理性差异进行研究后指出：生活在水域环境的人极富勇敢、机智、为追求利益敢于冒险的品性。因为依水而生、傍海而居、出海而航，浙江先民在对水的长期利用、与水的长期拼搏过程中，养成了冷静、机敏、富于冒险的性格。前面提及，身处江河湖泊之上，在长期的捕鱼、耕织等近水劳作中，浙江人的性格烙上了善于把握时机、时节，商业意识敏锐的水性印记。同时，也正如张世昌《崇顺庵兰若记》所载："由吴兴而来，皆平沙沃野，其俗敦庞勤俭。故治业易滋，养生送终，得以尽心而无憾。"浙江人是很重实惠的。因而，水环境与近水行为以及生活习俗不仅培育了浙江人敢于冒险的个性，也养成了浙江人讲求实惠、崇尚工商、务实求真的精神。

浙江先民在与水的长期拼搏斗争中，养成了冷静、机敏又富有冒险精神的性格。《汉书·地理志》记载说："吴、越之君皆好勇，故其民至今好用剑，轻死而易发。"在越国历史上，勾践与文种、范蠡一起卧薪尝胆，"十年生聚，十年教训"的坚韧不拔、以柔克刚的韧性战斗精神，正是这种水文化特征的具体体现。

春秋战国之时，列国纷争。越国以小胜大，以弱胜强，灭吴称霸，充分展现了越人勇于冒险的个性风采。在浙江思想文化史上，王充既重视理论思想，又强调实际"效应"，主张"崇实知""实事疾妄"；叶适认为应"务实而不务虚"；朱舜水力举"学问之道，贵在实行"，"圣贤之学，俱在践履"；黄宗羲提出"经世致用"……这些主张都反映了浙江人的务实品质。长期以来，浙江思想界还特别强调义利合一，理欲相容，崇尚工商。叶适认为，"抑末厚本，非正论也"，主张"崇义以养利"。其对"重本抑末论"的大胆批评，力倡重视工商的思想，一时影响非凡；袁燮也提出"食货为本"；王阳明则直陈士、农、工、商"四民平等"；黄宗羲明确主张"工商皆本"。这些思想，极大地促成了浙江文化以货殖为重、重利事功为显著特点的商贸传统的形成。

货殖为重、重利事功的商贸文化传统，使历代浙江人乐于经商，善于经商。有文献记载的商业活动，在中国大约是从商代逐步发展起来的。故有商朝亡于周时，其遗民"牵车牛远服贾"，以获取利润、供养父母长辈的记载。"商人"一词传说肇始于此。越国的商业活动，见诸历史文献的，主要是计倪和范蠡的经商活动。《越绝书·计倪内经》载，"计倪本楚国亡公子，游于吴、越、楚之间，从事商品买卖，渔三邦之利"，后定居越国，帮助勾践兴越灭吴，主持商品生产和交换活动，为越国制定了一套兴农利商的政策。范蠡更是堪称"浙商"鼻祖。他敢于打破越王勾践的规矩，"下海"经商，求利之"精"，无与伦比。浙江地处东海之滨，居大陆海岸线中段，海道辐辏，内陆河道纵横，交通方便，与外地联系便捷，加之土地肥沃，物产丰富。三国、南朝时，宁波、温州"商贾已北至青徐，南至交广"。其后，"唐宋市舶，遥达海外"。隋、唐、五代时期，宁波、温州都是贸易港口，泛海兴贩的浙江商人从宁波、温州出发，横渡东海，到日本、高丽。当时大商人李邻德、李延孝、李处人等皆自备船舶，往返日本、高丽与宁波、台州、温州等港口之间。两宋期间，杭州、宁波、温州等地官方都设立市舶司，专管海外贸易，与高丽（今朝鲜半岛）、真腊（今柬埔寨）、日本都有商船往来；在开放的港口，官方设立宾馆，以接待外国使节和商人。当时温州以"其货纤靡、其人善贾"而名闻全国。名闻当时的永嘉学派薛季宣、叶适和"四明学派"杨简、袁燮，永康学派的陈亮等人皆受当时温州、宁波、金华等地经济发展、商贾发达的风气影响，讲究功利，认为"既无功利，则道义者乃无用之虚语耳"，主张义与利的一致性，鼓吹"夫四民交致其用而后治化兴，抑末厚本非正论也"，提倡扶持商贾，流通货币，发展工商业。明清时期，浙江成为资本主义萌芽最早的地区。吴兴人凌濛初的《初刻拍案惊奇》《二刻拍案惊奇》对当时商业发展的盛况就有惟妙惟肖的描述。清末民初，湖州已涌现出一批以经营丝绸为主业的产业巨头。尤其是南浔的"四象八牛七十二黄金狗"，富可敌国，为世人瞩目。至于"宁波商帮"与"温州模式"，更是把浙江人经商的本能与精明张扬到了极致。"无宁不成市"，这是人们对宁波人的总结。宁波人的经商才能，与宁波悠久的商业文化积淀有关。历史上的宁波人，敢为天下先，善于把握机遇，以灵活的手段和方式来开拓市场并占有市场，形成了它在中国经济发展中的特殊地位。鸦片战争后，很多宁波商人在充任买办的过程中，接受了西方现代经营管理思想，具有了西方的经商手段和技术专长。这使他们如虎添翼，脱颖而出，成为实力雄厚的民族资本家。宁波商帮也以全新的近代商人群体形象跻身于全国著名商帮之列。较之于宁波商人，温州商人则走出了另一条发展道路。温州自然资源较为紧缺，更无地利可赖，自古便以外出经商为荣，温州人因而被誉为"中国的犹太人"。他们的性格是"只要有百分之一的可能，就会以百分之百的努力去做"。他们从商往往从小处着手，赚钱不嫌小利，只要有市场需求，有利可图，就会涉足其中，以至于"哪里有市场，哪里就有温州人；哪里没有市场，哪里就会出现温州人"。温州人这种求真求实、重利事功的精神，与南宋时期兴起于本土的浙东学派凡事但求事功、不求义理，从客观实际出发、讲求实效的文化思想极其吻合。

纵观历史，浙江人民具有卧薪尝胆、发愤图强的志向。越王勾践不忘俯首称臣于吴国之耻，卧薪尝胆，励志奋发，终于一雪耻辱，成就霸业。这种精神品质深刻影响了历代浙江人的精神气质和性格特征。浙江人善于在没有条件中创造条件，在没有机遇中创造机遇，不为困难所慑服，不因逆境而动摇。浙江从远古时代起，就似乎很少受到大自然的眷顾，东临大海，沿海土地多为盐碱滩涂、沼泽洼地，内陆则以山地为主，鲜有可耕之田。因此，修建海塘、疏浚河道、改造沿海洼地和盐碱土壤，成为浙江人发展农业、改造自然的不懈追求。早在汉代以前，浙江沿海就有海堤与河道的修筑，排干沼泽，开辟良田，形成所谓的"山阴故水道"。唐代的浙东观察使孟简修纤道，东西100多里，是一项重要的水利整治工程。五代钱氏政权修建的钱塘堤、清代汤绍恩修建的海塘枢纽三江闸，都对浙江古代农业的发展起到了巨大的促进作用。常言说，沧海变桑田。如今富饶的杭嘉湖平原、宁绍平原，就是一代代浙江人励志图强改造大自然的硕果。同样，正是由于生存环境恶劣，农耕困难，因而激发了浙江商业、手工业的发展，成为浙江先民谋生的手段。浙江历史上也因此有了中国有史料记载的第一位商业巨富、中华商祖"陶朱公"，著名铸剑大师、冶金第一人"欧冶子"，有了声名远扬的浙西商帮、宁波帮，以及集徽商、浙商之大成的胡雪岩。浙江人正是凭借这种志向，创造了辉煌的过去，开创了浙江发展的新纪元。

浙江人敢于冒险、重利事功的文化个性，在新的历史时期和市场经济条件下，不断被充实，不断被发展。讲究实际、注重功利的价值取向，勇于创新、敢为人先的个性精神，善于商谋、智巧灵变的文化品格，构成浙江人致力于经济发展的内在动力。改革开放40多年来，浙江人善于吸收外来文化，广泛学习各地乃至各国先进经验，博采众长，催生出大批具有开放意识与创新精神的企业家和商人，创造出富有特色的现代企业文化。最为典型的当数义乌人，他们发扬"鸡毛换糖"的开拓精神，兴办起全国乃至全球最大的小商品批发市场。其小商品价格指数、小商品市场景气指数及若干单独检测指标指数构成的"义乌·中国小商品指数"，被业界称为"小商品市场道·琼斯指数"。义乌指数的每一次跳动，都影响着全球小商品的生产、供应和销售，义乌也由此成为全球小商品的定价市场，成为世界小商品文化的一个代号、一个品牌。事实证明，浙江文化的精神内涵正衍生出无穷的现代文化魅力。

四、以人为本、刚健正直的文化观念

以人为本、注重民生的观念，是浙江人想发展、谋发展、快发展的不竭动力。历史上，浙江人很早就认识到改善人的生活品质，不仅是个人幸福的问题，更是社会和谐、国家安定的不拔之基。南宋永嘉学派、永康学派强调学术与事功的统一，学术的目的在于经世致用，主张探讨有关国计民生的实用之学，总结历史经验教训，以解决现实社会中的民生实际问题。近代学术大师孙诒让一方面在经学领域开拓进取，成为清代学术的殿军，同时又在时代的召唤下跨出书斋，在温州兴办近代工商业，殚精竭虑谋划发展民生，繁荣地方经济。现代经济学家、社会活动家马寅初高度重视人口与环境的和谐发展，大声疾呼要根据经济发展控制人口增长。这些浙江先民和思想前辈的实践与思考，正是浙江人文个性及精神中以人为本、注重民生观念的集中反映。

以人为本、天人合一，这是中华民族的共同情怀，它一方面主张"老吾老以及人之老，幼吾幼以及人之幼"，寄情于人与人仁爱、人与社会和睦；另一方面培植"天人合一，万物一体"的整体关怀，追求人与自然和谐。中华民族的这一共同情怀在浙江人民安居乐业、治山治水的实践中得到了充分体现。我们参观河姆渡原始艺术中那些驯服的猪羊、矫健的飞鸟、颗粒盈实的稻穗、生机蓬勃的花卉、光芒四射的太阳等纹饰、雕刻时，不难感受到河姆渡人热爱自然、赞美自然和融入自然的美好情愫。《白蛇传》中人妖爱情的感人，梁祝故事里双人化蝶的美妙，无一不是这一情怀的民间表达。如果说大禹兴修沟渠、疏导治水成功是追求与自然和谐的意识萌动和最初实践，那么西湖开发则是浙江人民在发展中改造自然、在改造中保护自然的典范。西湖本是半封闭的潟湖，日久成患，五代钱氏派人日夜疏浚，在湖滨广建庭院，兴建净慈寺，扩修灵隐寺，建钱塘四塔，才使西湖不仅呈现出旖旎秀丽的自然景观，更以其精致和谐的人文风情，融合形成了人间天堂的特色。浦江郑氏义门合居共炊延续了 15 世，历宋、元、明三朝，长达 330 余年，孝义持家，名冠天下，被赞为"江南第一家"。这可以说是人我共生的典型注脚。

求真务实是浙江人文个性及人文精神中最具本质的东西。浙江的发展历史，培养了广大浙江先民反对空言说教、注重社会实际，尊重规律、追求真理，重实践、讲实效的理性思维。这一思维在汉代就已相当成熟。东汉王充针对当时散布虚妄迷信的谶纬之学、虚论惑众的经学之风，给予了严厉的批判和抨击，"疾虚妄""重效验"，主张认识必须以事实为对象，同时以效验来证明，要能够"订其真伪，辨其虚实"，使主观认识与客观事实相符合。当理学在明代越来越失去活力，成为人们思想与实践的束缚时，王阳明创立心学，鼓励人们摆脱理学的束缚，主张知行合一，反对"悬空"思索、"冥行"妄作，对主体精神和人的自我意识大加肯定和崇扬，再次彰显了浙江精神中蕴含着的务实、自觉的理性。王阳明以后，黄宗羲以其朴素科学性和民主性的思想，成为明清之际思想解放、理性自觉的最重要代表；而从章学诚的"史学所以经世，固非空言著述"的思想，到马一浮的"默然不语，其声如雷"的箴言，则可以看作浙江学人一贯的反对空话、强调务实的学术宣言。总而言之，求真务实、主体自觉的理性，贯穿了整个浙江的学脉，是传统浙江精神创造的极其重要的成果。

浙江的碧水青山，孕育了无数坚贞不屈的气节之士；而无数壮士英杰的涌现，又使浙江增添了刚健正直的气度。他们有的在国家危难、大厦将倾之时，挺身而出，以身报国；有的在重重困难之中，奋勇向前，决不放弃信念和志向。陆游"位卑未敢忘忧国"，于谦"要留清白在人间"；忠臣方孝孺不畏强权，名将戚继光勇抗倭寇，大儒刘宗周绝食殉国。当国破家亡时，张煌言抗清不屈，以其气节为西湖群山增辉；在列强炮火中，"定海三总兵"披甲上阵，以其刚毅为民族史册树碑。更有"鉴湖女侠"秋瑾"夜夜龙泉壁上鸣"的诗句，激励了无数中华儿女以天下兴亡为己任。骨头最硬的鲁迅，没有丝毫的奴颜媚骨，对敌人"一个都不宽恕"，对青年却"俯首甘为孺子牛"。作为中国现代新文化的伟大旗手，鲁迅的小说和杂文成为革命者手中最尖锐的武器，而他倡导的"拿来主义"，则已经成为中国人今日开放搞活的最富精华的思想。此外，还有无数优秀的浙江儿女，在中国人民追求民族独立解放的过程中英勇奋斗，他们报国捐躯的事迹感动天地，光照日月。正是这些浙江先贤刚健有为、坚贞不屈的崇高精神和气节，为中华民族的正气歌谱写了一曲曲华彩乐章。

"问渠那得清如许，为有源头活水来。"浙江悠久的历史、灿烂的文明、丰富的文化，始终伴生着与时俱进的浙江人文精神。由上述观念、理性、胸襟、情怀、品行、气节和志向所凝聚的内涵，正如涌动的活水，跳跃、翻腾在整个浙江的历史过程中，表现出旺盛的生命力。在加快全面建设小康社会的今天，只有让这源头活水畅流于我们的实践中，才能不断滋润我们的生命，进一步开拓我们的未来。

第三节　浙江地方文化的当代价值

2020 年 3 月 29 日至 4 月 1 日，在统筹推进新冠肺炎疫情防控和经济社会发展的特殊时期，习近平总书记到浙江考察调研并发表重要讲话，给予浙江工作充分肯定、特别指引，赋予浙江"努力成为新时代全面展示中国特色社会主义制度优越性的重要窗口"的新目标、新定位，这是浙江改革发展史上具有里程碑意义的大事。习近平总书记的重要讲话站在"两个一百年"奋斗目标的历史交汇点上，放眼中华民族伟大复兴的战略全局和当今世界百年未有之大变局，聚焦坚持和发展中国特色社会主义这一改革开放以来党的全部理论和实践的主题，把浙江的过去、现在和未来贯通起来，把浙江与全国、全世界紧密联系起来，将浙江全省域的发展层次、工作要求提升到前所未有的高度，赋予浙江面向全国、面向世界、面向未来的重要角色定位和更大的使命担当，为浙江实现更好发展指明了战略方向，提供了战略指引。

习近平总书记赋予浙江建设"重要窗口"的新目标、新定位，与在浙江工作期间做出的"八八战略"重大决策部署，与2015年考察浙江时赋予的"干在实处永无止境，走在前列要谋新篇"的新使命，与2016年在G20杭州峰会期间提出的"秉持浙江精神，干在实处、走在前列、勇立潮头"的新要求，与2018年就"八八战略"实施15周年提出的"干在实处永无止境，走在前列要谋新篇，勇立潮头方显担当"的新期望，目标上一致同向、一脉相承，要求上一以贯之、一体多面，是传承到创新的集成升华、过程到结果的逻辑展开、量变到质变的递进跃升，充分体现了习近平总书记对浙江的信任关怀一如既往，对浙江的期望期待越来越高，赋予浙江的使命责任越来越大。建设"重要窗口"这一新目标、新定位，必将引领浙江各方面工作全面提高、全面过硬，推动浙江全面提升制度建设整体水平、增强制度综合竞争力，为加快"两个高水平"建设注入强大动力。

建设"重要窗口"的新目标、新定位立意高远、思想深邃、内涵丰富，有着鲜明的指向、严密的逻辑、贯通的联系。"新时代"是现实背景，意味着必须把握时代脉搏、引领时代潮流、彰显时代特色，努力以浙江这个"重要窗口"的建设成效，生动展现新时代的中国风采。"全面展示"是内在要求，意味着要展示的不仅是物质性的成就，更是制度性的成果、气质性的提升；不仅是过去的成就，更是当下的作为、未来的前景。"中国特色社会主义制度优越性"是核心要义，意味着必须以省域层面的实践探索，彰显中国特色社会主义制度的科学性、完备性、有效性，彰显中国特色社会主义的道路自信、理论自信、制度自信、文化自信。"重要窗口"是功能定位，意味着承担特殊的职责使命，具有开放性、国际性，还具有先行性、示范性。总之，建设"重要窗口"就是始终高举习近平新时代中国特色社会主义思想伟大旗帜，将科学思想转化为制度优势、制度优势转化为治理效能、治理效能转化为实践成果，从省域层面深入回答中国共产党为什么能、马克思主义为什么行、中国特色社会主义为什么好，以"浙江之窗"展示"中国之治"，以"浙江之答"回应"时代之问"，为国际社会感知中国形象、中国精神、中国气派、中国力量提供一个"重要窗口"。

在文化方面，浙江努力建设展示坚持社会主义核心价值体系、弘扬中华优秀传统文化、革命文化、社会主义先进文化的重要窗口。浙江是中华文明的重要发源地之一，文化底蕴深厚、文化名人辈出。这些年来，浙江加快建设文化大省、文化强省、文化浙江，大力弘扬民族精神、时代精神和红船精神、浙江精神，显著增强了文化软实力。在建设"重要窗口"的新征程中，浙江必须坚持中国特色社会主义文化发展道路，以打造与"三个地"①相适应的思想高地、舆论高地、文化高地、文明高地的具体实践，生动展现中华民族发展中更基本、更深沉、更持久的精神力量。牢牢掌握意识形态工作领导权，落实意识形态工作责任制，坚持以社会主义核心价值观引领文化建设制度，实施公民道德建设工程和文明好习惯养成工程，加强和创新网络综合治理，倡导全民阅读，大力推进人的素质现代化。大力弘扬红船精神、浙江精神，系统化推进红船精神、浙江精神研究，大力彰显红船精神、浙江精神的历史价值、理论价值、政治价值和时代价值，守牢浙江人民的"根"与"魂"。

一、浙江地方文化与经济发展

改革开放以来，浙江经济取得了迅猛的发展，经济总量和综合实力迅速上升，经济结构发生了深刻的变化。

当代浙江区域所发生的大变局，是在一个并不优越的自然社会环境下起步的。浙江陆域资源贫乏，人均耕地面积不到全国平均水平的一半；改革开放以前农业比重大，工业基础薄弱；国家投资和引进外资都不多，改革开放以来也未享受过国家的特殊优惠政策。当代浙江的经济发展道路既不同于以发展乡镇企业为主的"苏南模式"，也不同于以引进外资和发展外向型经济为主的"广东模式"。浙江经济社会发展道路，既显著地体现了新制度经济学所谓"诱致性"的特征，也鲜明地呈现了哈耶克所谓"扩展秩序"的特征，并产生了良好的经济社会绩效。浙江经济现象的"奥妙"究竟在哪里？帕森斯指出，在解释经济社会变迁现象时，任何单因论的学说都是幼稚的，任何因素都与其他因素存在着相

---

① 浙江"三个地"是指：浙江是中国革命红船起航地、改革开放先行地、习近平新时代中国特色社会主义思想重要萌发地。

互依赖的关系。韦伯主张一种多因素的弹性解释体系，即不仅考察各种制度结构、物质因素和文化因素对社会的独立影响，而且从一定时空条件下的价值体系与其他制度化的结构交互作用来看它们的整体社会影响。因此，探讨浙江经济现象，既有必要充分地考虑政治的、经济的因素，也有必要充分地考虑文化的因素。只有将文化的阐释和经济的阐释、政治的阐释结合起来，才可能对浙江经济的迅猛发展现象，有一个比较全面的阐述。

奋发图强、走在前列的精神状态，自强不息、坚韧不拔的自主谋生意愿和自主创业精神，是浙江区域文化精神的显著特征。改革开放以来的历史证明，它对于浙江的制度创新和经济社会发展产生了精神动力的作用。浙江人改善自身生存和社会生活条件，较少地依赖政府，而更多地诉诸个人的奋斗与社会个体间的协作；浙江外出经商务工者众，其中绝大多数自主经营、自担风险，是或大或小的老板族。这些现象都体现了浙江人自强不息、坚韧不拔、奋发图强的自主谋生意愿和自主创业精神。而改革开放以来浙江专业市场的兴起，个体私营经济、股份合作经济的迅猛发展，一乡一品、一村一品特色经济的崛起，全国各地"浙江村""浙江街""温州村"的形成，自筹资金建设城镇（"全国农民第一城"龙港镇是典型代表），旧城改造资金自我平衡，乃至于台州、温岭等地的民主恳谈会、民办教育等，更充分显示了浙江区域奋发图强、走在前列的精神状态以及自强不息、坚韧不拔的自主谋生意愿和自主创业精神。

不可否认，在浙江的制度创新和经济发展过程中，"政府增进"的特征是十分明显的。制度创新和经济发展需要一种良好、宽松的外部条件或社会环境。党的十一届三中全会以来，中国共产党在思想、政治和组织路线上进行了拨乱反正、正本清源的工作，形成了"以经济建设为中心，坚持四项基本原则，坚持改革开放"的基本路线，无疑为浙江经济体制改革和制度创新营造了良好的社会大环境。改革开放以来，浙江的经济发展、经济体制改革的进程，是与中国共产党的路线方针政策的变化相同步的。浙江各级政府不仅为广大人民群众的制度创新和经济活动提供了相对宽松的政策环境，而且也为他们的制度创新活动和经济活动提供了必要的组织协调和保护。可以说，党的十一届三中全会以来，中央政策的每一种变化都在浙江产生了相应的回响，促进了浙江的思想解放、观念更新，激发了浙江人民从事经济体制变革、制度创新、经济发展的积极性和创造性。如在党的十一届三中全会前后这段时间，为配合全国的大讨论，中共浙江省委强调必须破除"以本本为标准""以权力为标准""以风向为标准""以典型经验为标准"四种错误认识；1979 年初，召开了全省理论工作务虚会，总结新中国成立 30 年来浙江理论宣传工作的经验教训，研究党的工作重心转移后理论宣传工作的根本任务。这些都极大地推动了思想解放，促进了浙江改革开放的顺利起步。20 世纪 80 年代初围绕允许不允许发展个体、私营经济的探讨，80 年代中期关于小城镇问题的探讨，80 年代中后期关于商品市场作用的探讨，90 年代初关于农村股份合作制问题的探讨等，对浙江干部群众冲破"左"的思想束缚，消除思想疑虑，解放思想，大胆实践，对民营经济大省格局的形成，推动浙江城市化的进程，促进浙江以市场取向为特征的经济体制改革和经济制度创新，都起到了重要作用。

另一方面，改革开放以来浙江在制度创新和经济发展上的"政府增进"，总是以"民间诱致"为基础的。与强制性制度变迁通过政府命令和法律引入与实施相区别，诱致性制度变迁指的是，对现行制度的变更或替代，或者新制度安排的创造，通常由个人或一群人在响应获利机会时自发倡导、组织和实行。[①]"民间诱致"，本质上是一种市场解决模式、自发自生发展模式和自组织（self-organization）模式。政府的作用虽然重要，但仅仅是促进性、辅助性、倡导性、主持性的。卡尔·门格尔认为，占据主导地位的社会制度一开始并不是由某些行为个体进行协商之后形成的带有意图性的结果，而往往是源于一大群人的非意图性行为。门格尔指出，所有个体行为的汇总会自发地形成合作性协调行为，这将有利于社会中的每一个人。而且，如果社会管理与行为规则能够保持稳定并得到每一个社会成员的遵守，那么，整个社会将形成一种普遍的秩序。

"民间诱致模式"或"自发自生发展模式""自组织模式"之制度变迁的一个

---

① 卢现样：《西方新制度经济学（修订版）》，中国发展出版社，2003，第 110 页。

重要的前提，就是从事制度变迁的有关群体具有自强不息、坚韧不拔的自主谋生意愿和自主创新、自主创业精神。对任何个人来说，创业是一项关系重大的决策。创业意味着创业者从此要承担财务的、精神的和社会的巨大风险，所以，它将对一个人的一生产生极其重大的影响。创业需要创业动机、创业热情，而创业动机和创业热情总是在一定的经济社会氛围中得以孕育的。一个国家和地区民众创业动机、创业意愿的强弱取决于政治、经济等多种因素，但文化背景无疑是一个十分重要的因素。创业动机和创业热情是在一定的文化氛围中得以孕育和强化的。对于人类而言，文化的影响是巨大的。现象学者舒茨认为，社会文化、社会知识是由各种可以被形象地称为"社会菜谱"（socialrecipe）的常规和惯例——在特定条件下典型的、被大家所熟悉的做事方式所组成的。这些常规或惯例使人们能够按照某种共同理解的逻辑来对事物进行分类、解决问题以及在不同的情境下采取得体的行动。谈判、结婚、宗教仪式、子女教育和买卖等各种社会行为都是按照这些"社会菜谱"来进行的。[①]文化使社会有了系统的行为规范，给社会成员提供了判断对与错、美与丑、合理或不合理等的尺度和行动的蓝图。文化可以有效地影响个人的人格，人们是在按照文化的要求与期望来塑造自己的。文化给人们一个预测他人行动的准绳，进而可以修正自己的行动。正因为文化具有如此重要的社会功能，所以不同的文化背景尤其是人们不同的价值观，就决定了人们对于创业行为的不同态度以及对创业成功价值的不同评价，从而使得不同国家和地区的民众在创业动机强烈程度上，也会表现出显著的差异。一般来说，在一个鼓励创业、创新、冒险、竞争，容忍失败，以成就公正、公平为取向的社会文化氛围中，人们往往具有比较强烈的创业意愿；而在一个轻视创业的价值，贪图安逸，惧怕风险，不求进取，不敢冒尖，对创业行为采取不鼓励、不宽容，甚至创业失败就会受人耻笑的社会文化氛围中，人们的创业动机必然会很弱。

浙江民间恰恰鲜明地呈现了鼓励创业的文化精神。比如，从 1979 年开始

---

① ［美］史蒂芬·李特约翰：《人类传播理论》，史安斌译，清华大学出版社，2004，第 219—220 页。

到 1982 年春，浙江许多地方就已初步建立了联产承包责任制（而全国则完成于 1984 年），这是浙江民间出于强烈的自主谋生意愿而对制度不均衡做出的一种先于全国的自发性反应。改革开放以来浙江各地星罗棋布的专业市场，也不是某个人或某些人预先"设计"的结果，而是"自发自生"地兴起的；不是源于某人通过把一系列要素各置其位并且指导和控制其运动的方式而确立起来的人造的秩序、人为的秩序、建构的秩序，而是源于一大群人自主创业行为的结果。

义乌中国小商品城的演化过程，就是"民间诱致模式"的缩影，也是大群人自主创业精神的生动体现。据陆立军、白小虎、王祖强的描述，在 20 世纪 70 年代末，义乌非正式小商品市场开始与定期的集市贸易市场分家。县城稠城镇虽然不是"敲糖帮"的发源地，但由于其特殊的地理位置和县域政治经济中心的地位，是发展小商品市场较为理想的地方。最初在县城沿街叫卖的是少数几个老汉，随后吸引了一大批具有强烈谋生意愿的人加入，仅半年时间，稠城镇县前街的摊贩增加到了 100 人。这时的小商品市场已由地下转入半公开状态，有了固定的地点，聚集在县前街、北门街。摊位数直线上升，以至于严重影响了市容。工商管理部门多次奉命驱赶，但未能奏效。这些摊主的装备简单，还有一部分是提篮小卖，灵活机动，万一被抓获、没收，损失也不太大，严抓、严赶根本无法平抑摊主自主谋生的强烈冲动。在当时，有形市场只是为交易双方提供一个集中寻找伙伴的场所而已。主管部门既无法驱赶摊主，也无法进行有效管理，按照正常的市场管理办法收取市场管理费和税收，双方玩起了"猫捉老鼠"的游戏。但这种游戏长期玩下去也不是解决问题的办法。既然禁止的做法难以奏效，小商品市场本身也不会对社会造成危害，与其关闭，倒不如顺其自然，开放小商品市场。经过反复讨论后，义乌县政府终于在 1982 年 8 月宣布，正式开放"稠城镇小百货市场"。[①] 而这正是"中国小商品城"的前身。浙江多数专业市场的兴起，都经历了与此相类似的"自我生成"的过程。即：一开始是在浙江的许多城镇兴起了"马路市场"，当时，这些市场是非法的，称为"黑

---

① 陆立军，白小虎，王祖强：《市场义乌——从鸡毛换糖到国际商贸》，浙江人民出版社，2003，第37–39页。

市",政府部门一般都会试图通过"禁、堵、赶"等办法取缔这些市场,还专门设立"打击投机倒把办公室"。但一般来说,"禁、堵、赶"都可能会以失败而告终。这些市场无法取缔的事实教育了当地干部,于是由"禁、堵、赶"而转为"疏"和"导",先是采取了"不公开同意,不明文禁止"的模糊政策,而后又选择了"明文允许且鼓励发展"的政策,这些原先的"黑市"终于发展成为具有一定规模的以经销小商品、日用商品等为主的专业市场。这种过程无疑是"民间诱致"或"自发自生""自组织"的,而其精神动力,也是民间强烈的自主谋生和自主创新的意识。

浙江个体私营经济的发展历程,尤其鲜明地体现出一种"自我生成民间诱致"的特点。即使在计划经济严格管制尤其是"割资本主义尾巴"的时代,浙江许多地方已经自发地产生了家庭经营经济的苗头。20世纪80年代末,伴随着改革开放的浪潮,浙江温州、台州、金华等地的个体私营经济应运而生。这种自发形成的个体私营经济一开始也是处于"地下"的隐蔽状态。如在改革开放初期的温州和台州,绝大多数个体经济和私营经济采取挂靠方式或"戴红帽子"的方式,即挂集体企业的牌子。尽管姓"资"姓"社"的争议一直没有停止过,但浙江的个体私营经济却一直在民间自发力量的推动下,不断地成长。而政府部门对待个体私营经济,也经历了从"不公开同意,不明文禁止"的模糊政策到向"明文允许且鼓励发展"的政策转变的过程。这种转变的过程,虽然是与国家宏观政策的松动相一致的,但不是一种人造的秩序、人为的秩序、建构的秩序。推动这种转变的最强大的动力,显然来自浙江民间,来自浙江民间强烈的自主谋生和自主创新的精神。

浙江各地股份合作制的孕育和发展,也具有"民间诱致"的自组织特征,也体现了自主谋生、自主创新和自主创业的精神。股份合作制脱胎于浙江温州、台州农村传统的"合伙经营"和"打硬股"。20世纪70年代末,温州、台州等地的农民在人多地少的压力下,纷纷到非农领域寻找出路,而办厂所需的资金往往不是单户农民所能承担的。随着非农产业的发展和市场竞争的加剧,温州、台州等地的农民为适应自身发展需要,克服家庭组织难以适应扩大生产规模的弱点，迫切需要一种新的产权制度安排来实现生产要素的联合和重组，协调由资产联合、重组形成的新的经济关系。在此情况下，温州、台州等地的农民表现出了强烈的自主创新和自主创业的意识。他们曾尝试过合伙制即联户办企业和雇工，试图扩大家庭生产规模，但前者由于资产联合上松散和无限责任连带，后者由于政策性制约及劳资关系难以融洽，都未能发展为家庭经济进一步成长的普遍形式。在此情形下，台州的农民亲帮亲、邻帮邻，以"平等自愿"的原则，办起了"自筹资金、合资合劳、利益共享、风险共担"的新型的股份合作制企业，实现了个人财产的私有共用，并使之演化为家庭经济尤其是在非农领域内进一步发展的主要经济形式。在这个过程中，民间自发的力量无疑起着主要的作用，政府的作用虽然重要，但这种作用是促进性的、辅助性的、倡导性的、主持性的。浙江各地的股份合作制也是一种"民间诱致"的模式，本质上是一种市场解决模式、自发自生发展模式和自组织模式。

自主谋生和自主创业的区域精神，事实上不仅仅表现在改革开放以来的经济领域，也广泛地渗透到了浙江区域的其他社会领域。在20世纪80年代，浙江的城市化水平远远低于全国平均水平。在国家财政投入捉襟见肘的情况下，浙江各地出现了由农民自理口粮进城，自己集资建城镇的潮流。像乐清的北白象镇就曾集资1亿元，把全镇翻新。类似的还有宁海的水中镇、乐清的柳市镇等。而龙港农民城的兴建更是农民集资兴建一个城镇的典型代表。[1]1988年，温州市第一批民间商会——温州市三资企业联合商会、食品工商企业同业工会、百货同业商会成立。由此起步，温州民间商会已经走过了三十几年的发展历程。温州民间商会乃是新崛起的地方治理主体，是温州民间自主创业和自主创新精神的一种必然的结果。正是民营经济自我保护和发展的需要直接催生了民间商会。民营经济的自我保护需求是内生的、本能的、自发的，其本质是需要形成一个"行业代言人"，以代表行业的整体利益，协调行业内外的各种社会关系。在温州经济社会的发展过程中，温州民间商会发挥了独特的作用。主要有：组

---

[1] 朱康对：《来自底层的变革——龙港城市化个案研究》，浙江人民出版社，2004。

织和服务功能，办成了许多单个企业想办而又难以办成的事；协调功能，"开展行业自律，规范同业竞争，协调内外关系，解决矛盾纠纷"，承接了一些政府做不到、做不好或不便去做的事；在中国加入世界贸易组织，各种反倾销、反补贴和设置技术壁垒的贸易战已经陆续打响的背景下，帮助解决贸易争端，参与和促进国际合作，开辟获取国外知识技术和资金的新渠道，以民间渠道和方式对国际经济决策施加影响，参与各种非官方的国际经济活动和事务。改革开放以来浙江的许多基层民主政治新举措，如台州的基层民主恳谈活动、金华的政务公开、余杭的干部报酬民主评议、镇海的村务决策听证制、奉化的重大事务公决制、武义的村务监委会、枫桥的多方参与共同维护社区和谐秩序、嘉兴的预算外资金"四统一管理"、杭州的市长公开电话、天台的效能网，等等，既是地方政府发挥促进性、辅助性、倡导性、主持性作用的结果，也是"民间诱致"使然，同时，还是民间自主创业和自主创新精神的鲜明呈现。

二、浙江地方文化与政治文明

任何国家、地区的政治建设和政治发展都是在特定的文化背景下进行的，它不可避免地要受到本地文化传统的强烈影响。文化传统是人们长期实践、世代相传的产物，它凝结着当地人们的经验、情感和智慧，内化并积淀于人们的思想之中，是文化力量最深层的源泉。改革开放40多年来，浙江经济迅速崛起与腾飞、社会政治全面进步，一个重要的原因就在于浙江具有深厚而独特的文化底蕴和文化传统。

浙江山川秀丽，人文荟萃，素有"文物之邦"之称。早在5万年前，就有"建德人"在这里栖息、活动。新石器时代的文化也非常丰富，浦江上山遗址、余姚河姆渡遗址的发现和开掘，有力地证明了浙江也是中华民族古代文化的摇篮之一。在春秋战国时期，浙江先民创造了相对独立、独具特色的古越文化。至秦汉时期，浙江地区的当地文化开始完成与中原文化的融合，成为统一的中华文化的一个组成部分。晋代永嘉以后，中原人口大量迁居浙江，推动了江南地区的开发和发展，浙江文化开始走向成熟，逐渐成为全国文化的重镇。至两宋时期，尤其是南宋之后，浙江文化进入前所未有持续兴旺的繁荣期。经济的发达使得浙江文化紧贴时代的脉搏。明清两代，浙江成为新思想、新思潮的主要萌发地区，在某种程度上主导了当时全国思想界的发展。到了近现代，浙江文化继续完善与发展，在与世界文化的交流、碰撞中，浙江文化博采众长，开拓创新，始终走在时代前列。

一个区域文化传统的形成既是本地文化、同质文化长期积累、传承的过程，也是对外来文化、异质文化批判、融合、创新的过程。在漫长而悠久的文化演进过程中，浙江文化一方面吸收和保持了中华文化的主体内涵，在主干上具有传统文化的共性，是建立在小农生产方式上的、以儒家学说为主导的农业内陆文化；另一方面，由于特殊的自然环境和独具特色的文化精神，浙江文化又具有与中原文化迥然相异的个性，反映出海洋文化和商业文化的特点。

从政治文化的角度来看，浙江文化传统的特色可以概括为以下几点。

（一）讲求实际的价值取向，造就了浙江人理性、务实的政治态度

浙江有着悠久和发达的商业文化传统。在先秦时代，越国的范蠡、计倪就曾提出了较为成熟的商业理论。到唐代，浙江已成为全国工商业最发达的地区之一。两宋以来，浙江成为全国工商业的重要中心，是当时中国最富庶的地区之一，也是国家财税收入的重要来源。工商业的繁荣带动了市镇的发展。唐代杭州、宁波和温州均为繁荣的商业都市。明清以来，随着具有资本主义萌芽性质的工商业的蓬勃发展，大大小小的市镇更是迅速发展起来。明代以后，杭州、湖州、温州等均辖有几十个市镇，小者千户，大者万户以上。

活跃的商品经济和繁荣的市镇商业活动，为浙江文化烙上了鲜明的商业文化特色。自古以来，浙江就有趋利好贾、习尚奢侈的习俗传统。人们普遍追求现世的幸福，讲究生活质量。《宋史·地理志》上的两浙路人"俗奢靡而无积聚，厚于滋味。善进取，急图利，而奇技之巧出焉"的记载，真切地反映了当时浙江人的生活观念与行为方式的特点。

在商业文化的长期熏陶下，浙江人的价值观念带有鲜明的经济理性的性质。按照亚当·斯密对经济人的理解，每一个经济活动中的人都是以自利为导向的，都无例外地追求自身效用的最大化。这种"经济人"的理性意识是商品经济活动的必然产物，也是商品经济正常运作的前提。具有这种理性意识的人，在日常生活中习惯于按照"经济人"的行为偏好来进行选择。经过商品经济文化的长期洗礼，浙江人一般都具有讲究实际，轻视说教，追逐实利，注重世俗享受的价值取向和行为特点。

这种现实主义的、注重世俗功利的价值追求，造就了浙江人理性、务实的政治态度。浙江普通百姓对于政治的看法和态度，大多以现实主义的功利标准为取舍，注重政治、政策对自身利益的实际影响。总的来说，传统的浙江人不太热衷于政治，对于脱离实际的"空头政治"更是不屑一顾。但是，当政治、政策有利于自身利益的发展时，他们往往会主动参与和热心拥护。在封建专制主义的政治条件下，浙江民众的政治参与热情普遍不高，而是采取理性的回避和务实的容忍。改革开放以来，中国在经济上积极推进市场化的改革，在政治上大力发展民主，党在新时期推行的路线、方针、政策，正契合了浙江文化传统的内在精神，所以，得到了浙江人民的真心拥护和高度认同，同时也大大激发了浙江人民的政治热情。比如在农村推行村民自治的选举中，浙江农民的参与热情很高，参选率一直在90%以上。

由于政治认知水平的差异，同样是在现实主义和功利主义精神的熏陶下，浙江儒士阶层的政治态度与普通民众有所不同，大多积极而入世，充满了忧国忧民的爱国主义情操。在浙江历史上曾涌现出一大批忧国忧民的政治人物，如于谦、王阳明、方孝孺以及近代的章太炎等。而且，浙江学者吸收和提升了世俗的功利思想，在传统文化中独树一帜地提出了"义利并立、崇尚事功"的新思想，强调经世致用，救世济民。在这种思想文化传统熏陶下的知识分子，对于政治有着参与的热情和济世的抱负，但当政治黑暗、政治腐败之时，也有一些知识分子会"明哲保身"，将自己的抱负转向文学艺术和学术研究事业，对政治采取回避的态度。

（二）经世致用的思想，哺育了浙江人求真务实、讲求实效的政治观念

经世致用的思想最早源于先秦儒家。孔子倡导德政仁爱、礼乐教化，目的是修身、齐家、治国、平天下。在浙江，东汉王充率先提出"世用"说，认为书文"为世者，百篇无害；不为用者，一章无补"。南宋时期，以叶适、陈亮为代表的浙东事功学派大力弘扬和推进了儒家的经世致用思想，并在其中灌注了强烈的事功主义精神。永嘉学派的代表人物叶适十分强调义理须见之于事功，反对虚文空言，主张探讨有关国计民生的实用之学。他一反儒家重义轻利、重农轻商的传统，主张"以利和义""义利并立"，提出了"善为国者，务实而不务虚"的治国理念，要求"实政与实德双修"，把仁义道德落实到"民利"上。永康学派的代表人物陈亮强调"功到成处，便是有德；事到济处，便是有理"。他对朱熹要求学者"以醇儒自律"的主张进行了有力的批判，强调知识的现实性和实践性，主张学者应积极过问天下大事，参加社会实践，做个"才德双行""仁义与智勇并重"的人。吕祖谦也提出"学者须当为有用之学"，认为："百工治器，必贵于用，器不可用，工弗学也。学也无所用，学将何为学耶？"清初大儒黄宗羲对永嘉事功之学赞赏有加，认为"永嘉之学，教人就事上理会，步步着实，言之必使可行，足以开物成务"。并且，黄宗羲治学精神与浙东事功学派一脉相承，他主张儒者之学当以"经天纬地、经世致用"为务，明确以"适用""应务"作为学问之道的价值准则。浙东事功学派所开启的"经世致用"思想，经过历史发展，成为浙江思想文化一以贯之的传统。这些思想文化传统，一方面集中反映了浙江人在长期的社会实践中所形成的价值观念和行为方式；另一方面，又通过各种传教途径在民间广泛传播，代代相传，反哺了浙江人的精神气质，成为浙江文化传统的精神底蕴。

政治文化是社会文化的有机组成部分，必然受到社会文化的影响。经世致用、崇尚事功的思想，哺育了浙江人求真务实、讲求实效的政治观念。当不同时代、不同发展阶段的主流文化与这种精神文化特征不相容时，它处于潜伏状态。而一旦主流文化环境改变，主流文化意识形态控制力有所减弱，它就会顽强地表现出来。党的十一届三中全会确立了解放思想、实事求是的思想路线，并确立了以"经济建设为中心"的发展战略，中国政治开始回归马克思主义的正轨，其所倡导的主流意识形态，正契合在浙江大地深深扎根的文化精神传统和价值追求，因而，浙江人民的政治热情普遍高涨，自主、参与意识也不断提高。建设中国特色社会主义是一项前所未有的事业，没有固定的经验模式可循，必须坚持从实际出发，实事求是，把实践作为检验真理的唯一标准。浙江人民得益于自身文化的精神传统，在建设中国特色社会主义的探索中，始终坚持求真务实、讲求实效的精神作风，大胆探索，勇于创新，无论是在社会主义市场经济的建设中，还是在社会主义民主政治的完善中，都创造了许多好的制度、好的形式，成为全国的先导和示范。在一些群众首创的制度和形式突破既有的意识形态时，政府能从尊重实践和有利于人民利益的立场出发，采取默许或引导、扶持的态度和政策。这种做法和态度是与浙江人求真务实、讲求实效的政治文化传统密切相关的。

（三）自强创新的精神传统，构成了浙江人在政治发展中勇于创新的精神动力

自强不息、自主创新是浙江文化精神传统的一个显著特征。浙江"七山一水二分田"，可耕地少。先天不足的资源条件，加上地处沿海，海上谋生的冒险生活和悠久的对外开放历史等文化因素，培育了浙江人的自立自强意识和开拓创新的精神。浙江先民极富创造性，创造了独具特色、崇尚个体精神的古越文化。特殊的生存环境使浙江人较早和较多地摆脱了对外部自然与社会共同体（国家、家族）的依附心理，以及对于正统观念和行为模式的盲从心理，形成了依靠自己的聪明才智和坚韧意志去谋求生存和发展的自主精神。面对外部的压力和挑战，浙江人既不消极沉沦，听从命运的摆布，也很少表现出北方燕赵之士那种慷慨激昂的刚烈之气，而是"柔而不屈，强而不刚"，充分发扬主体的能动精神，充分发挥自己敏于机变和富有韧性的特长，去克服困难，实现自己既定的最终目标。越王勾践能屈能伸，为雪大耻、图远志，卧薪尝胆，坚韧不拔，直至最终实现复国灭吴的抱负，正是浙江人这样一种智慧而坚韧的品质的生动体现。

从浙江文化发展演变的历程来看，浙江是受中原文化同化较晚的地区之一。此前创造的于越民族文化传统，赋予了浙江区域文化许多不同于中原地区的个性。尽管南宋时期浙江曾成为全国政治、经济和文化的中心，但就长期而言，浙江一直处于全国政治与主流文化的边缘地带。浙江人受到的国家机器和正统意识形态的控制显得相对薄弱，容易形成富有自主性和个性的思想观念与行为方式。自古以来，浙江大地涌现了一大批富有创新思想、敢于反叛旧传统旧秩序的思想家、革命家。从东汉"不守章句"的王充，到西晋"越名教而任自然"的嵇康，从倡导"义利并立"的南宋浙东事功学派，到与程朱理学分庭抗礼的阳明心学，从公开提出"反君"思想的黄宗羲，到开近代中国风气之先的龚自珍，从清末首倡革命的章太炎，到新文化运动的领袖人物蔡元培、鲁迅等，都是领时代风骚、开拓创新、解放思想的杰出代表。这些都说明了浙江人勇于独立思考，敢于开拓创新的精神品质。

这些精神品质在今天成为浙江人民创造新生活、新文化的源头活水。在浙江民主政治建设的过程中，浙江人民秉承自强不息、开拓创新的精神传统，创造了不少有突破性意义的民主形式和制度，有力地推进了浙江政治文明的发展。比如浙江温岭的民主恳谈会，就是基层民主的一大创新。民主恳谈超越了民主选举的单一形式，融入了民主沟通、民主管理、民主决策和民主监督等实质性内容，创造性地确立了乡、村和广大群众等多方依法参与、平等参政、公开议政、公正行政，彼此间维护和保持良性互动的民主治理新模式，被有关专家赞誉为"中国21世纪农村基层民主政治建设的一道新曙光"。此外，浙江在全国较早推行的政务公开制度，在加强权力监督和扩大公众参与政府决策方面均有突破，取得了良好的效果，是地方政府制度创新的典范。

（四）多样文化的相互激荡和对外交往的悠久历史，塑造了浙江人开放宽容的政治心态和善于变通的政治思维

浙江靠山临海，兼具内陆文化和海洋文化的特点。这种多样性的地理环境塑造出了浙江人既有山里人吃苦耐劳、顽强拼搏的韧劲，又有滨海人勇于开拓、敢于冒险的胆略。浙江悠久的对外开放历史也有助于浙江人开阔眼界，形成开放的心态和富于"权变"的意识。早在先秦时代，浙江就同东亚、南亚、西亚不少地区以及国内沿海地区有贸易往来。北宋时期，杭州、宁波、温州均为重要

的对外贸易港口。浙江盛产丝绸、茶叶、瓷器，都是当时中国的主要出口产品。元代在全国七地设立主管对外贸易的机构，浙江独占其四。鸦片战争后，宁波、温州、杭州相继被辟为通商口岸。近代以来，浙江人身处中西汇通前沿，得风气之先。近代工商业的兴起，新式教育的开办，西方文化的传播，都使浙江人较早和较多地接触到外来的文化，开阔了自己的视野，培育出了乐于接受新事物、博采众长的开放心态。

此外，浙江从某种意义上说，是一个移民社会。西汉末年、东汉末年、西晋末年、北宋末年因战乱而引发了北方人口大规模南渡，浙江几乎每次都是北人南渡的首选之地。北人南渡，给两浙地区带来了大规模的人口与文化的大融合。从社会心理和文化心态发展的角度讲，这种由人口流动带来的文化融合与碰撞，及其形成的多元价值与文化并存的局面，必然会极大地削弱人们对某一种价值信仰体系的盲从，带来人们思想观念的大解放，形成宽容的文化心态。

内陆文化与海洋文化、中原文化与吴越文化、中国传统文化与西方近现代文化在浙江的相互激荡，形成了多种文化的碰撞和交融。在文化的交融过程中，人们得以见识和学习各种先进的生产技术和文化成果，得以体验和感知各种不同的价值观念、行为习惯与风土人情，对新事物的敏锐意识、学习的能力、创新的愿望等都由此增强。在这种独特的多样文化交融的背景下，浙江人看问题、办事情，不墨守成规，不固执己见，能够以一种开放、包容的心态去看待和接受不同的事物。正因为人们长期生活在多元、多样的文化环境中，浙江人容易接受和承认别人利益存在的合理性，在处理利益冲突时，往往能视野开阔、理性务实，具有富于机变，善于变通、妥协的思维特点。比如，与中原或全国其他一些地区的公务员相比，浙江的政府公务员的"官本位"思想总体来说并不严重，在处理群众利益冲突时，政府公务员一般避免采取"高压"的强硬措施，而是从人格平等的角度出发，从当事人的利益出发，以理性说服和协商变通的处理方式为主。即使是群众的做法与中央政策相矛盾，政府公务员也能从实际出发，从有利于群众利益的立场出发，采取变通处理的方式，而不是一味禁止。

这种文化传统特色，有助于浙江民主政治的发展。开放包容、理性务实、善于妥协正是现代民主政治文化的重要特征。民主，从一定意义上说就是在多元利益并存的情况下，处理利益冲突和利益博弈的一种社会妥协机制，与之相契合的社会文化的重要特点就是宽容、妥协和理性。民主本是商品经济发展到一定阶段的产物，民主文化与市场经济密切相关。浙江有着发达的商品经济和商业文化历史，其文化传统蕴含着许多有利于民主政治发展的文化因子，比如开放、包容、理性、务实的心态和善于变通、妥协的思维品格，这使得浙江在民主政治建设中具有一种文化上的先发优势。浙江之所以能在民主政治建设上取得长足发展，一个重要的原因正在于此。

（五）关注民利、涵育民生的新民本思想，培育了浙江人富民图治、注重民权的政治价值理念

民本思想是中国传统政治文化的重要内容，原是中国古代的明君、贤臣为维护和巩固其统治而提出的一种"以民为国家之本、以民为政权之基"的治国理论。一般认为，民本思想最早萌发于我国殷周时期，其词源肇始于"民惟邦本，本固邦宁"的政治警言。系统的民本思想则来自儒家的"仁政"学说。"以德治国"是儒家政治思想的核心内容，而德治的首要原则就是要求统治者实行"仁政"，即要求统治者以仁爱之心关怀民众，通过对民众行仁政而王天下。孟子是古代民本思想的集大成者，他提出了"民为贵，社稷次之，君为轻"的"贵民"主张，并对如何实施"仁政"有着详细的讨论：第一，要实施"制民之产"的富民政策，即给民众赖以生存的土地，有恒产者方有恒心；第二，要"薄税敛"，"取于民有制"；第三，要使民有教；第四，要与民同乐同忧，如此方能王天下，"乐以天下，忧以天下，然而不王者，未之有也"。这一重民、爱民、利民、富民、教民、忧民思想，正是民本思想的精华。

民本思想，尽管其本质是为了维护和巩固王权，但其中蕴含着对民众生存权利和社会合理秩序的深刻思考，不失为我国传统政治文化中的精粹。民本思想作为中国政治文化的优良传统，经过一代又一代贤哲们的辨析和弘扬，得以不断丰富和发展。至明清时期，随着商品经济的进一步发展和资本主义萌芽的出现，浙江的一些学者、思想家，秉持经世致用的治学精神，站在时代发展的前沿，提出了不少具有民主主义精神的启蒙新思想，把传统的民本思想发展到极致。比如，王阳明把"民本"与"民利"结合在一起，指出："财者民之心也，财散则民聚；民者邦之本也，本固则邦宁。"此外，王阳明的"良知"说，强调以"吾心"作为万事万物的"主宰"，主张"求之于心而非也，虽其言之出于孔子，不敢以为是也"。并认定"人人同具良知""良知之在人心，无间于圣愚""愚夫愚妇与圣人同"。无疑，在这些思想背后，蕴含着近代追求个性解放和人格平等的民主精神。

明末清初大儒黄宗羲更是中国伟大的启蒙主义思想家。在《明夷待访录》这部具有近代民主精神的经典之作中，黄宗羲明确提出了"有生之初，人各自私也，人各自利也"这个富有天赋人权色彩的命题，强调每个人有争生存、求幸福的权利。而这个人权却被君主剥夺了。君主将"天下（百姓）为主，君为客"，颠倒成"以君为主，天下为客"，把天下当成了个人的私产。他揭露了君主"荼毒天下之肝脑，离散天下之子女，以博我一人之产业"的罪恶，喊出了"为天下大害者，君而已矣"的口号。黄宗羲不仅猛烈抨击了封建君主制度，而且在《原法》中激烈地批判了君主个人"藏天下于筐箧"的封建法制，主张"以天下之法"取代"一家之法"，主张"先有治法，后有治人"，已具有民主主义与法治主义的思想萌芽。黄宗羲还批判了"臣仕于君"的思想，认为君与臣的差别只是为"天下万民"服务的社会分工不同。在《置相》篇中，黄宗羲提出了虚君实相的君主立宪似的设想；在《学校》篇中，黄宗羲提出：学校除了传播文化、培养人才外，更应该"公其是非"，成为监督辅佐朝政、指导舆论的类似代议机构的场所。并且，黄宗羲还肯定私利追求的合理性和正当性，认为人类社会的理想境界就是人人"各得自私，各得其利"。梁启超曾赞道：黄宗羲"在三百年前——卢梭《民约论》出世前数十年有这等议论，不能不算人类文化之一高贵产品"，"的确含有民主主义的精神，虽然很幼稚，对于三千年专制政治思想为极大胆的反抗"。

总之，明清时代浙江的一些学者、思想家，从儒家的民本思想出发，结合发展着的时代精神，引申并阐发了具有近代民主主义精神的新思想，达到了中国传统民本思想的最高峰。这些有鲜明启蒙色彩的新思想，从重视民众生存权利和肯定个体利益追求的立场出发，发扬了传统民本思想的精粹，道出了传统中国的民主先声，成为今日浙江人民进行民主政治建设的宝贵精神渊源。在指导浙江政府行为的价值理念中，关注民利、重视民权以及富民图治、追求社会和谐的观念一直占据重要地位。在改革开放之初，浙江的政府和公务员之所以能顶住压力，对一些有违当时中央政策的做法采取默许和扶持的态度，正是因为有富民利民的价值理念指引。浙江是全国最早推行政务公开制度的省份之一，在开门立法和人大改革方面也走在全国的前列，是全国最早开展立法听证的省份，并首创了网上直播人大常委会会议以及在全社会公开征集立法项目的民主新形式。这些都充分体现了浙江政府重视民权发展的价值立场。2004 年 5 月，中共浙江省委提出了打造"平安浙江"的重大决策。平安，即平和而又安康，这是社会文明与进步的象征，也是人民群众的期盼与追求。"平安浙江"的提出，集中反映了浙江富民图治、追求社会和谐发展的价值理念，也充分体现了中国传统政治智慧在今日浙江的继承与发展。

三、浙江地方文化与社会发展

一个社会要实现和谐稳定、有序发展，一种普遍接受的价值共识或者说一种共同的文化是不可或缺的。但在此也必须指出，并非任何一种价值观或文化都会有益于社会的整合和发展。比如说，如果一种文化崇尚的是"好勇斗狠"，人们之间一旦发生矛盾和冲突，习惯用武力来解决问题，即所谓的"一言不合，则拔刀相向"，最终以拳头大小论英雄，那么这种文化对社会秩序的整合无疑是不利的。

有学者指出，在西欧国家从传统军事社会向近代文明社会的发展过程中，civilsociety 的出现具有重要的意义。但什么是 civilsociety？它事实上有三层含义：就经济上的意义而言，即所谓的"市民社会"；就政治层面来说，是指与国家相对的"公民社会"；而就文化层面而言，则它首先是一个"文明社会"或者说"礼貌社会"（politesociety）。在这个社会中，作为特定文化的文明礼貌的内化使人们有效地控制了不羁的激情，使自己的身体变得更为驯顺，从而彼此能够礼貌相处。即使是在面对利益的冲突和矛盾时，也能以克制的、和平的方式来谋求双方都能接受的解决方案，从而维护社会生活的和谐秩序。社会学家认为，一个外表礼貌待人、内心追求自我利益的人，是一个在互动中可以预期的人，是一个自律的人，它不仅意味着经济上交易成本的降低，而且它也是对任意性行为的重要约束。一些法国学者指出，在法国这个绝对主义国家中，礼节或礼貌对于约束和控制人们的任意性行为，其作用并不亚于宪制方面的约束。相对于尚武的社会来说，一个建立在礼节和礼貌的严格控制之上的文明社会，能使政府的管理有一个更为稳定、有序的基础。[①] 总之，我们可以说，由崇尚克制理智、文明礼貌的文化价值观所形塑而成的、作为礼貌社会的 civilsociety 既降低了经济活动的交易成本，也构成了现代政府治理的一个重要基础，同时，它还直接形成和维系着社会的整合和有序运行。

　　还有学者提出了一种"和合"的文化价值观，认为崇尚"和合"的文化价值观有助于人们建立一个和谐有序、良好运行的社会。所谓"和合"，即是以"和生、和处、和立、和达、和爱"为核心的一种价值观，或者说一种文化，强调人类必须共同生存、共同发展、和睦相处才能共荣共富。特别是，由于思维方式、风俗习惯、文化素质的差异，以及不可避免的利益悬殊，人们之间常会发生冲突和竞争，这就更要求人们必须以温和、善良、宽容、恭敬、节俭、谦让的态度相互共处，并且这种共处的意识应成为人们自觉的责任，由此，社会的和谐才是可能的。[②]

（一）浙江文化"尚文"的精神气质与社会和谐

　　一个社会的根本的文化气质将直接决定人们的生活态度和相处的方式。《宋史·地理志》说"浙江人性柔惠，尚浮屠之教，厚于滋味"，综观历史，可以发现，这个描述对浙江文化而言可说是极为贴切，的确是浙江文化精神气质的一个主要特征。所谓"柔"，并非弱，常与"和"联系；所谓"惠"，则随机应变、

---

① 李猛：《中国社会学》第 1 卷，上海人民出版社，2002，第 15—18 页。
② 张立文：《和合学——21 世纪文化战略的构想与对话》，载《21 世纪中国战略大策划——大国方略》，红旗出版社，1996，第 217—220 页。

趋利避害。由于崇尚"柔惠"的精神气质，浙江人在日常生活中总是显得委婉含蓄、不失分寸，即使在处理一些棘手的问题时，也总是以"不伤和气""不撕破脸皮"为基本要则，因此而邻里和睦、社会安定。如浙江传统习俗中的所谓"讲生意"和"吃语"可说是浙江人"柔惠"的一例。所谓"讲生意"，就是东家决定留用还是辞退伙计，通常有两种方式：一是东家摆一桌酒席请大家吃，席间东家亲自端一盘鱼上桌，鱼头对准谁，谁就被辞退；二是在酒席结束后，东家依次找伙计谈话，如若留用则口头表扬或加点工资，若不再留用，则送上红帖一张，双方好聚好散。所谓"吃语"，就是各类商店的一套行话。为了对付顾客，这套行话只有内部知道。如在南货店买东西，恰逢有欠账的顾客来买东西，老板就跟收钱的员工打招呼，员工就把原价加上两三成算账，既不让顾客难堪，又收回了赊账。浙江文化的这种"柔惠"气质和浙江社会中崇文好学、秉守礼仪的传统不无关联。孔子说，"礼之用，和为贵"，意思是说礼的作用是调节人与人之间的关系，而其重点则在于使人们之间的关系和谐。浙江在礼教一脉上主要继承的就是儒家的传统。据明人记载："秉礼之家，斤斤自好，不越矩援。"葛礼在《钱塘赋》中则说："歌唐颂虞，咏仁蹈德，长者皆不怨不倦，幼者皆克既可仪。升降以齿，人尊长幼之序；渐摩有素，俗安礼仪之守。"① 长期以来，浙江人以孝父母、友兄弟、序长幼、祀祖先，维系家庭和宗族秩序为重。由此派生的繁文缛节，历代相沿。在社会活动中，人们也能敬贤尊士、扶危济困、施善行义、睦邻交友。如在宁波有专设救生船以拯溺者的"同善会"，有义务报警救火的"水龙会"，以及"临安会""同安会""普安会""来安会""长安会""保安会"等等。而在绍兴有"舍材会"，由一些乐善好施的老公公或老婆婆倡议集资组织，购置薄板棺材，存放通衢路廊，请人将遗尸他乡者收殓入土，使他能入土为安。浙江还以崇文好学、耕读传家著称，"虽三家之村必储经籍""田野小民皆教子孙读书"，而一些家境贫困的学人则由宗族中人培养其完成学业。如在绍兴乡村多有"义学田"，所谓"义学田"，就是由亲族中的热心人捐出田产，借

---

① 胡朴安：《中华全国风俗志》，河北人民出版社，1986，第76页。

这些义学田的资产，构造精舍，延聘名师，劝学考艺，培养支持一些天赋聪敏的贫民子弟。待其成才有所收入后，再为亲族添置财产，一代积一代。这不仅使得浙江历史上人才辈出，文物焕然，而且整个社会的文明程度较高，"教育涵养者深"，民众"秉礼仪"，从而使社会安定团结。

浙江文化的精神气质还受到浙江传统中独特的重商文化的影响。孟德斯鸠在《论法的精神》中指出，重商主义的出现使贸易得到了发展，而贸易的发展可以使民众的风俗发生变化。所谓民众风俗的变化，事实上是一种社会整合层面上的生活秩序的变化。他发现，随着贸易的发展，民众逐渐摆脱了以往"野蛮"的风俗而趋于温厚。因此，在孟德斯鸠看来，贸易所带来的"利益"可以使人们变得更加文明，从而最终实现一个"文明的社会"或者说"礼貌的社会"。众所周知，浙江由于地处东南，远离中原而"偏安一隅"，发展起了自己独特的重商文化，南宋以后兴起于浙东的事功学派（主要以永康学派、金华学派和永嘉学派为代表）就是浙江重商文化的代表。如永康学派的代表人物陈亮特别强调商业的重要性，提出："古者官民一家也，农商一事也。上下相恤，有无相通。民病则求之官，官病则资诸民。商籍农而立，农赖商而行。求以相辅，而非求以相病。"而永嘉学派的叶适也认为应该重视商业，他主张"通商惠工，以国家之力扶持商贾，流通货币"，指出："夫四民交致其用，而后治化兴。抑末厚本，非正论也。使其果出于厚本而抑末，虽偏，尚有义。若后世但夺之以自利，则何名为抑。"至明代的黄宗羲，更是继往开来，对工商业、流通、货币等提出了在当时惊世骇俗的观点："世儒不察，以工商为末，妄议抑之。夫工固圣王之所欲来，商又使其愿出于途者，盖皆本也。"明确地提出了工商皆本的思想。这种重商文化不仅体现在上层的士绅、知识分子所代表的、由思想家反省深思所产生的精英文化即所谓的"大传统"之中，它也同样可显见于浙江的民间"小传统"。如据《梦粱录》卷十三记载，南宋时都城临安（今杭州）商业十分繁荣："杭为行都二百余年，户口蕃盛，商贾买卖者十倍于昔，往来辐辏，非他郡比也。"当时的临安"处处各有茶坊、酒肆、面店、果子、彩帛、绒线、香烛、油酱、食米、下饭鱼肉鲞腊等"十余类店铺。而"经纪市井之家，往往多于店舍"。

商业的繁荣，使府城内外形成了许多"行业街市"，即同行业的店铺、货铺相对集中于一条街巷，简称"行""团"或"市"。据《咸淳临安志》《梦粱录》等所载，当时主要有药市、花市、球子市、米市、肉市、菜市、鲜鱼市、鱼行、南猪行、北猪行、布行、蟹行、青果团、柑子团、鲞团等。而南宋时的温州，据程俱所作的《席益差知温州制》所述，也是"其货纤靡，其人多贾"。正是这种商业文化，如赫希曼所指出的那样，用稳定的利益控制了危险的、不确定的激情，培养了"驯顺的身体"，最终实现了一个文明礼貌的社会，一个安定团结的社会。

（二）浙江文化的包容性与不同群体间的和谐共存

一个区域的文化精神、文化特色深埋于这个地域的历史发展之中，浙江文化的特色也与浙江文化独特的历史形成过程有直接的联系。一方面，今天的浙江文化是中国各种传统文化融合的结果。秦汉时期，浙江文化吸收融汇了吴文化与越文化，以会稽为中心的越文化与以苏州为中心的吴文化对浙江文化发展起了重要作用。魏晋隋唐时期，浙江文化又吸收并消化了北方文明特别是"中原轴心时代"的文明成果，获得了一次新生。因此浙江文化是本地文化与外来文化不断开放融合、创新发展的产物。另一方面，由于浙江地处传统中国的大陆文明与西方现代的海洋文明两大板块的交锋地带，背山靠海，兼具内陆文化和海洋文化的特点，是中西文化交流融合的结果。浙江悠久的对外开放历史使浙江形成了开放的地域文化特色。早在先秦时代，浙江就同东亚、南亚、西亚不少地区以及国内沿海地区有贸易往来。北宋时期，杭州、宁波、温州均为重要的对外贸易港口。元代在全国七地设立主管对外贸易的机构，浙江独占其四。鸦片战争后，宁波、温州、杭州又相继被辟为通商口岸。近代以来，浙江人身处中西会通前沿，得风气之先。新式教育的开办，西方文化的传播，都使浙江人较早和较多地接触到了外来的文化，开阔了自己的视野，培育出了乐于接受新事物、博采众长的开放心态。这种独特的多样文化交融的背景，可以说是浙江"大气、开放"的文化特色的根本所在，也使得浙江人养成了这样一种性格：在喜欢自己所喜欢、过"自家的日子"的同时，并不排斥别人不同的喜好，而是能够容纳、接受甚至欣赏别人别具一格的行为或生活方式。浙江人不尚"党同伐异",而恰恰像费孝通先生所说的那样,能够"各美其美,美人之美",因而各种不同的习俗、习惯、思想、行为方式能够得以各行其道、和平共处,甚至还能融会贯通。这既体现在浙江人对与自己的传统有出入、有距离的新事物的接纳上,也反映在浙江人的日常生活中。前者如1905年,清廷设学部,以管理全国学堂。浙江相应设立省学务公所,全省各地也纷纷成立劝学所、教育会、宣讲所。这时,不仅维新变法期间创办的杭州、温州等地的几所新式学堂得以复苏和发展,同时在全省各地又兴办了大批新式学堂。据统计,截至1909年,浙江全省共有中小学堂、各种专业学堂、师范学堂及其他教育处所共2165所。① 反映在民众的日常生活中,即对与自己的生活方式不同、与所属群体的文化习俗相异的事物能够采取一种兼收并蓄的态度。如中国传统的婚姻是"父母之命,媒妁之言",而晚清以后,随着西方文明习俗的流入,浙江的市镇如海宁等地很快出现了新式的婚礼形式,称为"自由结婚"或"文明结婚"。据史载:"近今欧化风行,古礼蔑弃,号为文明,别称婚缔。变媒妁之称曰介绍人,男谐女允,证人定盟。设礼堂会宾朋,观礼有券,展展如云。登台演说,贺词缤纷,指环交换,鞠躬有文,百年偕老,如是云云。斯礼也,始于游学泰西归国行之者为多,近则渐染于习俗,取其简俭,而礼化荡然也。"② 《左传·襄公》写道:"八年之中,九合诸侯,如乐之和,无所不谐。"浙江的文化、社会正是在这种不断包容、吸收新事物、新思想的过程中,建立起了一种和谐稳定的社会秩序。

(三)浙江文化的重情重礼与争端处理

浙江民间有一句俗语叫"自己的牙齿还有咬了舌头的时候",意思是说在生活中,矛盾和冲突是在所难免的。而张立文先生在《和合学——21世纪文化战略的构想与对话》一文中也提到,人与自然、社会、他人、心灵、文明,都以各种形式共处,并在共处中生活活动,但由于价值观、思维方式、文化素质的差异,冲突和矛盾是不可避免的。宇宙间没有无冲突的自然、社会、人生、心

---

① 徐和雍,郑云山,赵世培:《浙江近代史》,浙江人民出版社,1982。
② 《海宁州志稿》卷四十《杂志·风俗》,成文出版社,1922,第35页。

灵和文明。冲突是对原有结构方式的冲击、突破，因此需要重建或重构社会的秩序和方式，这便是融合。而所谓"融"，就有融化、流通、和谐的意思，因此冲突是融合的前提，融合是冲突的理势。面临种种冲突，怎样化解此种冲突，是一种文化的生命之所在。① 既然冲突是难免的，那么是以一种"文"的方式还是以一种"武"的方式来解决人们之间的矛盾和冲突，对于维持一个社会的稳定与秩序就显得格外重要。基本上可以说，浙江人主要是"尚文"的，"文"是浙江人的擅长。浙江人将"人情"两字看得极重。所谓"人情"，指的就是"人与人之间的关系，亦即人与人的相处之道"②，是民众用来处理和维持相互关系的基本的社会行为模式。浙江人的重人情既包含着积极的一面，即努力去建立拓展友好的人际关系，也包含着消极的一面，即在面对矛盾冲突时尽量不"撕破脸皮"。一旦在社会生活中发生了矛盾和冲突，他们就会用这些基本的行为模式，以"家丑不可外扬"的心态，用"大事化小，小事化了"的方式来解决问题，从而维护社会生活的和谐秩序。如在浙北的乡镇就盛行用一种"吃讲茶"的方式来解决民间的纠纷。"吃讲茶"是个民间切口，邻里和朋友之间遇到纠纷而不能很快解决时，就"吃讲茶"去。这"吃讲茶"含有"讲"开算数、以"茶"敬客之义。③ 在浙江德清，凡民间纠纷，当事人必约定于茶馆调解。家族或乡里的长老、族长和士绅围坐一圈，纠纷双方和风细雨，各自循理申述，而后由听者当众仲裁，理亏者付茶钱。④ 诸暨曾经是古越文化"尚勇好斗"的主要传承地，但在处理民众之间的纷争时，却并不崇尚用"武"的方式来解决，而往往采用"诉祖"的办法来处理问题。即由村中的年长者主持，让当事人双方在祠堂中摆好各色供品，点上蜡烛，而后跪于祖先之前，细说缘由，最后由长者予以定夺，无理者在事后须送一只鸡给有理一方，以谓"吉"也，表示和好，此后则依然是"乡里乡亲"，仍然得"乡里相帮"。由此，是非得以辨析，冲突能够消弭，而社会可以有序。事实上，即使在已经起了正面冲突的情况下，浙江人也往往

① 张立文：《21世纪中国战略大策划——大国方略》，红旗出版社，1996，第208页。
② 金耀基：《人际关系中人情之分析》，载杨国枢《中国人的心理》，台湾桂冠图书公司，1988，第79页。
③ 朱小田：《近代江南茶馆与乡村社会运作》，《社会学研究》，1997年第5期。
④ 蔡泉宝：《德清的茶馆》，《德清文史资料》第4辑，1993年第2期。

很少诉诸暴力。我们有时会听到其他地方的人，尤其是北方人说，跟浙江人打架"没劲"，因为，浙江人只"吵架"而不"打架"。这种在解决纠纷、化解矛盾、消除冲突时"崇文""尚文"的精神传统，无疑是浙江营造和维持和睦、亲切、祥和的社会关系、社会环境的一种重要的可资利用和弘扬的文化资源。

（四）浙江文化的共赢互利观念与合作、竞争

一个社会文化的主导价值观念怎样引导人们去追求实现其积极的目标或事业，是更强调人与人之间的对立而突出竞争还是更注重人与人之间的相互依赖而崇尚合作互利，是决定这个社会是否能够和谐稳定、快速有序发展的一个重要因素。浙江虽地处东南沿海，却并没有特别优越的社会发展条件。浙江陆地面积较小，自然资源缺乏，号称"资源小省"。同时，浙江工业基础薄弱，国家投资与引进外资不多，也没有享受到特殊的优惠政策。而正是这样一种欠佳的自然社会环境，使得浙江人明白，我们的生活要好起来，必须依靠我们自己、依靠大家的力量，从而形成了团结友爱、互帮互助、互利共赢的价值观念。如宁波人极强的同乡扶助、互利共赢的观念可说是浙江人崇尚合作互利观念的一个缩影。1908 年，由宁波商人集资兴办的四明银行在上海开业后，曾受到外国银行的倾轧，一遇风潮，便拿四明银行发行的钞票来挤兑现洋。其时，四明银行的实力并不雄厚，但由于宁波同乡团结互助，每当挤兑风潮来时，宁波人开设的各大商店、钱庄、银号，家家代为收兑四明银行的钞票，因此平息了多次挤兑风潮。又如，1909 年，宁绍帮商人合资创办宁绍轮船公司，以与英商太古公司和法华合资的东方公司相抗衡。当时，票价斗争十分激烈，宁绍轮一开航，就在船上挂牌"票价五角"，并表示永不涨价。这使太古轮乘客锐减，有时甚至放空船。太古轮为压垮宁绍轮，将票价从一元降到三角。宁波同乡齐心支援，成立"航业维持会"，募集资金 10 万余元，补贴公司损失。宁波商人还约定全部商货交给宁绍公司装运，而一般宁波人也愿多出钱乘宁绍公司的轮船。经两年竞争，宁绍公司不仅坚持了下来，而且又添置了一艘新轮船。近代宁波人"能如此活跃，他们的团结力是大原因"。"只要有一人在一处地方成功，立刻一

家一族朋友亲戚同乡都闻风汇集，不数年间，就成为一群。"[1] 浙江人决不因大家从事同一个行业而互相倾轧，而是想办法互利共赢，结成"市场"，做成了所谓的"小商品，大市场"。如今全国甚至全世界的"浙江村""义乌城""温州村"等可说是浙江这种文化价值观的体现。

综上所述，我们可以发现，在浙江的文明长河里一直流淌着一种柔惠的精神气质，一种大气开放而能兼收并蓄或"和而不同"的生活态度，一种善于用文明理性的方式来解决矛盾与冲突的文化传统，一种倡导人们以合作互利、互帮双赢的信念去实现自己的目标或事业的价值观念。无疑，浙江大地上的这种文化传统会促成浙江社会的和谐稳定与有序发展。

---

[1]　上海通志社：《上海研究资料（续集）》，上海书店，1986，第 295 页。

第二章

浙江的思想文化

文化的存在形态一般表现为器物文化、制度文化、思想文化。思想文化主要是指处在最高层次、以精神形态存在的文化，即关于世界观、人生观、价值观和方法论的文化。人们也把这种对"知"和"行"的本质及其规律认识的文化，谓之哲学。浙江钟灵毓秀，文化昌明，俊杰辈出，号为人文渊薮。翻开一部中国思想史，浙江思想家群星璀璨，流派纷呈：王充、吕祖谦、叶适、陈亮、王阳明、黄宗羲、章学诚、龚自珍、章太炎、王国维……永康学派、永嘉学派、金华学派、浙东史学派……这一切都充分表明，浙江实乃思想者的家园、学术文化的中心。

第一节　秦汉时期浙江的思想文化

　　秦代浙江地区文化发展的最大特点，是中原文化的传播及其与浙江土著文化——吴越文化的冲突融合。嬴政二十五年（前222），秦始皇派遣王翦南渡长江，平定了江南的楚国之地，降服了居住在浙江等地的越族。秦始皇多次巡游江南，力图以武力相逼的方式在浙江地区传播中原文化。秦在今浙江省境内先后设置了 15 个县。其中在杭嘉湖平原上有钱唐、余杭、由拳（今嘉兴）、海盐、乌程（今湖州）5 县，在宁绍平原上有山阴（今绍兴）、上虞、余姚、句章、鄮、鄞 6 县，合计在浙北平原有 11 个县，占总数的 2/3。其余 4 个，郫县在浙西天目山区，诸暨、乌伤、太末在金衢盆地。这就说明，秦王朝统治的实际势力，主要在浙北平原和金衢盆地等自然经济条件相对优越的地区，中原文化在这些地区也得到了更多的传播机会。而这些地区原有的土著文化——吴越文化，也在与中原文化的冲突、碰撞以后，终于融为一体。

秦汉时期由于浙江地区的经济和文化与中原地区相比较仍非常落后，因此这一地区著名的学者寥若晨星，学术成就远不及中原地区丰硕，尤其是经学方面，更是难以望其项背。尽管如此，浙江地区一方面由于勾践时代思想学术的流风余韵，另一方面自汉以后逐渐受到中原学术的传播与熏陶，所以仍有杰出学者不断涌现，尤其是进入东汉以后，这一地区出了一些大家和多部重要著作，在当时的思想与学术界独树一帜，犹如空谷足音，为沉寂的浙江文化带来生气并增添了光彩。

一、王充生平

王充，字仲任，光武帝建武三年（27）生于会稽上虞，即今天的浙江绍兴市上虞区。其祖籍为魏郡元城，即河北大名。由于历史资料的缺乏，他的卒年只能大致定为和帝永元中期，即公元 100 年前后。

王充的祖上几代都从军打仗，后有军功得封会稽阳亭，但一年后就失去了封地，至于什么原因现在无从考证。就地安家后，就以农桑为业。由于祖上的任侠习武的传统，仇人多，不见容于世，又加上收入不好，其祖父汎就迁到会稽钱唐县。此后就开始从商，其伯父蒙及其父诵先后出生。由于其祖上的传统不变，并且变本加厉，与仇人丁家结怨，便又迁家到上虞。这些可以看出王充的家世不显赫，人丁不旺，正如其在《论衡·自纪》中提到的"细族孤门"。[①]

① 黄晖：《论衡校释》，中华书局，1990，第 1250 页。

从《论衡·自纪》中得知，王充6岁开始写字、读书，8岁便入书馆。在这期间，父亲去世。王充由于天资聪颖、学习具有天赋，又勤奋，学习儒家经典如《尚书》《论语》，每天能够背诵千字。经过努力，当时已经写出立意新奇的文章。王充在书馆期间，是属于老实、听话、懂礼貌的好孩子类型的。后来，王充在太学读书，受业于班彪，当时也就十七八岁。在洛阳游学期间，由于家境逐渐衰落，无钱买书，只能在书肆阅读。由于他读书过目不忘，所以能够做到博通百家之言。

正由于王充的天分与勤奋，所以能够踏上仕途；但是他的仕途却是不平坦的，没有实现他的抱负，也没有赢得他理想中的高官厚禄。王充在23岁左右由县聘请为掾功曹，随后在都尉府也为掾功曹，在太守府又被聘为列掾五官功曹行事，在州则为从事，不过王充所担任的都是一些小官吏。造成这种状况源于他的处世态度，不善于处理人际关系，不追求功利，具有淡泊、平和之心。在官场摸爬滚打几年之后，30岁左右就辞官回家了，离开了让他伤心的官场，又重新回到了自由的生活。勤于学习、思考，使得他在这一时期收获不少。在这期间他勤于写作，创作了大量的作品，其中有失传的《六儒论》《讥俗》《节义》，《论衡》也是在这个时候写完的。章帝建初二年（77），也就是他50岁知天命的时候，仍不废笔，王充又担任颍川郡功曹，并在第二年写了《备乏》《禁酒》，很可惜，这些也失传了。

章帝元和三年（86），王充避难辗转搬迁到了扬州郡的丹阳、庐江及九江等地。或许由于王充的才识，在章和元年，也就是公元87年，扬州刺史董勤就用王充为从事、治中。从事、治中都是刺史的高级佐吏。章和二年，即公元88年，他彻底结束了仕宦之路，辞职回家。随后友人谢夷吾上疏推荐，肃宗以特诏公车征召，但王充没有应征。从他的著作字里行间能够感觉到他对自己仕途不能得高位、不能建功立业及命运无常的感叹。

到了晚年，怀着对自己志向无法实现的无奈，以及身体的原因，也就不再关心时局，洁身自好。虽然晚景凄凉，但他注重吸取中医中的知识养生。正如在《论衡·自纪》中所说："养气自守，适食则酒，闭明塞聪，爱精自保，适辅服药引导，庶冀性命可延，斯须不老。"并且结合自己的体会写了共有 16 篇的《养性》一书，只可惜这本书也已失传，对于正确地看待王充，失去了宝贵的资料。70 岁左右，王充离开了人世。

王充把孔子看作人生楷模，认为孔子从不因官位大小而喜悲，人最重要的是品格修行，只有品格上完美的人才是真正尊贵的人。这些，都说明王充不喜俗人之言，不惧与世不同，崇拜异论，喜欢世俗中不同的见解。从家庭环境看，王充家族祖上便有好气争胜、不随波逐流、勇武强悍的一面。从王充个人成长的轨迹来看，他也是一个特立独行、不在乎他人看法、思想早熟的人。他不喜与俗人为伍。遇事、遇问题不喜人云亦云，一定能保持独立的思考，这种独立的精神加上他治学的毅力，最终完成了这部《论衡》，其《自纪》篇中有云："充既疾俗情，作《讥俗》之书，又闵人君之政，徒欲治人，不得其宜，不晓其务，愁精苦思，不睹所趋，故作《政务》之书，又伤伪书俗文多不实诚，故为《论衡》之书。"① 由此可以看出，王充创作《论衡》就是表述自己观点认知，订正世俗文章，辨明言论虚实。

《论衡》一书思想比较博杂，不能笼统地将其概括在某一家的范畴之内，其书思想首先来源于王充对诸子的认同和吸取。他对各家学说都有所涉猎，但凡认为对的言论就会加以思考并吸收，并不会因为当时儒学独尊的门户之见就丝毫不予采纳。王充在《别通》中就指出"通人胸中怀百家之言"②"人含百家之言，犹海怀百川之流也"③。王充治学首推的就是通人，他认为一个真正有思想、能做学问的人一定是能"怀百家之言"，不囿于一家之见，犹如海纳百川。这样才能博古通今、成就自己学问的深广博大，若不如此，那么治学也只是像目盲、耳聋、鼻痈一类不得全面。而某一方面的不完善、不周全必然导致其学术文言的浅薄，不能博学通识对于治学之人来说无异于一种残疾。

从《论衡》诸篇当中，我们就能看到王充对于其前代法家、名家、阴阳家思

---

① 黄晖：《论衡校释》，中华书局，1990，第 1191 页。
② 黄晖：《论衡校释》，中华书局，1990，第 759 页。
③ 同上。

想均有吸纳。但他并不是将所有各家思想尽数拿来均匀杂糅在一起，其中对其影响最为明显的还是当时儒、道两家，这一点可能与汉代整体文化传统有深刻关系。

在王充思想研究方面，很多学者从唯物主义角度看，认为王充对于孔子儒家是一味批驳的。但事实上，王充对于孔子并非一味排斥，以孔子为代表的儒家思想无疑成为王充思想的重要来源。首先，王充继承了儒家的天命论，认为死生皆有命定，人不可以与命抗衡。他在《命禄》篇中有言"凡人遇偶及遭累害，皆由命也"①。其次，王充十分认同儒家思想中的礼乐部分，他认为治理国家一定要遵循礼乐，以礼义作为治国的重要手段，并且要将礼治和国力的增强结合起来，对儒家礼治思想做了补充和完备。《非韩》中云："国之所以存者，礼义也。""治国之道，所养有二：一曰养德，二曰养力。"②可见，一个国家的治理必须将德力、文武结合起来方是治国之上道。除此两点之外，王充也十分认同儒家"立德、立功、立言"的"三不朽"盛事，而王充尽其毕生之力著书立说就是对"立言"的躬亲实践。王充还接受孔子"不语怪力乱神""未知生，焉知死"③的思想，在其著作当中更是立足唯物，极力摈斥当时社会上盛行的谶纬之说。儒家人物中对王充大有影响的另一位是荀子，荀子认为的"形具而神生"④这一点深刻影响了王充的无神唯物论。

道家学说也对王充思想影响极深，道家中老子"天道自然无为""人法地、地法天、天法道，道法自然"⑤的思想在《谴告》篇中得到了明确的吸收继承。"夫天道，自然也，无为。如谴告人，是有为，非自然也。"⑥王充在《论衡》中运用天道无为自然的思想来论证虚妄的谴告之事以及预警之言、谶纬之说都是不可相信的，因为天道本是无为，如果有所警示就是违背了客观的规律，与天

---

① 黄晖：《论衡校释》，中华书局，1990，第236页。
② 黄晖：《论衡校释》，中华书局，1990，第314页。
③ 程树德：《论语集释》，中华书局，1990，第39页。
④ 王先谦：《荀子集解》，中华书局，1990，第111页。
⑤ 王弼：《老子道德经注校释》，中华书局，2008，第63页。
⑥ 黄晖：《论衡校释》，中华书局，1990，第289页。

道不符。另外，在先秦诸子中，王充还吸取了法家的法治思想，提出养力、养德相结合的治国之道，并且提取了韩非子严密的逻辑思维方法和论辩方式。另外，王充还吸取了阴阳五行中的唯物成分，并对墨家典籍予以重视，认同其唯物观和薄葬观。在这些诸子思想的多维影响下，王充去粗取精，经过自己缜密的思维整合，形成了自身一个完善的思想体系，并能在此基础上提出自己的一套完整理论，使得这种思想理论超越了当时的时代限制，有很强的超前性。

王充在吸取前代思想的基础上，对其当代学者也有借鉴。对于其当代之人，王充最为推崇的便是桓谭。他在《超奇》篇中就说道："近世刘子政父子、杨子云、桓君山，其犹文武、周公并出一时也。"[1] 在这里王充把桓谭、扬雄、刘向父子推崇到与文武二王、周公相当的地位。桓谭是约公元前 20 年生人，是东汉著名的经学家。其人遍习五经，博学多通，但其一生却非坦途。汉哀帝、汉平帝时期，位不过郎。王莽时任掌乐大夫。后刘玄在位时，任太中大夫，直到光武帝时，任议郎、给事中，却因反对谶纬神学，险些招致杀身之祸。桓谭一生不喜俗人之言，不与其时谶纬之风相协，喜非毁俗儒，反对灾异迷信。其著作《新论》集中反映了其思想。他在《新论·形神》篇专论形神关系："精神居形体，犹火之然烛矣……烛无火亦不能独行于虚空。"[2] 他把人形体与精神的关系类比为烛火关系。认为烛无火灭，人的精神也是一样，形体一旦被摧毁，精神也就再无寄居之所，形灭而神灭。另外，桓谭认为"贤才"是国家兴旺发达的根本，并把"贤才"分为"五品"。这些思想都深刻影响了王充后来唯物的思想，对谶纬的批判和他对儒者、大成之儒的看法和判定标准。由此他也致力于成为桓谭这样的人物，故而写出《论衡》，在前代著述的基础上提出自己新的看法以批驳当时社会上虚妄的风气。在很多方面，他与桓谭气味相投、一拍即合，他们多不满于当时儒家文献被误读，以及当时毫无生气、毫无创新的学术氛围，于是以抗争的精神联结篇章，阐发见解。王充的独立批判精神及他著书立说的毅力和决心，无不承继桓谭而来。《论衡》一书学问根基深广，思维论述独特，是汉

---

① 黄晖：《论衡校释》，中华书局，1990，第896页。
② 朱谦之：《新辑本桓谭新论》，中华书局，2009，第67页。

代不可多得的思想著作。

二、《论衡》的主旨

《论衡》的创作离不开东汉时期的学术大环境。在王充看来，当时虚妄的言论、谶纬之说已经令人目盲、耳塞。其《对作》篇中说道："虚妄显于真，实诚乱于伪，世人不悟，是非不定。紫朱杂厕，瓦玉集糅，以情言之，岂吾心所能忍哉！"① 如若这种不实风气继续滋长，长此以往必定造成与学问本源的背离和对事实闻见的歪曲，人们陷在这些虚妄的言论之中，不能探求得到学问、事物的真实。这就是王充写作《论衡》的原因，不过是希望能够明虚实，正视听。《后汉书·王充传》载王充作《论衡》的情状云："充好论说，始若诡异，终有理实。以为俗儒守文，多失其真，乃闭门潜思，绝庆吊之礼，户牖、墙壁各置刀笔。著《论衡》八十五篇，二十余万言，释物类同异，正时俗嫌疑。"② 王充《论衡》对汉代经学中谶纬现象极度不满。当时解经传的学者、传经书的儒生都沉湎于前代圣贤之言，没有一丝怀疑考辨精神。对经传之书上的话语、观点深信不疑且愈加传扬，使得原本谶纬化的经传愈演愈烈，甚至某些解经的儒生和解经之传都偏离经书本义，虚妄地新造出某些虚假、不合事义之事，不合逻辑之言。这些言论不仅对经书经义的阐发毫无价值，而且助长了当时虚靡的社会学术风气。上层社会学者形成一种不求事实、不知考辨的学术态度。整个东汉时期的大学术环境陷入一个人云亦云、无法突破的怪圈之中。极少的学者、儒生为求名利，只是一味"致于学"而无法"致学于用"。这些烂俗之言论大肆滋长，无法求得创新和突破，学术亦无法进步，对现实社会毫无助益。社会上一般儒生对于既成之书、既成之言，一概当作圣贤来流传，沿袭往日的言论不知怀疑，当作金科玉律坚决奉行。如果读到了其他书籍，即使有可能正确，也视而不见，反而因为固执偏见指鹿为马。事实上，王充认为是非对错容易分辨，而社会上虚妄之事愈加流传的原因只是这些儒生没有用心思考、用心考辨罢了。

---

① 黄晖：《论衡校释》，中华书局，1990，第412页。
② 范晔：《后汉书》卷四十九《王充传》，中华书局，1988，第1629页。

　　王充认识到了这一点。作为一个博学、不谐于俗的耿介之士，王充并没有迎合当时的大众言论，而是于这一片死寂的氛围中异军突起，写下了《论衡》。对于汉代解经、经传中虚妄之事、流俗之言，著写专论进行批驳。其"九虚""三增" 12 篇中运用了大量篇幅，具体列举了大量事据作为标靶进行批判。他以一个学问之人应有的实事求是的态度否定了当时一些约定俗成及广为流传的经传问题，虽然他仅仅予以批驳，并未做出新的定论，但其中所表现出的强烈的批判精神和独立思考的学术精神在当时的社会学者中却是难能可贵的。

　　王充认为是世俗之人的好奇造就了虚妄流行的社会局面，他在《书虚》中说："夫世间传书诸子之语，多欲立奇造异，作惊目之论，以骇世俗之人，为谲诡之书，以著殊异之名。"[①] 世俗社会上流传的诸子之书，诸子之言常常刻意追求奇异，提出不符事实的言论，以此惊骇世人，而世人缺乏思考，随波逐流，使得虚妄之事、虚妄之言流行不绝，这种现象归根结底是人们的好奇之心使然。人们渴望奇异的事物来满足他们喜好奇异的心理，于是在本来的事实之上增益其文，美化其说，使得言论越发背离本来面目。这种言论广为流传，普通人见识狭小，思维固化，以为事实，如此一传十、十传百，更助长了这种歪风，导致了世间诸子之书大多含有虚妄之言，而真实可信、真正实诚的学问却渐渐被埋没。

　　王充批判虚妄，讲求真实，他认为文人所作文章必须做到真实，如果不能保证真实的前提，那么再华美的句子、再奇异的故事，都是空中楼阁，毫无根基，不值一提。其《实知》篇中说："行事，文记谲常，人言耳，非天地之书，则皆缘前因古，有所据状。如无闻见，则无所状。"[②] 写文章一定要以事实为根据，不可以凭空捏造想象，以自己的主观思虑代替耳闻目见。他在《物势》中也说："文不称实，未可谓是也。"[③] 文章之美就是建立在摒弃虚妄、建立真实的基础上，文章一定要和事实相符，其次才谈得上修饰，谈得上文章之美。文章

----

① 黄晖：《论衡校释》，中华书局，1990，第 254 页。
② 黄晖：《论衡校释》，中华书局，1990，第 987 页。
③ 黄晖：《论衡校释》，中华书局，1990，第 213 页。

的真除了内容要符合事实，文章内在的情感也一定要真实动人，不可以无病呻吟。他在《超奇》篇中说："精诚由中，故其文语感动人深。"① 出于真情实感的文章一定是有感染力的文章，如：鲁连飞书，燕将自杀；邹阳上书，梁孝开牢。这些文章都是出于真情，所以更能打动人心。王充"疾虚妄"最终的落脚点是"求真美"，真美不仅是对文章内容的要求，更是对一个作家创作之始的文学创作动因的一种要求，必须要有实感方可动笔，实感就是文章内在情感的真实。情感真实是文章内容真实的前提。王充写作《论衡》就是如此，他深感于当时学问风气的弊端，从内心深处厌恶虚妄言论，希望建立符合客观事实、出于真情的文学审美。他这样的文学审美态度符合文学发展规律，在当时也有一定的超前性。王充《论衡》一书，主旨鲜明，他反对所有虚妄之事，所有背离真实之言论。批判虚妄，痛恨主观造奇，力求学问、文章回归真实状态。希望通过自己写作《论衡》对当时流行的许多不实之说起到矫正作用，启迪人们的独立思考，对不实的虚妄之风有所遏制，架构一种真实可信、符合事实的文学审美观。

三、王充的理性及人文精神

王充思想的基础是他的自然观。他之所以重视对自然观的建构，就在于他力图以此为依据，延伸到人的经验世界中展开对神学目的论、儒家教条主义和黑暗社会政治的批判，从而建构起他富有理性主义精神的思想体系。所以要理解王充的思想，首先在于分析他的自然观。

中国很早就有了对自然问题的哲学思考，这种思考主要是通对"天"的解释体现出来的，这便是最初的宇宙论。与西方思想家对"天"的解释不同，中国自古对"天"的追问与思考总是和"人"联系在一起的，即以"究天人之际"为宗旨。王充生活的汉代，"正是宇宙论问题成为中国哲学主题的时代，是天地人相统一的思维模式占统治地位的时代，是举国上下都关注'天人之际'的时代"②。王充的宇宙观自然也无法绕开这个问题。

---

① 黄晖：《论衡校释》，中华书局，1990，第 625 页。
② 李维武：《王充与中国文化》，贵州人民出版社，2000，第 40 页。

（一）元气论

元气论是王充自然论的理论基础。可以说，王充的元气论是以先秦以来的气论思想为依据并吸纳了当时自然科学的一些成就而建构起来的一个比较完整的理论体系，它堪称是对前人思想的一次创造性总结。

王充认为，气是构成天地万物包括人在内的一种细微的基质，它分为阴阳二气，而阴阳二气的运动、聚散则构成了万物的生成变化，因此，也可把这一本原性的"气"称为"元气"。他在《论衡》中从不同角度对这种"元气"做了说明。

首先，王充认为"元气"与有形体的物不同，它是无固定形体的物质形态。他说"非物则气也""不为物，则为气矣""非形体则气""无体则气也""气不圆矣""闻食气者不食物，食物者不食气"。对于无形之"气"与有形之物之间的关系，王充指出它们是可分可合的，当"气"独立存在时，"气若云烟"，当与物相合时便成为含"气"之类的"体"，正是"气"的聚散运动构成了万物的存在或消亡，"夫天覆于上，地偃于下，下气蒸上，上气降下，万物自生其中间矣""俱禀元气，或独为人，或为禽兽"。他认为在一定的条件下，"气"和生物的形体可以互相转化，比如水凝结成冰，气凝为人。同时，王充认为，在"气"形成万物的过程中，阴阳二气的和谐与否决定着事物的性质，"阴阳不和，灾变发起"[1]，"和气"则是一切事物保持和谐状态的根本性的原因。

其次，"元气"具有永恒性，其本质是绝对不变的。他说"天不变易，气不改更""万物之生，俱得一气。气之薄渥，万世若一"[2]"天地不生，故不死，阴阳不生，故不死"。也就是说，由"气"所凝聚而成的万物，有生亦有死，而"气"作为构成万物的基质则是永恒的存在。

再次，"元气"是自然无为的。"气"既然是物质性的客观实存，那么它就不可能有意识地创生万物，"谓天自然无为者何？气也。恬淡无欲，无为无事者也"。同时，"气"的存在和运动变化也是自然而然、不受任何外在力量支配的，

---

① 王充：《论衡·感类篇》，上海人民出版社，1974，第786页。

② 王充：《论衡·齐世篇》，上海人民出版社，1974，第803页。

即《自然篇》中所言的"气自变"。由于"气"形成万物的过程是自然而然的，所以王充称之为"自生"，"即阳气自出，物自生长，阴气自起，物自成藏气；天地合气，人偶自生也，犹夫妇合气，子则自生也。人生于天地也，犹鱼之于渊，虮虱之于人也，固气而生，种类相产。万物生天地之间，皆一实也。"①

这些都是说，不管是万物还是人，都是"气"自生的，不带有任何的目的性和其他附加条件。

在对"气"或"元气"做了上述规定之后，王充还谈到"气"与天地的关系。但综合他的一些论述，可以看出他还没有明确地把"气"作为万物的本原独立出来。他认为"气"与"天""地"同属不生亦不死的存在，在他那里不存在所谓"气"生"天""地"的问题。他说"天不变易，气不改更"②"天地不生，故不死，阴阳不生，故不死"③。可见，他是把"气"与"天""地"三者并列起来加以看待的。王充又说"天地，含气之自然也"④"夫天覆于上，地偃于下，下气蒸上，上气降下，万物自生其中间矣"⑤。在他看来，"天""地"包含了"气"，"气"作为一种无形的存在遍存于天地之间，"天地合气"⑥产生万物。显然，在王充那里，"气"与"天""地"之间只是一种既并列又蕴含的关系，他的"元气论"并没有指出一个最终的本原，这一方面是因为他受思想的局限性，无法清楚明确地提出"气一元论"，另一方面的原因则在于他的"元气论"的关注点不是"气""天""地"三者谁产生谁的问题，而是强调"气"作为一种基质性存在，在产生万物中的功能作用，并以此来批判当时的神学目的论，如果它仍然延续汉代生死论的老路子，有可能陷入"气""天""地"谁生谁的神秘化的泥潭中。直到东汉末年的王符才将"气一元论"正式明确地提了出来。可见，王充的"元气论"是一种模糊的、非严格意义上的"气一元论"。

---

① 王充：《论衡·物势篇》，上海人民出版社，1974，第144页。
② 王充：《论衡·齐世篇》，上海人民出版社，1974，第803页。
③ 王充：《论衡·道虚篇》，上海人民出版社，1974，第338页。
④ 王充：《论衡·谈天篇》，上海人民出版社，1974，第473页。
⑤ 王充：《论衡·自然篇》，上海人民出版社，1974，第782页。
⑥ 王充：《论衡·自然篇》，上海人民出版社，1974，第775页。

（二）天人关系

如前所述，中国哲学宇宙论的研究是以"天""人"关系为宗旨的，王充在他的宇宙观中也着重探讨了这个问题，并以此作为反对神学目的论的有力工具。

王充首先对"天"重新做了自然主义的阐释，这是他展开"天人关系"的关键。汉代，在天人感应神秘主义氛围的笼罩下，"天"被进一步人格化和神化。"天"被说成是有情感、有目的、能够赏善罚恶的最高存在，"人是天的副本。天有意识地生出人类，使之在人类社会中实现天的理想"①。因此，人必须严格遵循"天"的意志，依照"天"的态度行事。这种天人关系，不仅具有浓厚的神秘主义色彩，也突显了人与天之间的高度紧张关系。尽管这一理论的主要建构者董仲舒的本意，只是试图以此来限制至高无上的君权，但它不可避免地带来了神秘主义的泛滥。为了拨乱反正，使人们对"天"有一个正确的认识，王充用其元气论对"天"的存在做了自然主义的解释。

王充吸取了当时天文学研究的成果，从"天"的存在形态入手，将整个物质世界分为有形之"物"和无形之"气"。前面已经提到，王充并不把"天"看成是"气"，而认为"天"是"体"，也就是"物"，他说"天，体，非气也"②"夫天，体也，与地无异"③。但这里的"物"不同于万物，因为由"气"构成的万物有生有死，并非永恒地存在，而"天""地"与"气"一样属于本原性的存在，不生不灭却能创生万物。对于"天道"，王充则用"自然无为"加以概括，他说"夫天道，自然也，无为"④"自然无为，天之道也"⑤。在此基础上，王充又对"自然无为"做了进一步说明，他说，"天之动行也，施气也，体动，气乃出，物乃生矣。……天动不欲以生物，而物自生，此则自然也。施气不欲为物，而物自为，此则无为也。"⑥"谓天自然无为者何？气也。恬淡无欲，无为无事者也。"⑦

---

① 冯友兰：《中国哲学史新编》，人民出版社，1998，第278页。
② 王充：《论衡·谈天篇》，上海人民出版社，1974，第482页。
③ 王充：《论衡·变虚篇》，上海人民出版社，1974，第206页。
④ 王充：《论衡·谴告篇》，上海人民出版社，1974，第636页。
⑤ 王充：《论衡·初禀篇》，上海人民出版社，1974，第128页。
⑥ 王充：《论衡·自然篇》，上海人民出版社，1974，第776页。
⑦ 同上。

夫天之运气，时当自然。"① "天道"的"自然无为"根源于"气"之自然无为的本性，既然"气"是自然无为的，那么"天"在运动中施放"元气"生成万物，也是自然无为的。王充还用"天"无口目来论证天的自然无为，他说："何以天之自然也？以天无口目也。案有为者，口目之类也。口欲食而目欲视，有嗜欲于内，发之于外，口目求之，得之为利，欲之为也。今无口目之欲，于物无所求索，夫何为乎？何以知天无口目也？以地知之。地以土为体，土本无口目。天地，夫妇也。地体无口目，亦知天无口目也。"②

在这里，王充以形象的说法否定了人格化的"天"，还"天"以自然的本真状态。既然自然之"天"对于万物的生长变化不做任何干预，那么它对人又是如何的呢？后者是王充最关心的问题，即这个问题的实质也就是天人关系必须要解决的内容。王充从人的出生、生存、活动等各个层面进行了考察。

首先，他认为从人的出生来看，人是"气"所自生的，而非"天""故生"。王充指出："儒者论曰：天地故生人。此言妄也。夫天地合气，人偶自生也，犹夫妇合气，子则自生也。……天地不故生人也。然则人生于天地也，犹鱼之于渊，虮虱之于人也。固气而生，种类相产。"③也就是说，人生于天地之间，就如同鱼生于水中、蛆虱生于人身上一样，都是因"气"而生，是自然而然的结果，不具有任何神秘性。

其次，他认为"天"并非有目地为人类提供生存资源，那些生存资源只是为"气"所"自生"，并为人类所利用。王充在《自然》篇中以五谷丝麻为例说："见五谷可食，取而食之；见丝麻可衣，取而衣之。或说以为天生五谷以食人，生丝麻以衣人。此为天为人作农夫、桑女之徒也，不合自然，故其义疑，未可从也。……天者，普施气万物之中，谷愈饥而丝麻救寒，故人食谷衣丝麻也。夫天之不故生五谷丝麻以衣食人……物自生，而人衣食之……"④在他看来，五谷丝麻是"天"在施放"元气"的过程中自然而然产生的，它们刚好可以满足人

---

① 王充：《论衡·明雩篇》，上海人民出版社，1974，第670页。
② 王充：《论衡·自然篇》，上海人民出版社，1974，第775页。
③ 王充：《论衡·物势篇》，上海人民出版社，1974，第144页。
④ 王充：《论衡·自然篇》，上海人民出版社，1974，第775页。

的衣食之需，为人类所用，这之中不存在任何预定性和目的性，都出于"天道"的自然无为。

再次，他认为"天"作为一种客观性的物质存在，对人的活动不会加以干预，更不会对人间的善恶是非进行评判和奖惩。王充指出天与人相隔"数万里"；"人不晓天所为，天安能知人所行"；"谓天闻人言，随善恶为吉凶，误矣"[1]。"天"无法感应人的善恶，亦不可能做出相应的惩罚，作恶者未必短命，行善者未必长寿，"天"根本不能干预人事。在对待人的活动上，"天"同样是没有意识和情感的。

总之，王充通过对"天"的客观性以及"天道"自然无为的阐释，还"天"以本来面目，从而使已被高度神秘化了的"天人关系"得到了一种理性主义的说明。

（三）人的存在的客观性

王充的自然观除了强调自然的客观性外，更重要的是它将自然的客观性作为人的生存前提，并把人的生存也看作是自然界的一部分，以自然界的客观性来说明人的存在，并突显了人这种自然存在的主体性地位。这就与将人的生存看作是天的意志支配下又受鬼神影响的神学目的论不同，是从人的生存层面上对人进行重新肯定。人正是在这一层面上受到了肯定，才成为一个独立的存在，并进而有了对伦理道德规范及理想人格的追求。

首先，王充以"气"为基础对世界万物做了统一的理解，他不仅用"气"解释了自然的存在，而且还说明了人的存在以及由人构成的社会的存在。

关于人的生命存在，王充将其概括为"天地合气""夫妇合气"。他说，"夫天地合气，人偶自生也，犹夫妇合气，子则自生也"[2]。"阴阳之气，凝而为人，年终寿尽，死还为气。"[3] 也就是说，人是天地间阴阳之气相合才得以产生的，这一产生过程就如同夫妇合气生子一样，是一个自然而然的过程。阴阳之气凝

---

① 王充：《论衡·变虚篇》，上海人民出版社，1974，第206页。
② 王充：《论衡·物势篇》，上海人民出版社，1974，第144页。
③ 王充：《论衡·论死篇》，上海人民出版社，1974，第877页。

聚而生人，死后聚合之气消散，还原为"气"的原初状态即"元气"。

关于人的精神现象，王充将其归之为"阳气""五常之气"，他说，"夫人所以生者，阴、阳气也。阴气主为骨肉，阳气主为精神"①。"人之所以聪明智慧者，以含五常之气也。"② 如果说构成人的精神的"气"有所不同的话，那就在于这种"五常之气"是一种比构成其他事物和人的形体的"气"要浑厚得多的"精气"。"精气"为人所特有，正是它与人的形体相结合才使人具有精神现象，从而与其他万物相区别，也为人作为一种主体存在提供了可能性。人因禀有"五常之气"而具有精神，正是在这一点上成为万物主宰的人能认识万物，并能依据万物的性质使万物为自己所用，充分展现了人的主体性。体现在人与自然的关系中，即为人通过长期的实践活动认识到某些自然物对于自己生存的有用性，于是取之为自己生存的资源，例如，"五谷以食人""丝麻以衣人"③，五谷和丝麻正是因为能够满足人衣食需要才为人所用。体现在人与社会的关系中，即为人依靠自己所具有的认识能力，不但可以认识"世间之物"，也可以认识"天下之事"，形成关于社会历史的知识，并用于指导社会实践。

其次，尽管王充对汉代思想的一些主流意识进行了激烈批判，但思维模式上仍然受到了汉代占主导地位的天人相统一的思维模式的影响。比如他在承认人的主体性地位的同时，也将人纳入天地之中，强调二者的统一性，即"夫天地合气，人偶自生也，犹夫妇合气，子则自生也""天气变于上，人物应于下矣""天施气而众星布精，天所施气，众星之气在其中矣。人禀气而生，含气而长，得贵则贵，得贱则贱""禀气于天，立形于地""天人同道，大人与天合德"。④

从这些言论可以看出，王充是在天地人相统一的基础上来谈人的主体性的。但他的天地人相统一与当时的神学目的论不同的是，这种统一性是建立在自然主义基础之上的，是为人的存在的客观性做论证的。

---

① 王充：《论衡·定鬼篇》，上海人民出版社，1974，第 946 页。

② 王充：《论衡·论死篇》，上海人民出版社，1974，第 875 页。

③ 同上。

④ 王充：《论衡·谴告篇》，上海人民出版社，1974，第 641 页。

第二节　南宋浙东学派

　　我们祖国，地域辽阔，学术文化的发展以地域为限而形成各具特色的地方性学术文化和众多的学术流派，这在古代交通不便等许多特殊情况下，往往更是如此。宋代以来各地书院林立，讲学风气大盛，从而形成众多学派，尤其是江浙一带，在宋以后，经济文化发展一直居于领先地位，不仅人才辈出，各地藏书亦为全国之冠。宋室南渡后，定都杭州，浙江遂成为全国政治、经济和文化中心，成为"文化荟萃之邦"。浙东地区出现了以吕祖谦为首的"金华学派"，以陈傅良、叶适为首的"永嘉学派"和以陈亮为首的"永康学派"等。在他们的学术思想影响下，经元明至清，在浙东遂形成一个颇具特色的学术流派——浙东学派。金华学派，以吕祖谦为代表，为南宋时颇有影响的理学学派，其学术观点是"不主一说"，兼取所长，基本倾向陆九渊心学，又赞成朱熹以理为哲学最高范畴的观点，还接受了永嘉、永康学派某些事功观点，首创经世致用说；以薛季宣、陈傅良和叶适为代表的永嘉学派，倡功利之说，反对空谈道德性命之说，主张通过事功来把握义理，笃信"六经之学，竞业为本"，提倡"以利和义"；永康学派，以陈亮为代表，最大特点是谈王说霸，倡事功之学，提倡"义利双行，王霸并用"之说，具有务实不务虚的学风。三家学派虽都提倡经世致用之学，都有务实学风，然又在一些基本问题上存在重大分歧，因此，各以自己的独特风格著称于世。

一、叶适和永嘉学派

　　永嘉学派是宋代浙东学派的一面旗帜。它的出现和形成是源远流长的，早在北宋仁宗年间便有王开祖、林石、丁昌期三人授徒讲学于永嘉。特别是王开祖，学者称儒志先生，在乡里设立东山书院讲学授徒，"从学者常数百人"，被后人尊为永嘉学派的开山祖。到了神宗元丰年间，则有所谓"元丰九先生"，即周行己、许景衡、刘安节、刘安上、戴述、赵霄、张辉、沈躬行、蒋元中，他们最早把洛学、关学传到永嘉地区。其中周行己治学已开始注重"学以致用"，对当时社会的许多实际问题都提出过自己的意见。这种注重实用的学风，对后来的永嘉学派有一定影响，陈振孙称许他为"永嘉学问所从出也"。

但永嘉学派在北宋仍显示不出自己的特色，他们不过是洛学、关学思想的移植传播者而已。真正形成自己注重事功特色的永嘉学派是从南宋开始的。南宋初年，伊洛之学曾一度遭禁，周行己等开创的永嘉之学也几近失传，只是经过郑伯熊、郑伯英兄弟的努力拯救，才在乾淳间"复而振之""遂得重光"。郑伯熊私淑周行己，继承了周行己的注重实际问题和学以致用的精神，"于古人经制治法，讨论尤精"，遂得到后来浙江事功学者陈傅良、陈亮等的一致好评。但郑氏"振兴"的永嘉之学，依然没有摆脱洛学的统纪，所强调的仍是"省己修德"。诚如叶适所言："永嘉之学，必竞省以御物欲者，周作于前，而郑承于后也。"①

永嘉之学从承接二程统纪，发展到与伊洛之学相对立的注重经制事功的转变，应该说是从薛季宣（号艮斋）开始的。艮斋虽为程门再传弟子，但早年"见渡江诸老，闻中兴经理大略"，后来因为对当时那种"语道不及事""清谈脱俗之论"的厌恶和不满，提出了"求经学之正，讲明时务本末利害，……无为空言，无戾于行"的主张。②并把治学的重点放在研究"实事实理"上。"自六经之外，历代史、天官、地理、兵刑、农末至于隐书小说，靡不搜研采获，……尤邃于古封建、井田、乡遂、司马之制，务通于今。"③"其历官所至，调辑兵民，兴除利弊，皆灼有成绩，在讲学之家，可称有体有用者矣。"④吕祖谦称赞他"于世务二三条，如田赋、兵制、地形、水利，曾甚下功夫"，"其学确实有用"⑤。所著

---

① 叶适：《水心文集》卷十《温州新修学记》，中华书局点校本，2010，第235页。
② 薛季宣：《浪语集》卷二十五《答象先任书》，《薛季宣集》，上海社会科学院出版社，2003，第329页。
③ 陈傅良：《止斋文集》卷五十一《右奉议郎新权发遣常州借紫薛公行状》，四库全书本。
④ 《四库全书总目》卷一百六十，中华书局，1965，第79页。
⑤ 吕祖谦：《东莱文集》卷三《与朱元晦》，丛书集成初编，中华书局，1985。

有《周礼释疑》《春秋经解》《十国纪年通谱》《资治通鉴约说》《地理丛考》《汉兵制》等，可以说都是有体有用之作。可见，自薛季宣开始，永嘉之学已转向面对现实、务实而不空谈。全祖望总结说："永嘉之学统远矣。其以程门袁氏之传为别派者，自艮斋文宪公始。艮斋又自成一家，……其学主礼乐制度，以求见之事功。"① 这一学风得到陈傅良、叶适等的进一步发扬。陈傅良是永嘉事功学派中承先启后的重要人物。叶适曾说："永嘉之学，必弥纶以通世变者，薛经其始而陈纬其终也。"② 陈傅良是薛季宣的学生，继承和弘扬了乃师的事功学说，致力于有关国计民生实用之学的探讨，反对"为学空谈"。认为《周礼》"其意要与时务合，不为空言"③，故极重对《周礼》的研究，"解剥于周官左史，变通当世之治"④，"至古人经制，三代治法，……一事一物，必稽于极而后止"⑤。"综理当世之务，考核旧闻于治道，可以兴滞补敝。"⑥ 因而被李心传誉为"最为知今"的学者⑦，却"为考亭之徒所不喜，目之为功利之学"⑧。"考亭之徒所不喜"，正是说明了永嘉学派所发生的巨大变化。

　　然而，永嘉事功学派的集大成者是叶适。叶适不仅是永嘉事功学派的殿军，也是整个宋代浙江事功学派的主要代表。叶适（1150—1223）字正则，学者称水心先生。他的事功思想是直接源于薛季宣、陈傅良诸人的。据史书记载，叶适与薛、陈二人的交游往来非常频繁，书信不断。叶适常"扣以学问"，向二位请教。陈傅良在永嘉讲学，叶适亦常常去听讲，曾自言"陪公（指陈傅良）游四十年，教余勤矣"⑨。叶适事功学说的主要特点便是用事功来剖析义理，"务实

① 陈傅良：《宋元学案》卷五十二《艮斋学案》，陈金生，梁运华点校，中华书局，1986，第482页。
② 叶适：《水心文集》卷十《温州新修学记》，中华书局点校本，2010，第532页。
③ 陈傅良：《夏休井田谱序》，《宋元学案》卷五十三《止斋学案》引，中华书局，1986，第234页。
④ 陈傅良：《止斋文集》卷十六《与吕子约》，《影印文渊阁四库全书》（第1150册），台湾商务印书馆，1986。
⑤ 叶适：《水心文集》卷十六《宝谟阁待制中书舍人陈公墓志铭》，中华书局点校本，2010，第321页。
⑥ 楼钥：《攻媿集》卷九十五《陈公神道碑》，上海书店出版社，1989，第217页。
⑦ 李心修：《建炎以来朝野杂记》乙集卷十二《昔人著书多或差误》，中华书局，2000，第321页。
⑧ 陈傅良：《宋元学案》卷五十二《艮斋学案》，陈金生，梁运华点校，中华书局，1986，第487页。
⑨ 叶适：《水心文集》卷十六《宝谟阁待制中书舍人陈公墓志铭》，中华书局点校本，2010，第172页。

而不务虚"①。在哲学上，他强调有物则有道，所谓"道不以须臾离物"②，"物之所在，道则在焉。……道虽广大，理备事足，而终归之于物，不使散流"③。由此，他提出义理要与事功相结合的观点，认为"欲折衷天下之义理，必尽考详天下之事物而后不谬"④。他说："无验于事者，其言不合，无考于器者，其道不化。"⑤所以他反对专尚义理而忽视事功的片面做法，并一针见血地指出，道学家们津津乐道的董仲舒"正其谊不谋其利，明其道不计其功"一语，"初看极好，细看全疏阔"。因为"既无功利，则道义者乃无用之虚语耳"⑥。叶适哲学思想的进步之处，并不在于他亦纠缠于"义理""性命"的论述，而在于他在物与道的关系上，比朱熹等更强调"道在物中""道不离物"。朱熹同样注意到物与事的重要性，也曾说过"理在事中""理不外事""理无事则无所依附"等命题，但是，在朱熹的哲学体系里，"理"是个范畴，他最终把本来与事物相联系的"理"，使其脱离事物，成为抽象的概念，并进而把它无限夸大虚构为"天地万物之根"，是派生万物的本体，从而使这个"理"成为先验的、超越事物之先之上的绝对。所以朱熹又说："理者，所谓形而上者也。""未有天地之先，毕竟是先有此理，……有此理，便有此天地，若无此理，便亦无天地，无人无物，都无该载了。……万一山河天地都陷了，毕竟理却在这里。……先有个理了，却有气。"⑦这就完全颠倒了物质和精神的关系，而所谓"理不外事"云云，不过是为这个先天的"理"找个"安顿""附着""挂搭"之处罢了。这应该是叶适和朱熹哲学思想的根本分歧所在。

正因为叶适始终强调的是以事功剖析义理，所以，他的研究重点便放在事功实学上。他曾对当时社会"务虚而不务实""华辞""空言"到处充斥的现象提出过尖锐的批评，并"深患虚文之误世"，认为"将求今世之实谋，必先息今世

① 叶适：《水心文集补遗·历代名臣奏议》，中华书局点校本，2010，第221页。
② 叶适：《水心别集》卷七《进卷》，中华书局点校本，2010，第341页。
③ 叶适：《习学记言序目》卷四十七《皇朝文鉴》，中华书局，1977，第279页。
④ 叶适：《水心文集》卷二十九《题姚令威西溪集》，中华书局点校本，2010，第154页。
⑤ 叶适：《水心别集》卷五《进卷》，中华书局点校本，2010，第87页。
⑥ 叶适：《习学记言序目》卷二十三《汉书三》，中华书局，1977，第153页。
⑦ 黎靖德编：《朱子语类》卷一，中华书局，1986，第86页。

之虚论"。① 他说:"读书不知接统绪,虽多无益也,为文不能关教事,虽工无益也;笃行而不合于大义,虽高无益也,立志不存于忧世,虽仁无益也。"② 一切从经世致用的目的出发,叶适极重史学研究,努力总结历史经验教训,为解决现实社会实际问题提供借鉴。所著《习学记言序目》一书,与其说是一部哲学著作,不如说是一部宣扬事功思想的史学著作。是书共 50 卷,而史学部分占 25 卷以上。黄体芳序此书云:"水心之才之识,最长于论史事。……是书史学 25 卷,往往得水心经济所在。而其论《唐史》诸条,陈古刺今,尤有殷鉴夏后之意。"汪纲原跋亦云:《习学记言序目》"大抵备史法之醇疵,集时政之得失,所关于世道者甚大。……又往往为宋事而发,于治乱通变之原,言之最悉,其识尤未易及"。

首先是在经史关系上,叶适主张经史结合,两者缺一不可。他说:"经,理也;史,事也。《春秋》名经而实史也。专于经则理虚而无证,专于史则事碍而不通。"③ 非独《春秋》是史,《诗》《书》《易》《礼》皆然。如:《书》所记是尧舜三代"治乱兴衰、圣贤更迭,与夫桀、纣之大恶"的历史;《诗》是周代的历史,"故夫学者于周之治,有以考见其次第难易,虽远而不能忘者,徒以其《诗》也";《易》则是记载"物之推移,世之迁革,流俗变化"等自然社会历史发展演变的;《周礼》乃为"六卿之书",是典制史,"至于建国、设官、井田、兵法、兴利、防患、器械、工巧之术咸在,凡成康之盛,所以能补上世之未备而后世不可复加者,其先后可见,其本末可言也"。④ 叶适强调六经的史学意义,与其讲究历史事实、反对空谈义理的思想是一致的。

叶适要求史书记实,为后世提供借鉴,主张作史者要"考索必归于至实",不能"随声褒贬""臧否在我","漫为唱和,虚文无实"。他说:"以空文为实事,其害浅,易正也,质之以实则信矣;以实事为空文,其害深而难正,以为虽实

---

① 叶适:《水心别集》卷十《息虚论》,中华书局点校本,2010,第 134 页。

② 叶适:《水心文集》卷二十九《赠薛子长》,中华书局点校本,2010,第 251 页。

③ 叶适:《水心文集》卷十二《徐德操春秋解序》,中华书局点校本,2010,第 154 页。

④ 叶适:《水心别集》卷五《进卷》,中华书局点校本,2010,第 113 页。

犹弗信也。"① 所以，叶适对记实求真、有补于世道的史书大加褒扬，而对"空泛华论""辞多而实寡"的妄作提出批评。

叶适研究历史的目的是经世有用，所以他处处注意联系实际，从现实社会需要出发，总结历史经验，提出社会改革方案。他在《进卷》中说："臣窃尝悲当世之故，而其义不得以尽言，请泛论前世之帝王得失成败可考之迹，以见其意。……至于经国之规，御世之要，切近而不为陋，宏阔而不为迂，盛衰之相因，治乱之相易。若此者，臣皆有以发之。"针对宋代人才制度存在的问题，叶适集中探讨了历史上的用人制度，认为人才之重要，"必常与其国其民之命相关，治乱兴衰之所从出也"。并深刻分析了用人论资排辈之害、铨选之害、荐举之害、任子之害、科举之害、学校之法害、制科之法害、宏词之法害等等。他要求"国家之用贤才，必如饥渴之于饮食，诚心好之，求取之急惟恐不至，口腹之获惟恐不尽"。并且要做到有进有退，是人才，就大胆进用；已用者，若非人才，就坚决辞退，所谓"进退百官，在于人才之贤与不肖"。他还亲自向皇上推荐陈傅良等人，认为他们都是难得之人才。这些人，"后皆召用，时称得人"。针对宋代的冗官之患，叶适也从历史上寻找药方，认为必先"推其所从始而得其受弊之原，从其原而治之，则其患息矣"，若"空言断之"，是无益的。从致力于国家经济改革的愿望出发，叶适对历史上的经济制度极为重视，着意探研，对封建统治者重农抑商、抑末厚本的经济政策提出反对。他更针对当时国家政治生活中的根本问题——对金战和的问题，认真分析了形势，总结了历史上的战争经验，提出了积极进取、坚决抗金的主张，并且曾经成功地组织了对金兵的抗击，制订了一套切实可行的巩固边疆的计划。这一切都集中表明了事功学派"有体有用"的精神。

作为永嘉事功学派的集大成者，叶适的事功学说在当时是颇有影响的。陈傅良曾在一份上皇帝的奏状中这样说："以臣所见，当今良史之才莫如朱熹、叶适。……朱熹、叶适近尝入院，未几而熹帅江陵，适总淮饷，秉笔之士，相顾

---

① 叶适：《习学记言序目》卷九《春秋》，中华书局，1977，第93页。

嗟惜。陛下诚听臣言，以一朝大典之重，不吝改作，复用此二人者，使之专领，将（则）天下皆以为得人，岂非圣朝之美事，明主之盛举哉！"① 叶适和朱熹同为当时著名学者，但他们的学术思想是不尽相同的。叶适自己即说："彼建安之裁量，外永嘉而弗同。"② 朱熹则说他"理会制度，偏考究其小小者""大不成学问"。③ 全祖望说："乾淳诸老既殁，学术之会，总为朱、陆二派，而水心断断其间，遂称鼎足。"一语道出了叶适的事功思想在当时的地位。到了南宋末期，随着朱学被奉为官方哲学，永嘉一些学者也出现大谈义理而少谈事功的现象，逐渐转向朱学，如叶味道、陈值等，永嘉事功之学遂渐渐衰落下去。但是，在明清时期，以叶适为代表的永嘉事功学说为王夫之、章学诚等所继承发挥，特别是在近代民族危机加深的形势下更激励着谭嗣同等一大批爱国志士，他们把学术研究的对象转向现实，掀起救亡图存的爱国热潮，从而大大发展了永嘉事功学说。

二、陈亮和永康学派

陈亮（1143—1194），字同甫，号龙川，永康人，也是宋代浙江事功学派的主要代表人物。全祖望说："永嘉以经制言事功，皆推原以为得统于程氏。永康则专言事功而无所承。"黄百家亦说："永嘉之学，薛郑俱出自程子。是时陈同甫亮又崛兴于永康，无所承接。然其为学，俱以读书经济为事，嗤黜空疏随人牙后谈性命者以为灰埃。亦遂为世所忌，以为此近于功利，俱目之为浙学。"④ 这就说明，以陈亮为代表的永康学派与以叶适为代表的永嘉学派都是主张事功，反对空谈性命的事功学派，是浙学的一个重要组成部分。但是，说永康之学"无所承接"，也不甚确切。据徐规先生考证，陈亮曾多次访问永嘉，陈傅良、叶适等人也曾几度到永康探望陈亮，从陈亮写给永嘉学者的信、词、祭文

① 陈傅良：《止斋文集》卷二十七《辞免实录院同修撰第二状》，《影印文渊阁四库全书》（第1150册），台湾商务印书馆，1986。
② 叶适：《水心文集》卷二十八《祭薛端明文》，中华书局点校本，2010，第147页。
③ 黎靖德编：《朱子语类》卷一二二、卷一二三，中华书局，1986，第372页。
④ 陈傅良：《宋元学案》卷五十六《龙川学案》，中华书局，1986，第524页。

以及替他们撰的墓志等可以看出他们之间的交往十分频繁。虽然不能说某人为陈亮思想的传授者，但永嘉学者对陈亮思想的形成确有直接的影响。而金华学派的创立者吕祖谦更是陈亮最亲近的朋友，其对陈亮的影响自然也就可想而知了。当然，陈亮对永嘉、金华学派的影响也很大。诚如吕祖谦所言，他们之间是"诸公相聚，彼此相互有发明"①。

从哲学意义上讲，陈亮并没有提出过系统的哲学理论，他只是一般地肯定了"盈宇宙者无非物，日用之间无非事"和"道在事中"等比较朴素浅显的唯物主义观点，他并不反对而且非常推崇周、张、二程。但是，陈亮思想的伟大之处在于他和叶适永嘉学派一样，坚决反对朱熹理学的空疏道德性命之学，主张义理与事功相统一；强调学术必须经世致用，敢于把历史研究和现实政治结合起来，总结历史经验教训，寻求改革现实的理论。

陈亮主张义理与事功相统一，认为"功到成处，便是有德，事到济处，便是有理"。指责脱离事功，专尚义理的道学家们"自以为正心诚意之学者，皆风痹不知痛痒之人也"，只是"低头拱手以谈性命，不知何者谓之性命"，"不知事功为何物"。他曾多次与朱熹进行过"天理人情"和"王霸义利"的辩论，对朱熹"三代专以天理行，汉唐专以人欲行"的谬论做了批判。对道学家空谈性理所造成的社会危害更是痛加指责，他说："自道德性命之说一兴，……为士者耻言文章、行义，而曰'尽心知性'；居官者耻言政事、书判，而曰'学道爱人'。相蒙相欺，以尽废天下之实，则亦终于百事不理而已。"②

陈亮认为，孔子是学以致用的圣人，知学孔子、明六经之大旨就是要学习孔子的经世致用思想，明六经的经世大旨。他说：孔子"进而经世，退而著书"。六经，实际上都是孔子的经世之作，所载全为上古史事。如《易》所载是"天地古今之变"，反映了包羲氏、神农氏、黄帝氏开天辟地建人极的事迹和当时的社会风俗法度。《尚书》则是记载三代损益之变的历史，以给后人有所考。《周礼》是夏商的历史。《诗》则反映了周代的风俗之盛衰和列国离合之变。《春

① 徐规、梦江：《陈亮永嘉之行及其与永嘉事功学派的关系》，《杭州大学学报（哲学社会科学版）》，1977年第2期。
② 陈亮：《陈亮集》卷二十四《送吴允成运干序》，邓广铭点校，中华书局，1987，第379页。

秋》，是孔子经世思想的直接反映。陈亮说：孔子"伤春秋之变，发其志于《春秋》之书"。又说："圣人经世之志，寓于属辞比事之间""《春秋》，圣人经世之志""以望天下与来世者"。① 在陈亮看来，非但孔子，早期儒家和孟轲、贾谊、董仲舒、司马迁等也都是面向现实、切于事情、学以致用的。他说："孟子之言王道，岂为不切于事情？""此孟子所以通《春秋》之用者也。"至于"贾生之书，仲舒三策，司马子长之记历代，刘更生之传五行"，以及扬雄之《法言》、申韩之术等等，也都是"直发其经世之志""切于世用而不悖于圣人"之作。②

陈亮从青年时代起就怀有"经略四方之志"，"常欲求天下豪杰之士而与之论今日之大计"③。正是抱着经世之志，在当时国家民族危机、军事不振的形势下，陈亮把自己的研究重点放在古今军事战略上，他把古今"伯王大略，兵机利害"等著成《酌古论》一书，目的便是使古代的军事斗争"得失较然，可以观，可以法，可以戒，大则兴王，小则临敌，皆可以酌乎此也"。这种把历史研究和当时"中兴""复仇"的实际事功结合起来的做法，是与理学的空谈误国相对立的。后来，陈亮又向皇帝上《中兴论》五篇，以历史为镜子，提出了拯救国家、改革弊政的主张，坚决要求打破南宋朝廷的苟安局面，恢复中原，统一中国。他还著有《三国纪年》《史传序》等著作，并写有大量的诗文，于古今治道治法、古今君道之体、汉唐及今法制、古今官制，以及皇帝王霸之道、人才、理财、农田水利等问题均有论及，又无不从历史的经验出发，提出具体的改革措施。诚如叶适所言，陈亮作文，"每一章就，辄自叹曰：'平生经济之怀，略已陈矣'"。

当"皆谈性命而辟功利"的朱陆之学盛行之时，陈同甫"崛起其旁，独以为不然"。他的事功思想和举动大大震撼了当时的学术界以及朝廷。道学头子朱熹连声惊呼："陈同父（甫）学已行到江西，浙人信向已多，家家谈王伯，……可畏，可畏！"又说："陈同父（甫）一生被史坏了。""大不成学问！不知何故

---

① 陈亮：《陈亮集》卷三《何答上》、卷二十三《春秋比事序》，邓广铭点校，中华书局，1987，第345页。
② 陈亮：《陈亮集》卷九《扬雄度越诸子·勉强行道大有功》，邓广铭点校，中华书局，1987，第114页。
③ 陈亮：《陈亮集》卷一《上孝宗皇帝第一书》，卷二《中兴论》，邓广铭点校，中华书局，1987，第74页。

如此？"① 以陈亮为代表的永康事功学派在南宋恰似异军突起，锋芒毕露，影响很大。

三、吕祖谦和金华学派

吕祖谦（1137—1181），字伯恭，学者称东莱先生。他曾与朱熹、张栻齐名，号称"东南三贤"。乾淳以后，他以其独立的学派，即金华学派（又称婺学或吕学）与朱、陆鼎立。全祖望说："宋乾淳以后，学派分而为三：朱学也，吕学也，陆学也。三家同时，皆不甚合。朱学以格物致知，陆学以明心，吕学则兼取其长，而复以中原文献之统润色之，门庭径路虽别，要其归宿于圣人则一也。"②据《宋史·儒林传》载："祖谦之学本之于家庭，有中原文献之传。"吕祖谦确实有相当深厚的家学渊源。他的祖上自吕公著起"登学案者七世十七人"，为学素有"不主一门""不私一说""博而杂"③之特点。这一"家风"一直影响着吕氏家族的治学趋向，自然也影响着吕祖谦。然而，"不主一门""不私一说""博而杂"仅仅是治学的特点，更重要的是，吕氏家族把治学的侧重点放在上下古今历史和文献的研究上，自吕公著以来所传如此，一门之中，认真研究历史文献而代代相继，素有"中原文献之学"的美称。这就给后来吕祖谦治学由经入史开辟了途径。吕祖谦的整个学术正是如此，在哲学上，他治性理之学，企图媾和朱、陆，"欲会归于一"，从而形成了一套带有调和折中色彩的理学思想。这种哲学思想虽然影响很大，却并无多少新意。吕祖谦整个思想体系最精彩、最有成就的部分，是他在治性理学的同时，能以"中原文献之统润色之"，继承"文献之学"的家风，吸取了永嘉、永康事功之学的成分，形成了极重"务实"和经世致用的史学观。这种史学实质上就是事功之学。朱熹则站在反对派的立场上说出了吕祖谦学术的这一偏向。黎靖德编《朱子语类》卷一二二载："问东莱之学。曰：伯恭于史分外仔细，于经却不甚理会。……义刚曰：史是甚么学，只是

---

① 黎靖德编：《朱子语类》卷一二二、卷一二三，中华书局，1986，第373页。
② 黄宗羲原著，全祖望补修：《宋元学案》卷五十一《东莱学案》，陈金生、梁运华点校，中华书局，1986，第373页。
③ 黄宗羲原著，全祖望补修：《宋元学案》卷二十三《荥阳学案》，陈金生、梁运华点校，中华书局，1986，第297页。

见得浅！"吕祖谦的事功学确实与江浙间的学术有相通之处。他与永嘉、永康事功学者交往甚密。薛季宣、陈傅良等常到吕祖谦家里讨论问题，一住就是十天半月的。陈亮、叶适也与吕祖谦常来常往，彼此间书信频繁。对这些事功学派的代表人物，吕祖谦往往赞不绝口，评价甚高。这表明吕祖谦的思想学说与永嘉、永康的事功之学是具有相当的一致性的。这个一致性就表现在吕祖谦与他们一样，主张学术必须经世致用，重视历史。朱熹曾以非议的口吻道出了这一契机："伯恭之学合陈君举、陈同甫二人之学而一之。永嘉之学理会制度，偏考其小小者，惟君举为其所长。……同甫则谈古今，说王说霸。伯恭则兼君举、同甫之所长。"① 要之，无论永嘉、永康和金华学派，他们都是相互影响、相互发明，从而形成了具有相同特色的学术特点：即以经世致用为主旨的经制事功之学。这是宋代浙江事功学派的共同特点。

吕祖谦首先强调学以致用。他说："百工治器，必贵于有用，器不可用，工弗学也。学也无所用，学将何为邪？"他批评当时脱离实际的空洞学风，"今人读书全不作有用看。且如人二三十年读圣人书，及一旦遇事，便与闾巷人无异。或有一听老成人之语，便能终身服行。岂老成人之言过于《六经》哉？只缘读书不作有用看故也"。所以他主张学者应"多识前言往行，考迹以观其用"，否则便是"玩物丧志"。又说："大抵为学，不可令虚声多，实力少。""立心不实，为学者百病之源。"这种看法与叶适批判理学家"虚意多而实力少"的观点一致。吕祖谦还提出"讲实理，育实材，而求实用"的主张，与陈亮所提倡的"实学"、培养有"救时之志"的人才观点无异。

注重史学的经世功用，是吕祖谦事功之学的又一特点。他认为人类的不灭和历史的发展，都与史学的功用有关。春秋之时，"中国所以不沦丧者，皆史官扶持之力也"。并发出了"大哉，史官之功也"的赞叹②，与唐太宗"大哉，史学之用也"之说异曲同工。吕祖谦在竞言性命义理的南宋，重整旗鼓，发出呐喊，

---

① 黄宗羲原著，全祖望补修：《宋元学案》卷五十一《荥阳学案》，陈金生、梁运华点校，中华书局，1986，第464页。
② 吕祖谦：《东莱左氏博议·曹刿谏观社》，《吕祖谦全集》第1册，黄灵庚、吴战垒编，浙江古籍出版社，2008，第469页。

确有振聋发聩之功效，与理学祖师二程视读史为"玩物丧志"以及朱熹的"史是甚么学，只是见得浅"相比，不知要进步多少。

一切从经世致用的目的出发，吕祖谦还提出了一套研究历史、学习历史的步骤和方法。他认为，最重要的一点是要从具体的客观历史实际出发，设身处地地观察分析。这种读史方法与朱熹的从"天理"出发研究历史是有矛盾的。对于学习历史的步骤，吕祖谦认为，应该从历史发展的次序出发，有顺序有系统地学习，同时进行前后比较，发现其中的有机联系。总之，吕祖谦强调的是从历史本身出发，尊重客观历史本身，研究历史。这与朱熹的"先经后史""经本史末"，读史之前必须先通经等理学观点是迥然有异的。

吕祖谦的历史发展观也具有某些进步之处，他认为历史总是不断向前发展的，"事极则须有人变，无人变则其势自变"。社会制度也是"有因有革"，不断适应形势而变化发展的。任何"复古"倒退都是行不通的。他明确指出：不能"施行先世制度于今日"。这与陈亮所说的"古今异宜，圣贤之事不可尽以为法"观点是相同的。所以，吕祖谦提出了"天下之事，向前则有功，不向前，百年亦只如此，……安能成其大"的观点。主张"合群策""共集事功"，推动历史前进。

吕祖谦是位理学家，而尤以史学见长。他把经世致用的史学思想贯穿到自己的治史实践中去，一生任过国史院编修官、实录院检讨官等史职，编著过许多经世致用的史书。所著《大事记》12卷，附《通释》2卷、《解题》12卷，记周敬王三十九年（前481），迄汉武帝征和三年（前90）史事，原拟写到五代，后因病未成。对于历代事迹先后、地理沿革、职官废弃等多所考订，足以补《通鉴》之所未及。《通释》皆录经典中要义格言，以及历代名儒议论。《解题》则"为始学者设"。总之是一部"畜德致用"之作。《历代制度详说》，分科目、学校、赋役、漕运、盐法、酒禁、钱币、荒政、田制、屯田、兵制、马政、考绩、宗室、祀事15卷，内容涉及社会的政治、经济、军事、文化教育等各项制度。通过研究探讨分析历代制度的利弊得失，寻求一切用于当今国计民生的改革办法，针对时弊，提出了许多实在有用的见解。这是吕祖谦经世致用思想的突出表现。被誉为"凿凿如桑麻谷粟切于民生实用有不容阙者焉"的一部"穷理经世"之作。《东莱左氏博议》25 卷，以《左传》所载史实为题进行评论，发表自己的政治、哲学、伦理观点，试图用历史知识教育世人。此书曾作为书院学生的习作范文而广为流传，深受读者喜爱。尚有《春秋左氏传说》20 卷、《春秋左氏续说》12 卷，俱为研究《左传》之作。《皇朝文海》（又名《宋文鉴》）150 卷，选录宋朝名人学士的名篇佳作，按不同体裁加以分类汇编而成。从中也反映出吕祖谦编此书是为了有用于世人。宋孝宗即称赞此书"采取精详，有益治道"①。叶适也非常推崇此书，认为它有补于世，并特意在《习学记言序目》中花了 4 卷的篇幅评论此书。此外，吕祖谦尚著有《通鉴详节》《史记详节》《音注唐鉴》等书，都是为了方便读者，让人们更多地了解历史知识，普及历史教育，这是宋代史学通俗化、普及化的一个组成部分。

据史书记载，吕祖谦和其弟祖俭在明招山创办丽泽书院，授徒讲学，"四方之士争趋之"②。"明招学者，自成公（祖谦）下世，忠公（祖俭）继之，由是递传不替，其与岳麓之泽，并称克世，……明招诸生，历元至明未绝，四百年文献之所寄也。……为有明开一代学绪之盛。"③ 由吕祖谦创立的金华学派，所以能形成与朱、陆相鼎立的派别，产生如此深远的影响，与吕祖谦继承"中原文献之传"的家风倡导经世致用的实学研究是分不开的。

综上所述，宋代浙江的三个学派及其代表人物。从哲学意义上看，他们并没有提出或建立起自己系统的理论体系，但是，他们对当时空谈性理的理学多少有过批判，更重要的是，他们都提倡实学，极重历史研究，强调学术必须经世致用。他们都抬出圣人作为立论根据：认为孔子是"经世致用"之祖，《六经》都是记载不同时期社会历史的史书，孔子经世致用实学思想的体现，学习孔子就是要学习他的经世致用思想。在对待当时的抗金问题上，他们又都是主战派，具有强烈的爱国主义思想。所有这些，都与当时朱、陆两派学术思想有明显的区别。

① 脱脱：《宋史》卷四三四《吕祖谦传》，中华书局，1985，第 374、376 页。
② 同上。
③ 黄宗羲原著，全祖望补修：《宋元学案》卷七十二《丽泽诸儒学案》，陈金生、梁运华点校，中华书局，1985，第 374、376 页。

第三节 王阳明与"心学"

梁启超于《阳明先生传及阳明先生弟子录序》中说："居恒服膺孟子知人论世之义，以谓欲治一家之学，必先审知其人身世之所经历，盖百家皆然，况于阳明先生者，以知行合一为教，其表见于事为者，正其学术精诣所醇化也。综其出处进退之节，观其临大事所以因应者之条理本末，然后其人格之全部，乃跃如与吾侪相接，此必非徒记载语录之所能尽也。"① 因此研究王阳明心学思想，必先了解其生活的社会历史环境和经历。

一、王阳明生平简介

王阳明（1472—1529），名守仁，幼名云，字伯安，浙江绍兴府余姚县人。因于会稽山阳明洞筑室，自号阳明子、阳明山人，故被世人称为阳明先生。王氏先祖为晋光禄大夫王览，琅琊（今山东南部）人，王阳明先祖王寿迁居至浙江余姚，高祖王与准号遁石翁，淡泊名利，志趣山野。曾祖王杰曾在太学任职，却不幸英年早逝。祖父王天叙好竹，博览群书却又淡泊名利。其父王华，事母至孝，生活简朴，成化十七年（1481）中状元，《明史》记载："华有器度，在讲幄最久，孝宗甚眷之。"② 幼年的经历对一个人的成长至关重要，在这样的家庭环境下，其祖父涉猎广博的学识与超然的处世情怀，其父亲严谨的治学态度与高尚品格，对王阳明的成长产生了十分重要的影响。王阳明幼年时开口说话较晚，"五岁不能言，异人拊之，更名守仁，乃言"③。但天资聪慧，才思敏捷，兴趣广泛，11 岁时随祖父赴京时即能应景赋诗，12 岁时开始拜师读书，立志"读

① 梁启超：《饮冰室合集》，中华书局，1989，第 1631 页。
② 张廷玉：《明史》卷一九五《王守仁传》，中华书局，1974，第 5159 页。
③ 同上。

书学圣贤耳"。①

在王阳明 13 岁时经历了人生第一次大变故，母亲的去世使得幼小的王阳明深深地陷入悲痛之中，《年谱》记载"居丧哭泣甚哀"②。幼小失恃之于后来的阳明学说有着重要的意义，从他反思佛道之虚无，重视人间亲情这些方面来看，这一不幸坚定了他重视亲孝的观念。这也正是儒家学说对世间现实、人伦亲情的强烈关怀所在，后来王阳明曾在杭州某寺庙中以儒家"爱亲本性"③ 点破一名牵挂母亲的僧人，这一事件也恰恰体现出了这一点。

明朝自正统以来，武备松懈，边患严重，贼寇横行，有鉴于此，王阳明对军事涉猎颇深，喜读兵书，善骑射，15 岁时游居庸三关，已有经略四方之志，欲上书朝廷平寇之策，但被父亲斥为狂生。16 岁时学习朱子理学著作，然而王阳明兴趣十分广泛，于佛老、辞章之学亦有研究，甚至在 17 岁新婚之时，跑到庙里与道士谈论养生之道。18 岁时拜访著名理学学者娄谅，谓"圣人必可学而至"④。此后学问虽不断精进，但由于曾经两次会试落第，结诗社以诗词为乐。为官后又积劳成疾，一度深入研究道家导引之术，且入道颇深，直至 31 岁时感悟到辞章之学为"无用之虚文"⑤，佛老之学"此簸弄精神，非道也"⑥，于是"复思用世"⑦。从这些王阳明早年间的经历我们不难看出，王阳明受其家庭熏陶影响，加之他涉猎广泛，使得他在学术的追求上有着强烈的家国情怀与对世俗的关切，这也正坚定了他探求圣人之道的人生道路。

弘治十八年（1505），明孝宗朱祐樘驾崩，长子朱厚照即位，是为武宗。武宗皇帝亦有大志且才智过人，但在位期间多荒唐之举，宠信奸佞，一时间朝野混乱，贤良之士受到压制。武宗正德元年（1506），时任兵部主事的王阳明因上疏搭救戴铣而惹怒权阉刘瑾，被谪贬至贵州龙场任驿丞，途中假装投水自尽躲

---

① 王守仁：《王阳明全集》卷三十三《年谱一》，上海古籍出版社，2012，第 1001 页。
② 同上。
③ 王守仁：《王阳明全集》卷三十三《年谱一》，上海古籍出版社，2012，第 1005 页。
④ 王守仁：《王阳明全集》卷三十三《年谱一》，上海古籍出版社，2012，第 1002 页。
⑤ 王守仁：《王阳明全集》卷三十三《年谱一》，上海古籍出版社，2012，第 1004 页。
⑥ 同上。
⑦ 同上。

过了刘瑾派去的杀手,在历尽千辛万苦到达龙场后,当地自然环境十分恶劣,其随从也纷纷病倒。另外当地多有少数民族居住,语言又互不相通。在这样的情况下,王阳明以其豁达的精神顽强地生存下来,保境安民,教化百姓,深得当地人之心,声名远播。同时,困苦的经历还使他对儒家思想有了全新的认识,在一天夜里,突然领悟了格物致知的宗旨,"始知圣人之道,吾性自足,向之求理于事物者误也"①,这便是著名的"龙场悟道"。

正德四年(1509)闰九月,王阳明谪戍期满,官复庐陵县知县。正德五年(1510)八月,杨一清与宦官张永联合,设计除去了刘瑾。在权阉垮台之后,王阳明在仕途上一帆风顺,先后升任南京刑部主事、吏部验封司主事、署员外郎、吏部文选司主事,历任吏部考功司郎中、南京太仆寺卿、南京鸿胪寺卿等职务。正德十一年(1516)八月,时任兵部尚书的王琼十分赏识王守仁的才能,在他的推荐之下,王守仁被擢为都察院左佥都御史,并先后平定了闽、赣、湖、广四省边界的多年匪患。然而王阳明并没有居功自傲,他反思战争,在与杨仕德的书信中深刻地体会到"破山中贼易,破心中贼难"。②王阳明深刻地认识到,动乱的根源在于人心不稳,而要想安抚百姓,则必须要重视民生,所以他认为朱熹所讲的"在新民"一语并不恰当,而应是"在亲民",《传习录》中记载为:"说亲民便是兼教养意,说新民便觉偏了。"③我们从王阳明一生的经历来看,作为一个儒家学者,他始终贯彻实践这种重视百姓的"亲民"思想,这对打破程朱理学的僵化,推动社会进步产生了重要影响。

正德十四年(1519),在平定宁王朱宸濠叛乱后,由于明武宗仍执意亲征,所到之处鸡犬不宁,沿途百姓深受其害,佞臣张忠等人竟要求命王阳明留在江西,让武宗亲自与宁王打一仗再凯旋。面对如此荒唐要求,为使百姓免遭蹂躏,王阳明抗命不从,因此得罪奸佞之辈。面对混乱的时局,王阳明感慨世事艰难,有去仕之意,作《归兴》一诗:"一丝无补圣明朝,两鬓徒看长二毛。自识淮阴

---

① 王守仁:《王阳明全集》卷三十三《年谱一》,上海古籍出版社,2012,第1007页。
② 王守仁:《王阳明全集》卷四《文录一》,上海古籍出版社,2012,第144页。
③ 王守仁:《王阳明全集》卷一《语录一》,上海古籍出版社,2012,第2页。

非国士，由来康节是人豪。时方多难容安枕，事已无能欲善刀。越水东头寻旧隐，白云茅屋数峰高。"①

然而去仕的想法在现实面前是不可能实现的。武宗知其无异心，下诏令王阳明返回江西并兼任巡抚。正德十六年（1521），明世宗即位，这位新上任的皇帝也不允许王阳明辞官，追赏了平乱之功并先后晋升为南京兵部尚书，加封新建伯。嘉靖元年（1522），父亲王华去世，王阳明回乡守制。两年后，他受邀在稽山书院讲学，后又在绍兴建立阳明书院，从事教学活动，阳明学说也因此广泛传播，但由于弟子们才智禀性各不相同，对王阳明学说的理解也不尽相同，甚至出现了分歧。嘉靖六年（1527）九月，在赴广西平叛前夜，他在天泉桥留心学四句教法："无善无恶心之体，有善有恶意之动。知善知恶是良知，为善去恶是格物。"② 由于当时程朱理学陷入僵化，人们多从字面上理解，且空谈之风盛行，所以王阳明教导弟子钱德洪与王汝中二人要相互借鉴，不可偏执一端，并十分强调应注重实践，而不应从字面理解，更不能空谈。

嘉靖六年（1527），王阳明总督两广兼巡抚。在平定了当地叛乱后，由于肺病加重，王阳明向朝廷上疏乞求告老还乡，其奏疏可谓悲伤恳切，然而朝廷并未回复，于是未及朝廷批复便已回去。嘉靖七年（1528）十一月二十九日，王阳明病逝于江西南安府大庚县青龙港（今江西省大余县境内）舟中。在弥留之际，弟子周积问有何遗言，他仅留下"此心光明，亦复何言"八个字便与世长辞，享年 58 岁。

在王阳明去世后，江西百姓感念其恩德，"军民无不缟素哭送者"③。然而对待这样一位鞠躬尽瘁的大臣，朝廷方面的做法实在令人心寒。桂萼攻击其擅离职守，皇帝大怒，命群臣议论，桂萼又借机称其学说为伪学异端："守仁事不师古，言不称师。欲立异以为高，则非朱熹格物致知之论；知众论之不予，则为朱熹晚年定论之书。号召门徒，互相倡和。才美者乐其任意，庸鄙者借其虚声。

---

① 王守仁：《王阳明全集》卷二十《外集二》，上海古籍出版社，2012，第 627 页。
② 王守仁：《王阳明全集》卷三《语录三》，上海古籍出版社，2012，第 102 页。
③ 张廷玉：《明史》卷一九五《王守仁传》，中华书局，1974，第 5168 页。

传习转讹，背谬弥甚。但讨捕畲贼，擒获叛藩，功有足录，宜免追夺伯爵以章大信，禁邪说以正人心。"① 于是皇帝下诏停止其世袭，恤典俱不行，直到隆庆元年（1567）追赠新建侯，谥文成。隆庆二年（1568）准予世袭伯爵，至万历十二年（1584），经御史詹事讲申请，从祀于孔庙。

综上所述，王阳明的学说与他的个人经历关系密切，基于明代中期以来的社会现实，不仅推动了社会的进步与儒家学说的发展，还体现出作为一个儒家学者对世人的关怀与强烈的社会责任感。

二、阳明心学的核心内涵

阳明心学主要论述就在于建立一个"虚灵不昧，众理具而万事出"的"心"来。透过心的发用，世界万物与人产生了关系，而世界也从一个本然世界转化成意义世界，这就是王阳明所说"仁者以天地万物一体，使有一物所失，便是吾仁有未尽处"②。天地万物皆在心中，如果能体悟"心即理"且能扩而充者，即可谓之仁。故王阳明又说："夫圣人之心，以天地万物为一体，其视天下之人，无外内远近，凡有血气，皆其坤弟赤子之亲，莫不欲安全而教养之，以遂其万物一体之念。"③ 这是王阳明54岁（嘉靖四年）时所作的"拔本塞源论"中的主要论述，所以"一体之仁"为王阳明思想成熟后最重要的一个中心论题。

（一）良知学说

钱穆先生认为，宋朝理学热烈讨论的有两个部分，一是本体论的"万物一体"，一是功夫修养论的"变化气质"。④ 此论述一路相传数百年而至明朝，也是以这两个问题的讨论为主，而王阳明的思想也是在这样的学术氛围中孕育滋长。然而，正如陈白沙在向胡与弼（康斋）求学之后，仍感叹"此心与此理未有凑泊吻合处也"。王阳明在接触宋儒之学时，亦始终未能对"格物致知"有所体悟，甚至还格出病来，以至于数度进出宋儒之学仍无所获。直到他27岁读到朱

---

① 张廷玉：《明史》卷一九五《王守仁传》，中华书局，1974，第5168页。
② 陈荣捷：《王阳明传习录详注集评》，台湾学生书局，1998，第112页。
③ 王阳明：《王阳明全集》，上海古籍出版社，1992，第142页。
④ 钱穆：《阳明学述要》，台湾兰台出版社，2001，第1页。

熹《上光宗疏》中提到"居敬持志为读书之本，循序致精为读书之法"（《年谱》，成化十一年），才对自己的读书方法有所悔悟，这大概是王阳明开始重新认识宋儒之学的转折点，并于日后开始有门生弟子时，都要求他们必先立志。王阳明真正对于心与理的体悟还是在谪龙场之后，经过生命中濒死的经历与心智的磨炼，他终于参悟了"心即理""心外无理"的圣人之道，并由此展开其"良知"的阐发。

1. 良知即心之本体

王阳明认为良知就是心之本体，也就是孟子所谓的"性善"或者"四端"。关于这样的说法可从《传习录》中随处看见："知是心之本体，心自然会知：见父自然知孝，见兄自然知弟，见孺子入井自然知恻隐，此便是良知不假外求。若良知之发，更无私意障碍，即所谓'充其恻隐之心，而仁不可胜用矣'。"[1] "良知心之本体，即所谓性善也。"[2] "良知之在人心，无间于圣愚，天下古今之所同也。"[3] 此外在《书朱守干卷》中也明白提道："夫良知者，即所谓是非之心，人皆有之，不待学而有，不待虑而得者也。人孰无是良知乎？独有不能致之耳。自圣人以至于愚人，自一人之心，以达于四海之远。自古之前，以至于万代之后，无有不同是良知也者。是所谓天下之大本也。"[4]

由于心作为万物本质的存在而为本体，而心即是理，天地万物又都秉受此理，故本心亦即万物的本体。就王阳明而言，此万物实际上也就是"万事万物"，故心之发用皆在此万事万物之上，而心能做如此发用，实因本心能知，本心之所以能知，是因为此心即是良知，亦即孟子所谓之"良知良能"。而良知就是心之本体，亦是人的本体，是人之所以为人的价值根源所在。

而良知与见闻之知是有所不同的，王阳明在答欧阳崇一所问"良知虽不由见闻而有，然学者之知，未尝不由见闻而发"时，说得非常清楚。他说："良知不由见闻而有，而见闻莫非良知之用。……孔子云：'吾有知乎哉，无知也。'良

---

[1] 陈荣捷：《王阳明传习录详注集评》，台湾学生书局，1998，第40页。
[2] 王阳明：《王阳明全集》，上海古籍出版社，1992，第83页。
[3] 王阳明：《王阳明全集》，上海古籍出版社，1992，第79页。
[4] 王阳明：《王阳明全集》，上海古籍出版社，1992，第279页。

知之外，别无知也。"①此外在《答顾东桥书》中亦曾就《论语·述而》中的"盖有
不知而作之者，我无是也。多闻择其善而从之；多见而识之，知之次也"来说明
良知与见闻之知的不同。根据孔子原意来看，真知是指知与理合一，亦即知行
为之理，而行才是真知。对王阳明思想而言，知即良知，良知又与行是不分的，
故王阳明似乎要强调的是良知才是圣人教人的第一义，见闻之知则是第二义，
所谓第一、第二则是先后本末之义，亦即孔子教人先要能确定自己的本心，就
如孟子所说"学问之道无他，求其放心而已"。王阳明认为把良知即心之本体，
其工夫具体实践才是"圣门用力之地"，才是人之为人的价值挺立之处，因此他
特别强调致良知才是学问大头脑。

　　2. 良知即天道

　　良知本来自明，不明之因是人的心受到私欲障蔽。王阳明顺着孟子的理路
来说，认为人心发动为意念时则有善恶，但因本心是至善，只是其发为意念时
会有所偏倚，才有恶的出现。他在答黄以方的提问时说："问先生：尝谓善恶只
是一物。善恶两端，如冰炭相反，如何谓只一物？先生曰：至善者心之本体。
本体上才过当些子，便是恶了。不是有一个善，却又有一个恶来相对也。故
善恶只是一物。直因闻先生之说，则知程子所谓：善固性也，恶亦不可不谓之
性。又曰：善恶皆天理，谓之恶者本非恶，但于本性上过与不及之间耳。其说
皆无可疑。"②因良知是人心本体，本来是一纯善之体，但因人的善端有时总会
被动物性的欲望所遮蔽，未能于事事物物上体现这个善端，故名之恶，也就是
离开中庸的状态，而变成过与不及。但是，因为良知即是本心，任谁也离不开
这个良知，故良知不因一时的陷溺而不存，王阳明在与于中及邹守益的对话中
说过："……良知在人，随你如何，不能泯灭，虽盗贼亦自知不当为盗，唤他做
贼，他还忸怩。"③而王阳明在赣南平乱时，亦曾以此说法来劝谕那些乱匪，并
给予其改过自新的机会。既然良知常为私欲所蔽，故要有工夫来让良知觉醒，

---

① 陈荣捷：《王阳明传习录详注集评》，台湾学生书局，1998，第239—240页。
② 王阳明：《王阳明全集》，上海古籍出版社，1992，第119页。
③ 王阳明：《王阳明全集》，上海古籍出版社，1992，第93页。

他依着孟子所提出的"扩充存养"之说并加之以《中庸》《大学》的慎独与格致诚正而提出克治省察的方法来醒觉此一良知，使其时时朗现。

成圣贤是王阳明一生的志业，也是他教人的终极目的，而良知正是成圣贤的根基，不论愚智皆有良知，这就意味着人人皆可成圣贤这样的论述是被保证可具体实践的，其中原因就在于良知与天道是一体，而人受了天道而成为人之性，亦即孟子所谓的"尽心、知性、知天"的理路。王阳明说："天命之谓性，命即是性。率性之谓道，性即是道。修道之谓教，道即是教。……道即是良知。"①

由此可见，阳明已将良知学进而提升到"心即理"的论述层面，蕴含了"万物一体"的观念，这就从存有论走向了形而上学。

理者，天理也，亦即万事万物之理，然则此万事万物之理与人有何相干呢？王阳明透过孟子的"心、性、天"论证而主述人心与天理是一体的，即将本体赋予存有论的价值意义，此为儒家传统血脉。通过将形而上的境界与伦理意识结合，使得自然秩序得以转化为人文秩序，此即是孔子以来历代儒家都在努力的目标，王阳明亦是顺着这个思路继承了儒家的学统与道统。他在与弟子周道通的书信中提道："心之本体即是天理，天理只是一个。"②此外，王阳明有个学生既聋又哑，王阳明以笔与之对谈，王阳明对他说："大凡人只是此心，此心若能存天理，是个圣贤的心，口虽不能言，耳虽不能听，也是个不能听不能言的圣贤。若不存天理，是个禽兽的心。"③

但并未能清楚说出此时心与理如何为一体。所以王阳明在《传习录》中特别以程子"仁者以天地万物为一体"来诠解心即理的含义，他说："仁是造化生生不息之理，虽弥漫周遍，无处不是。然其流行发生，亦只有个渐，所以生生不息。如冬至一阳生，必自一阳生，而后渐渐至于六阳，若无一阳之生，岂有六阳？……惟有渐，所以便有个发端处，惟其有个发端处，所以生。惟其生，所以不息。"④

① 王阳明：《王阳明全集》，上海古籍出版社，1992，第265页。
② 王阳明：《王阳明全集》，上海古籍出版社，1992，第73页。
③ 王阳明：《王阳明全集》，上海古籍出版社，1992，第72页。
④ 王阳明：《王阳明全集》，上海古籍出版社，1992，第114页。

（二）知行合一

1. 真知真行

关于知，王阳明认为也可以分为真知和假知。在王阳明看来，朱子将知行分为两段，其中的"知"不一定是真正意义上的知，而有很大的可能是假知。朱学中的"知"是一种脱离了实践的知，只能停留在说的或者说理论层面上的知，也就是说，这个"知"不是在实践中行的知，而是仅仅停留在意识范畴之内的，这种知，更多的只是一种理论性的知识，或者说是常识。而这样的理论知识在实践的运用中还存在诸多的差别和不足。真知应该和朱学中解释的"知"不同，从道德的意义上说，被王阳明称为知解。所谓知解，王阳明说："此学贵反求，非知解可入也。"① 王阳明认为求学者多在知解上下工夫，并且困在其中不能自拔，然而这非为学之道。比如，对于孝，说只是说，真正做到的时候也未必汇入说者所言。因此，这个知不是真正内化于心的。口中的知，只是表面层次的，最多也只是个解释。"又如知痛，必已自痛了方知痛；知寒，必已自寒了；知饥，必已自饥了。"② 只有这样的知才是真知。也就是说，只有亲自行动过，亲自体验过其中的感觉，活着知道了行动之后的结果，才是真正的知，是真知。反之，仅仅流于言语说辞，未曾真正亲自体验感觉的便是假知，也就是知解。真知之知，就是不仅仅局限于文辞之上，更要懂得如何行动，才是真知的基础。同时也是真知的要求。譬如，知痛，已是自痛一般。

由真知、假知，进而阳明又提出了真行、假行。他认为，真知必行，不行则不可谓之真知。"真知即所以为行，不行不足谓之知。"③ 真知与行之间是一种自然且必然的关系，真知所发之行便是真行。一旦悟得真知则必然要付诸行动。这种对作为道德意识的真知的实践，实际上就是一种道德层面的自觉践行。真知中已经包含了行，虽然说知，说行，但有真知必有行。也就是"未有知而不行者；知而不行，只是未知"。"只说一个知，已自有行在；只说一个行，已自

---

① 刘聪：《阳明学与佛道关系研究》，巴蜀书社，2009，第97页。
② 王阳明：《王阳明全集》，上海古籍出版社，1992，第4页。
③ 王阳明：《王阳明全集》，上海古籍出版社，1992，第53页。

有知在。"① 知的本身就包含了行，行中亦有知。他提到"凡谓之行者，只是着实去做这件事，若着实做学、问、思、辨的功夫，则学、问、思、辨亦便是行矣"②。这里把行说成一种功夫、一种态度。当把知和行分开的时候，行就不是真行。"称某人知孝，某人知弟，必是其人已曾行孝行弟。"③ 真知必定行，不行就证明内心没有悟得真知，只有发自真心本心的知之后的行，才可称之为真行。按照自己良知的自然之行，是良知的自然本真流露。此时的行，方是真行。

2. 知行本是一体两面

王阳明在《传习录》上卷说得很清楚："知者行之始，行者知之成。圣学只一个工夫，知行不可分作两事。"④ 此说法只可视为其知行合一说的总纲，说得再明白简单不过了。王阳明认为"知行合一"是圣门之法，但不能说是两种工夫合而行之，他说："知之真切笃实处即是行；行之明觉精察处即是知。知行工夫，本不可离。只为后世学者分作两截用功，先却知、行本体，故有合一并进之说，真知即所以为行，不行不足谓之知。……心一而已，以其全体恻坦而言，谓之仁；以其得宜而言，谓之义；以其条理而言，谓之理。不可外心以求仁，不可外心以求义，独可外心以求理乎？外心以求理，此知行之所以二也，求理于无心，此圣门知行合一知教。"⑤

王阳明所谓的"圣门之教"指的就是孔子的"吾道一以贯之"⑥，因所学所行皆是良知发用于事事物物，故孔子所谓的"博学、笃行"亦是知行合一之意。在黄以方所录的《传习录》里有这样的说明。门人问曰："知行如何得合一？且如中庸言'博学之'，又说个'笃行之'，分明知行是两件。"先生曰："博学只是事事学存此天理，笃行只是学之不已之意。"⑦ 此说明白表示学乃学良知之学，一般人于此总提出德行之知与见闻之知来论述。但依王阳明理路及其文本来分析，

① 王阳明：《王阳明全集》，上海古籍出版社，1992，第58页。
② 王阳明：《王阳明全集》，上海古籍出版社，1992，第116页。
③ 王阳明：《王阳明全集》，上海古籍出版社，1992，第38页。
④ 王阳明：《王阳明全集》，上海古籍出版社，1992，第36页。
⑤ 黄宗羲：《明儒学案》，中华书局，1985，第181—182页。
⑥ 王阳明：《王阳明全集》，上海古籍出版社，1992，第14页。
⑦ 王阳明：《王阳明全集》，上海古籍出版社，1992，第21页。

王阳明所谓的"知"是以良知天理为范畴，不论是学而知之的"文、行、忠、信"，还是所见所闻之知，都是以良知天理为对象。至于所谓的伦理知识以外的知，其实是小学学习的内容，包括礼乐、射御、书数之文（见朱熹《大学章句序》），而关乎良知天理之大学之知，才是王阳明所讨论的范畴。

此外，在黄直所录的《传习录》中有一段谈到知行合一的道理，一向被许多学者认为是"丝丝见血""亲切深至"[①]：问知行合一。先生曰："此须识我立言宗旨。今人学问，只因知行分作两件，故有一念发动，虽是不善，然却未曾行，便不去禁止。我今说个知行合一，正要人晓得一念发动处便即是行了。发动处有不善，就将这不善的念克倒了，须要彻根彻底，不使那一念不善潜伏在胸中。此是我立言宗旨。"[②]

王阳明如此强调其知行合一的崇高性与唯一性，无非是要提供给人立下一个必为圣人之志时的真实简易的工夫。无怪乎钱穆先生认为："我们若真能做到这一番工夫，其实也即是宋儒所说'变化气质'的最大成效了。"[③]

3. 一念之动便是行

朱熹讲"知先行后"是将知行作为两个过程，先获得知识然后再躬行实践。王阳明所说的"行"，不仅仅是身体之行，亦包含着行的意愿，即其所言"一念发动处，便即是行了"。

所谓"知者行之始，行者知之成"的"知"，可指"良知""知觉"或"意念"。良知的发用流行便是行之始，而致此良知发用于人伦事物便是良知之完成。一念发动即是行之始矣，而实际行动即是意念的完成。因此，王阳明便说："圣学只一个工夫，知行不可分作两事。"[④]

所谓"知者行之始，行者知之成"一句，若"知"以意念为解的话，那么，这个解释显然有两种，即"善念"与"恶念"。我们便先以王阳明这里的"一念不善"加以解释。王阳明认为，发动"一念之恶"便即是行恶之始了，而实际去行

① 王阳明：《王阳明全集》，上海古籍出版社，1992，第26页。
② 同上。
③ 钱穆：《阳明学述要》，台湾兰台出版社，2001，第51页。
④ 王阳明：《王阳明全集》，上海古籍出版社，1992，第13页。

恶便已是"恶念"发动的完成了。所以,"有一念发动,虽是不善,然却未曾行,便不去禁止",正是将"知""行"分作了两件。然而,"一念不善"虽是"恶行之始",却并非"恶行之成"。因此,在恶行成行之前,正是"去恶"的工夫处,便须"将这不善的念克倒了。须要彻根彻底,不使那一念不善潜伏在胸中"。因为,既然"知""行"是同一并行的关系,那么,我们便可以说"恶念之始即是行恶之始,行恶之成即是恶念之成"了。"知行合一"便是指"知行本体",而所谓的"本体"便是"心之本体",而"心之本体"是谓"至善"。所以,"知行合一"之体亦是"至善"的。因此,王阳明的用意恰恰是:"发动了一念之恶而'良知'便知之,而'良知'知之便即克去之,便即'致良知'以做去恶的工夫。"这便是王阳明所谓的"知行并进"的工夫。发动"一念之善"便即是行善之始了,然而实际去实践善念是这"一念之善"的完成。而这正是"为善"的工夫。因此,以"知者行之始,行者知之成"来解释,便是"善念之始即是善行之始,行善之成即是念善之成"了。正是王阳明所谓的:"要晓得一念发动处,便是知,亦便是行。"

(三)四句教

王阳明晚年提出四句教:无善无恶心之体,有善有恶意之动,知善知恶是良知,为善去恶是格物。成了王学思想的核心课题。这四句教法不仅引起当时两位高徒钱德洪(字洪甫,号绪山)与王畿(字汝中,号龙溪)的争论,后学亦聚讼纷纭,甚至产生王学"阳儒阴释"的质疑,如东林学派顾宪成认为"坏天下教法,自斯言始"。特别指责"无善无恶",说:"无声无臭,吾儒之所谓空也。无善无恶,二氏之所谓空也。名似而实远矣。是故讳言空者以似废真,混言空者以似乱真。予皆不敢知也。"① 此意指传统上儒家仅止于由"未发之中"说"无声无臭",王阳明说"无善无恶"颇有混淆儒家"性善"与佛家"性空"之嫌。实则,王阳明说无善无恶并非佛家"性空"或道家"性无善无恶"之意。四句教兼及未发与已发、体与用、无与有、本体与工夫诸义,兹解读四句教的义理内容如下。

---

① 黄宗羲:《明儒学案》,中华书局,1985,第89页。

1. 无善无恶心之体

王阳明依据《大学》架构，分立"心、意、知、物"来说心，在概念上区分心体、意念（意志）、良知、意所在的事物等，赋予个别的含义。四句之首句"无善无恶心之体"，王阳明说："人心本体原是明莹无滞的，原是个未发之中。"[①] 意指心体同于性体，乃天之所命，是一未发之中，以其未发，所以可说无善无恶，但说无善无恶，非与《告子》所谓"性无善无恶"同义，而是"性体至善，超善恶相"之义。事实上，首句在德洪、龙溪并无争议，是后儒以"无善无恶"近佛而有疑。论未发与已发，大体说来，四句教中首句指心体之未发，后三句"意""知""物"等均是已发。理论上，王阳明以"心"为本体，以"意""知""物"为发用，意谓本体至善但深微不露，必待流行发用而呈显，而有"意动于气""良知明觉善恶"以及"正事物"等进程，也唯有在心体已发用的场合，才有"正心、诚意、致知、格物"等复本体工夫的着力处。首句与后三句是"未发"与"已发"分别，因而也是"无"与"有"分别，都可透过体用概念来诠解，了解此体用层次的不同，则四句教的有无之间便可通贯无隔。

2. 有善有恶意之动

王阳明次提"有善有恶意之动"，以之指点出心体由至善无恶之"无"过渡到意念呈善恶相之"有"的重要阶段。盖心之本体本无不正，自其意念发动，而后有不正。故欲正其心者，必就其意念之所发而正之。[②] 可见王阳明认为，至善的心体唯过渡到意念发动之际方见恶的可能，意念发而有恶，欲正其心只在诚意的工夫。在这里，尤须辨明的是：意念的发何以有善有恶？意念的恶又由何而来？

依照宋儒宇宙论的说法，而为王阳明所默许者，其旨可概述如下：天道至善的本体，原是隐微不露无迹可征者，因生生之理而气化流行而生成万物（继善），天之所予者原是与天同体的至善之性（成性）。然而，在自然万物的实质化过程中（乾道变化各正性命），形而下之器必有所偏倚而不全，于是，分殊异

---

① 王阳明：《王阳明全集》，上海古籍出版社，1992，第117页。
② 王阳明：《王阳明全集》，上海古籍出版社，1992，第971页。

化的结果，如风雨露雷、日月星辰、禽兽草木、山川土石等物便各有所异，已难谓得道体之全。就自然而言，原无所谓善恶，只有偏倚不全，王阳明说"格物""正物"，使事物皆得天理之正，实是指矫正自然的偏倚不全，难谓自然本身即有善恶之分。就人的存在而言，既具有形下的自然血气生命，亦有发窍最精的人心一点灵明，这一点虚灵明觉是人禽几希之异，于是，人的存在足以体现道体与自然兼具一身之义。

王阳明所说的"意有善有恶"有双重含义，既说明意念（意志）有善恶两端，亦指出善恶不在别处寻，仅在人的意念发动处方能见之。人有形气生命便有感性欲望，此是"自然之性"，与本于道体而来的"义理之性"分别成为主导人意志的重要两端。然则，主导意念的两端既为感性欲望与本心良知，唯由本心所发才是善？

天理、人欲其实同根而生，人欲非必然的恶，只有当人放失其心失其本体，任令欲望主宰意念而无所节制时，才是恶的发端。王阳明因此说："恶人之心，失其本体。"[①] 王阳明又说："至善者心之本体。本体上才过当些子，便是恶了。不是有一个善，却又有一个恶来相对也。故善恶只是一物。"[②] 可见善恶并非本质上截然对立，而是同属一源者，此证诸善恶都在人的意念之中。换言之，意念意识虽属发用层次而非本体层次，却不妨碍其为心体的一个侧面。如何在意念已发，"感物而动"的层次上存养心性、复其本体，不令良知天理被躯壳己私所夺，正是如王阳明一般的儒者所共同讲究的修养工夫。再说天理与人欲、道体与自然、义理之性与自然之性虽同为一源，却应有本末、端绪的分辨，此犹王阳明认为道德与知识亦有本末之别。[③] 综而论之，便是道德优先性的问题。

3. 知善知恶是良知

很多学者认为，第三句"知善知恶是良知"为已发，是顺着"有善有恶意之动"而言的。实际上，良知既是已发又可言未发。王阳明曰："良知即是未发之

---

① 王阳明：《王阳明全集》，上海古籍出版社，1992，第 15 页。
② 王阳明：《王阳明全集》，上海古籍出版社，1992，第 97 页。
③ 同上。

中，即是廓然大公，寂然不动之本体。"① 说明良知是一未发的本体，以其寂然不动，因此可以照临、超越于经验意识层次之上，而为意念的善恶做出廓然大公的价值评断，这是良知之未发与意念之动于气的不同处。

但王阳明又说："知是心之本体，心自然会知。"② 则说明良知既是本体又有觉知的功用，此觉知是本体自觉之知，必与形器感官感物而动的经验知觉不同。就良知的觉知是由意念的善恶所触发而言，笔者认为，意念既为已发，良知之知因此可视为已发。王阳明曰："体即良知之体，用即良知之用。"③ 又曰："心不可以动静为体用。动静时也，即体而言用在体，即用而言体在用，是谓体用一源。"④ 这都是王阳明用来诠释良知之体用、未发已发间微妙关系的辩证用语，意谓即便以体、用或未发、已发等概念来理解良知，此概念亦不应视为是互相对立、限定的。良知是道体本身，"寂然"固是良知，"感通"亦无非良知。故王阳明又曰："有事无事可以言动静，而良知无分于有事无事也。寂然感通可以言动静，而良知无分于寂然感通也。"⑤ 就已发而论良知，在王阳明看来，良知与意念不同之处，在于意念纯属经验层，其与自然界相交，感物而动而好恶形焉，乃至于善恶相有所别，而良知则既能与经验层接榫却又超然于经验层之上，能独知善恶是非。这是良知"即未发即已发、即体即用（即存有即活动）、即无即有、即本体即工夫"的殊胜之处。此为王阳明在关于"心"的分解立论中如此重视良知，喻为"圣门之正法眼藏"，标举为其学问宗旨的原因。

4. 为善去恶是格物

四句之末"为善去恶是格物"，必是依"知善知恶是良知"为前提而来。所谓"致知在格物"即说明这两句的关系，依王阳明所说，"致知在格物"其义为"致吾心之良知于事事物物"，⑥ 亦即必先致其知，然后格于物。

① 王阳明：《王阳明全集》，上海古籍出版社，1992，第 62-63 页。
② 王阳明：《王阳明全集》，上海古籍出版社，1992，第 6 页。
③ 王阳明：《王阳明全集》，上海古籍出版社，1992，第 63 页。
④ 王阳明：《王阳明全集》，上海古籍出版社，1992，第 31 页。
⑤ 王阳明：《王阳明全集》，上海古籍出版社，1992，第 64 页。
⑥ 王阳明：《王阳明全集》，上海古籍出版社，1992，第 45 页。

王阳明论"格物",曾云:"格"字之义,有以"至"字训者,……亦兼有"正"字之义在其间……是则一皆正其不正以归于正之义。[①] 是说"格物"一语,兼含"至于物"与"正物"双重含义。"至于物"是实有其事、实落于自然界的意思,此义并无可议处,有待厘清的是"正物"。按理说,自然物本身只有偏倚不全并无善恶可说(即便训物为事亦同),善恶仅在本心意念之中可寻,此已如前所述,故"正物"实义当着重"正心",唯有正心诚意,致得良知天理,然后才可以进一步要求矫治现象世界事物之偏、求得天理之正。所以,无论所说是"格物"或"正物",到头来,实以"格心""正心"为要。因此,"格物"一语的恰当理解应是:"格心以至于物。"所以,"为善去恶是格物"一句的实义,"致良知"实已蕴含"诚意"及"格物"之意,致良知既要求先诚其意,待意念纯化,然后有意念内容(即物)的纯化。"为善去恶是格物"应强调在正事物之前,须有本于良知的端正心意工夫的先行。

综上所述,王阳明心学不宜以分解方式来认知,因其思想是即工夫即本体,体用一源,知即行、行即知的一体论述,然而本文尝试在建构其本体论的良知学同时,亦阐述了其工夫修养论的精髓,并借此展现其思想义理最重要的价值仍是在致良知的知行合一之论上,此即本文所探讨王阳明心学实践价值的最大特色之一。

第四节　清代浙东学派

有清一代,是中国历史的转型期,也是一个学术繁荣发展的时代。在不足300年的时间里,以丰富的学术门类、众多的学术流派、卓越的学术大家创造了一代学术的辉煌,为中国古代学术向现代的转型奠定了坚实的基础。其所提

---

① 王阳明:《王阳明全集》,上海古籍出版社,1992,第47-48页。

供的丰富学术资源，让身处于现代学术体系的学人们不断重访。在清代林立的学术流派中，浙东学派可谓是一个涉域广泛、成果卓著、影响深远的重要派别，也是一个有着独立的学术精神和鲜明的学术个性的学术派别。该派创立于清初，延续至清中叶，前后历时150多年，涌现出了像黄宗羲、万斯大、万斯同、邵廷采、全祖望、邵晋涵、章学诚等一系列杰出的学人。因该派的主要代表人物多出自浙东（黄宗羲为浙江余姚人，李邺嗣、万氏兄弟、全祖望均为浙江鄞县人，郑梁、郑性为浙江慈溪人，章学诚为浙江会稽人），秉承了浙东地域的文化传统和文化精神，故其学术呈现出鲜明、突出的地域特色。

一、清代浙东学派的学术渊源

欲究其实，先正其名。在学术界，清代浙东学派并非一个不言自明的概念，"浙东""浙东学术""浙东学派"等常用术语均因言说者的不同而呈现出复杂的状况，需一一加以厘定。"浙东"首先是一个地理概念，其地理范围因行政区划而定。"浙东"之地春秋时属越国，战国时并于楚，秦属会稽，汉属扬州，唐置浙江东、西两道，北宋分浙东、浙西二路，元属江浙行中书省，明改浙江布政使司，清为浙江省。按清代《浙江通志》的区划：杭州、嘉兴、湖州三府，因处钱塘江以西，称为浙西；宁波、绍兴、台州、金华、衢州、严州、温州、处州八府，皆处钱塘江以东，是为浙东。所以，今日所谓的"浙东"主要指的是钱塘江以东的八个地区，民间通常称之为"上八府"。本书的研究对象清代浙东学派主要的活动地在宁波、绍兴。

学术界对"浙东学术"和"浙东学派"这两个概念的使用经常不做严格区分。一般而言，"浙东学术"是个外延相对宽泛的概念，它是指在浙东地区产生、形成、演变发展的各种各样有系统的学问和知识的总称，和"浙东学派"相比，它并不强调学术的师承性、学术观点的一致性等。这一概念具有开放性，它可以包揽自古至今在浙东地区诞生的各种各类的学术思想和学术文化，如方同义、陈新来、李包庚合著的《浙东学术精神研究》一书中，其所谓的"浙东学术"就包含了自春秋战国的越文化直至近现代的蔡元培、王国维、鲁迅、茅盾等学人，范围之广，实是把历史上所有的浙东学人全部囊括其中。管敏义的《浙东学术史》也在开篇申明："'浙东学术'一说，首创于章学诚，我们沿用这一说法。本书所论述的是浙东学术发展的历史，上起汉唐，下迄清代。"[①]此说虽将"浙东学术"限定在汉唐至清代之间，但其所包含的范围也极其宽广。钱茂伟在《浙东学术史话》中虽未明确"浙东学术"的范围，但认为浙东学派是浙东学术的主干，浙东学术的范围比浙东学派要大。

"浙东学派"在学术界也是一个颇有争议的概念，该名称最早由黄宗羲在《移史馆论不宜立理学传书》一文中提出，他在反驳明史馆臣对浙东学术的批驳时指出："其三言浙东学派，最多流弊。有明学术，自白沙开其端，至姚江而始大明……向无姚江，则学脉中绝；向无蕺山，则流弊充塞。凡海内之知学者，要皆东浙之所衣被也。"[②]黄氏此处所说的"浙东学派"主要指的是从王阳明至刘宗周的学脉，也即明初以来绍兴、宁波地区学术发展的主要脉络，而非现代意义上的学派。此后，章学诚在《浙东学术》一文中将浙东之学与浙西之学并提且加以区别，概括出了"浙东学术"的一些特征，如源远流长、贵专家、学术随所遇而变等。章氏所指的浙东学人，包括了王阳明、刘宗周、黄宗羲、万斯大、万斯同等。章氏此处虽未使用"浙东学派"一词，但从其对浙东学术的渊源、传承、骨干、特色等方面的分析来看，其实际上是建构起了一个颇具统序的"浙东学派"。晚清章太炎在论及浙东学术时，建构了他的浙东学术谱系，其主要人物有黄宗羲、万斯大、万斯同、全祖望、章学诚、黄式三、黄以周，该谱系增加了黄式三、黄以周父子，但删去了邵廷采、邵晋涵，可见其学脉对经史的侧重。真正从现代学派的意义上来分析浙东学术的是梁启超，他不仅接受了"浙东学派"的概念，而且在《中国近三百年学术史》《论中国学术思想变迁之大势》等著述中重构了浙东学派的学术谱系，主要包括黄宗羲、万斯大、万斯同、全祖望、章学诚、邵晋涵，并明确把黄宗羲作为清代浙东学派的开创者。上述三人对浙东学术谱系的构建主要着眼于明清时期，又尤以清代为主，虽然在谱系

---

① 管敏义：《浙东学术史》，华东师范大学出版社，1993，第1页。
② 黄宗羲：《黄宗羲全集》第十册《移史馆论不宜立理学传书》，浙江古籍出版社，2005，第221页。

成员上存有差异，但在认定此一时期存在着一个学有传承的学术流派这一点上，是有共识的，此即为今天学术界所说的清代浙东学派。

在清代浙东学派之外，今天的学界也基本认同了南宋浙东学派的说法。南宋浙东学派是指南宋时期盛行于浙东地区的由永嘉的经制事功之学、永康的王霸之学、金华的中原文献之学三者聚合而成的学术流派。此三者虽然有着各自独立的学术体系，但其学说具有同质性，学术风格具有相似性，并以此和同时代的"闽学""湖湘之学"等相区别。事实上，南宋浙东的这三种学术间并没有一种自觉的学派认同，是朱熹对他们学术主题、性质和价值趋向的抵制和批判，从反面证明了南宋浙学内在的一致性。朱熹对浙学批判的最激烈处是其功利性，他曾在和弟子的谈话中这样说："江西之学只是禅，浙学却专是功利。禅学后来学者摸索一上，无可摸索，自会转去。若功利，则学者习之便可见效，此意甚可忧。"[1]朱子这里所说的"功利"实际上就是浙学所坚持的经世致用的学术取向。在追求学术致用这一点上，金华、永康、永嘉之学确实具有一致性。金华之学的代表吕祖谦明确提出学术应"讲实理、育实材而求实用"，陈亮的永康之学在这一方面则走得更远，他反对理学家的内圣之说而研习"皇帝王伯之略"，质直敢言，屡次向皇帝上书，表现出对国事民瘼的极度关注。永嘉之学与陈亮相类，"薛季宣反对深穷义理，其学主于礼乐制度，以求见之事功、措诸实用。陈傅良、叶适和理学家提出的圣贤'传心'之教针锋相对，他们上溯三代圣人之教，挖掘出经纶世务、切于实用乃是三代之学的真谛"[2]。《宋元学案·艮斋学案》评价永嘉之学"步步著实，言之必使可行，足以开物成务"，这种追求学术的实用价值、注重研究实际问题的作风实为南宋浙学共同的价值取向。重视史学研究、追求经史贯通是南宋浙学的又一共同特征，他们往往以史家之眼研经，将六经视为先王遗制与圣人之志，是先王治理天下的实迹。吕祖谦主张"看《诗》即是史""观史先自《书》始，然后次及《左氏》《通鉴》"，实际上就是把《诗》《书》当作史书来对待。叶适亦把《春秋》《诗》《书》看作记录治迹的史籍，其

---

① 黄士毅：《朱子语类汇校》，上海古籍出版社，2016，第2967页。

② 郭庆财：《南宋浙东学派文学思想研究》，中华书局，2013，第22页。

言："《春秋》名经而实史也。"① 这种以史解经之法颇有新意，对章学诚的"六经皆史"说有导夫先路之功。与南宋浙学的重视实事实功相联系，他们在哲学上主张体用一源、道器合一。陈亮认为"道在事中"，道不可能脱离事物现象而单独存在，宇宙间无非物，日用间无非事，道在其现实性上也就转化为事物的存在，从这一角度而言，道即现实。显而易见，陈亮强调的"道在事中""以物为本"实际上就是道器合一，这与理学家的"离器言道""以理为本"的思想是完全相反的。永嘉学者的道器论与陈亮同出一辙，薛季宣谓道"存乎形器之内"，陈傅良说"器便有道，不是两样"，这些说法无疑都强调了器的重要性，突出了经验世界中事物本身的意义。从上述对南宋浙东学派学术倾向的简单归纳来看，经世致用、贯通经史、重视当下和现实实为浙学的精髓所在，元代苏天爵曾对此做出精当概括："昔宋南迁，浙东之学以多识为主，贯穿经史，考核百家，自天官、律历、井田、王制、兵法、民政，该通委曲，必欲措诸实用，不为空言。"② 南宋浙东学派不随时趋，以独特的学术面目自树于正统理学之外，虽屡遭贬斥与批判，但却构成了对理学空疏之弊的救正。

学界对清代浙东学派与南宋浙东学派之间的渊源关系存在着两种不同的意见。第一种意见是否认二者之间有关联，以金毓黻、余英时、何冠彪、钱茂伟等学者为代表。如金毓黻在其《中国史学史》一书中说："浙东研史之风，元明之世，本不甚盛。至清初黄宗羲出，昌言治史，传其学于万斯同，继起者又有全祖望、章学诚、邵晋涵，皆以浙东人而为史学名家，于是浙东多治史之士，隐然以近代之史学为浙东所独擅，并上溯于宋之永嘉金华，以为渊源之所自。世人之不究本末者，亦翕然以此称之，一哄成市，岂得为定论哉？"其又言："观黄宗羲承其师刘宗周之教，而导源于王阳明，盖与宋代吕、叶、二陈绝少因缘，其源如此，其流可知。"这里，金先生明确否定了两个浙东学派之间的关联。在他看来，清代浙东学派源于南宋浙东学派之说，是在清代浙东学派称盛以后，为表明其学术的源远流长而编织出来的，事实上并不存在一个一脉相承

① 叶适：《叶适集》，中华书局，1961，第221页。
② 陈商华、孟繁清点校.《慈溪文集》卷九《袁文清公墓墓志铭》，中华书局，1997，第135页。

的浙东学派。钱茂伟在《清代浙东学派统承刍议》一文中，具体分析了从南宋至清初浙东学派的传承情况，他认为南宋以来的浙东学派经过元代、明初的苟延，至永乐以后实际上已不复存在，而清代浙东学派主要是明末清初时代思潮影响的产物，南宋以来的浙东学派虽对其有影响，却不是主要的。[①] 他由此出发，否定了清代浙东学派与南宋浙东学派的渊源关系。

第二种意见是承认清代浙东学派源于南宋浙东学派，此观点首倡于章学诚，后世学者如何炳松、陈训慈、杜维运、董平等均支持此说。章学诚《浙东学术》一文开篇即言："浙东之学，虽出婺源，然自三袁之流，多宗江西陆氏，而通经服古，绝不空言德性，故不悖于朱子之教。"[②] 章氏此处把浙东学术的源头直追朱熹和陆九渊。何炳松也为"清代浙东学派"溯源至南宋，其在 1930 年发表的《程朱辨异》一文中说："著者的愚见又以为浙东史学的发展可以分为两个时期：第一期自南宋到明初，第二期自明末到现代。第一期有永嘉和金华两大派，并由金华分出四明的一支。第二期中兴于绍兴而分为宁波和绍兴的两派。"何氏对浙东史学的分期，表明了其对南宋浙东学派与清代浙东学派渊源关系的肯定。陈训慈在《清代浙东之史学》中亦宣称："清代浙东之学，近承姚江性命之教，而远绍两宋儒哲之传。"他明确把清代浙东学派的渊源溯至两宋的"婺源""象山"和"吕学"那里。董平也秉持二者有渊源之论，其言："浙东学派自南宋以来直到清代，其实是存在着一种内在传承的统一性的。……以'历史哲学'为基本学术面貌的'浙东学派'，从南宋直到清代黄宗羲诸人，应被视为一个具有基本相同的学术领域、体现出共同的学术精神与价值取向、在为学态度与学术风气上表现出相互激荡而前后相承之完整性与统一性的学派整体。尽管在这一学派自身历史演变的曲折回环之中，其中人物众多，各自的学术重点并不相同，但其精神气貌是统一的。"[③]

南宋浙东学派与清代浙东学派间虽无直接的师承关系，也因不处于同一

① 钱茂伟：《清代浙东学派统承刍议》，《宁波师院学报》，1991 年第 1 期。
② 章学诚：《浙东学术》，仓修良编注：《文史通义新编新注》，浙江古籍出版社，2005，第 121 页。
③ 董平：《"浙学"概念及其学术内涵之我见》，《浙江社会科学》，2017 年第 9 期。

时代而缺乏直接的切磋交流，但它们在地缘上同出一地，这就具备了地域文化学术传承的可能性。更为重要的是两个浙东学派在学术精神和风格上有着内在的关联和较强的一致性，如前所述，南宋浙东学派所呈现出的经世致用的价值取向、重视经史贯通以及道器关系上的重器、重现实等，均在清代浙东学派这里得到极好的传承和发扬，特别是在史学研究方面，清代浙东学派更是把南宋浙学的治史传统和方法发扬光大，并取得了辉煌的史学成就。正如朱仲玉先生所言："以地望为纽带联结不同时代学者的学术派别，必须具备两个条件：一是学派中人必须都生长于这一地区，二是学派中人必须具有大致相同的学术特色。"[①] 如果以此标准来衡量，两个浙东学派之间确实存在着高度的一致性，就此我们可以说，清代浙东学派与早其 500 多年的南宋浙东学派之间存在着精神上的承继和关联。

二、清代浙东学派的学术谱系

对于一个历时百年之久的学术流派来说，必然存在着学术传承的谱系。有关清代浙东学派的谱系问题，也是学界的一个颇有争议的话题。自黄宗羲提出"浙东学派"一词后，章学诚首先在《浙东学术》一文中论及浙东学派的源流脉络，在史学的意义上建构起清代浙东学派的学术谱系。章氏言："梨洲黄氏，出蕺山刘氏之门，而开万氏弟兄经史之学，以至全氏祖望辈尚存其意。"[②] 可见，章氏谱系的起点是黄宗羲，殿军是全祖望。有学者认为，章氏在此虽未提及邵晋涵，但结合其在其他文章中表达的意思，邵氏在章学诚的谱系中也是占有一席之地的，其位置应该在全祖望之后。[③] 这样，章学诚所建构的浙东学派谱系就呈现出这样一个序列：黄宗羲、万斯同、万斯大、全祖望、邵晋涵。

在章学诚之后，晚清学者平步青亦曾勾勒过浙东学术的学脉，他从南宋的黄震、王应麟，一直推衍到清初的黄宗羲、万氏兄弟、邵廷采、全祖望，再到

---

① 朱仲玉：《试论金华学派的形成、学术特色及历史贡献》，《浙江师范大学学报》，1989 年第 4 期。

② 章学诚：《浙东学术》，仓修良编注：《文史通义新编新注》，浙江古籍出版社，2005，第 121 页。

③ 周积明、雷平：《清代浙东学派学术谱系的构建》，《学术月刊》，2004 年第 3 期。

清中期的邵晋涵、章学诚，其学术谱系长达数百年。在平步青建构的浙东学术谱系中，清代浙东学派的传承呈现为黄宗羲、万氏兄弟、邵廷采、全祖望、邵晋涵、章学诚这样一个序列，此序列中明确增加了邵廷采、邵晋涵，章学诚亦被列入其中。章太炎也曾在《清儒》中论及浙东学术的谱系问题，其言："自明末有浙东之学，万斯大、万斯同兄弟皆鄞人，师事余姚黄宗羲，称说《礼经》，杂陈汉宋，而万斯同独尊史法，其后余姚邵晋涵、鄞全祖望继之，尤善言明末遗事。会稽章学诚为《文史》《校雠》诸通义，以复歆、固之学，其卓约近《史通》。而说《礼》者羁縻不绝。定海黄式三传浙东学，始与皖南交通。其子以周作《礼书通故》，三代度制大定。"[1] 太炎先生的浙东学术谱系又增加了新面孔，除章学诚外，还将黄氏父子列入其中，其谱系为：黄宗羲、万斯同、万斯大、全祖望、邵晋涵、章学诚、黄式三、黄以周。对章太炎建构的谱系，有学者认为其主要着眼于三个方面：一是重史，二是重礼学研究，三是汉宋兼采。[2] 到了梁启超那里，浙东学派的谱系又发生了变化，黄氏父子被去掉，变成了黄宗羲、万斯同、万斯大、全祖望、邵晋涵、章学诚这样一个序列。梁氏的此序列成为目前学界的主流观点。梁氏序列的建构，从根本上看，与其重史轻礼的学术观念直接相关，其之所以去掉黄氏父子，其意正在于此。

从上述的几个浙东学术谱系来看，虽然基于建构者不同的学术观念，谱系的成员有所不同，但黄宗羲、万氏兄弟、全祖望、章学诚、邵晋涵均在行列之中，也就是说，上述几位学者是学界基本达成共识的清代浙东学派的成员。吴光先生认为，浙江虽有深厚的经史之学传统，但直到黄宗羲及其弟子才"确实形成了一个现代意义上的'浙东学派'。这个学派有领袖，有骨干，有渊源，有传承，有宗旨，有特色"[3]。笔者对此论颇为认同。基于此，本书所论的清代浙东学派即以上述学者为主要研究对象，又因这些学者在学术上各有偏重，其中黄宗羲、全祖望、章学诚、万斯同多有谈文论艺之作，此外与黄宗羲持论相近

① 章太炎：《章太炎全集》第三册，上海人民出版社，1982，第 474 页。
② 周积明、雷平：《清代浙东学派学术谱系的构建》，《学术月刊》，2004 年第 3 期。
③ 吴光：《黄宗羲与清代浙东学派》，中国人民大学出版社，2009，第 13 页。

且亦师亦友的文章大家李邺嗣、黄宗羲的及门弟子郑梁也主要偏重文学，多有文学之见，故一并纳入研究范围之中。

三、清代浙东学派的学术定位

清代浙东学派成员多，历时长，学术视野开阔，所涉领域甚广。其学术领袖黄宗羲以经学、史学、文学、历算等广博的学问奠定了整个学派的学术风格和基础；之后由万斯大传承黄氏经学，万斯同传承黄氏史学，构成了清代浙东学派的第二代；此后又有全祖望私淑黄宗羲，传经、史、文献之学；最后由邵晋涵、章学诚等发展了史学理论，开创了古代方志学，并对浙东学术做了较全面的总结和论述。清代浙东学派的学术视野极其广阔，辐射哲学、经学、史学、政治学、伦理学、教育学、文学、语言学，乃至天文、地理、数学等诸多领域，其中尤以经学和史学研究为著，故学术史上又称之为"浙东经史学派"。梁启超在《中国近三百年学术史》中说："浙东学风，从梨洲、季野、谢山起以至于章实斋，厘然自成一系统，而其贡献最大者实在史学"。吴光先生对梁启超给予清代浙东学派的这一学术定位持有异议，他认为"浙东学派是一个包括经学、史学、文学、自然科学在内的学术流派，虽然史学成绩显著，但不应仅仅视作一个史学流派"①，因此，他将之命名为"清代浙东经史学派"。的确，这一定位更符合浙东学派的学术研究实际。

如果将清代浙东学派置于整个清前期的学术思想系统中来看，浙东学术显然属于一种民间学术。民间学术是与国家思想相对而言的，前者往往是创新的、求变的、具有批判性的，后者则是稳定的、主导的、维护性的。清朝确立统治政权后，即恢复了程朱理学在官方学术中的核心地位，明代一度火热的心学在清初一致性的反思与批判中走向没落。清代浙东学派属于心学传统，"其学术渊源远超南宋'浙学'，近承阳明、蕺山"，特别是黄宗羲，作为刘宗周的亲炙弟子，直接承传的是蕺山学派的学术思想。尽管他在新的时代条件下对心学做了一定程度的改造，但总的来说，其思想仍然属于心学流脉。清代浙东学派的学

---

① 吴光：《黄宗羲与清代浙东学派》，中国人民大学出版社，2009，第13页。

人，基本不参与国家政权的统治，无论是易代之际的黄宗羲、李邺嗣、万斯大、万斯同，还是一直成长于新朝的全祖望，抑或处于清中期的邵晋涵、章学诚，他们大多是以民间学者的身份从事学术研究，极少参与官方思想体系的建构。黄宗羲屡拒官方征召，专意于撰述《明儒学案》，万斯同以布衣身份参与修《明史》，全祖望呕心沥血续接《宋元学案》，章学诚在极度贫困中专注于史学研究，可见清代浙东学派坚定地立足民间学术立场，以其独特的学术路径参与着时代的文化建构。即从清代浙东学派的学术品格来看，其所彰显出的独立性、创新性，坚守自我、不随流俗，也凸显着鲜明的民间色彩。

四、清代浙东学派的学术精神

学派的学术精神，是一个学派的灵魂，它指的是一个学派大致统一的学问系统所透视出的特有的学术宗旨、学术价值、学术方法、学术特征以及学术风格。就清代浙东学派而言，其所呈现的学术精神既与整个大的浙东文化传统密切相连，同时又体现出该派作为一个特定时代的独立学术流派的个性特点。吴光先生曾如此概括该派的学术特色："其学术宗旨即黄宗羲所提倡的'经世应务'，其学风特色即明经通史，会众合一，重视'力行'。"[①] 此说大体揭示出清代浙东学派的学术特点。

（一）经世致用，持世救偏

明末清初，是一个学术转向的时期。面对政治的鼎革、时代的剧变，学人们对明代的空疏学风展开了深刻的反思和批判，促使学术开始了向实学转型，清代浙东学派即为此经世致用风潮的力推者。但该派绝非一味追逐风潮，崇实尚实、求实功、讲实效是浙东学术的一贯传统，从汉代王充的"疾虚妄"、务实诚，到南宋吕祖谦、叶适、陈亮对事功之学的大力倡导，均体现出一种崇实、务实的经世致用精神。即便是王阳明之倡导心学，其目的也是纠正被程朱理学严重虚化了的儒学真精神，力图恢复世道人心，挽救学术，稳定社会，有着极强的现实功利目的。王氏自释"致良知"为"行良知"，强调知与行合一，可见

---

① 吴光：《黄宗羲与清代浙东学派》，中国人民大学出版社，2009，第11页。

其学说并非纯粹的虚学，内中包含着实践的指向。清代浙东学派经过对王学的改造，将其学说中的致虚的成分完全抛弃，把经世致用作为其学术研究的根本价值取向。众所周知，清代浙东学派重史学，强调治学应经、史并重，究其原因就在于史学"切于人事"。黄宗羲指出，为学之道在于"本之经以穷其源，参之史以究其委""学必原本于经术，而后不为蹈虚；必证明于史籍，而后足以应务"，治学参史的目的无他，就在于应务。章学诚对空言义理的宋学和其时势头正盛的考据学大加挞伐，也在于这些学术拘执一隅、不关现实。其推崇司马迁本着董仲舒的天人性命之说而写出《史记》这样的经世之作，服膺孔夫子"我欲托之空言，不如见诸行事之深切著明"之论，强调讲学者应该"各有事事"。他所谓的"各有事事"，实际上就是要求学术联系现实，能解决现实的社会问题。章氏不顾时人之讥，撰著《文史通义》，创新编志体例，编写多部地方志，其所做的也正是这种务实的"事事"的学术。清代浙东学派经世致用的价值取向还体现在他们对"儒者"和"儒者之学"的认识上。黄宗羲多有儒者之论，盖源于他对易代之际大量出现的伪儒者的不满。其将"儒者之学"界定为经天纬地之学，这种学术既不是"以语录为究竟，仅附答问一二条于伊洛门下"便自附儒者之列者，更不是"徒以'生民立极、天地立心、万世开太平'之阔论钤束天下"者，在黄氏看来，这些欺世盗名之徒都背离了儒学的真精神，玷污了儒者的真义。万斯同则对儒者的使命解释得更为直接，其言："经世之学，实儒者之要务。"①儒者所务者就应该是经世之学，舍此无二。就史家来说，其使命就在于将"古今之典章法制烂然于胸中，而经纬条贯可建万世之长策"。黄、万二人对"儒者"与"儒者之学"的规定，正透露出该派经世的学术观。

从学术经世致用的宗旨出发，清代浙东学派特别重视学术的持世救偏之功。学风与世风密切相关，世风影响学风，学风也会左右世风。学术的重要价值之一就是引导世风向好的、健康的方向发展，这也正是学术经世的具体体现。章学诚对学术的这一功能做了详细的阐发。其《天喻》篇曰："孟子当处士横议之

① 万斯同：《续修四库全书》第1415册《石园文集》，上海古籍出版社，2002，第351页。

时，故力距杨、墨，以尊孔子之传述。韩子当佛老炽盛之时，故推明圣道，以正天下之学术。程、朱当末学忘本之会，故辨明性理，以挽流俗之人心。其事与功，皆不相袭，而皆以言乎经世也。故学业者，所以辟风气也。风气未开，学业有以开之。风气既弊，学业有以挽之……好名之士，方且趋风气而为学业，是以火救火，而水救水也。"①《家书五》中亦云："君子学以持世，不宜以风气为重轻。"②章氏对当时学术界分门立户、各自标榜的恶习深恶痛绝，对不能自持、追风趋俗的世风鄙夷厌弃，对像戴震、汪中、袁枚这样的引导不良风气者进行了声色俱厉的批判，在他看来，学术对维护社会风气承担着重要的责任，开一代风气，挽时俗流弊，引导社会的中正之风，即便做不到，也不应该随俗而趋，做不良世风的俘虏。章氏盛赞孟子、韩愈、程朱，就在于他们能在思想混乱的时代挺身而出，以学术来挽弊救俗、归正人心。这是章氏的学术信仰，也是清代浙东学派共同的学术追求。

（二）博纳兼容，经史汇通

从地理区位上来看，浙东偏处东南一隅，但其在文化心态上却并不封闭保守，而是表现出对异域文化的巨大包容性。清以前的几个世纪之中，中原文化的各种学派和思潮均在浙东找到了相应位置，浙东学人在广采博纳、兼容并蓄中创造出自得之学术。两宋时期，蜀、王（王安石）、洛、关之学均在浙东得到广泛传播，永嘉、金华之学与程朱之学渊源深厚，陆九渊的心学亦得"甬上四君子"的传承。明中叶后，阳明心学蔚为大观，成为浙东的主流学术，但其与历史学、文献学、考证学又相互融合发展。章学诚评价浙东学术谓之"宗陆而不悖于朱"，正揭示出该地学术博纳兼容的特点。浙东学术的这种兼容性，从根本上来看，还是与其经世致用的治学原则有关，在实用的基础上，多种学术可以彼此互补，相互融合，此即章学诚所说的"惟著之于事物，则无门户之争矣"。

清代浙东学派充分继承了这一传统，倡导奉行广采博取的学风。黄宗羲

---

① 章学诚：《文史通义新编新注·天喻》，浙江古籍出版社，2005，第332页。
② 章学诚：《文史通义新编新注·家书五》，浙江古籍出版社，2005，第822页。

主张治学要"会众合一"，他高度认同其师刘宗周的治学方法，《陈乾初先生墓志铭》曰："有明学术，宗旨纷如，或泥成言，或创新渠，导水入海，而反填淤。惟我蕺山，集夫大成，诸儒之弊，削其畦町。"①刘氏在纷如的学术中"集大成""削畦町"，打破藩篱，广泛吸取，故而成就了独到的"诚意""慎独"之学。黄宗羲治学亦秉承师法，他在哲学上融合张载的气本论和阳明心学，提出"心气合一"之论即为明证。他强调不同学术间有着同和异，学术之不同正体现出道体之无尽，故而"一偏之见"中亦有可取择之处，应以包容心待之。私淑黄氏的全祖望深得其意："梨洲黄子之教人，颇泛溢诸家，然其意在乎博学详说以集其成。"②黄宗羲的这种治学精神深刻地影响了浙东后学，全祖望对门户之争的批判、章学诚对通学的强调都是对该传统的延续。

在强调不同学术观点间兼容并蓄的同时，清代浙东学派还主张不同学术门类间的汇通，经史并重是其最大特色。该派学者多经史兼治，偏经而兼史者如黄宗炎、万斯大，偏史而兼经者如万斯同、全祖望、邵廷采、章学诚等。全祖望总结黄宗羲的授学理念为"受业者必先穷经；经术所以经世，方不为迂儒之学，故兼令读史"，先经后史、经史兼顾成为浙东学派治学的基本路径。万斯同在《与钱汉臣书》中对求学者的读书顺序做了排列："大凡儒者读书，必有先后。当先经而后史，先经史而后文集。"③正是对其师说的继承。章学诚归结浙东学术的特点之一为"言性命者必究于史"，强调经史间的互融互通，他甚至提出"六经皆史"之说，以史为根基把经史真正贯通起来。浙东学派经史汇通的治学理念将"对性命之理的分疏、历史经验的总结和现实事务的解决统一起来"，使其学术既有了现实的根基，也有了更为广阔的学术视野。

（三）学有宗旨，创造自得

治"专家之学"，求"自得之见"，是清代浙东学派的核心学术理念。章学诚总结浙东与浙西治学风格的差异时说："浙东贵专家，浙西尚博雅，各因其习而

---

① 黄宗羲：《黄宗羲全集》第十册《陈乾初先生墓志铭》，浙江古籍出版社，2005，第367页。
② 全祖望：《全祖望集汇校集注》上册《大理悔庐陈公神道碑铭》，上海古籍出版社，2000，第295页。
③ 万斯同：《续修四库全书》第1415册《石园文集》，上海古籍出版社，2002，第365页。

习也。"① 这一说法可谓准确到位。所谓"专家之学"，实际上也就是一种有宗主、贵于专精、体现着个人的自得之见的学问，归根结底来看，其来自治学者的创造、创新能力。"专家之学"要有宗旨，是"在我"之学、自得之学。黄宗羲说："大凡学有宗旨，是其人之得力处，亦是学者之入门处。天下之义理无穷，苟非定以一二字，如何约之使其在我。"② 黄氏这里所说的"得力处""入门处"，都是指学问的自得之处。强调"自得"，这和浙东学派的心学思想密切相关。心学以"良知""吾心""本心"作为世界的主宰，强调"吾心"体认的重要性。心之万殊决定了体认的万殊，故每个个体认识到的世界各有不同，由此形成的学术也就殊途百虑、各有差异。黄宗羲认为，各门派的学术虽有深浅、醇疵之别，但"要皆功力所至，竭其心之万殊者而后成家"，无一不是其心之万殊的体现，可见，学术之宗旨、识见之自得正在其心之本源处。由心之万殊推出学术之万殊，故对"一偏之见""相反之论"均应同等对待，要特别着眼理会其"不同处"，黄宗羲之反对门户之见、对不同学术的包容态度正导源于此。

追求"在我"之学、自得之见，实际上就是追求学术上的创新。黄宗羲推崇"各人自用得着"的学问、章学诚执着于"著述成家""有所发明"，都是对创造性的标榜。从浙东学派的学术实践来看，他们的学术研究充分地践行了这一理念。黄宗羲撰著《明儒学案》《宋元学案》，开创了学术思想史研究的先河，其《明夷待访录》提出了许多石破天惊的观点，即在易学、历算、乐律等领域，他也有很多创见。万斯大"说经以新见长"，万斯同著史多有创新，全祖望续编《宋元学案》在体例上大有突破黄宗羲之处，章学诚更是在史学理论上锐意开创，其《文史通义》《校雠通义》新见频出，那些"史学义例，校雠心法，皆前人从所未言"，"为千古史学辟其榛芜"的自我评价绝不是虚言。有学者以"学问必有宗旨，思虑必有体认，学术必有创制"③ 来概括清代浙东学派的特点，可谓真正抓住了其要害处。

---

① 章学诚：《文史通义新编新注·浙东学术》，浙江古籍出版社，2005，第121页。
② 黄宗羲：《黄宗羲全集》第七册《明儒学案·发凡》，浙江古籍出版社，2005，第5页。
③ 方同义、陈新来、李包庚：《浙东学术精神研究》，宁波出版社，2006，第157页。

（四）求真求是，注重文献

"求真"是现代学术的普遍价值追求，其在以阐发性命之理为核心的中国传统学术中似并不为学者们所看重。但在以史学为特色的清代浙东学派中，求真求是却成为其突出的特点。事实上，浙东学术自古即有求真的传统，汉代王充"疾虚妄"，对当时流行的谶纬之学大加贬斥；南宋叶适强调要"考详天下之事物"，言验于事，道考于器；陈亮也要求在自然造化、王朝兴衰的实践考察中求得是非之道，把握历史发展的规律。这些主张都凸显出浙东学术求真求是的优良传统。该传统在清代浙东学派身上得到很好的传承。黄宗羲指出，道体无尽，求得真理的途径也多种多样，学术真理不为一家所垄断。治学者只要尽力去探求，功夫所到均可得其中一端，而且其求"道"愈艰，得之也愈真。即便是佛、道之学，只要竭其心力，也会有见于道。他以程颢、朱熹治学为例，其言："昔明道泛滥诸家，出入老、释者几十年，而后返求诸六经。考亭于释、老之学，亦必究其归趣（趋），订其是非。自来求道之士，未有不然者。"① 程、朱都有出入老、释的治学经历，正是由于他们能在其中"究其归趋，订其是非"，深入探求，广泛吸取，才有了后来的学问之大成。如前所述，浙东学派对持论各异的学术百家持包容心态，其原因之一就在于各家之论中均有对"道"的或醇或疵的体认，都含有一定的真理性成分。当清初诗坛的"唐宋之争"胶着不下时，浙东学派以"诗不当以时代论"而视之，他们对待文学古今之争的态度极其明朗，那就是"文求其是，不论古今"，而其所追求的"是"，主要就是性情上的真实。

从求真求是的学术目标出发，清代浙东学派特别注重对文献的搜集与掌握。该派学者在治学上都务求扎实，无论经学还是史学，其所做出的结论和论断都有坚实的文献基础。黄宗羲撰《明儒学案》、全祖望续编《宋元学案》，都是建立在对宋、元、明理学诸家学说的全面把握、深入了解基础上的，书中存有大量案语，这些案语均以实事、史实为依据，史论结合，不做泛泛空论。万斯同撰修《明史》，有明三百年史事尽皆在胸，刘坊在《万季野先生行状》中说："言

---

① 黄宗羲：《黄宗羲全集》第七册《明儒学案·自序》，浙江古籍出版社，2005，第3页。

其某人某事如何，某时某官某地建置如何，检书按之，词语未尝稍误……数百年事一如其素所历，以是独服膺先生。"① 此处所述正显示出万斯同对有明三百年文献的精熟。郑梁在《踱翁传》中亦盛赞万斯大治经："虚心博学，以经解经，不立异，不苟同，不为先人之言所主，不为过高之说所摇，故能推倒一世，亲见古人如此。"万氏的一家之说、自得之见，显然也是建立在对大量经书文献的熟谙基础上的。章学诚重视地方志的修撰，并呼吁修志应详近略远，将该地域的一些重要文章亦收入其中，这些主张同样也是文献意识的体现。正是因为有此自觉的文献意识，浙东学人如黄宗羲、李邺嗣、全祖望等皆以搜罗易代之际忠臣义士之行迹和乡邦文献为使命，不辞辛苦，竭力访求，为保存一代之史做出了巨大贡献。黄宗羲所作的《汰存录》《思旧录》以及表彰故国忠义的大量碑传文，李邺嗣、全祖望编撰的《甬上耆旧诗》《续甬上耆旧诗》，万斯同、李邺嗣所作的竹枝词和咏史乐府诗等，都为后世保存了极其珍贵的文献史料。清代浙东学派重文献的治学方法显示出清代学术研究路径的转型，其对乾嘉考据学的兴盛无疑具有助推之功。

第五节　近代中国"浙江潮"

清末浙江社会，社会形态发生裂变，社会结构多有调整，社会利益面临洗牌，社会转型也在动荡中孕育。浙江知识分子群体是由一个个鲜活的个体组成的，个体的千差万别性又最终融汇成一个群体的特性。民国时期的社会精英舞台，浙江人无疑是其中最为璀璨的一支。浙江人的炫目来自众多浙江籍政界、军界、文化教育界精英人物的精彩表现。本节重点选取了浙江蒋百里、蒋梦麟，绍兴人杰秋瑾、徐锡麟以及文化教育名流曹聚仁、马叙伦等。

---

① 万斯同：《续修四库全书》第 1415 册《石园文集》，上海古籍出版社，2002，第 358 页。

一、浙江蒋百里、蒋梦麟

在近代中国史上，浙江蒋氏所取得的成就无疑是非常令人瞩目的。由于地方殷富和教育发达，浙江可说是人文蔚起，国人称之为"江浙人文薮"。蒋族中，近代出了一些名人，除了蒋介石之外，其他尚有蒋百里、蒋百器、蒋梦麟、蒋伯诚等。军事上，浙江海宁人蒋百里是近代中国杰出的军事理论家。文化上，浙江余姚人蒋梦麟则是近代声名赫赫的文化学者，在北大任校长历史之长至今没有被打破。

（一）蒋百里学生时期的思想作为

《浙江潮》这份留学生杂志与蒋百里是密不可分的。其中蒋百里亲撰的《发刊词》等一系列文章，文笔优美、思想深刻，集中体现了那代知识分子的激情与理想："我浙江有物焉，其势力大，其气魄大，其声誉大，且带有一段极悲愤极奇异之历史，令人歌，令人泣，令人纪念。至今日，则上而士夫，下而走卒，莫不知之，莫不见之，莫不纪念之。其物奈何？其历史奈何？曰：昔子胥立言，人不用而犹冀人之闻其声而一悟也。乃以其爱国之泪组织而为浙江潮，至今称天下奇观者，浙江潮也。秋夜月午，有声激楚，若怨若怒，以触于吾耳者，此何为者也？其醒我梦也欤！临高以望，其气象雄、其声势大，有若万马奔腾以触于我目者，此何为者也？其壮我气也欤？夫子胥之事，文明之士所勿道，虽然其历史可念也。呜呼！亡国其痛矣！不知其亡，勿痛也；知之而任其亡，勿痛也；不忍任其亡而言之而勿听，而以身殉之而卒勿听，而国卒以亡。呜呼！忍将冷眼睹亡国于生前，剩有雄魄发大声于海上。古事往矣，可勿言矣！而独留此一纪念物，挟其无穷之恨，以为吾后人鉴，吾后人可勿念哉？"[①]青年人欲做一番事业的雄心，与国家的风雨飘摇相映衬，表现了青年人对于国家危亡的强烈担忧，体现一种在新世纪奋发昂扬的情绪。

《国魂篇》是青年蒋百里的代表作之一。蒋百里认为国魂分四类：冒险魂、宗教魂、武士魂、平民魂。"诸君乎，诸君乎！以为是持玄理空谈，而无当于实

---

① 蒋百里：《发刊词》，《浙江潮》，1903 年第 1 期。

际乎？吾姑就一二言之。"体现了蒋百里学生时代所特有的急切的救亡心理，从而想唤起民众思想。并认为"今日深识之士，知中国之患不在一人而在全体也，于是汲汲言教育，固也。未有民德卑、民力弱、民智塞而国能自存者也"，点出了国魂对于国家强盛的重要性。同时，"兹固非若中国昔日之所谓鼓之舞之者矣。夫红顶也，花翎也，则亦求之有道，得之有命矣，而又何必舍生死以求之，此则好人不当兵之说之所以由来也"，对官僚体制存在着本能的距离感。"吾今欲明我国魂之说，则先就其于国家上最大之关系言之。有二义，其一曰统一力，其一曰爱国心。"

关于统一问题，蒋百里认为："虽然，畴昔之国，恃一人之势力以统一，今日之国，则恃多数人民共同之意志以统一。国家之种类有优劣，而一兴一亡，其机遂决。故今日而言救国，则不得不进国种而改良之。"尽管话语中带有种族主义论调，时代流行的进化论套路，但是人穷则志短，因穷最后自卑到人种因素。"何则？新者未来，旧者未去，一发之系，实国家死生存亡之大关键也。一发者何？即吾国魂之说也。呜呼！十年以后，吾不患中国文明之不长进，而特恐人之恃之以成国者，而中国乃恃之以亡国也。"其中，蒋百里将国魂提高到民族死生存亡的高度，实际上忽略了对西方国家发展的考察，不够精细。

关于爱国心，蒋百里认为"有智识的爱国心，有习惯的爱国心，有感情的爱国心，三者缺一，则其物不能成"，出于迷茫中的中国人，对于问题的简单化理解。同时蒋百里认为"吾中国人以无爱国心闻天下"。尽管其中带有非理性的思考，但有涵盖历史符号的印记。屡次割地赔款，很容易引申到这样的命题。"吾思吾国，吾目不知其何为而无所见。呜呼！其梦耶？其澹耶？其颠耶？其迷信耶？使非其脑质中有一点国魂在，以煽之鼓动之，而何以至此"，其中体现了强烈而深沉的对国家的爱。

关于国魂，蒋百里则分为冒险魂、宗教魂、武士魂、平民魂四个方面。冒险魂是以西方的"凌重涛，冒万死，以纵横于海上者，踵相接，呜呼！此特其于商界一斑耳。更进之，则彼于种种事业，直无不挟其破釜沉舟、一暝不视之气概以临之，仆者仆，继者继，乃至抛无量数之头颅热血而不悔"为版本。西方资本主义国家的工业和商业发展而导致的发达，对文本青年的影响是很深的。宗教魂则认为"能大解脱，能大勇猛，能牺牲一身以为众生，能忍苦耐劳以排百难。呜呼！自古英雄烈士，能造惊天地泣鬼神之事业者，盖无不由三分迷信力而来者也"。武士魂主要是指军事方面，"武士魂者，导源于希腊，而盛行于今日。德意志其宗子也。盖军人者，非战争为用之。以言其统一纪律之精神，则立国之本也"。平民魂"则曰：社会无自由不能存，自由无道德不能存，道德无职分不能存（此理甚精密，条明而析之，尚俟异日），是平民社会之骨髓也"。蒋百里的《民族主义论》等名作，都是一时的救亡力作。

（二）蒋梦麟的西化论与革命观

蒋梦麟早期的西化论，主要表现为无论是立宪还是革命，西化是不可阻挡的潮流。蒋梦麟是一个强烈的爱国主义者，但对于革命的认识，则认为遥遥无期，而且困难重重。并且得出结论，无论革命、立宪还是维持现状，西化都是中国富强的唯一选择，革命则是其中的选择之一。

1. 蒋梦麟的西化观

蒋梦麟的西化想法，可能还要从学英语开始。根据他的观察，社会是应该不断向前的，于是熟谙英语的能力也成了一种稀缺的社会资源。蒋梦麟在早期学英文的过程中，甚至为了学好英语，而进入一个教会学校。

在新与旧之间的徘徊，年幼的蒋梦麟是难以定论的。蒋梦麟为了追求心中的西学，误打误撞进了这所办学资质很差的教会学校。"在这所教会学校里，学生们每天早晨必须参加做礼拜。我们唱的是中文赞美诗，有些顽皮的学生就把赞美诗改编为打油诗，结果在学校里传诵一时。虽然我也参加主日学校和每天早晨的礼拜，我心灵却似紧闭双扉的河蚌，严拒一切精神上的舶来品。我既然已经摆脱了神仙鬼怪这一套，自然不愿再接受类似的东西。而且从那时起，我在宗教方面一直是个'不可知'论者，我认为与其求死后灵魂的永恒，不如在今世奠立不朽的根基。这与儒家的基本观念刚好相符合。"[①] 而且由于不是正规办

---

① 蒋梦麟：《蒋梦麟自传：西潮·新潮》，团结出版社，2004，第64页。

学，硬件条件也很差。"校园之内唯一像样的建筑是礼拜堂和校长官舍。学生则住在鸽笼一样的土房里，上课有时在这些宿舍里，有时在那间破破烂烂的饭厅里。"① 后来在这小小的学棚里发生了学潮，结果引得所有学生都退学了，另组建"改进学社"。这个名称是章太炎给他们定的。

蒋梦麟所矛盾的不仅是新旧学之间，还包括立宪与革命的社会思想的矛盾。那个时代对于蒋梦麟来说，似乎就是个矛盾体。然而在这些矛盾中，蒋梦麟渐渐清晰了对于西学的认识："满脑子矛盾的思想，简直使尚未成熟的心灵无法忍受，新与旧的冲突，立宪与革命的冲突，常常闹得头脑天旋地转，有时觉得坐立不安，有时又默坐出神，出神时，会觉得自己忽然上冲霄汉，然后又骤然落地，结果在地上跌得粉碎，立刻被旋风吹散无踪了……这个世界的确是个疯狂的世界，难道我也真的发了疯吗？至少有一个问题在脑子里还是很清楚的，那就是如何拯救祖国，免受列强的瓜分。……我渴望找个更理想、更西化的学校。因为这时候已经看得清楚：不论立宪维新或者革命，西化的潮流已经无法抗拒。"② 周边日本实实在在兴旺的例子，则更增添了蒋梦麟对于西学的信心："虽然新旧之争仍在方兴未艾，立宪与革命孰长孰短亦无定论，中国这时已经无可置疑地踏上西化之路了。日本对帝俄的胜利，更使中国的西化运动获得新的鼓励，这时聚集东京的中国留学生已近五万人，东京已经成为新知识的中心。国内方面，政府也已经开始一连串的革新运动，教育、军事、警政都已根据日本的蓝图采取新制度。许多人相信，经过日本同化修正的西方制度和组织，要比纯粹的西洋制度更能适合中国的国情，因此他们主张通过日本接受西洋文明。但是也有一班人认为，既然我们必须接受西洋文明，何不直接向西洋学习？"③

于是，蒋梦麟由幼年时对于西化的一般认知，在参观过日本的发达之后，终于坚定了他走西化道路的信念。矛盾是蒋梦麟那代年轻人的一个显著特征，但是蒋梦麟能够坚定地走西化道路，这和他在国内对于形势的判断及去日本的

---

① 蒋梦麟：《蒋梦麟自传：西潮·新潮》，团结出版社，2004，第65页。
② 蒋梦麟：《蒋梦麟自传：西潮·新潮》，团结出版社，2004，第80~81页。
③ 蒋梦麟：《蒋梦麟自传：西潮·新潮》，团结出版社，2004，第79~81页。

游历相关。中国饱受列强的欺凌，学习西方从而战胜它则是生存的最好法则。蒋梦麟在对于日本的快速发展形成形象的认知之后，终于意识到无论革命或立宪成功与否，西化都是不可阻挡的潮流，因为中国要富强，就非走西化之路不可。蒋梦麟先是决定舍浙江高等学堂而去上海公学学习新学。进了南洋公学之后，蒋梦麟进一步打下了西学的基础。在南洋公学进一步接触到新学后，蒋梦麟决定去西方留学。为此，他还参加了在杭州举行的选拔浙籍学生留学欧美的考试，但没有被录取，后来直接自费去了美国。在美国，蒋梦麟先进入了农学院，半年后转入了社会科学学院，主攻教育学。在他看来，研究人会比研究动植物更有意义。

2. 蒋梦麟对于革命的认识

蒋梦麟对于西化的看法，影响了其对于革命的看法。在废科举之前，蒋就"觉得革命似乎遥遥无期，而且困难重重"，可以代表当时社会一部分学生的意见与想法。蒋梦麟渴望进入仕途、进入主流社会，憎恨政府的腐败，热盼国家的富强，但是对于直接的革命，始终不是积极的参与者，尽管他也热切地盼望。在美国留学时，蒋梦麟与来自国内的同学议论时事，积极地关注国内的政治发展动向。

蒋梦麟在 1909 年曾为孙中山在旧金山创办的革命机关报《大同日报》任主笔，但蒋的这一角色，更多的可能是从勤工俭学，从一种职业的角度来做这件事情，而非纯粹地投身于革命事业当中。"1912 年毕业后，我终于放弃了这份工作，心里感到很轻松。从此以后我一直怕写文章，很像美国小学生怕用拉丁文作文一样。"① 当时革命已经成功，蒋梦麟认为离开革命报社是一种解脱，感觉很轻松。

蒋梦麟也是一位坚定的爱国者，但为什么对于诸如孙中山先生这样的轰轰烈烈的革命事业，缺少一种如革命者般的热忱呢？"在孙先生的指导之下，我和刘麻哥（刘成禹）为《大同日报》连续写了三年的社论。开始时我们两人轮流隔

---

① 蒋梦麟：《蒋梦麟自传：西潮·新潮》，团结出版社，2004，第 116 页。

日撰写。我们一方面在加大读书，一方面为报纸写社论，常常开夜车到深夜，赶写第二天早上见报的文章。大学的功课绝不轻松，我们，尤其是我，深感这种额外工作负担之重。革命成功以后，刘麻哥回国了，我只好独立承当每日社论的重任。我虽然深深关切祖国的前途，但是这种身不由己的经常写作，终于扼杀了我一切写作的兴趣。"①

尽管蒋梦麟对孙中山的印象也是非常之好，但他的爱国态度和他对于这样革命的热情，却并不能画上一个等号。可能有以下几个原因。第一，革命是少数人极为热衷地去做，大多数人是持观望的态度。因为立宪此前也在如火如荼地展开，很多人认为立宪更适合中国。这里面尤以中高级知识分子为多。他们比初具知识文化者及文盲更具有深邃的思考。第二，从个人命运去考虑，革命毕竟是件冒险的事情。远没有通过读书来博取功名来得稳当，这样的功名无论是来自旧学还是来自新学，都是可以进入精英社会的途径。无论是现存秩序，还是革命后形成的新秩序，都需要有知识分子的参与，所以从个人动机来考虑，知识分子在哪个时代都是需要的，他们犯不着为了革命去冒杀头的危险。第三，从出身来说，大多数的书香门第还是比较信守传统的。即使不是书香门第的大户人家，一般也乐于守成。尽管他们对社会与政府不满意，但是他们对自己的社会地位与财富还是满意的。革命的中坚力量，是没有太多功名与地位的人。

所以对于蒋梦麟来说，与革命相比较，读书自然显得更为重要。这既是传统社会学而优则仕的信念支撑，同时也是个人社会承受能力的考量。而且蒋梦麟一生笃信西化，在他看来，西化是中国富强的必由之路，而无论革命抑或立宪，都不能阻挡这样的趋势。革命与立宪都是使国家摆脱现状的一种方式；它们成功后，还是搞西化。所以在他的心里，西化是实现中国富强的最终手段，实施西化的重要性更高于革命。

---

① 蒋梦麟：《蒋梦麟自传：西潮·新潮》，团结出版社，2004，第115页。

二、绍兴人杰秋瑾、徐锡麟

（一）秋瑾：女权学生与女革命党人

在近代中国历史上，秋瑾的女革命家名声是家喻户晓的。秋瑾之所以有这样大的名声，最主要的还不是因为她的革命功绩，而是因为她的女性身份——一位在女权严重受压制时代的女性解放先驱。在旧中国，女子接受教育是很少的。但秋瑾不仅接受了教育，而且还去海外留学，还参与了革命党行动，这样的经历，在当时确实是一件了不起的事情。

秋瑾，号竞雄，自称鉴湖女侠，山阴人，1875 年生于福建。1894 年随父亲秋寿南同赴湖南，后在父母主持下与湖南富绅之子王廷钧结婚。1900 年，王廷钧因捐官授户部主事，秋瑾随夫同去北京。1900 年八国联军入侵前，王、秋回到湖南。1903 年再去北京。此间秋瑾目睹清政府腐败。1904 年 5 月，秋瑾不顾家人反对，自筹经费由日本女友服部繁子陪同赴日留学，先入东京中国留学生会馆所设的日语讲习所补习日文。此间与陈撷芬重兴"共爱会"。1904 年秋创办《白话报》，提倡妇女解放、男女平权。1905 年 3 月回国，在上海结识了蔡元培，在绍兴结识了徐锡麟，同时经陶成章、徐锡麟介绍加入光复会。1905 年 7 月再次赴日，8 月入东京青山实践女校学习，9 月拜会孙中山，并加入同盟会，被推为评议部评议员和同盟会浙江主盟人。

1906 年初，因为反对日本文部省颁布"清国留学生取缔规则"，与同学回国。3 月到湖州南浔镇浔溪女校任教，两月后辞职去上海，与陈伯平、尹锐志等秘密组织江浙会党，预备发动起义。1906 年 9 月在上海试制炸弹时不慎爆炸，手臂受伤，险遭逮捕。同年冬在上海创办《中国女报》，于 1907 年 1 月出版第一期，撰文号召妇女解放运动。

根据同盟会发动萍浏醴起义的需要，秋瑾曾于 1906 年 2 月回浙江运动会党。萍浏醴起义失败后，与徐锡麟预谋发动皖浙起义。徐锡麟通过花钱捐官及人事关系赴安徽活动，秋瑾则在浙江主持工作，1907 年初接任大通学堂督办，并以大通学堂为据点，积极联络浙江各府县会党。1907 年夏，秋瑾将浙江光复会员与会党分子合组成光复军，以"光复汉族，大振国权"八字为序，编为八军，推徐锡麟为统领，自任协领，约定安徽、浙江同时起义。

徐锡麟在安徽由于行动泄露，遂决定在 7 月 6 日提前举义，枪杀安徽巡抚邓恩铭。清朝官场大地震。浙江政府积极排查，秋瑾于 7 月 13 日被捕，15 日凌晨被杀害于绍兴城区古轩亭口。革命在清末从理论走向实践，是由一批批接受了教育的知识分子在有步骤地实施。革命是需要实践的，而实践革命是要冒杀头的危险的，秋瑾就是这些革命实践者中有着重要影响的一员。

（二）徐锡麟：文人造反的极端典型

徐锡麟出生在绍兴的东浦，是徐家的长孙，因此从小就格外受到宠爱。父亲徐凤鸣是个地方士绅，在其 6 岁时，"就将'桐映书屋'辟为家塾，课子读经"①。1893 年，徐锡麟参加绍兴科举院试，考中了秀才。1903 年中了举人。接着赴日结识陶成章、龚宝铨，1904 年参加光复会。1905 年在绍兴创立体育会，后创立大通师范学堂，规定入校学生均为光复会会员。同年冬赴日学陆军，未能如愿，1906 年回国，赴安徽任武备学校副总办、警察处会办。1907 年 7 月 6 日，因刺杀安徽巡抚邓恩铭而举国震惊。

清末时期，革命党人为了达到驱除鞑虏的革命目的，曾组织成立暗杀团，这似乎是光复会的前身。激进人士如龚宝铨是其中的活跃分子，文人形象的蔡元培，还是暗杀团的负责人，可见当时革命党人对于暗杀的热衷。他们认为暗杀可以毕其功于一役，如果将清朝大员全部一网打尽，那就省得奋斗多少年。其中，革命党人并未搞清楚推翻的政权与执政的个人之间的关系。革命党搞暗杀，是清末的一大时髦。遍看清末民初，暗杀事件比比皆是。徐锡麟刺杀了邓恩铭，在社会上引起了强烈的震动。有说陶成章与秋瑾关系不协调，其中有一个事情可作佐证，秋瑾曾嘲笑过陶成章，说其"秀才造反，三十年不成"。秋瑾不认同陶成章联络会党、动员基层社会的方式。在革命形式这个看法上，秋瑾与徐锡麟的想法是一致的，即通过武装暴动达到胜利的目的，但缺乏动员基层

---

① 徐和雍：《徐锡麟》，安徽教育出版社，1983，第 3 页。

社会的耐心。徐锡麟在刺杀邓恩铭这件事情上，显然将执政者个人与革命的整个对象直接画了等号。

徐锡麟在《绝命书》中说："为排满事，蓄志十几年，多方筹划，为我汉人复仇，故杀死满人恩铭后，欲杀端方、铁良、良弼等满贼，别无他故，灭尽满人为宗。"① 高度概括了文人在从事革命时的义无反顾及极端性。对象无分种族。徐锡麟这种狭隘的民族观念，是导致其仓促暴动旋即失败的内在根由。徐锡麟供词："我本革命党首领，以道员就官安徽，专为排满而来，投身政界，使人无可防觉。满人虐我汉族将近三百年矣，观其表面立宪，不过牢笼天下人心，实主中央集权，可以膨胀专制力量，然实满人之妄想，以为一立宪即不能革命。殊不知中国人程度不够立宪，以我理想，立宪是万万做不到的，我只拿定革命宗旨，一旦乘时而起，杀尽满人，自然汉人强盛，再图立宪不迟，我蓄志排满已十余年矣，今日始达目的，本拟杀恩铭，再杀端方、铁良、良弼，为汉人复仇。乃竟于杀恩铭后，即被拿获，实难满意，我今日之意，仅欲杀恩铭与毓钟山耳，恩铭已击死，可惜便宜了毓钟山，此外各员，均系误伤。……尔等言抚台是好官，待我甚厚，诚然，但我既以排满为宗旨，即不能问满人做官之好坏。至于抚台厚我，系属个人私惠，我杀抚台乃是排满公理，此举本拟缓图，因抚台近日稽查革命党甚严，又当面嘱我拿革命党首领，恐遭其害，故先发以制之，且欲当众将他杀死，此外文武官吏不怕不服从我，直下南京，可以势如破竹，我从此可享大名，此实我最得意之事。"② 在徐的供词中，尽管有许多泄愤之念，这种愤恨体现了狭隘的民族主义观念，但是字里行间却是表达了一个激进知识分子对于国家前途的忧思。同时，从当时的语境看，高昂的民族主义旗帜，比起革命的皇皇大论，对于推翻清政府的作用更大，号召力更强。

---

① 胡毅华、徐锋：《辛亥革命》第三册，上海书店出版社，2006，扉页。
② 冯自由：《光复军大元帅徐锡麟》，《革命逸史》下册，新星出版社，2016，第867-868页。

三、文化教育名流曹聚仁、马叙伦

（一）曹聚仁：乱世中的复杂文人

曹聚仁，1900 年 6 月 26 日出生于浙江省浦江县蒋畈村。1904—1911 年在其父亲曹梦歧创办的育才学堂学习毕业。曹聚仁的父亲，也是清末磅礴的兴学大军里的一员。1915 年，曹聚仁考进浙江省第一师范并学习毕业。1922—1937 年在上海各中学大学任教，其间奋发投稿并创办积极报刊《涛声》，踊跃活动于上海文学界，与李公朴、史良等为救国会领导人之一。1927 年与鲁迅相识后成为文友。1937—1945 年为战地记者，1938 年 4 月 7 日台儿庄大捷由其先发报道。1938 年被中央通讯社聘任为战地特派员。1939 年在皖南相识叶挺、陈毅将军。1941 年受蒋经国委托，创办《正气日报》等。

曹聚仁对于历史的作用，不仅在于他的文人方面，可能更与其之后担当大陆与台湾双方的中间人有关。曹聚仁曾经是毛泽东、周恩来与蒋介石、蒋经国的座上宾，对于谋求两岸的和平统一，起到了重要作用。

曹聚仁具备这样的条件源于他与双方良好的个人关系。曹聚仁与蒋经国的关系不错，曾经为蒋经国办过些事情。曹聚仁与周恩来的关系也很好，而这又使大陆对他比较信任。曹频频来往于北京和台湾之间，并成为国共两党领袖的座上宾，密商两岸和平统一问题。曹聚仁每一次为两地牵线搭桥，都是以和毛泽东、周恩来或蒋介石、蒋经国的密商方式进行。历史有时很难用一种尺度来衡量一位历史人物，曹是一个复杂的人，多重的文化经历、特殊的社会关系都给予了他独特的历史光芒。

（二）马叙伦：横跨几个时代的学者

马叙伦，1885 年生，祖籍绍兴，生于杭州。1902 年肄业于杭州养正书塾，因替同学出头而被校方除名。马叙伦一生经历了清末、民国及中华人民共和国三个时期，而且还做了两个时期的教育部部长。辛亥革命前曾加入"南社"。1911 年赴日本并由章太炎介绍加入同盟会。蔡元培执掌北大后，曾聘请他任北大哲学系教授。后相继担任浙江省教育厅厅长，北洋政府、国民政府教育部次长。1945 年底在上海发起成立"中国民主促进会",1946 年 6 月,在下关惨案中受伤。中华人民共和国成立后,担任首任教育部部长、高等教育部部长。

马叙伦一生努力治学,致力于六法训诂、经史、韵文兼治新学,曾任商务印书馆《东方杂志》编辑、《新世界学报》主编、《政光通报》主笔,后又执教于广州方言学堂、浙江第一师范、北京大学等,为近代著名的学者。马叙伦的一生,横跨晚清、民国、中华人民共和国三个时期,在 40 余年的教育生涯中,他不断探索民主教育和社会主义教育理论,为振兴教育事业呕心沥血,披荆斩棘,为我国教育事业做出了突出的贡献。他曾经在小学、中学、大学任过教,三次担任教育部行政职务,四次担任北京大学教授,新中国成立后先后任第一任教育部部长和高等教育部部长。在长期的教育实践中,他不断总结经验,从而丰富了教育理论。他的教育思想涉及面广,其中"教育是政治的一环","读书不忘爱国,教书不忘革命"是他教育思想中的重要内容。"思想每随时代进,坚贞不为大风挠"就是他一生的光辉写照。

马叙伦三次出任教育部部长,自己又在教育工作岗位深入实践,他的经历与教育界关系密切,因此对教育和政治的关系也有着自己独特的看法和见解。关于教育与政治的关系,马叙伦早在 1905 年在上海和邓实等人创办《国粹学报》时,号召"发明国学,保存国粹",主张通过教育和学术研究发掘中国文化遗产,推进民主革命,融政治革命思想于教育中。1927 年,马叙伦担任南京国民政府教育部次长时,曾在演讲的教育宗旨稿里详细阐述了教育和政治的关系。他认为,教育本不是什么深奥的东西,不过是指导我们人类在社会上求生存的方法之一种工具,就是知道人类从前求生存方法的各种经验和将来怎样才可以得到更美好的生存方法。知道人类求生存的方法,就要适应时代的精神,因此,他说:"教育是立国的根本事业,一个国家要想在世界上立得住脚。非从教育上立基础不可。"[①] 他认为国家要让每个人都有求生存的方法,只有人民都能生存,国家的作用才能体现出来。国家的任务,不仅是政治,而且是教育。这些观点

---

① 中国第二历史档案馆:《中华民国史档案资料汇编》第 5 辑第 1 编《教育》,江苏古籍出版社,1994,第 4—5 页。

显示了马叙伦在对教育和政治的关系方面的独特见解，认为教育是政治的重要一环。他还认为，每个国家都应有适合自己的教育宗旨，然后根据教育宗旨办好教育。中国当时处在一个特殊的环境，有着特殊的情形，因此不能沿袭他国的教育宗旨，中国处在危险的境地，政治纷乱，经济衰败，因此制定的教育宗旨必须和人民的生活息息相关，教育的目的是使人能得到求生存的方法，要致力于解决民生问题。在旧中国，中华民族正遭受帝国主义的侵略和压迫，失去独立和自由，民族独立问题不能得到保障，政治上少数特权派外受帝国主义的操纵指使，内借政治势力蹂躏一般人民。中国问题的归宿点是民生问题，而解决民生问题的关键是教育，达到三民主义的教育目的。当一个民族的人民都是健全的国民，"能够发挥民族精神，使民族保存于人类世界，如果人民生活充实了，社会生存扶持了，国民生计发展了，民族生命延长了，然后民生问题才能希望得到整个的解决，教育的目的才算达到，教育的能事才算尽了"①。在马叙伦传播教育宗旨之前，中国的教育政策差不多是取放任主义，以致造成六滥、四恶、三害。六滥即：一学校滥，二办学之人滥，三师资滥，四教材滥，五招生滥，六升学滥。由此六滥更生四恶：学校往往成为个人制造势力之工具，一恶也；教员与学生虽有天才，亦遭其戕贼，二恶也；不能养成一般青年之学问品格与技能，只反增青年放浪之精神与物质之欲望，三恶也；为社会增加分利失业之徒，为国家斫丧民族托命之根，四恶也。总次四恶，即成三害：一曰害个人，二曰害社会，三曰害国家。②因此马叙伦建议国家对教育事业采取严格主义，极力纠正放任主义，才能保障教育的健康发展。

① 中国第二历史档案馆：《中华民国史档案资料汇编》第5辑第1编《教育》，江苏古籍出版社，1994，第6—7页。
② 中国第二历史档案馆：《中华民国史档案资料汇编》第5辑第1编《教育》，江苏古籍出版社，1994，第8页。

第三章

浙江的商帮文化

生长在浙江这片古老土地上的浙江商帮，在当前经济领域创造了令人瞩目的奇迹，焕发出了最具魅力的商业光彩。浙江独特的地理环境涵养，培育了浙江人的心理特点、文化性格和生活方式。从个体角度看，浙江商人具有独立自主意识，体现在人的性情、气度和品格上。从群体的角度看，浙商成长在浙江这片热土上，蕴含着浙江独特的地域文化特质，是依附着地缘、血缘、亲缘关系发展壮大的群体。它更是一个秉持中国优秀传统文化，最具中国商业文化涵养的群体。从时间的方位来看，浙江商帮有着悠久的历史渊源，早在先秦时期，被称为"经商鼻祖"的越国大臣范蠡，到近代的浙江三大商帮：龙游商帮、南浔丝商和宁波商帮，再到改革开放以来崛起的浙商，作为中国独树一帜的草根商人群体，创造着浙江奇迹。

第一节　儒蕴犹存：南浔帮

在晚清同治、光绪年间，浙江湖州的水乡古镇南浔出现了一个因经营丝业而发家的、为世人瞩目的豪富阶层，时人以三种动物形体的大小来标明他们财产的多少，逐渐形成了"四象八牛七十二黄金狗"的谚语。他们的财富究竟各有多少，民间说法不一。一般认为，"象"指拥有财产百万两以上的豪富，50万至百万两者称为"牛"，30万～50万两者称为"狗"。在被称为"象"的刘、张、庞、顾四家中，刘家财产达2000万两，张家1200万两。被称为"牛"的有邢、周、邱、陈、金、张、梅、蒋八家。照此估计，他们的财产总额当在6000万～8000万两。他们是近代中国最大的丝商群体。南浔"四象八牛七十二黄金狗"的兴起，是当时社会历史条件的产物，而这一富豪阶层一经崛起，便对湖州，乃至中国最富庶的江浙地区的社会、经济、文化变迁产生重大影响。

一、南浔商帮群体崛起的原因

徐迟在其《江南小镇》中说，"南浔是一个巨富之镇。有不少人认为它可不算小镇，它是中国罕见的一个富镇"。南浔的近代经济主要与南浔的富商即"四象""八牛""七十二黄金狗"，尤其是"四象"有关联。南浔在近代曾因湖丝贸易尤其国际贸易发展而极为繁荣，而这些湖丝贸易的经营者主要是南浔富豪。南浔的早期工业或直接由他们创办经营，或者由他们投资或集资建成。更值得一提的是，南浔这些富豪尤其是"四象"不仅与中国早期工业发展有很大的关联，而且他们与近代中国的政治的联系也十分密切，分析南浔的近代经济就得检讨"四象"的命运。[①]

（一）南浔商帮群体的崛起，得益于蚕桑之利

南浔地处太湖南岸，气候温和，湖河港汊纵横密布，水质清洁，土质丰腴，适宜蚕桑。据说南宋时，南浔已是"耕桑之富，甲于浙右。进入明代，天下蚕桑之利，已'莫盛于湖'，而一郡之中，尤以南浔为甲"。在明代已初露头角的南浔辑里丝，到了清代因质优而"名甲天下户"，辑里湖丝已成为浙江优质丝的代名词，粤缎粤纱、山西潞绸及江苏、福建等省的丝织原料，特别是高级原料都需仰仗湖丝，官营的内织造局更依赖上贡的湖丝，江宁、苏州、杭州三织造

---

① 郎友兴：《"四象"的兴衰：一个江南市镇经济在近代的际遇与命运》，《浙江社会科学》2004年第3期。

局在每年丝季都前往南浔大量采办生丝。丝绸成为南浔最主要的生产事业和人民的衣食之源，成为当地经济支柱。

蚕丝业的发展，孕育大批商人，清代时整个南浔镇上居民大多以经营蚕丝为业。《浔溪文献》就说"镇上大半衣食于此"。南浔"四象八牛"中不少家族如刘家、张家、周家等，就是从康乾时期迁居南浔，陆续开始业丝的，后成为"八牛"之一的邢家就是从清初开始八代业丝的丝业世家。在公行制度盛行时期，对外贸易被严格限制在广州一口，南浔一些丝商曾直接驾船至广州，经公行之手或直接与洋商贸易。

（二）南浔商帮群体的崛起，源于外部契机

近代南浔商人是中国历史上一个非常独特的商人群体。他们正逢中国对外开启商埠，在经营湖丝，并从事对外贸易的过程中逐渐壮大。下面以"四象"的发家为例，来考察丝商群体的崛起。

1. 刘家

雄踞南浔"四象"之首的刘家，在清咸丰、同治年间就已富甲一方。清末状元资本家张謇曾感慨地说，清咸同以来东南以富著称，"而能以风义自树立于当时者"，在浙江只有三人，即杭州的胡光墉、宁波的叶澄衷和南浔的刘墉。"在南浔，一天下之雄镇，已莫不闻刘氏。"[①] 创业者刘墉，刘氏家族的创业、发展，直至家产累至巨万，实由"通奉公始大"，"通奉公"即刘墉。刘墉（1826—1899），名介康，字冠军，一字贯经，浙江乌程（今湖州）人。刘家祖籍上虞，清康熙时，二十四世祖尚贤公始迁南浔镇，居泰安桥之丝行埭，遂为乌程人。至刘墉已是29传。刘墉曾祖湛恩，字鹜丰；祖元古，字登皋；父焕章，字郁林。曾祖湛恩作何营生无从考证，其祖父、父亲及叔伯均受雇于人，佐人业丝。其时，刘氏家境并不富裕。据汤寿潜《刘通奉家传》所载："……迁南浔六传至通奉，世为乌程人，少开敏能读。南浔盛丝业，祖若父及诸父咸佐人业丝，乃辍学执业于绵绸店。"[②]

---

① 张謇：《张謇全集》第五册《南浔刘公墓志铭》，江苏古籍出版社，1994，第389页。
② 汤寿潜：《南浔刘氏支谱》卷三《刘通奉家传》。

刘墉的经商之途，是从绵绸布庄学生意开始的。"十四岁，家贫不能具脩脯，乃舍儒习贾；十五岁学业于绵绸布庄，日得点心钱十文，……在店操作勤剧，庖湢之事皆任之。"[1] 而此时的南浔，丝业已盛，每当蚕茧上市时，四方商舶并至而会。南浔是著名的"辑里湖丝"产地，经营蚕丝致富者已为数不少。道光二十二年（1842），17 岁的刘墉由其叔祖达泉公介绍，到谈德昌丝行当伙计。短短四年里，刘墉精通丝行中的奥秘。当时正值欧洲诸国开商埠于上海，大购湖丝，岁出口八九万包，业是者赢获。道光二十六年（1846），刘墉辞别了谈德昌丝行，筹集资金，与同乡各出资 200 银圆，合伙开起了丝行。刘墉"力微心雄，趋时若鸷鸟之发，营生若伊吕之谋，不数年，业翔起。当同治初，已殖财数十万，号巨富"[2]。咸丰元年（1851），是时，上海辟为租界不久，南浔一般丝商尚视为畏途，到者寥寥。而刘墉此时已在上海开拓"湖丝"的对外贸易，并结识了"为洋商舌人"（即丝通事）的徽州朋友唐漾荷，通过唐漾荷，刘墉熟悉了唐漾荷为之服务的洋商，为其经营湖丝出口创造了良好条件。

2. 张家

被称为南浔"四象"之一的张氏家族，也以丝业发家，清咸丰初年已拥有雄资，光绪中期更是称雄一方，成为仅次于刘家的南浔巨富。

张家是经商世家，初以弹棉花为业，至张维岳开始从商，在南浔附近开设糕团店，继在南浔开小酱盐店，传至儿子张颂贤已略积资金。张颂贤（1817—1892），字竹斋，颇具商业意识，看到上海开辟为通商口岸后，蚕丝出口旺盛，价格走高，就聘请得力丝通事，全力经营辑里丝，在南浔镇的丝行埭和上海二洋泾桥的增泰丝栈内，分设恒和丝行。南浔行坐收，上海行与洋商交易信息，初以航船传递信息，为求快速，光绪九年（1883），南浔先于湖州设置了电报局。由于张颂贤经营有方，继而广开业务，家产暴增，成为巨富。

3. 庞家

南浔庞家也以丝业致富。作为近代南浔"四象"之一的庞家开创者是庞芸

---

① 刘锦藻：《先考通侔府君年谱》，清光绪刻本，第 7 页，南浔图书馆藏。
② 汤寿潜：《刘通奉家传》，《南浔刘氏支谱》卷三，1920 年刻印本，第 37 页。

皋。靠丝业发迹的庞芸皋（1833—1889），原籍绍兴。1843 年上海开埠后，由于洋商大量收购南浔辑里丝，丝价趋涨，业丝也成为当时发家的捷径。庞芸皋15 岁时即开始在南浔镇"八牛"之一陈熙元开设的陈裕昌丝行当学徒，满师后已通晓蚕丝经营之道。清咸丰十一年（1861），太平军进驻南浔，南浔富商多避居上海，庞芸皋也不例外，避居上海期间开始与人合伙从事丝业。庞芸皋初与张氏（张源泰丝行主人）、蒋氏（蒋元春丝行主人）合伙，在南浔丝行埭设庞怡泰丝行，为坐庄，收购转运；在上海泰康里设庞怡泰丝号，为行庄，专与洋商搞出口贸易，并亲自在上海与洋商打交道，探询国际丝市动态和丝价起伏，根据上海丝市的盈虚，嘱使南浔坐庄进退。因信息灵通，经营有魄力，不数年家产暴发，成为财主。

4. 顾家

"四象"之一的顾家，创始人顾福昌（1796—1868），字成之，号春池，四兄弟中排行第六，人称顾六。他秉性勤俭至孝仁厚，少时家贫，弃儒学贾，初在镇上摆布摊。稍有资产后，开始在南浔经营辑里丝，开设顾丰盛丝行，自行运售于洋行。清道光初，顾福昌开始在上海开拓湖丝贸易，当时上海尚未辟为通商口岸，但已有英美商人前来通商，随着与洋商的交往，顾福昌成为早期的丝通事。道光二十三年（1843）上海辟为通商口岸后，辑里丝直接从上海出口。顾福昌在上海四马路开设"丰盛"丝经行，与南浔顾丰盛丝行相呼应，经营蚕丝出口，获利丰厚，成为南浔丝商中在上海发迹最早的商家。19 世纪 50 年代，他与宁波的杨坊就被上海道聘为上海丝茶捐总局董事，负责丝茶捐总局和南北两市分局的稽查及到沪丝茶厘捐收解等事宜，成为上海丝业界领袖人物。1860年上海丝业会馆成立后，任董事。

南浔丝商的群体崛起，来自外部的因素有二。

首先，1842 年《南京条约》签订后，中国被迫开放东南五口，从此进出口贸易格局发生了重大变化。由于上海的崛起，很快取代广州成为中国对外贸易中心。五口通商前，湖州的生丝均由广州公行出口；上海开埠后，"南浔辑里丝乃运沪直接销与洋行"。湖丝也因此就近转至上海出口，运输路程较前缩短

9/10，且仅需花五六元就可雇一条小船将生丝运到上海。在上海市场的生丝销售中，运费只占 0.2% 的比例，湖丝出口价遂较前广州出口时期下降了 35%。因此，以南浔辑里丝为主的中国生丝，在上海开埠后不久就占据了欧洲市场，外销量骤增。如以 1843 年的出口量为 100 担计，则 1845 年为 723.8 担，1848年为 1252 担，1852 年为 1354 担，1856 年为 3215.6 担，1860 年为 3798 担。①其中上海的出口量自 1846 年后始终占 90% 左右，而上海出口的生丝主要是辑里丝。上海开埠后的最初四年，经湖州丝业中心南浔运往上海出口的辑里丝，在上海生丝出口中平均占 55%。一批南浔丝商以上海开埠为契机，利用地缘和业缘优势，贩丝至沪而迅速崛起。

其次，19 世纪 60 年代初，太平军进军湖州地区，一批南浔丝商、富户避居上海，得以直接与洋商接触。南浔"四象八牛"中的不少家族正是在这时崛起于商界的。如上所述，南浔"四象"之首的刘墉，1860 年 6 月在南浔被太平军占领前已携家并"尽运资装于上海"，在上海购地建屋定居业丝。"四象"之一的庞家也是如此，庞芸皋于太平军进攻湖州时与其父"避之上海"，并因此在上海经营丝业。后被称为南浔"八牛"之一的周家，也于太平军进击南浔时辗转上海，开设申昌号，经营棉花、蚕丝等。南浔丝商金桐（协隆丝栈主人）、朱兆传（朱宏茂丝经行主人）、梅鸿吉（恒裕丝行主人）、邵易森（森大行主人）、谢子楠（森元丝栈主人）、张佩绅（合设丝肆主人）等先后继起。由于熟悉外国语言，不少南浔丝商成为丝通事或丝买办，在上海商界颇具影响。显然，湖州地区蚕丝经济的发展是南浔丝商兴起的经济基础，鸦片战争后上海被迫开埠则是他们崛起的契机。

二、鼎盛时期南浔商帮所从事的主要行业

从 19 世纪七八十年代到 20 世纪初，是南浔丝商发展的鼎盛时期。这一时期，中国的生丝出口虽因各种原因有所波动和起伏，其出口量在出口总额中的比重有所下降，但绝对值总体仍呈增长之势，而且在 1909 年日本生丝出口量超

---

① 徐新吾：《中国近代缫丝工业史》，上海人民出版社，1990，第 85 — 88 页。

过中国前，中国一直是世界最大的生丝出口国，而以南浔辑里丝为主的湖丝仍然在生丝出口中占很大比重，这为南浔丝商的发展注入了强劲动力。这期间，民间出现了"四象八牛七十二黄金狗"的谚语。"四象八牛七十二黄金狗"虽然只是口碑传说，无法核实查证，但也并不是无稽之谈。这一时期，南浔"四象八牛"经营领域大为拓展，除土丝业外，他们向缫丝等近代工业、金融业以及盐业、房地产等领域广泛投资。

（一）土丝业

南浔丝行"经丝行是南浔镇商业中最兴旺之一业。其范围较大者，自上海开辟为通商港口至太平天国战争这20多年间（1843—1863），有邢、陈、硕、朱等数家。在同治初年至光绪末年这40多年间（1864—1908），有刘、庞、张、邱、周数家，其中周家是辑里干经之首创者。宣统初年到抗日战争全面爆发前近30年间（1909—1937），有梅、沈、邵、李等数家。抗日战争全面爆发后至新中国成立初的10多年间（1838—1953）仅有合伙者，其范围较小，彼起此落，先后约有50多家"。[①]

（二）盐业

盐业和地产业也是南浔"四象八牛"的重点投资领域。涉足该领域的主要是刘氏、张氏、周氏以及蒋氏家族。

1. 刘氏家族

刘墉业丝致富后在扬州等地开设盐场，成为淮盐大甲。同治元年（1862），时年37岁的刘墉，由于经营蚕丝发迹，资金实力已非常雄厚，不仅捐了蓝翎光禄寺署正，且开始在上海购地建屋。也就是在这一年，曾国藩在上海招商运盐，刘墉不失时机地与唐漾荷一起在王秋田名下附股，开始了盐业经营，这是他除蚕丝经营以外新辟的投资渠道。盐业历来由"官家"垄断，清代也不例外。不几年，从票盐到场盐，到置灶产盐，淮扬一带盐业的产销均由刘墉一手经理。

2. 张氏家族

南浔张氏家族业丝致富后经营浙盐，在上海设立总管处，在浙西、苏南、

---

① 朱新予：《浙江丝绸史》，浙江人民出版社，1985，第117页。

皖南设立分销处，垄断这些地区的盐务，辛亥前夕拥有 20 万引票，是全国著名的大盐商。太平天国期间（1851—1864），浙江沿海世乱不定，盐官逃跑，盐民得以自由运销食盐，从而私盐充斥，官府特许专利的盐商为专商引岸（指食盐包销划定的地域），盐商所持的引票（为盐商包销食盐数量的凭证，每引为 190 千克）失去传统保障，价值惨跌。此时杭州小粉墙的大盐商朱恒源急将 10 万引票脱手，而张氏家族的张颂贤独具慧眼，以 10 万两银子全部买进，将朱恒源过户为张恒源，从此除张恒和丝行外，又诞生了张恒源盐号。同治三年（1864），盐区重新设官统制，引票价值亦随之大幅回升，猛涨十倍，骤然扩大了张家财富。

光绪十年（1884），张颂贤目睹杭州胡庆余堂国药老板胡雪岩、南浔顾丰盛及周申泰丝行，均因囤丝亏损，意识到国际市场上蚕丝竞争激烈，丝价又操纵在外商之手，辑里丝好景不长，遂收缩丝业，专营盐务。南通张謇撰《乌程张封公墓碣》中说："同治初年，寇乱甫平，改引额为票运，继又规复旧章，而私贩充斥，引滞课诎，商用愈病，浙西盐法大坏矣。巡抚召商集议，令愿弃引者听，弃则悉界公。……（张颂贤）连约诸商，变通成法，并江海浦靖之巡为二，以分缉内地、外洋之私，并常、镇、苏、淞之厫为一，设帑引三万四千道，均于诸盐商轻课减价，以阴敌缘江并海之私。于是商利溢滋，官课以充，而公之家亦日以丰大。"[①]

从此，张家由大丝商转化为大盐商，成为浙盐巨头。当时张家掌有浙盐 20 万引票，包销范围跨越浙北、苏南与皖南的 10 余县。在湖州、嘉兴、新塍、苏州、无锡、常州、宜兴、镇江、溧阳、金台，以及皖南的芜湖、宣城、宁国、广德等地，都设立分支机构，称为"盐公堂"。在上海九江路大庆里设立盐务总管理处，称恒源老账房，由外甥李联仙任总账房，相当于总经理，原恒和丝行账房林梅生任协理，孙子张澹如为总管事，又得姻亲周湘舲的襄助，掌各地盐公堂大权。据前宜兴盐公堂吴馥荪老先生介绍，单是这些盐公堂在光复前，年

---

① 张謇研究中心编：《张謇全集》卷五《乌程张封公墓碣》，上海辞书出版社，2012，第 384 页。

销食盐已超过 15 万引。在产地向盐民收购食盐每担仅 2 角，加上盐税与附加税，以及运输费和损耗等，每担成本至多 4 角，而盐公堂批售价每担高达 1 元 1 角 5 分至 1 元 2 角。所以盐商包销食盐，赢利是十分可观的。张家既有了盐，又积极向与食盐有关的加工业发展。张家在南浔镇独资或合股开办了张恒泰、张恒昌、张元泰、张启泰、老裕泰等酱园，在四周邻近乡镇上还开设分店，经营制酱，做酱油、辣酱，加工酱菜、腐乳等业务，这些大酱园及其分店几乎垄断了南浔方圆 50 里各乡镇的食盐、酱、酱油和酱菜等的经营业务。

（三）地产业

地产业也是"四象八牛"业丝主致富后热衷投资的一个行业。陈熙元是上海早期著名的地产商，1862 年他已拥有租界一半以上的房地产。南浔张家、刘家、邢家、庞家将部分投资移至上海后，虽继续从事丝茶贸易，但其中最大的一项投资是购置房地产。其中刘家在公共租界中心区福州路、广西路一带拥有 10 余条里弄，著名的会乐里、会香里、洪德里、怡德里等里弄住宅均是刘家产业。此外，刘家还在杭州、扬州、青岛、汉口、长沙、南通、青浦、浙江上虞及家乡投资地产。庞家除在上海拥有地产外，也在江苏苏州、吴汀、吴县及浙江绍兴、萧山等地拥有地产。张家的张石铭 1921 年前后拥有上海外滩价值 500 万元的地产，另外，还在祖籍徽州、江苏常熟等地大量购置地产，仅登记在册的义田就有三四千亩。上海著名的园林——张园也是张氏家族的。

（四）金融业

金融业也是这一时期"四象八牛"主要投资方向之一，其中又以旧式金融业——典当业为主。刘墉业丝致富后又经营典当，同治四年（1865），徐寅阶在震泽开恒义典，招刘墉入股。同治五年（1866），"院、司议招商设典"，刘墉趁势于湖城集股开设"同裕典当"。嗣后，于上海及湖州等地开设当铺 4 家。"四象"之一的庞芸皋沪上业丝致富数年后，也"挟资归里，买田宅、设典肆"。南浔"八牛"之一的邢赓星家族对典当业尤为热衷，丝业致富后在南浔、海宁、太仓、上海、海盐、平湖及苏北若干城镇开设典当达 30 余家，是南浔富商中开设典当最多的一家。南浔邱家也在湖州开设有晋隆、启泰等一批典当。张家也开有当铺 10 余家。就南浔丝商参与的新式金融业而言，1905 年，庞元济参与创办了上海合众水火保险公司，刘锦藻、张澹如等人于光绪三十三年（1907）发起成立浙江兴业银行，集资 100 万股。刘锦藻及南浔绅商周庆云、张澹如（张静江之弟）、庞元济等为主要股东。浙江兴业银行是我国最早的商办银行之一，它以振兴民族工商业为己任，中国近代比较著名的民族工商企业的发展几乎都与之有关联，不少企业受它扶持，赖以摆脱困境。总的来说，南浔丝商家族对新式金融业的投资远没有像对旧式金融业——典当业那样热衷。

（五）近代工业——以机器缫丝业为主

南浔丝商最初投资近代工业（缫丝业）及航运业等是以附股外资企业的方式进行的。例如 1862 年旗昌洋行在上海设立旗昌轮船公司，顾福昌、陈熙元就是大股东。在旗昌丝厂、旗昌保险公司中，顾家也是大股东。1891 年，旗昌丝厂由法国人勃鲁纳接办后改名宝昌丝厂，顾家仍是大股东。1882 年开办的怡和丝厂，顾勉夫也有投资。陈熙元在旗昌轮船公司投资 13 万两，拥有"苏格兰号""竞赛号""山东号"和"查理·福士爵士号"。1891 年，中华汇理银行在香港设立，同时在上海成立顾问部，刘墉是顾问部顾问之一。

从 19 世纪 90 年代始，南浔"四象八牛"开始独资或与其他华商合伙投资近代工业，将部分商业资本转化为产业资本。

1. 顾家——顾敬斋

1881 年，顾敬斋附股旗昌洋行，合资在上海设立缫丝局，有丝车 200 台。1882 年，丝厂进行扩建，丝车增至 444 台，职工 1300 人，年产厂丝 479 担。1886 年，旗昌洋行又租赁上海里虹口的公平丝厂，更名宝昌丝厂，顾敬斋为大股东，时有丝车 406 台，职工 550 人，年产生丝 439 担。1891 年，旗昌洋行在美国的总行倒闭。上海旗昌洋行随即清理，将丝厂作价出售，由顾敬斋与法国人勃鲁纳两人集资承购，集资数额为 15 万两，另行组织宝昌缫丝有限公司。宝昌缫丝公司成立后，所属两家丝厂改称老闸宝昌缫丝局。1897 年，顾敬斋又独资盘进沈志云、吴少囿在上海石子街开办的乾康丝厂，有丝车 250 台，职工 800 人，年产厂丝 280 担。以后陆续扩大规模，至 1910 年时，丝车增至 612

台，成为上海最大的丝厂。1909 年，顾敬斋与无锡祝兰舫合作，集银 7.7 万两，在无锡黄埠墩开办源康丝厂，有丝车 330 台，工人 825 人，年用干茧 3500 担，年产厂丝 600 担。因产品质量优异，1922 年源康厂丝在美国费城举办的国际博览会上获甲等大奖。后受世界经济危机冲击而停歇。[①]

2. 庞家——庞元济

1895 年，庞元济等筹资 30 万两在杭州拱宸桥创办杭州世经缫丝厂，有丝车 208 台。1897 年，庞元济等在杭县塘栖镇开设大纶制丝厂。1928 年，扩资改为崇裕丝厂，有丝车 486 台。1896 年，庞元济开始涉足棉纺业，与杭州的丁丙筹资 53.3 万两在杭州创办通益公纱厂。1904 年，庞元济在上海创办龙章造纸厂，这是当时上海唯一一家造纸厂，也是全国最大的造纸厂之一，该厂占地 60 亩，引进全套美国造纸机设备，日产纸 10 吨。1906 年，庞元济、庞元澄兄弟又在湖州创办青城造纸厂，这是浙江第一家规模较大的造纸厂。1928 年，集资 12 万元创办南浔机器缫丝厂。[②]

3. 周家——周庆云

周庆云，民国初年丝绸工业巨头之一。1914 年，周庆云在杭州投资 3 万元，独资创办天章丝织厂，起初仅有手拉机 12 台。1915 年易木机为铁机，改人力为电力，开杭城丝织业使用电机之先河。后织机增至电机 40 台，日产绸 120 匹。至 1926 年，天章已拥有丝织机 194 台，其中电力织机 114 台，占 58.76%。1921 年，周庆云在天章丝织厂内增设缫丝部（后改称天章丝厂），购置意式坐缫车 32 台。三年后，扩充至 172 台，增加长摇车 52 台，并设立自己的茧行，实行茧、丝、绸一条龙生产经营管理。到 1930 年，天章已拥有资本 12 万元，女工 750 人，男工 340 人，产丝 200 担，总值达 27.6 万元，成为杭州民国前期与纬成、虎林并列的三大丝绸企业之一。1914 年，周庆云与蔡谅友合作，投资 3 万元，在杭州忠正巷租用厂房，创立虎林公司（今杭州缫丝试样厂前身），拥有新式手拉铁机 22 台。1916 年，增资 7 万元，选址杭州蒲场巷，自建厂房，

---

① 陈永昊、陶水木：《中国近代最大的丝商群体》，浙江人民出版社，2001，第 91-92 页。
② 陈永昊、陶水木：《中国近代最大的丝商群体》，浙江人民出版社，2001，第 71-72 页。

丝织机增至 80 台，所产"双面缎""实地苏""花色缎"等产品质量上乘，名噪一时。由上海、汉口绸商包销，其"三闪缎"成为上海各绸缎商店的抢手货。1918 年，再增资 10 万元，办缫丝部，设茧站，安装线车 108 台，置烘茧柴灶 8 副，以解决本公司的用丝之需。是时，厂丝顶号丝用"WL"牌商标，头号丝用"虎林"牌商标，运销法国；二号丝留作自用。

1920 年，又投资 10 万元（前后投资达 30 万元），添置丝车和织机，并购大型烘茧机 1 台，此时虎林公司已拥有丝车 208 台，织机 200 台，职工 560 人，年产白厂丝 300～400 担，绸缎 12000 匹，年营业额最高达 120 万元。1925 年，周庆云接办湖州大通丝厂（即原王笙甫等创办的吴兴公益丝厂），改名湖州模范丝厂，聘请赴欧美考察归国的南浔人李佑仁任经理，创制"模范"牌厂丝。1925 年，周庆云投资 10 万元，在嘉兴北门塘汇镇塘湾桥开办厚生丝厂，有丝车 200 台，其中意式直缫机 120 台，脚踏木制丝机 80 台。1926 年，周庆云与同乡庞元济、庄骧千等集银 12 万两，在南浔方丈港创设"南浔汽机改良丝厂"（今湖州梅月丝针织集团有限公司前身），当时征地 18 亩，置意大利坐缫车 208 台，生产"南浔"牌、"湖山"牌、"分水墩"牌改良丝，品种优良，1929 年在首届西湖博览会上获特等奖。1927 年，周庆云与人合股投资 4 万元，在嘉兴南门外五龙桥设秀纶丝厂，置丝车 154 台。除生产外，周庆云十分重视产品的销售。1923 年，周在上海筹组虎林公司出口部，直接经营出口业务。派员赴法国里昂加入万国丝商公会，后又在意大利米兰和美国纽约设代理。于是虎林公司着手扩大经营范围，经销其他丝厂产品出口，年生丝出口量发展至 500～600 包；1927—1929 年间，每年出口生丝高达 5000～6000 包（包括柞蚕丝在内），虎林成为当时中国丝绸业中对外贸易最具优势的一家大厂。①

4. 梅家——梅履正

民国初年，辑里湖丝虽受意、日等国机械厂丝的挑战，仍以"色白、经匀、质韧"的特色畅销欧美各国。第一次世界大战后，西方各国经济处于恢复发展

---

① 陈永昊、陶水木：《中国近代最大的丝商群体》，浙江人民出版社，2001，第 104-105 页。

阶段，辑里丝虽经改良，但质量仍逊于机械厂丝，难与日本等国厂丝匹敌，促使镇上一些蚕丝加工经营者改良缫丝工艺和设备，创建缫丝厂。1921 年在洗粉兜创办缫丝传习所，资金数千元，不久停办；1923 年在镇西方丈港创办改良缫丝传习所，有人力木车 30 台；这两家改良缫丝传习所为创办机械缫丝厂做好准备。1926 年，梅履正与其侄梅丹苕投资 9 万元，在南浔南东街张王庙南首创办了南浔第一家机器缫丝厂——梅恒裕缫丝厂，最初引进日式 80 桩蒸汽缫丝机，经过培训的缫丝女工用本地优质茧子生产出条纹均匀的机缫丝，年产厂丝 200 包，连同其他牌号辑里干经产量，"南梅"之生丝年总产量达 3200 包（合 430000 磅）。[1]1927 年，梅家在纽约 57 号大街 5 号设立"梅恒裕生丝公司"，接受外商的咨询洽谈，直接销售辑里丝和厂丝，梅履正亲任总经理，特地印制了宣传册子，用精美的图片和流畅的英文说明，详细地介绍了梅恒裕生丝的历史、历年取得的殊荣及其著名商标。

1928 年后，梅恒裕丝厂已扩展到拥有意大利直缫式丝机 240 台、工人 685 人，年产厂丝量 540 担的生产规模。[2]梅恒裕丝厂生产的"双金（银）鹰钟"厂丝价格也高出辑里干经一大截，达 1200 两 / 包，"梅恒裕"牌干经则为每包 840 ~ 900 两，"绣麟""飞马"牌每包 800 两，"黑狮"牌每包 700 两。1926 年推出的经过改良的"梅恒裕牌"特级辑里复缫丝，丝的纤度比一般辑里丝更细，达到了低于登尼丁的当时最高水平，特别适合当时较高速的织机，因此它一出现就引起欧美丝织厂家的重视。另有南浔丝行老前辈回忆，梅氏还生产过一种"梅花"牌辑里干经，据称现中国出口白厂丝统一商标"梅花"也源于此。此说真伪不得而知，然亦可佐证梅氏产品商标的权威性和行业地位。1929 年，经改良的梅恒裕辑里丝还在首届西湖博览会上夺得特等奖。

随着第一次世界大战的结束，日本等国重返国际丝界，加之 1929 年世界经济危机的冲击，梅氏企业于 1931 年倒闭。在此前后，南浔还先后开办了 4 家布厂和 1 家绸厂。裕丰布厂创办于 1919 年；家庭布厂创办于 1922 年，有织布机

---

[1] 陈永昊、陶水木：《中国近代最大的丝商群体》，浙江人民出版社，2001，第 15 页。
[2] 朱新予：《浙江丝绸史》，浙江人民出版社，1985，第 125 页。

26 台；当弄布厂创办于 1931 年；纯昌布厂创办于 1939 年，有织布机 18 台；集成绸厂创办于 1925 年，资本 6 万元。除机器缫丝业外，南浔"四象八牛"投资于近代工业所涉及的领域不多。

综合以上论述可以看出，南浔商帮越来越倾向于在大城市投资。虽然南浔镇是湖丝贸易的中心，但著名商人更倾向于在上海、苏州等城市扩展业务，如"四象八牛"的刘墉积财数十万，移居上海；顾氏一家成为上海金利源码头的老板；庞元济在苏州、余杭塘栖等地集资创办通益公纱厂、大轮丝厂等，有纱锭 15000 枚，雇佣工人 1200 人。另一南浔商人陈煦元"侨沪数十年，为丝业领袖""中西商人倚之如长城"。资金向大城市集中，虽然对推动大城市的都市化和近代化起着积极作用，但对孕育了南浔商帮的南浔镇而言，则无异于釜底抽薪，市镇进一步发展的活力受到限制。就南浔而言，近代工业的成分并非没有，只是极弱小。于南浔投资的近代工业，机器缫丝业仅梅恒裕丝厂和南浔汽机改良丝厂两家，除此之外，尚有部分电灯股份有限公司，吸纳的产业工人总数也就六七百人而已，可以这么说，近代工业在南浔的发展极其微弱。其经济结构仍是以生丝贸易为主体的商业经济，由于以近代工业为代表的新经济成分的投入极其微弱，南浔最终演化为单一农产品原料输出的集散地。当然，由于区位、交通、通信等方面的优势，大城市，尤其是居区位优势的通商口岸城市的经济集聚效应，大量资本迅速从周边小城镇向通商口岸转移，这是资金集聚效应所产生的必然结果。

三、南浔商帮的影响

南浔"四象八牛七十二黄金狗"的兴起，是当时社会历史条件的产物，而这一富豪阶层的崛起，对当时社会产生的影响，已远远超出了经济领域和浙北范围，涉及整个江南乃至全国的政治、经济、文化的各个方面。

（一）促进了近代化的进程

浔商作为我国最早一批民族资产阶级的组成部分，其民主主义思想集中地体现在他们反帝爱国的民族气节上，以及投身于资产阶级革命的积极态度上。

在浙江拒款护路运动，以及辛亥光复等重大历史事件中，浔商那种反帝爱国、参与革命的精神表现得尤为强烈。

1. 拒款护路运动

19 世纪末，帝国主义为了抢占我国资源，竞相掠夺我国铁路修筑权；清政府为贪图外国铁路借款，不惜饮鸩止渴，出卖路权，激起了全国规模的爱国反帝的拒款保路运动。浙江的保路运动发动最早，成效最著，以刘锦藻为首的湖州、南浔绅商是这次运动的发起者和组织者。

光绪二十四年（1898），英使向清政府请准由英商承造苏杭甬等五条铁路之权，英商怡和洋行据此与清铁路总办大臣盛宣怀秘密签订向英借款修筑苏杭甬铁路的草约。而义和团运动的掀起，使清廷一直不敢签订正约。光绪三十一年（1905），美商又来谋浙赣路权。同年 7 月 24 日，为拒绝外款，自办铁路，浙江 11 个府的各行帮、家族巨头及其代表 160 人在上海集会，商讨自办铁路问题。大家一致推举负有时望的汤寿潜、刘锦藻为浙路公司正副总理，确定了绅商两界联合办路的局面。湖州、南浔的张宝善（张静江之父）、张增熙（张静江长兄）、邱炳沂、蒋汝藻、顾企翰、沈应变、汤梯云等当选为公司董事，周庆云、李松箔为监察员。清廷为缓和各方矛盾，批准浙人自办铁路的要求，同时责成盛宣怀与英方交涉撤废草约。以军机大臣王文韶为首的一批浙江京官也声明支持浙路自办。

在筹集建路资金方面，湖州丝商在商股中最占实力，而刘氏家族则为全部股东中第一大股。据《商办浙江全省铁路有限公司章程》记载，刘氏家族以个人名义或堂号出面认购 1 万元以上者有近 20 户之多，正如刘锦藻所言"吾掷资此中，及招戚友之股，约近百万金"。刘家大胆认股的表率行动，对社会影响很大，引起了其他丝商家族的连锁反应，湖州商界一时间购股如狂。"四象"之张家认购 1 万元以上者 2 户，"八牛"的邢家、邱家、周家及蒋家投资 1 万元以上者多则 3 户，少则 1 户。除"四象八牛"家族以外，湖州其他商人的投资情况是：李恺，字松箔，上海早期轮船商，湖州商务分会总经理，投资 1 万元；王震，字一亭，上海申大机器磨面公司创办人，杨兆鳌，字信之，上海商务总会议董，各投资 5000 元。至宣统二年（1910），湖州府商界人士投资浙路公司共计 115.8 万元，在全省 11 个府中仅次于绍兴、宁波、杭州三府而位居第四。①

光绪三十三年（1907），苏杭铁路沪嘉段开始动工修筑。同年 9 月，英国又对清政府施加压力，强迫清廷签订借款 150 万英镑的合同，把路权出卖给英国。9 月 11 日，时任浙江铁路公司副总工程师的汤绪（湖州人）正在硖石工地主持施工，听闻借款约定将在北京签字，气愤异常，连夜赶到杭州，向公司力陈英国妄图夺取我国铁路之权的险恶用心。14 日，汤绪回湖州开始绝食，以示自己与铁路共存亡的决心。29 日，汤绪身亡。由刘锦藻等倡议举办的浙江高等学堂学生邹钢、姚定生、叶景荣相继效法殉路。消息传出后，激起了湖州和苏、浙两省各界群众的强烈愤慨，声势浩大的拒款风潮自此掀起。同年 10 月 12 日，汤寿潜、刘锦藻主持召开浙江铁路公司股东大会，决定在国内首次成立群众性的保路组织——"国民拒款会"。他们上书痛陈借款出让路权的危害，斥责清廷卖国行为，宣布取消汪大燮等四人主张借款京官的浙籍；提出了罢市、抗租、抗旨等激烈口号，通电各省请求声援，公开向民间招股。经汤寿潜、刘锦藻的精心组织，保路运动从此越出绅商范围发展为广泛的群众运动。由于爱国保路运动深入人心，江苏、安徽、福建、广东、广西、江西、湖南、湖北、四川、贵州、陕西、直隶等 14 个省 48 个府县纷纷向浙江铁路公司出资购股，连学生、挑夫、僧道、优伶也节衣缩食，踊跃认购路股。到 1907 年底，认集铁路股款达 2300 万元，为英允借款数 150 万英镑（约合 1000 万元）的两倍多！数额之巨，震惊朝野，迫使清政府不敢贸然在借款约定上签字，最后还路权于民。

为了保证浙江铁路的顺利建成，开发地区经济，刘锦藻等人于光绪三十三年（1907）发起成立浙江兴业银行，集资 100 万股。刘锦藻及南浔绅商周庆云、张澹如（张静江之弟）、庞元济等为主要股东。浙江兴业银行为我国最早的商办银行之一，它以振兴民族工商业为己任。中国近代比较著名的民族工商企业几乎都与它发生关系，不少企业受它扶持，赖以摆脱困境。宣统元年（1909）八

---

① 闵杰：《浙路公司的集资与经营》，《近代史研究》1987 年第 3 期。

月，沪杭铁路全线通车，汤寿潜、刘锦藻主持下的浙路公司以其资本之丰、工程之速、质量之优、造价之低、经营之卓著，被举为"商办之最"。①

这场中国近代史上著名的拒款保路运动，广泛宣传了爱国反帝思想。郭沫若对此事做过较高的评价。其后发生的成为推翻清政府统治导火线的四川保路运动，实际是沪杭甬争路事件的复写和扩大。②

2. 支持、参与辛亥革命

浔商的民主主义思想，更鲜明地体现在他们对辛亥革命的热忱和积极参与上。浔商的许多成员，较早地完成了从商人向民族资产阶级的转化，因而当这场反对封建帝制的革命爆发时，他们以极大的热忱投身其中，许多人还成为这场革命的中坚力量和领导成员。

张静江：1902 年，时年 25 岁的张静江随孙宝琦出使法国巴黎，开办通运公司，成立世界社，创刊《新世纪》周报，宣传各国革命壮举。1906 年春，海上邂逅孙中山，开始从事反清斗争，为孙中山反清斗争出谋划策，并倾家资助革命经费。"二次革命"失败后，张支持孙中山成立中华革命党，并任财政部部长。孙中山逝世后，担任国民党中央常务委员会主席、代理中央执行委员会主席、浙江省政府主席等职。他主张走英美资本主义国家的道路，大力发展民族工业，对电力、交通、电信的发展做出了重大贡献，还举办了中国最大的西湖博览会。

庞元澄：庞元澄是老同盟会会员，与孙中山有师生之谊。他原先字"清臣"，特改为"青臣"，亦作"青城"。后成为同盟会上海支部、同盟会中部总会的核心人物之一，他在上海戈登路七号（今江宁路 336 号）的别墅，成为同盟会的秘密联络点，孙中山经常居住于此，辛亥革命要人如黄兴、宋教仁、于右任、戴季陶、孙科、许崇智、张继等人，常去其家，还一度成为同盟会财政部的临时办事处。在上海光复中，革命党人为攻打江南制造总局而组织了敢死队，其费用的一半由其资助。袁世凯窃取辛亥革命胜利成果后，庞元澄又积极追随孙中

① 陈永昊、陶水木：《中国近代最大的丝商群体》，浙江人民出版社，2001，第 9—11 页。
② 魏桥：《熟读浙江七千年·自办苏杭甬铁路运动》，哈尔滨地图出版社，1995，第 195 页。

山参加反袁斗争，曾为孙中山筹集经费而卖掉了上海多处地产。

（二）扩大了"辑里湖丝"在国际上的影响

清同治前，出口外销的只有辑里丝，而无辑里经。当时所复制的苏经，专供苏州机户织缎用，并未出口。同治十二年（1873），南浔周申昌丝号，开始仿效日本经复制成辑里经，出口外销。从此，南浔、震泽两镇所产的辑里经在国际市场上风行。据《南浔镇志》："合二丝为一，以经车纺之成经，必涂以锡，取其私润也，自纺其丝，售与经行，曰乡经；取丝于行，代纺而受其直，曰料经。"[1] 而辑里经的创制由来："自海禁大开，夷商咸集上海，湖丝出口，以南浔七里丝尤著。其初出洋，有丝无经。经以丝纺成，……摇成小条，以若干条为一庄，苏州织缎用之，名苏经，吾浔早有之，独无出洋者。余家先世业丝，同治季年，向乌镇购丝十余件，每件一千二百两，重八十斤，装运来浔。因风覆舟，船主不能偿损失，而浸湿之丝，无可为计，先嗣父味六公向夷商取日本国经条，令震泽之双杨镇人向做苏经者为之仿摇。苏经则顺摇，由左旋右，惟日本经则逆摇，由右旋左，且条分精细不同，改制大车，即将失水之丝纺成东洋经，每条约重四两，共二十五条，成经百两为一把，以一千二百两为一包，销与夷商。次年番信转华，大为称许。盖丝佳而工廉，洋经于是盛行，法兰西、美利坚各洋行，咸来求购。嗣又增出方经、大经、花车经等名称，至今风行，巨商业此者，因皆获利。"[2] 辑里丝自19世纪70年代摇成干经出口后，以质优价廉著称，加上当时国内外缫丝、织绸的机器工业水平都还不高，一时畅销国内外，曾保持了几十年的市场优势，出口贸易因此由干经垄断。嗣后，周家又创制方经、大经、花车经等名称，皆风行于市。各地丝商无法复摇制成经的，则将大多数土丝销往南浔，制成辑里经后又源源不断地从南浔经上海出口。

"南浔、震泽一带，到1884年（光绪十年），辑里干经还是盛行一时。南浔有经丝行七家，四周的许多市镇原来代洋庄收丝的'客行'，也纷纷改为'乡丝行'，收买白丝，售与经丝行。摇为辑里干经，远销欧美。如双林镇所产的辑里

---

[1] 朱从亮、范希仁：等：《南浔镇志：1252—1980》，湖州市南浔镇退休职工委员会油印本（2），1984，第133-134页。
[2] 同上。

丝，常年出口三千担，但后来都销售给南浔、震泽丝经行了。"① 据刘石吉的研究，19 世纪 80 年代，南浔一带的辑里经每年出口达千余万元，专销欧美。摇经也一时成了南浔周边农村重要的手工业。周家创制的辑里经是南浔率先对辑里土丝的改良，就主观方面而言，有其被动的、不自觉的一面，但客观上却促成了自清中期后辑里湖丝名扬海内外的局面。就这一点讲，周家对辑里湖丝畅销海内外功不可没。

除此之外，周家还积极参与我国近代丝业界对外交流活动，力促辑里湖丝改良，以适应外商对高匀度丝的需求。1923 年，周君梅（周庆云侄儿，张静江女婿）和李佑仁（曾任张静江创设的通运公司纽约分公司第一任经理）作为辑里丝商代表出席了美国纽约第二次万国丝绸博览会，与美厂商广泛交流。美方称"你们来自浙江辑里，该地产丝，向为欧洲织绸缎的厂家所欢迎。我们织极薄的丝袜，要高匀度的丝，你们为何不建设新厂，供给我们高匀度的丝，与日本人竞争"②。

1925 年 4 月 9 日，美国史丹利丝织公司的赫来·史丹利及上海生丝检察所所长白克纳、万国蚕丝改良会技师何尚平由周君梅、李佑仁偕同专程来南浔辑里考察蚕桑状况，并和丝业中人讨论种种改良问题。美商考察后认为该区（指辑里）土地、水利、天气均适合蚕丝，务必充分利用。

辑里湖丝创始于明初，而真正广销欧美，享誉海内外则起于清中晚期，盛于民国初年。其标志就是辑里丝名牌迭出、屡屡在国际获奖，创造这一佳绩的不是"四象"之中的刘、张、庞、顾，而是不太为人熟识的"八牛"之一的"梅恒裕"。近代南浔以蚕丝国际贸易而暴富的"四象八牛七十二黄金狗"中，继续以其全部资金致力于辑里丝改良、经营的也只有此一家，那就是梅家的"梅恒裕"。

梅恒裕丝经行孜孜以求于辑里丝经的改良，注重新产品的开发，其所出的经丝以其原料考究、条纹均匀、色质白韧而深得同行和欧美客商青睐。其在经

---

① 朱从亮、范希仁：等：《南浔镇志：1252—1980》，湖州市南浔镇退休职工委员会油印本（2），1984，第 148 页。

② 李述初：《李述初米寿纪念册·先父李佑仁公事略》。

营上也颇具特色，重视品牌的塑造，先后推出有"绣麟""飞马""蓝龙""黑狮""荷花""梅月""梅石""金鹰钟""银鹰钟"等 10 多种商标的产品，这在近代民族工业史上也是极其罕见的。"梅恒裕"因此在清末民初进入其发展的鼎盛时期，出现了名牌商标迭出，在国内外频频称雄夺奖的盛况。宣统元年（1909），清廷农工商部"在金陵设南洋劝业会，吾镇梅履正以梅恒裕丝经行所出'绣麟''金鹰钟'等得头等商勋，又'银鹰钟''飞马''黑狮''荷花''梅月''梅石'等得超等奖，为南浔丝商乃至全国同行中得奖最高、最多的丝号。次年 5 月 20 日，农工商部发给《商勋执照》，并奏请清廷赏赐梅履正三品顶戴"①。

宣统三年（1911），"梅恒裕"所制各牌号丝经在意大利工业品展览会上获一等奖。1915 年，在巴拿马太平洋国际博览会上，"梅恒裕"又一举夺得金牌大奖，获大奖证书、金质奖章。会前，展品经浙江省出口协会审查，"梅恒裕"展品被评为最优等，并呈农商部奖给一等褒状，浙江省巡按使屈映光奖给"五彩彰施"四字匾额。

第二节　风雨不倒：宁波帮

宁波商帮，简称"宁波帮"，泛指旧宁波府所管辖的鄞县、镇海、慈溪、奉化、象山、定海 6 县的商民团体；关于其形成时间，学术界比较一致的看法是明朝末年，以宁波药材商人集资在北京设立"鄞县会馆"为标志②。清末民初，宁波帮已然崛起为中国第一大商帮，并称雄商界达半个多世纪之久。

一、宁波商帮的形成

宁波商人在唐宋时期就已经相当活跃，而且一开始就明显地带有海商的特

①　周庆云：《中国地方志集成乡镇志专辑·南浔志》，上海书店，1992，第 759 页。
②　浙江省政协文史资料委员会：《宁波帮企业家的崛起》，浙江人民出版社，1989，第 4 页。

点。如唐代宁波（明州）大商人张友信等多次与日本通商，是大海商。① 宋代宁波商人仍以海商为主，有不少大商人远航海外，如《高丽史》记载：北宋仁宗宝元元年（1038），有"宋明州商陈亮、台州商陈维绩等一百四十七个来献土物"。不久又有"明州杜道济、祝延祚随商船来本国，不还明州"。② 在沿海贸易中，宁波商人也很活跃，如当时上海附近的青龙镇，商船"自杭、苏、湖、常等州期月而至，福建、漳泉、明、越、温、台等州岁二、三至"③。上海附近的黄姚税场也有宁波商人的商船，如南宁宁宗开禧二年（1206）有臣僚言："黄姚税场系两广、福建、温、台、明、越等郡大商海船辐辏之地……每年南货关税动以万计。"④ 这时期宁波商人经营的货物中土产渔产占很大比重，《宝庆四明志》载：宁波人"喜游贩鱼盐"。此时，尽管宁波商人已经出现，但毕竟数量不多，活动范围和经营业务也很有限，在当时的社会经济状况下，很难发展成为一个商帮。

明代初年，民间交易禁止使用银两，商品经济发展受到很大限制。此后，宣德、正统年间，南直隶巡抚周忱在江南地区推行两税折征金花银和棉布的财税改革，很有成效，有力地推动了江南农村经济作物的种植和商品经济的发展。东南地区沿海的商人势力日趋活跃，宁波商人也颇为活跃，不少人经商于长江三角洲经济发达地区，如鄞县徐氏家族就有多人经商苏州，著名者有徐佩（1485—1558），号直斋，"弃儒业，服贾于苏（州）"；徐桂（1492—1554），字廷芳，经商致富，是姑苏有名的大商人。不过这一时期发展最快的还是以走私贸易形式出现的海上贸易。

宁波本是对日"勘合"贸易主要口岸，明政府因嘉靖二年（1523）这里发生日本两商团为争夺贸易权相互残杀，并杀掠宁波沿海军民的"争贡事件"，下令厉行海禁，此后将宁波市舶司改为巡视海道司。合法的海外贸易渠道被堵，走私贸易于是迅速发展。明人万表的《玩鹿亭稿》记载："宁波自来海上无寇，每年只有渔船出洋打鱼樵柴，无人敢于过海通番。"后来，渐有少数海商经营海上

---

① 木宫泰彦：《日中文化交流史》，胡锡年译，商务印书馆，1980，第110—118页。

② 郑麟趾：《高丽史》卷六、卷一五。

③ 隆平寺灵鉴宝塔铭，北宋仁宗嘉祐七年（1062）。

④ 《宋会要辑稿》卷二八，第183册《食货志》。

贸易，也仅仅闽、广等地置买商货，陆往船回，返宁波洋面后，并不敢贸然进关，而是"潜泊关外，贿赂地方官以小船早夜进货，或投托乡宦说关"，到嘉靖时期，由于宁波、舟山群岛一带港汉交叉，岛屿众多，明政府难以控驭，遂成为当时海商走私贸易的中心，双屿港、烈港、舟山、岑港、普陀山、洋山等处都是当时著名的走私贸易港。双屿港不仅有日本、南洋诸国海盗商船前来，还有相当数量的西方商人。宁波成为继广州、福建之后又一个违禁通番贸易的重要地区。宁波一带商民甚至视双屿"为衣食父母，远近同风"。一些宁波海盗商人甚至成为当时著名的走私贸易首领。如"鄞县毛海峰、徐碧溪、徐光亮、叶宗满"等，即在当时最大的海上武装走私集团首领王直手下担任头目，分领商船，经常将丝绵等物品运往日本等地进行贸易。毛海峰与其兄毛子明，原是鄞县海商，因毛子明通番逋欠货物，毛海峰作为人质被扣，后被放回，沦为海盗。再如慈溪人柴德美，是一个"积年通番"，有家丁数百人，并与明朝官府及当时最大的海盗集团头目汪直（即王直）都有联系的人物，一次受王直之约攻打福建海盗头目陈思盼，柴派出家丁并联络宁波府及明朝官兵，里应外合，收获颇丰。宁波海商中这种武装走私的海盗商人的产生与发展，是明朝严厉的海禁政策下，严重畸形的海商发展形态，明人唐枢就曾明确地指出："寇与商同是人也，市通则寇转而为商，市禁则商转而为寇。"真实地说明了当时海盗商人与海商在不同情况下互相转换的情形。

明政府对于违禁通番的海盗商人和海上贸易采取了更为严厉的措施予以打击。自嘉靖二十七年（1548）到三十七年（1558），浙江沿海的双屿、烈港、岑港等重要的私人海上贸易商港相继被明军攻占捣毁，宁波商人的海上发展遭受重大挫折。于是，宁波商人的经营方向转向了国内经营。明人陆楫说，嘉靖时宁绍地区人民单靠务农"不能自给""半游食于四方"。在这一规模颇大的向外发展的人群中，主要的部分无疑是商人和手工业者，正是在此基础上，宁波商帮开始形成。

嘉靖以后，经过隆庆（1567—1572）、万历（1573—1620）数十年的发展，到万历时期，宁波商帮形成了。

促使宁波商帮形成的客观因素有明朝海禁政策的放松和万历时期张居正的改革。当时由于海禁政策遭到朝野上下越来越多的强烈反对，到隆庆初年，明朝政府开始取消"海禁"。万历时张居正改革，进一步推动了商品经济的发展，市镇繁荣，城乡经济活跃，市场扩大，地区间经济联系得到加强，燕赵秦晋齐梁江淮之货，日夜贩往南方，蛮海闽广豫章南楚瓯越新安之货，日夜贩往北方，商人群体迅速兴起。在此有利的客观条件下，宁波商人发展很快，成书于万历二十五年（1597）的明人著作《广志绎》曾记载：当时"宁绍人什七在外"，"竞贾贩锥刀之利"。万历时期宁波商帮的崛起也可以从其他记载中得到有力的佐证。据《履园丛话》和《四明章溪孙氏宗谱》记载，宁波士子孙春阳由于屡次参加科举失败，遂放弃举业而经商苏州，万历年间在苏州创办孙春阳南货铺，成为明清时苏州商界的著名行铺。慈溪董氏家族也是自晚明始以经商而致富的商人家族。鄞县迎恩桥李氏家族明万历前后也有不少商人，如李邦综（1581—1639），字子达，"服贾市廛"；李邦绘（1593—1663），字子嘉，"服贾四方"；李贤升（1593—1663），"少承父业，从事贾业"。此外像慈溪秦氏家族、陈氏家族等也在万历前后以经商而兴起。

宁波商帮形成的重要标志是其同乡商人会馆的建立。明清时期宁波商人在外地建立了许多商人会馆，其中最早的是建立于北京的鄞县会馆，该会馆的创建者为宁波在北京经营药业的商人，时间在明代。稍后的会馆碑记记载："京师之西南隅多隙地有旧名鄞县会馆者，相传为明吾郡同乡之操药业者集资建造，以为停枢及春秋祭祀之所。"[①] 这则史料并没有说明该会馆是在明代什么时候建立的。从现有资料及有关研究来看，明代万历前后数十年间是北京工商会馆创办发展的高峰，浙江人在北京创办的其他四所会馆均在明万历期间或以前。因此，再联系到万历前后宁波商人外出经商规模的扩大，据此推断，宁波商人的鄞县会馆很可能建立于万历时期，也即宁波商帮在万历时期正式形成。

到清代，宁波商人重建了北京的鄞县会馆，慈溪成衣业者又创建了北京浙

---

① 李华编：《明清以来北京工商会馆碑刻选编》，文物出版社，1980，第96、97、122页。

慈会馆。苏州宁波商人的浙宁会馆建于乾隆以前。乾嘉时期，宁波商人创建的同乡商人会馆分布相当广泛，如乾隆四十五年（1780），宁波商人在号称"九省通衢"的汉口建立了浙宁公所；嘉庆元年（1796），宁波商人在上海建立了四明公所，以后成为上海最著名的同乡会馆组织；嘉庆二十四年（1819），又有宁波在关外和山东贸易的众商人在上海创建了浙宁会馆。温州四明公所也建于乾嘉之际。甚至在江南市镇上，也不乏宁波商人或宁波商人与绍兴商人合建的会馆。如在盛泽镇，乾隆年间宁绍商人建立了宁绍会馆。双林镇在乾嘉之际即建有宁绍药材公所。南浔镇宁绍会馆创建于嘉庆年间，乾隆五十七年（1792），宁波商人在常熟建立了浙宁公所。这些同乡组织的作用，在于通过联络乡情，兴办同乡善举和公共事业等，使同乡商人间形成一处"休戚与共，痛痒相关"的关系，进而"广其业于朝市间"，共同一致地对异域商人展开有效的竞争。同时，这些同乡组织的相继建立也表明：到清代乾嘉时期，宁波商人已经在大到北京、汉口、苏州、上海，小到江南市镇乡村的商业交换中具有了一定的地位和影响，成为活跃于各地的重要商帮集团之一。

二、1840 年前宁波商帮的经营形态及商人精神

经营规模及商帮的构成，是商人集团存在形态的外在表现形式。在明清时期最为社会所艳称的是徽商和晋商。明代人谢肇淛说当时"富室之称雄者，江南则推新安，江北则推山右"。新安商人就是徽州商人，主要经营盐、茶、典、木各业，山右商人是指山西商人，明代主要由盐商、布商、丝绸商、粮商、运输商、木材商等构成，清代则以经营票号和两淮等处盐业著名。这两大商帮在明代就以豪富著称于世，当时"新安大贾，鱼盐为业，藏镪有至百万者，其他二三十万，则中贾耳"。例如在徽州歙县的商业家族中"盐策祭酒而甲天下者，初则黄氏，后则汪氏、吴氏相递而起，皆由数十万以达百万者"。山西商人也毫不逊色，当时山西"平阳、泽（州）、潞（安）豪商大贾甲天下，非致数十万不称富"。甚至有人说："山右商人，其富甚于新安。"与他们相比，宁波帮商人在经营规模上就显得逊色很多，在商帮的构成成分上，也与徽晋商人不同。

在清代乾隆初期以前，宁波商帮基本上是一个以中小商人为主体组成的商人集团。通常是迫于家庭经济困境或科举失意而走上经商的道路。他们从小本经营开始，逐渐发展。如果经商所获能够"奉父母甘旨"，或是使其"家渐殷实""家称小康"，就已经很不差了。如果能够通过经商积累起巨万资财，那就必定是名闻乡里，为族人称道的名商了。宁波商帮本以经营海商著名，但自明嘉靖时期遭受重大挫折后，一时间难以恢复。因此宁波帮中不少商人所经营的主要业务，基本上是宁波所属捕捞、加工的鲜鱼和海产品，以及药材和南北货、棉布、成衣等。这些行业与人民日常生活、生产行业有密切联系，而且由于商品经济发展，市场逐渐扩大，因而宁波商人的经营活动也显得富有生气，充满了活力。

乾隆以后到鸦片战争前后，宁波帮商人集团经营规模、资本额、作用影响及人员构成上都有了较大的发展和变化。有些商人的经营规模和影响已经很大，如清代慈溪冯氏家族是当时朝野上下都有所闻的著名商家，"各省皆行商，京城御史奏伊家资二千万"。咸丰时期，清政府为镇压太平军向商人募款，"皇上特旨着输数百万，绅董无能措词，司道亦谓至少也须捐三五十万"。后经多方周旋，捐款 12 万了事。一个商家能够捐出这么大的一笔款项，在当时全国范围内都是不多见的。不过乾嘉以后宁波商帮发展变化的主要标志是其行业性的重大拓展，即帆船运输业的扩大和钱庄业、民信业的创办和经营，及一批店堂字号达到兴盛。经过这样一次重大的行业性商业扩大，宁波商帮更加牢固地把自身的发展置于商品经济发展的基础之上，并成功地把自己的活动区域扩展到上海及北洋航线沿海地区，使这里成为经营活动的重心所在。这样宁波商帮就成功地建立了以太湖流域经济发达地区为经济依托，以北洋沿海及长江流域为主干线的商业行业，形成了一个可以采购、贩运、销售商货甚至融通周转资金的贸易体系。这个贸易的形成，不仅有利于宁波商人在商业上更大的扩展和资本积聚，而且使乡帮团结有了更加牢固的维系力量。为其应付行将遇到的西方商人强有力挑战，无形中积聚了传统的应战力量。

宁波帮商人用于商业经营的资本组织形态主要有独资、合伙、委托、借贷等几种形态。独资经营是宁波帮商人特别是商业铺户中比较普遍采用的一种资本组合形式。只需数十百金，即可贸迁生利。这种资本形态有很强的继承性，往往能够世代相传，如苏州孙春阳南货店、北京同仁堂药店等店堂字号都属于这种独家资本，而且都是承传了数百年的著名店家，只是在不得已的情况下才改为合股经营。孙春阳店自康熙后期到乾隆元年（1736）曾因孙氏家族缺乏经营人才，连年亏损，以致被迫与卢氏、王氏等家族合伙经营，到乾隆中叶起才逐渐排挤外股，恢复独资经营局面。同仁堂药店自乾隆十九年（1754）后，因乐氏家庭遭受各种不幸，被迫改为合伙经营，直到道光中叶才恢复为独资经营。合伙经营即由两个以上的商人或家族合伙经营的资本形式，它是中国传统商人一种行之有效的资本集中方式，由于联合了多个商人的资本，因而资本较为雄厚，可以兴办独家资本无力承担的一些商业行业的经营。宁波帮商人经营的钱庄业、民信业等多采用这种资本形态，尤其是钱庄业，极少独资开办。委托经营在宁波商人中也有相当的发展，如清代鄞县商人孙绪铨（1693—1766），"家小康，有才干，与同邑卢黄仲先生交最深，属君贸易远方，东粤南闽间，常以万金相往还，翁能审时度势，操其奇赢，以是卢氏之资甲于乡里"。显然，孙绪铨，是受卢黄仲委托代其经营粤东和福建地方生意的。再如慈溪人董文烂（1774—1840）。"翁之为贾也，声闻籍甚，由吴越至豫楚，皆知有翁，而足未尝出五十里外。"董文烂的周围，必定有一批受其委托代他经营商业的商人。前文所述慈溪冯氏家族在宁波、兰溪、四川、关东等地皆有店肆，而冯氏族人尝于上述各地代为经营。宁波商人的钱庄业和帆船业，主要股东一般并不出面经营，而是聘请有关人员从事具体的经营业务。至于宁波帮商人在经营中借贷款项，更是经常发生的事情，钱庄业兴起后的业务之一，就是向商人提供借贷服务。

商业组织中经营人员的配置是经营形态的第二个重要方面。宁波商帮在各类商业中都形成了责任明确、有适当分工的人事组织系统。例如钱庄业中，设置有经手、副手、三肩、账房、信房、放账、跑街、银房、栈司、学徒等职务名目，职责明确。经手是钱庄的经营决策者，总管钱庄内一切事务，一般侧重于对外的联络。副手是经手的主要助手，一般侧重于钱庄内部事务的处理。三肩是由曾对钱庄有特别贡献的人或有权势者及股东的至亲担任的闲职。账房分内账房和外账房，主管会计和清理账务，内账房更重要一些。信房专管往来信件。放账负责钱庄的存贷款业务。跑街负责招揽生意。银房保管现金。栈司管出纳及银钱搬运。学徒管庄内杂务。再如民信局业，大的由数十人组成。人员配置有司账、管柜、收信人、送信人、挑货杂役、厨役、脚夫等。司账和管柜通常由一个人担任，负责账务。其余由一人至几人甚至十几人不等组成，各司其职。这种责权比较分明的人事系统，保证了商业活动的有序进行。

经营管理受到宁波帮铺户商人的高度重视，而且形成了较为严密的制度。苏州孙春阳南货店是这方面的一个典型代表。宁波孙氏家族对该店从业人员的录用比较严格，"族中子姓中有可助理者，公举以录用"。乾隆初孙弘境主持该店经营时，还专门立有称为"议单"的保证书，议单上明确写出："如有亏蚀资本，惟主事者是问。"该店在孙春阳时期就制定出了较为完备的会计制度和店规，其"会计之术严密，条约之精详，其规模筹划，为后世所遵行者，虽区区廛肆之谋，类皆寻常意计所不到"。经过后世长期的实践和完备，到清代乾嘉时更加完善，"其为铺也，如州县署，亦有六房：曰南北货房、海货房、腌腊房、酱货房、蜜饯房、蜡烛房。售者由柜上给钱取一票，自往各房发货，而管总者掌其纲，一日一小结，一年一大结……其店规之严，选制之精，合郡无有二也"。因此，有效地保证了经营的成功。宁波帮商人经营的一批铺户很多发展成有名的店家，大致也与此相类似。可见，成功的经营管理制度，是宁波帮商人经营形态的又一个重要方面。

尤其值得注意的是，明清时期的商人，尤其是大商人的经营形态，有一个最大的特征，就是与官僚体系密切结合，从而呈现出儒和商（即官僚和商人）一体化的特征，当时最著名的两大商帮徽商和晋商都是如此。宁波商帮的经营形态也多少表现出了这样的特征，如北京的宁波帮钱庄商人和同仁堂乐氏家族，与清朝政府甚至宫廷都有比较密切的关系。宁波孙氏家族的孙桦国（孙春阳第四子），在孙春阳死后继续经营苏州店业，清初"以督战舰功，受明远爵"，并于1684—1688年任宁波知府，后与任苏州织造的李煦有密切交往。但从总体上看，与官僚体系的结合并不是宁波帮商人经营形态的主要特征。这很可能与宁波帮商人的经营规模和行业特征有关。宁波帮商人在资财上与实力雄厚的徽晋商人无法相比，像董杏芳那样拥资数十万的一流商人更是凤毛麟角，寥寥无几。这就是说从总体上还缺乏与官僚体系结合的实力基础，官僚体系对宁波商人的利用也有限。这样宁波商人便只能主要依靠当地的交通条件、物产及明清以来日益发展的商品经济来发展自己，把自身的发展置于商品经济发展和市场扩大的牢固基础上，不断开拓新的活动区域和经营行业，从而形成了与徽晋商人不同的发展方向。

在明清时期，商人的地位很低，在士农工商的社会分层中仍居于最底层。但在实际生活中，商人的地位则要比其在伦理观念中所处的地位高得多，是仅次于士的社会阶层。由于商品经济特别是商人和商帮的发展，社会对于商人的看法也逐渐有了一些变化。而在商人中间，则产生出一种新的商业观和商人精神，以此来解释商业的合理性，塑造新的商人形象，宁波商帮在其中也起到了一定的作用。如在传统伦理与商业伦理的结合点上，宁波帮商人找到了经商合理性的依据。宁波帮往往能够在商业经营中以标榜诚、信、不欺等商业道德规范来树立一种新的商人形象。其中孙氏家族经营的孙春阳南货店是一个典型的代表。宁波帮孙氏家族对孙春阳南货店的经营，一向重视信用。如孙绪燮（1733—1811）"废学而奋于贾，尝病市道诈伪，曰：'信义人所弃，自我得之，则富贵也。'于是人争恭之，交易者不重千金，而重翁一言"。孙春阳店出售的南北货物被认为是货真价实，如有人说："火腿以金华为最，而孙春阳茶腿尤胜之。所谓茶腿者，以其不待烹调，以之佐茗，亦香美适口也。此外各蜜钱无不佳，即瓜子一项，无一粒不平正者，皆精选而秘制，故所物皆驰名。"[①]在长期的经营实践中，在社会上确立了牢固的商业信用，清人已经看到，并在总结孙春阳南货店等老店、名店的成功时说，这些店"非有密授之法，特格外认真耳。在他人皆求速化，不欲费心力于一二十年后，故终于无成。然此各家，得名之

---

① 金安清：《水窗春呓》卷下《孙春阳茶腿》，中华书局，1984，第79页。

始亦只循'诚理'二字为之，遂食其报于一二百年，子孙亦世守其法，莫敢懈忽"①。宁波帮商人在民信业、钱庄业等商业信用要求很高的新行业里大有作为，与其商业信用为社会所认可有很大关系。尽管在实际的商业活动中，商人未必都能够恪守这些道德规范。但对诚、信、不欺等商业道德的标榜和部分实践，无疑乃是商业史上的一个进步，并推动着商业信用体系的发展建立。

宁波帮商人在商业经营活动中采取积极的态度，表现出蓬勃的生机。不仅注重从实践中总结出多种经营之道，还从中国悠久的历史传统中继承经商的一些成功经验，在许多商人的传记中经常出现"仿计然策""白圭之术""贪三廉五之术""刘晏之术"等说法，其中的白圭、刘晏等皆是中国古代著名商人或理财专家，贪三廉五之术则是包含了薄利多销、加快资金周转速度的一种经商原则。宁波帮商人还强调经商要敢于冒险，如大商人董杏芳"暮年尝训诸子曰：'余尚幼即慨然有恢复志，年17服贾吴门……年24之辽阳，往返十余次，陆由北直出山海关，上吉林至宁西塔……航海则所遇飓风，数难指屈，其得免覆溺者，幸也。计数十年来，铢积寸累，虽薄有资产，而以言恢复先业，犹未尝我初愿，此中不无歉然'"。对于出生入死，丝毫无所畏惧，积资数十万，尚没有满足欲望，生动地反映出宁波帮商人追逐利润、冒险开拓的商业进取精神。此后杏芳诸子均以经商闻名，尤以董耿轩创办大生沙船号最有名，后来发展成上海有名的沙船商号和钱业家族。

当然，宁波帮商人虽然不把经商看作低贱的行为，但这也并不表明他们不关心仕途。通常他们也总是力图让自己的子弟由科举而入仕，如董之笔经商致富，便尽量支持其胞弟董汉醇读书应科举考试，只是在汉醇实在无望考取的情况下，才使其改而经商。宁波帮商人中因就试不第转而业商这一现象的普遍存在，恰恰也说明了他们原来就是十分关心仕途的。对于生活于明清社会的商人而言，对科举入仕有着相当的关心，也是正常现象。

---

① 金安清：《水窗春呓》卷下《四远驰名》，中华书局，1984，第147页。

三、1840 年以后宁波商帮从传统向近代化的转变

宁波商帮在 1840 年以后获得了巨大的发展。如鄞县商人"四出经营、商旅遍天下，如杭州、绍兴、苏州、上海、吴城、汉口、牛庄、胶州、闽、广诸路，贸易繁多，岁或一归，或数岁一归"。甚至"东洋日本，南洋吕宋、新加坡、苏门答腊、锡兰诸国，亦借资结队而往，开设商肆"。再如镇海，"自交通便利，镇邑以商起家者衡宇相望。昔人谓无再世之富，今非昔时矣"。定海在明清时期经商者并不很多，但鸦片战争后，"国内北至蒙古，南至粤桂，西至巴蜀，国外日本、南洋以及欧美，无不有邑商足迹"。尤其到光绪以后，经商越来越多，到民国时期，经商"侨外人数几达十万"①。随着宁波商帮的发展，该商帮的历史性质发生了重大变化，由一个传统商帮转化成一个近代资本主义工商业集团。

（一）宁波社会风尚的新变化

在西方经济文化东来的新形势下，宁波的社会风气发生了重大的变化，原有的重商文化传统，冒险进取、团结互助精神迅速得到发扬，人们大胆地接受新事物，从而形成了一种新的社会风尚。这种新风尚的特征主要表现在以下几个方面。

经商、外出做工成为宁波社会的突出现象。如鄞县的士族子孙在开埠以前转而经营工商的人，已经颇多，而"通商以后，弃儒习贾者益众"。四乡农村也"舍本逐末，以农为贱役，往往轻去其乡，争趋沪汉为佣"，以致东西各乡，土地无人耕种。再如定海，本为宁波属县，由于定海人擅长航业，"南北运客载货之海舶，邑人多营之"，经营航海业者多，在小轮上多为驾驶员、领港员，在长江沿海大轮船上则多任买办、水手、火夫等。清末废除科举制度以后，读书人在宁波仍很多，并有留学欧美各国，但"其志则多在通晓英算，为他日可得商界高尚之位置，共望入仕途者，固千人中无一二，即愿拥皋皮者百之一二，故高中毕业后，有力者大抵入教会设立或偏重英文之中学，无力者皆改而就商。

① 光绪二年《鄞县志》卷二《风俗》；民国《定海县志》方俗十六《风俗》。

这种社会风气的形成，对于宁波商人群体的扩大，有至关重要的意义"①。外出经商、做工的大军成为宁波帮发展的牢固基础。

因势变革、弃旧谋新是近代宁波社会风尚的另一个显著特征。如宁波原有的旧式手工业如木工（产品有眠床、椅子、桌子）、石工（极善于雕刻人物花鸟）、漆工（产品朱红漆、擦漆、金漆、透艺漆都很著名）、雕刻工都非常有名，工艺精致，技术高超，但"海通以还，工人知墨守旧习，不足与人相竞争，于是舍旧谋新，渐趋欧化"②。木工尽弃其固有构合接斗之精技，采用西式木工技术做新式家具木器，这种新式木工就叫红帮作头。原来精于制作中国旧式服装的成衣手工业者，现在纷纷改做西服，叫作红帮裁缝。因为适应了形势的变化，"在上海者无不获利"，鄞县"东南两乡之具有资产而以殷实闻者，大率惟此二业矣"。商人更是这样，既然宁波无可发展，而上海机会众多，据《申报》记述，19世纪60年代至70年代初，上海"觅金之法，亦较他处为更易。人苟能少有材（才）艺一身之外，毫无长扬，至申图事，竟有数年之间，顿成巨富者，其次亦能少获盈余，即不然，亦可丰衣足食。盖果能结实可靠，一入洋行，每岁数百金之俸，他处岂易得此哉"③！宁波商人抓住机会，乘商埠开辟的有利时机，"相率而趋沪若鹜"。而且敢于在新的行业中冒险尝试。在上海这个冒险家的乐园里，几乎没有宁波人不敢干的事业。也正是在这种变革与冒险中，宁波商帮适应了近代的形势，得到了新的巨大发展。

（二）宁波商帮自身的近代化转变

1840年后，宁波商帮经过了两个集团性的重大转变。其一是由宁波帮新式商人兴起所代表的转变，这些新式商人与旧式商人不同，他们吸收了近代经营知识，改变了宁波商帮的经营方向，从而使自己卷入了国际市场。其二是宁波帮近代工商企业家的兴起，他们将大量资金投入近代工业、金融、轮船及商业和进出口业中，从而使宁波商帮的经营领域从流通扩展到了近代产业领域。宁

---

① 民国《定海县志》方俗十六《风俗》。

② 《鄞县蔡氏宗谱》卷首《仁初事状》。

③ 戚再玉：《上海时人志》，中国展望出版社，1947，第28页。

波商帮由此实现了自身的近代化。

1840 年以后，西方商人在武力的支持下进入中国市场，他们的手中握着近代大机器生产出来的物美价廉的工业品，雄心勃勃地要把中国强行纳入世界资本主义的市场体系，一大批西方商人的洋行、轮船公司、银行在中国创办起来。据统计，西方商人在华洋行 1843 年开设于上海等通商口岸的为 11 家。到 1855 年，已增加为 209 家。19 世纪 60 年代以后，增加更快，1872 年已达 343 家，外商人数 3673 人。而到 1894 年，更进一步增加到 552 家，人数达 9350 人。[①] 许多洋行在上海开设总行后，又在汉口、天津等地设立分支机构，把业务扩展到沿海各地与长江流域的广大地区。西方商人还建立了不少轮船公司，1848—1895 年先后设立的有 13—15 家主要外商轮船公司，多以上海为中心，控制我国的近代航运业。随着对华商品输出的发展，外商银行也发展起来，1845 年英商东方银行（又名丽如银行）在香港设立分行，1848 年又在上海设立分行，到 1849 年，外商先后在华设立银行 8 家，另有分支机构 16 处。[②] 这些外商银行大量发行纸币，经营国际汇兑，逐步形成一个操纵中国金融财政的金融控制网。外商在华设立的机器工厂也有一定的规模，1870 年，各通商口岸已有 43 家外商创办的近代工厂，到 1894 年，已增加到 100 家左右，主要是船舶修造厂和原料加工厂，最大的是上海英商耶松船厂和祥生船厂。[③]

西方商人在通商口岸遇到了与他们完全不同的商业制度和商业习惯。强大的传统行会和区域帮成为外商向中国行号直接推销货物的第一道屏障。1846 年英国驻宁波领事罗伯聃的一份报告中曾记述：当时住在宁波的英国商人戴维逊（Davidson）曾派一位助手自舟山带一包英国货到宁波，"想试验一下在宁波怎样才能赚到钱"，当他发现宁波城中有从苏州转来的大量英国棉布和呢绒，正以低廉的价格在零售，而自己的货物却无法以同样的低价出售时，感到"非常奇怪"。[④] 到上海贩购华茶的外商，甚至根本不知道"谁是茶叶的所有者"。而中

---

① 黄逸峰等：《旧中国的买办阶级》，上海人民出版社，1982，第 31，41 页。
② 张郁兰：《中国银行业发展史》，上海人民出版社，1957，第 4—5 页。
③ 孙毓棠：《中国近代工业史资料》（第 1 辑上册），科学出版社，1957，第 234 页。
④ 姚贤镐：《中国近代对外贸易史资料》（第 1 册），中华书局，1962，第 619—620 页。

国复杂的货币制度、市场行情、商业惯例和社会习惯，更是西方商人在短期内无法了解的，这构成了西方商人直接对华商贸易的第二道屏障。这种"既定的、传统的社会经济条件，再加上文化隔阂，使西方商人必须雇用中国买办才能顺利地同中国人做生意"。[①] 西方商人在打开中国市场方面，需要中国商人的帮助并起中介作用。不过由于中国的社会经济尚处在较为落后的自然经济形态之下，因而西方商人凭借其较为发达的近代工商业做基础，从而在中外贸易中占据了主导地位，并在打开中国市场、改变中国市场结构的同时，把起中介作用的中间商人变为依附商人。这些依附商人以买办和经营进出口贸易的商人为主体，成为中国近代新式商人群体的核心部分。

我们说以买办和与买办相关的进出口商等依附商人是新式商人，主要是因为他们所从事的交换，已经不再是小生产者之间的交换的中介，而是国际贸易，是国外工业品与中国农产品丝茶之间的贸易。这种贸易以前所未有的剧烈程度冲击着中国根深蒂固的自然经济形态，从而为商品经济的发展扫清道路。这些新式商人区别于传统商人的特征还在于，他们在与西方商人的交往过程中，逐渐了解了西方商人的价值观、行为方式，懂得了有关国际贸易的事务，并深知兴办近代工业、航运、银行等企业的利益，从而抛弃了传统商人独立发展的存在形态，而开始注意近代化商品生产的各个新兴领域。宁波商人正是以投身于买办和近代进出口贸易为契机，而开始其近代转变的历程。

1. 宁波帮买办的兴起

1842 年后，根据中英《南京条约》的有关条款，广州垄断性的公行贸易体制被废除，外商不仅可以到各通商口岸进行贸易活动，而且对雇用买办也"各听其便"。近代买办于是异军突起，他们一般与外商有雇佣关系，为外商购销货物服务，同时也兼营自营商业字号，通常被称为买办（comprador）、通事或华经理，上海等地称为"康摆（白）渡"。随着西方商人经营范围的扩大，买办的队伍也不断扩展，有洋行买办、银行买办、轮船公司买办、保险公司买办、工

---

① 郝延平：《十九世纪的中国买办——东西间桥梁》，李昌荣等译，上海社会科学院出版社，1988，第 27 页。

矿企业买办、房地产公司买办等。买办不仅要熟悉中外商情，懂英语，有与官府打交道的能力，而且要能提供买办保证金，如洋行和轮船买办的保证金一般为 2 万—10 万两，银行买办则高达 20 万—30 万两之巨。在近代买办中，以洋行和银行买办最为重要。由于历史的原因，开埠初期的买办以广东籍居多，随后江浙买办也悄然兴起，而宁波帮是其中坚。

近代宁波帮买办商人首先是从上海发展起来的。早在鸦片战争期间，有宁波人穆炳元在定海失陷时被俘，英人"以其年少且习于琐务，即教以英语及普通学科"。后上海又被英军攻陷，此人随英舰到沪，已经"熟悉英语，受外人指挥"，深受信任和重用，"无论何人接有大宗交易，必央穆为之居间，而穆又另收学徒若干，教以外人贸易之手续法，以后外人商业愈繁，穆一人不能兼顾，乃使其学徒出任介绍"[①]。从这些记载看，穆炳元还不能算是严格意义上的近代买办，而近似于居间说合的掮客。但这则记载却表明了，宁波商人在上海开埠之初就与西方商人建立了较为密切的商业联系和往来关系，熟悉对外商的贸易手续并受到外商信任。从严格意义上讲，最早的宁波帮大买办是鄞县人杨坊。他原是宁波绸布店的店员，并入教会学校学习英语，后到上海，进入英商怡和洋行做报关和收丝工作，1849—1851 年任怡和买办，"以通事奸商起家，致数百万"，怡和洋行正是通过他形成了所谓"苏州制度"的生丝采购制度。这种制度的具体办法是：买办从上海携带鸦片到苏州产丝地区去卖，并在那里购买生丝。上海开埠后，方氏家族的第二代人物很快就加入了对外贸易和买办的行列之中。方仁照（1808—1858），字润斋，将原来的同裕钱庄改为方振记号（后改为方镇记）从事丝茶经营，并在 19 世纪 50 年代任英商李百里洋行买办。其弟方仁荣（1812—1865，号梦香）、方仁孝（1823—1872，字性斋）也协助方仁照经营。当时，方镇记自己派人到湖州收购土丝，到绍兴嵊县收买绿茶，将丝茶售与李百里洋行，交换进口英国花色洋布，再用自备夹板船运至汉口销售。由于方氏与李百里相熟，因此，方仁孝"从其学泰西语言，大通其术"，自方润

---

① 姚公鹤：《上海闲话》，商务印书馆，1933，第 64—66 页。

斋、方梦香死后，便接替了李百里洋行买办一职，并主持方氏的丝茶贸易，"与时俯仰，中外倚以为重，一二十年间，积资数百万，兼营钱业，分到南北市，远至于汉皋"。方仁孝是上海有名的人物，与汇丰、怡和、公平、太平等洋行均有关系。1865年由上述各洋行东家共同发起组织了一所主要"适应商界子弟需要"的教会学校——上海英华书馆（Anglo-Chinese School），由付兰雅任校长，方性斋是联系人之一。1879年，李百里洋行倒闭，此后方氏家族便不再担任买办。

叶澄衷（1840—1899）是宁波帮中一位著名的早期买办人物。叶为镇海人，自幼丧父，"家赤贫"，11岁在家乡为人做童工，受主妇窘辱离去，由同乡倪某带到上海法租界杂货店当学徒。此时上海黄浦江上海外商轮船往来不断，叶"棹扁舟来往浦江，就番舶贸易"，不久脱离杂货店，"益与外人习，渐通过其语言"。在此以后，遇一洋行巨贾，受其信任，即"延掌账籍，已而迁华经理，十余年致巨富"。

杨坊、方氏兄弟、叶澄衷代表着19世纪50—60年代宁波帮买办的兴起，这时期，宁波帮在上海的商人与西方建立了多种联系。60年代，"宁波人之在上海交易者，多与夷人交好"。宁波帮买办成为仅次于广东帮的最大买办群体。1863年，李鸿章在一份报告中也提道："广州、宁波商伙子弟，佻达游闲，别无转移执事之路者，辄以学习通事为逋逃薮。"[①] 在1874年9月7日《申报》的一篇《宁帮众商来稿》中也说，"通商以来，中西贸易不能无人经理，广帮宁帮为西人司事者特多"[②]。尽管此时上海的买办业仍然是"半皆粤人为之"，但广东人已经遇到了宁波商人强有力的挑战。

到19世纪80年代后，上海的宁波帮买办已经远远超过了广东帮而占居首位，海关税务司裴式楷（R. E. Breden）1891年的十年报告中明确提到了这一变化，说此时上海的买办，"主要来自宁波"[③]。这一变化的出现，由多种因素所促

---

① 《李文忠公全书·奏稿》卷三《请设外国语言文字馆折》，《续修四库全书》，上海古籍出版社，2003，第11—12页。
② 《宁帮众商来稿》，《申报》1872年9月7日。
③ 徐雪筠等译编：《上海近代社会经济发展概况（1882—1931）·海关十年报告》，第21页。

成。首先，宁波帮在上海的实力和影响从总体上超过了广东帮。1840 年后，宁波帮加快了向上海转移的趋势，到 60 年代，在人数上已超过了广东帮。由于承办漕运和捐纳官衔，宁波商人在政治地位上也迅速提高，从而提高了与官僚体系交往的能力，并进而受到外商重视。因为当时很多西商"见一中国之客，必先询其顶戴之有无，顶子之颜色，……深重中国之仕宦"[①]。官衔对他们意味着一种信誉保证。其次在沿海（尤其是北洋航线沿海）和长江流域地区，宁波商人早就建立了庞大的商业网，六七十年代，由于民信局业等的发展，这一商业网又有新的发展。在资金调度、商货购销、运输、商情传递，甚至语言、习俗等方面，都远胜于广东商人；此外，宁波帮商人同乡观念很重，因而宁波帮买办常能着力培养乡帮买办势力。如定海人朱葆三就以努力提携培植同乡买办而被称为宁波帮买办的鼻祖。

朱葆三（1848—1926），名佩珍，定海人。父名朱祥麟，成年后投清军水师，1844 年升任定海中营把总，后升千总，历署乍浦营守备，定海城营都司护理、龙营游击，官衔五品，是一个以武功起家的清朝官员。1861 年，14 岁的朱葆三到上海，进协记吃食五金店当学徒，并学习英文，经过六七年时间，升任经理。1878 年，自设慎裕五金号，顾晴川（顾维钧之父）曾任决账房，并与上海最早经营五金业发家的同乡叶澄衷结为至交并得到其提携和帮助，成为五金业中的活跃人物。大约在此前后受英商平和洋行雇用，担任该行买办。1900年后，朱旧识袁海观任上海道，朱于是联络官场，成为上海工商界的著名人物。他把自己的四个儿子全都安排充当外国洋行、银行的买办，长子朱子奎任日商三井银行买办，次子朱子聪任平和洋行买办，三子朱子方任汉口平和洋行买办，后又兼汉口日商日清轮船公司分公司买办，四子朱子衡继朱葆三任平和洋行买办。长孙朱乃昌曾任职于三井银行买办间。这样朱氏家族成为一个显赫一时的买办家族。朱葆三还"特别努力介绍宁波人任外商洋行的买办"。凡属宁波人，无论识与不识，请求担保者，朱无不答应。万一有人卷款潜逃，朱则

---

① 《申报》1873 年 6 月 28 日。

要所有被保人共同承担损失。外人因朱信誉卓著，认为其签字甚有价值，因此，宁波帮在买办事业上，较广东人着了先。此后，上海出现了一大批著名的宁波帮买办，除叶澄衷、朱葆三之外，还有虞洽卿、徐庆云、周宗良、朱志尧、刘鸿生、鄞县蔡氏、袁履登、邬挺生、丁忠茂等。

19世纪80年代以后，以上海为活动中心，宁波帮买办将其势力扩大到天津、汉口等地。天津宁波帮买办势力的发展壮大始于鄞县人王铭槐。宁波帮买办在天津，尽管比广东帮产生较晚，但其实力则比广东帮大得多。广东帮梁炎卿、郑翼之等资格较老，但他们人数不多，主要局限在航运业中。而宁波帮则人数众多，经营广泛，同乡间辗转介绍，彼此声援，在天津形成了一个人多势众的宁波帮买办集团，并成为天津宁波帮的核心。汉口也是近代宁波帮买办的重要活动中心之一。这里自1862年开埠通商以后，由于地处华中，交通便利，所以很快成为长江中游最重要的商埠，外商洋行纷纷建立。而宁波商人在为外商"招徕业务和推销进口货方面，都具有决定的优势"。因为汉口的商人"都是……宁波人，或同宁波人更接近而同广东人疏远的那些地区的人……同宁波买办在一起，便能很容易地帮成蜡、烟草等生意"。如镇海人王伯年任汉口美最时洋行买办达30年以上，深受德商信任。第一次世界大战期间，德国大班回国，全部财产表面委托荷兰总领事馆代管，而实际上由王经营。他利用该行的芝麻厂，代客加工风净芝麻和蚕豌豆等，仅收取加工费一项，一年就达15万元。战后，王伯年继续担任该行买办。他死后，买办职务由其子王芸卿继任。

从上文可见，宁波帮买办的来源，主要由商人转化而成，此外则是由教会学校毕业进入洋行或由亲戚、同乡介绍进入洋行，由学徒升任买办。一旦充任买办，往往在短期内便能积累起巨额的财富。在近代中外贸易中，特别是在19世纪后期和20世纪初，买办行充当华洋一体的中介职能。由于买办的中介作用，中外贸易得以展开，他们把中国传统的商业行号纳入近代贸易体系，从而使得传统商业的发展有了新的内容（如钱庄）。他们依附于西方商人，在破坏中国自然经济体系的同时，又从与西方商人的交往中，了解了经营现代贸易的方法，了解了世界，从而改变了自身的价值观念和行为方式。杨坊不仅抛弃了中国传统陋习，阻止自己的女儿缠足，甚至将女儿嫁给了常胜军的美国首领华尔；虞洽卿在清末筹办南洋劝业会时，西装革履去晋见两江总督端方。更重要的是，在与西方商人的长期接触中，他们看到了投资近代企业的巨大利益，因而在中国近代较早地进入轮船、纺织、机器、火柴、化工、金融等新领域，成为资本和企业家一体化的新式商人，从而偏离了中国商人传统的发展方向，而在中国的经济近代化事业中扮演了前驱者的重要角色。

2. 进出口贸易商的崛起

1840 年以后，在各通商口岸买办商人兴起的同时，经营进出口贸易的商人也得到迅速发展。这些商人往往与买办一身二任。或者是做了若干年的买办以后，脱离买办生涯，专营进出口贸易。也有毫无买办经历的富商因各种关系而介入这一行业。广东商人、婺源茶商、湖州丝商及宁波帮商人等是这一行业中的主要商帮。宁波帮商人的实力一开始时不如广东商人，但随着上海等口岸的迅速兴起和宁波帮买办的发展，很快就超过了广东商人，在上海的百货商品业中，"金属、染料、棉布、砂糖、机械、杂货等外国输入品之经营，数十年来，为宁波人绝对独占"。经营进出口货物的商业行业很多，如五金业、玻璃业、洋纱洋布业、颜料业、丝茶业、西药业、钟表眼镜业等，宁波帮商人以其卓有成效的经营，涌现出了一批著名的人物和商业行号。

宁波商人中以叶澄衷经营五金业最负盛名，他于 1862 年在虹口设立的顺记五金洋杂货店，是近代上海最早经营进口五金的商店，后来被称为老顺记。该店主要经营船上五金杂货、食品、洋油、洋烛等日用洋货，业务相当发达。1870 年后又陆续增设南顺记、新顺记、新顺泰等五金洋货店。1883—1893 年，顺记号获得美商美孚石油在华经销权，业务发展很快，"不数年大昌其业，推广分肆，遍于南北各埠"。先后在全国各地设立了顺记分号、联号 18 家。1894 年后，经营亚细亚及俄国火油。同时，顺记号扩大了五金的经营，兼营进口小轮船等业务。在老顺记及各分号任经理的多是近代著名商人，如樊芬、王铭槐、陈协中、周星北等，经营最旺盛时，老顺记、新顺记、新顺泰等三家五金店，均有百万元以上的资本。① 而叶澄衷本人则被人称为"五金大王"，19 世纪 90 年代其资产总值达到 800 万银两。② 自叶澄衷起，宁波人在上海经营五金业者人多势众，1870—1914 年，上海的进口五金店，大多是宁波人投资开设的。有的还发展成具有很大规模的洋货五金号，如瑞昌顺（宁波杨氏经营）、顺利（宁波徐悉顺经营）等五金号"凌驾乎老顺记等，资本约百万两"。③ 朱葆三曾于 1878 年在上海开设慎裕五金号，由此结识同乡巨商叶澄衷，在叶的帮助下，慎裕号连年获利，成为朱葆三一生事业的基础，逐渐跃居上海五金行业的领袖地位。并由此投资于众多其他近代企业。定海人在洋油经营上实力特别雄厚，县志记载："经理煤油亦邑人特擅之业也。美孚、亚细亚二大公司，其各埠分销处，几十之六七由邑人承办。"④

颜料业的经营在宁波商人中以鄞县秦氏家族和周宗良最为有名。鄞县秦君安在鸦片战争后不久便来上海经营洋靛业，成为巨富。第一次世界大战期间，秦家经营颜料积累了更多的财富。周宗良为德商在华推销颜料的最大洋行谦信洋行的买办，并于 1920 年与号称"上海首富"的颜料商贝润生，组织谦和靛油号，在全国广设推销机构。担任德孚买办后，1930 年他又独资设立了周宗记颜料号，包销德孚颜料，并购置德孚洋行股票，成为该洋行董事。除此之外，鄞县蔡氏也在第一次世界大战中经营颜料，获得巨额财富。

洋纱布是西方打开中国市场最重要的商品之一，而宁波商人从一开始就在经营洋纱洋布中有重要作用。1853 年，宁波帮商人在上海已有恒兴（资本 2000 两）、大丰（资本 3000 两）、增泰（资本 10000 两）、协泰、时和等洋布店经营进口洋布。这几家洋布店都是 1858 年成立的上海振华堂洋布公所的成员，经营批发兼零售业务，其中大丰洋布店，是当时上海最大的专营英美进口布匹的原件批发字号，老板为宁波翁某，基本上包销了英商泰和洋行进口的全部洋布，加上湖州人许春荣任经理，善于经营，因而业务相当发达。据业中人回忆，大

---

①　《南满洲铁道株式会社上海事务所》，《浙江财阀》1929 年第 10 期。

②　徐鼎新、钱小明：《上海总商会史》，上海社会科学院出版社，1991，第 11、13 页。

③　陈真、姚洛：《中国近代工业史资料》第 1 辑，上海三联书店，1961，第 311–318 页。

④　民国《定海县志》方俗十六《风俗》。

丰洋布号当时每年营业额在二三百万两，年结盈利常在三四万两银子上下。宁波帮孙增来开设的增泰洋布店，独家经销英商祥泰洋行进口的"金洋钱"牌漂布和"登台拜将"牌花布，所获利润也十分丰厚。由于他们与洋行关系密切，从而掌握了大量货源，转手向各大客帮推销，因此业务发展很快。[1] 在向其他口岸的洋布转口贸易中，宁波帮商人也很活跃，如在天津开埠之初，天津商人经营的棉布一般由常驻上海的代理商供应，但由于这些代理商不会讲英语，因而必须"通过中间商——通常是宁波人——从外国人那里买到这类物资"[2]。在棉纱经营方面，鄞县籍商人陆懋德是清末民初上海著名纱业商人，他在上海南市设有懋昌纱号，曾任上海纱业公所的议董、董事长等。而宁波帮纱商徐庆云则是上海三大纱业巨头之一。

宁波帮商人经营钟表眼镜业在近代也很有名。咸丰年间，鄞县的孙高雷（1844—1919，字廷源）在宁波江北通商口岸创设万卷书钟表店，经营进口钟表，并从事仿制。后业务扩展到上海，由其子孙梅堂经营，并充当洋行买办改为美华利钟表店，生意兴隆，在全国各地广设分号，是钟表业中的著名商号，孙梅堂也成为著名的"钟表大王"。在眼镜钟表业中的著名商号亨达利、亨得利也与宁波商人有关。亨达利洋行本是1864年由德商创办的一家钟表首饰行，经营钟表及百货，是一家非常有名的洋行，在天津、汉口等地有其分行。宁波帮买办孙梅堂曾附股于该行。后该洋行经改组，于1914年由华商受盘接办，接办者即为宁波帮商人。奉化人毛文荣（号茂生）曾任上海亨达利钟表总行董事长兼总经理，并任上海钟表商业同业公会理事。亨得利钟表眼镜行设立年代不详，鄞县樟树村人庄鸿皋（号守久）曾任总行经理，并任大明钟表眼镜总行、中国联合眼镜公司的总经理。可见在钟表眼镜行业中，宁波商人是很有影响的。现在一些城市中还可以看到亨得利、亨达利眼镜店的招牌，只是已经不是宁波人经营了。

在近代宁波帮商人中，有颇多的家庭和商人以经营洋货业发家，如前述方

---

[1]　中国社会科学院经济研究所：《上海市棉布商业（中国资本主义工商业史料丛刊）》，中华书局，1979，第10—11、25页。
[2]　聂宝璋：《中国近代航运史资料》第一册，中国社会科学出版社，2002，第1319、540页。

氏、叶氏、蔡氏、卢氏等家族，有的商人原来经营国产土货，后见洋货利厚，于是改业洋货，如宁波王洋汇（1878—1928）16 岁开始经商上海，后为"业洋货"，并在天津发展成为大商人；再如同族王祖安（1886—1924）自幼到上海学生意，1912 年以后，"经营洋货业……所居货获利独厚，积资数十万"。慈溪胡访鹤是位土布商人，曾在启成玉布号任职，由学徒升为经理，并曾任绮藻堂布业公所总董。但他的儿子胡开宏（1891—1926，字立范），却成为一位买办。胡开宏 13 岁到上海读书，通西文，毕业后到华记洋行任职，1918 年升为该行华经理。

除买办和进出口贸易外，在其他一些新兴商业行业中，宁波商人也非常活跃。如房地产，叶澄衷曾组织树德地产公司，经营房地产；金润痒开设大同企业公司，经营房地产；李氏家族开有天、地、元、黄四家地产公司，而像秦君安、朱葆三、虞洽卿、徐承勋等宁波帮巨商豪富，都有大量地产。在保险业等新兴行业中，宁波商人也很活跃。

综上所述，在 1840 年后的新形势下，在宁波商人中迅速兴起了以买办和进出口贸易商为主体的新式商人。到 19 世纪 80 年代前后，宁波帮中的新式商人已成为近代宁波商帮的主体部分和核心势力，在通商口岸各地域商帮的竞争中，宁波帮新式商人占据了优越的地位。由于新式商人的职能与传统商人已发生了显著的变化，从而使宁波帮商人群体的发展偏离了传统的轨道，他们对西方商人的依附，使他们在把中国传统商业纳入近代资本主义国际贸易体系，对破坏中国的自然经济发挥了重要作用。与此同时，他们积累了巨额财富，学会了近代国际贸易的方法，了解了世界，价值观念和行为方式也由此而发生了根本性的变化。他们已经看到了近代工业企业的巨大利益，财富和近代知识集于一身，注定要成为中国经济近代化的前驱。

四、宁波商帮与近代企业的创办

18 世纪起，源于英国的工业革命浪潮席卷欧美资本主义世界，自此以后，工业企业、银行、交通运输业等资本主义企业的发展程度，就成为一个国家经济发展程度的一个重要指标。中国经济近代化同样以资本主义近代企业的兴办和发展为主要标志。宁波商帮适应了这种近代化的发展趋势，依附于西方在华企业的宁波帮买办、进出口商人、钱庄主，在充当依附商人角色的同时积累了巨额的财富，而且通过依附于西方商人和企业，较快地熟悉、掌握了西方的近代贸易方法，了解了近代工业、金融、轮船等新兴行业的利益。他们的价值观念和思维方式也因此发生了重大的变化。他们也逐渐懂得要摆脱长期屈辱的依附地位，只有投资、创办民族工商业，走兴办实业、换回利权的民族振兴之路。于是从 19 世纪 80 年代起，以买办和进出口商人为主体，宁波帮开始向近代企业投资，经过艰苦卓绝的竞争和辛苦经营，到 20 世纪的最初 10 年，宁波商人已经创办了一大批近代企业，范围涉及银行、工业、交通、农业、服务业等近代企业领域。至此，宁波帮已大体上转变成了一个近代资本主义工商业集团，经过一段相当曲折的道路，走向了近代化。此后进一步发展，成为江浙财团的支柱。

轮船航业是宁波帮商人投资较早，经营成效显著的领域之一。早在咸丰年间，因为承运漕粮海运的宁波帮北号商船常遭广帮海盗布兴有集团的袭击，于是，在 1855 年，在慈溪籍费纶志、盛植琯，镇海籍李容（也亭）等商人的倡议下，并争得省、府、县官员的默许，由旅沪商人杨坊（鄞县籍）、张斯藏（慈溪籍）、俞斌（镇海籍）等出面，在广东向外商购得一艘大轮船。购船款项由官商各垫一半，共计银 7 万两，官垫部分以后由船货收入中抽取一定比例归还。该船购回后，经过改装，安上小钢炮，称为"宝顺"轮，并设庆成轮船局。这是中国近代由商人购买的最早的轮船之一。

甲午战争后到 20 世纪初，宁波帮商人在轮船航运业中有了较快的发展。戴生昌轮船公司在 1896 年底已有轮船 9 艘[1]，从《申报》上的广告看，这时戴生昌轮船局相当活跃，不仅有定期轮船往来于杭州、上海、苏州、嘉兴、湖州间，而且开辟了到无锡、常州、镇江等地的航班，与日商大东轮船公司在长江三角

---

[1] 聂宝璋：《中国近代航运史资料》第一册，中国社会科学出版社，2002，第 512 页。

洲水网地区的内河航线上展开了激烈的竞争。1906 年，宁波帮买办商人朱葆三等人集资 5.5 万元创设越东轮船公司，购置"永利"轮船 1 艘。在此后的 1915—1918 年，他又先后与人合资创办了顺昌轮船公司、镇昌轮船公司和同益轮船公司，计有轮船 6 艘，航行于长江及南北沿海，初步形成了一个以朱葆三为中心的轮船航运集团。[①]1908 年在上海创办的宁绍轮船公司也是一家很有生气的轮船公司，其投资经营者都是宁波帮著名人物，如虞洽卿、方舜年、袁履登等。该公司发起时，议定资本为大洋 100 万元，实收 28 万元，向马尾造船厂购轮船一艘，定名为"宁绍"轮，后来又增置"永安"、"新宁绍"等轮船，往来于沪甬间及长江沿线。[②]1914 年，宁绍轮船公司以 7 艘小轮船开展内河航运事业，并与其他小轮公司协议，取得独航杭湖一线的权利，以后又成立宁绍内河小轮公司，到 1921 年，有小轮 10 多艘，成为苏杭嘉湖地区内河航运中的巨头。[③]宁绍轮船公司的首任总经理是虞洽卿，在虞以后担任总经理的有石运乾、袁履登、陆维庸，方椒伯曾任董事长，都是宁波帮著名人物。1924 年，宁波帮买办商人朱志尧创办大通仁记航业公司，航行上海至扬州，有船 4 艘。[④]不过最著名的宁波帮轮船企业则是 1913 年虞洽卿创办的三北轮埠公司。

　　银行金融业在近现代经济中，发挥着越来越重要的作用，宁波帮因为有经营旧式金融业钱庄的传统，加上有众多的银行买办，熟悉近代银行业务，资金充实，因此能够较早对银行业进行较大规模的投资和卓有成效的经营。叶澄衷就是外商中华汇理银行的发起人和主要股东之一。随着近代经济的发展，工商业通融资金的要求越来越迫切，数额也越来越庞大，钱庄业逐渐显得难以应付，特别是银行业的巨额利润，吸引着众多的宁波帮商人投资于银行业这一新兴金融行业，一大批宁波帮投资或经营的银行相继在清末以后创立起来，并产生了一批著名的银行家，如孙衡甫、盛竹书、俞佐庭、王伯元、卢鸿沧等。一些著名钱庄商人往往也在银行业中担任职务，如秦润卿；工商业者投资、参与银行

<hr />

① 樊百川：《中国轮船航运业的兴起》，四川人民出版社，1985，第 217–218 页。
② 樊百川：《中国轮船航运业的兴起》，四川人民出版社，1985，第 196 页。
③ 《虞洽卿通告宁绍公司股东》，《时报》1917 年 5 月 14 日。
④ 樊百川：《中国轮船航运业的兴起》，四川人民出版社，1985，第 208–209 页。

业的也很多，如虞洽卿、刘鸿生、徐懋棠等。

我国近代第一家华人银行是 1897 年成立的中国通商银行。该行设于上海，商股 500 万，先收半数，并借度支部库银 100 万两，后来的小四行，通商银行即其中之一。该银行成立时有 8 个总董，宁波帮有著名商人严信厚、叶澄衷、朱葆三等人。其首任总经理为余姚人陈笙郊，是著名绍帮钱庄领袖，曾任镇海方氏家族上海设立的延康钱庄经理。第二任总经理是绍兴人谢纶辉，也是绍帮钱庄领袖，曾任方氏家族承裕钱庄经理，因此通商银行的创设，可以看作是宁波商人中不同类型的商人向银行业的投资和转变，其中严信厚是具有洋务派官员身份的商人，叶澄衷和朱葆三是买办商人，方氏家族则是钱庄商人。方氏家族的方椒伯（1885—1968，又名积蕃），1922 年起担任上海中国通商银行十六铺南市分行经理，直到 1932 年。因为通商银行长期为宁波帮控制，所以一般把该银行看作是宁波帮银行。

中国垦业银行是宁波帮创办和经营的又一家著名银行。该行由宁波帮童今吾发起，1926 年在天津开业，由俞佐庭任总经理。俞佐庭（1888—1915），字崇功，镇海人，曾任镇海小港李氏家族慎余钱庄和天益钱庄的经理。该行在创办时，就取得了钞票发行权。在业务上能利用宁波本地钱庄的长期放款，做大部分股本。1928 年，童今吾把自己的股份让给俞佐庭，脱离垦业，俞佐庭后也应宁波市市长罗惠侨邀请，返宁波任宁波市政府财政局局长，垦业银行一度由孙衡甫任董事长。1929 年经孙之手，慈溪籍金融家秦润卿、王伯元等人接办垦业，进行改组，总行由天津迁到上海，成立了董事会，秦润卿担任董事长兼总经理，直到 1943 年底辞去总经理职务，仍任董事长。王伯元为常务董事兼总行经理，掌握实权。

在后来称为"南五行"的中国银行、交通银行、浙江兴业银行、浙江实业银行等中，宁波商人也多有投资或参与经营者。如中国银行在民国初年由大清银行改组而成以后，资本 2500 万元，其中商股 2000 万元、官股 500 万元，商股董事 15 人，宁波帮周宗良、叶琢堂曾任董事。交通银行成立于 1907 年，总行设在上海，宁波商人李寿山是董事之一。1928 年后，宁波帮胡孟嘉曾任总经理，梁晨岚任总行副理，王正廷任董事长。鄞县卢鸿沧曾任驻汉口分行经理，镇海人盛竹书、慈溪人秦润卿曾任该行上海分行经理。浙江兴业银行创办于 1907 年，由浙江铁路公司发起成立，资本额 100 万元，先收 25 万元，总行设于杭州，有权发行兑换券。1915 年，浙江铁路公司收归国有，兴业银行另招商股，1916 年收足股本 100 万元，总行迁到上海，1921 年增资为 250 万元，到 1935 年股本已达 400 万，分支机构达 30 处以上。1924 年，宁波帮盛竹书曾任该行总经理；1929 年，镇海人黄延芳任董事兼地产部经理。浙江实业银行由 1909 年成立的浙江官银号演变而来，总行设在杭州，上海为分行之一。辛亥革命后，浙江官银号改名为中华民国浙江银行。1915 年又改组为浙江地方实业银行，资本 100 万元，官股六成，商股四成，实收 69 万余元；1923 年官商分家，官股称浙江地方银行，商股即为浙江实业银行。浙江实业银行设总行于上海，资本 200 万元。[①] 宁波帮朱葆三、周宗良为其董事，卢学博还曾担任常务董事。

在近代工业的投资和经营方面，宁波帮也取得了很大的成功，所办企业涉及各个工业生产领域，不少企业发展成为民族工业中的大中型骨干企业。在创办和经营这些企业的过程中，产生了一批宁波帮企业家，如胡西园、鲍咸昌兄弟、方液仙、项松茂、刘鸿生、严信厚、宋炜臣、陈万运、竺梅先、金润庠、朱志尧、余芝卿等。

综上所述，1840 年后，宁波商帮顺应时势，因势变革，从而在一定程度上实现了集团性的近代化转变，走上了资本主义发展道路，具有了更大的活力和生气。

第三节　无远弗届：龙游帮

在中国历史上，有一群从浙西山区走出来的商人，他们的兴起，可以说是

---

① 上海通社编：《上海研究资料续集》，上海书店，1984，第 220、223、252 页。

一个很奇特的存在，既无官府支持，又无强大的宗族势力做后盾，但他们却能在强手如林的各大商帮中崛起，自立于十大商帮之林，不能不说是个奇迹。这个创造奇迹的商帮便是龙游商帮。在明清中国十大商帮中，龙游是唯一以县域命名的商帮。龙游商帮虽以龙游命名，但并非单指龙游一县的商人，而是指当时浙江衢州府所属龙游、常山、西安（今衢州市衢江区）、开化和江山五县的商人。

一、中国较早的文化商人

龙游商帮是一个综合性商帮，其经营的行业不仅多而且杂，触角几乎伸到各个行业，尤其在纸业、书业、珠宝业等这些其他商帮涉及不多的行业中，占有较为重要的地位。龙游造纸的历史十分悠久，造纸在龙游国民经济生活中占有相当重要的地位。纸是龙游商帮最重要的外销商品。明代学者、浙江右参政陆容的《菽园杂志》中说："衢之常山、开化等县人，以造纸为业。"还说"浙之衢州，民以抄纸为业，每岁官纸之供"。当时龙游有一个叫林巨伦的纸商，以纸槽为业，积资达数万，可以说是纸商中的佼佼者。龙游修建通驷桥，他一次就捐银 1 万多两，足见其经营规模不小。据统计，仅光绪年间，龙游县共有纸店近 20 家，分布在溪口、湖镇和茅头等地。除纸业外，龙游商人还精于文化传播，是当时国内著名的书商群体。如龙游灉水乡人童珮，就是一位亦儒亦贾的书商。童珮年少时家贫，随其父为书贾，往来于吴越间。商旅途中，童珮常常手持诗书，端坐于船间，日夜苦读不辍。

龙游商帮中有不少商人或以刻书为业，或专门开设书店经营书业。龙游望族余氏在江苏娄县开设有书肆，高薪延聘学者为其校刊，凡看到质量高者，边校刊，边买卖。史书记载，余氏所开书肆在清初因其"所刊读本四书字画无伪，远近购买"。中国早期的"书商"，当属龙游商帮无疑。此外，珠宝业也是龙游商帮经营的重点。在明中叶时，精于贩销珠宝的龙游珠宝商已闻名于全国商界。在当时，贩运珠宝是违禁的，但精明的龙游珠宝商胆大心细，往往通过多种方式藏匿珠宝，偷运至京师贩卖。据《广志绎·江南诸省》记载："龙游善贾，其所贾多明珠、翠羽、宝石、猫睛轻软物，千金之货，只一人自负京师，败絮、僧鞋、褴褛、假痈、巨疽、膏药内皆宝珠所藏，人无知者，异哉贾也。"

二、诚实守信的经营之道

龙游商帮之所以能在明清激烈的市场竞争中崭露头角，继而发家致富，与他们良好的商业道德和诚实守信的经营作风，有着很大的关系。龙游"姜益大"棉布店，以信誉著称，冠以金华、衢州、严州三府第一家。自从胡筱渔接管以来，非常重视信誉，以诚实守信教育每一位职工，多次提出要薄利多销，童叟无欺，决不二价。为了防止流通中有银圆掺假损害顾客利益，胡筱渔特聘请了三位有经验的验银工，严格检验，经过检验的银币加以"姜益大"印记，让顾客放心。在以银圆为货币的时代，人们饱受假银圆之苦，但当时的龙游人就没有这方面的烦恼，因为他们有"姜益大"为大家保驾。但凡是打上"姜益大"印记的银圆，人们便可一百个放心大胆地使用，在市场上决不会遭遇麻烦。

小小的一颗"姜益大"印记，竟有如此的威信和影响力，除了验收银圆的伙计技术过硬，有一双能辨别真伪的火眼金睛外，更重要的原因是"姜益大"的信用度得到人们的认同。对于"姜益大"来讲，信用不仅仅是一句口号，一种标榜，更是一种在商业活动中人们认可的理念。

胡筱渔在经营"姜益大"棉布店的过程中，目光远大，不以短期行为来赚钱，为了信誉，宁愿承担暂时的损失。有一次，他在海宁订购了7500匹石门布，价值6万银圆，在运输过程中遭劫。这本不关"姜益大"的事，海宁布商亦立即派人来龙游处理此事，主动承担损失。胡筱渔重义疏财，当场偿付了对方6万元布款，还再订购了7500匹棉布，并热情款待海宁布商。由于这一义举，"姜益大"布店信誉大增，闻名遐迩，在以后的经商活动中，凡碰到货物紧俏时，海宁等地布商都首先满足他的货源需求，全力支持他渡过难关。他对职工也以礼相待，以诚相待，从不刻薄，职工中年长者以叔伯相称，同辈以兄弟、晚辈以弟侄相呼，平等待人。年终还发"红利压岁钱"，春节赏每一职工1匹布代价的奖励金。以心比心，诚挚待人，职工深受感动，工作也就更加负责，保证了"姜益大"的良好运作。

上述仅是龙游商帮中的一个例子。龙游商人深受中华传统文化的熏陶,亦贾亦儒,保持着良好的节操,以人品为重,注重自身修养,有社会责任感,诚信为本,终于事业有成。

三、西部开发的先驱者

龙游商帮与同时代其他商帮相比,最大特色和优点是富于开拓精神,不畏艰险,勇敢地迈出家门,走出山区,投入广阔的天地,在闯荡市场中,逐渐地扬弃"安土重迁""骨肉相附"的情结。它是明清时代最早走向西部开发的商坛劲旅。据明朝万历年间的《龙游县志》记载:龙游帮商人"挟资以出守为恒业,即秦、晋、滇、蜀万里,视若比舍,俗有遍地龙游之谚"。"遍地龙游"这句民谚,有力地说明了龙游商帮与享有"钻天洞庭""无徽不成镇"美誉的洞庭商帮和徽州商帮一样,都是明清时期称雄商界的颇有影响力的地域商帮之一。

龙游帮商人大多从事长途贩销活动,据明朝天启年间的《衢州府志》记载:"龙游之民多向天涯海角,远行商贾。"龙游帮商人不仅活跃在江南、北京、湖南、湖北和闽粤诸地,而且还一直深入西北、西南等偏远省份,"以其所有,易其所无",借以维持生计。龙游丝绸商李汝衡,继承父业,曾先后在湖广地区 15 个郡贩卖丝绸,并兼营高利贷。因其商业信誉良好,民众都争与其交易。李氏也喜善好客,常常"置酒高会,佐以声伎之乐,其门填噎,诸同贾者莫敢望"。

据《皇明条法事类纂》等文献记载,明成化年间,仅云南姚安府(今云南楚雄彝族自治州西部)就聚集了浙江龙游商人和江西安福商人三五万人。商品、市场、商业信息是社会经济发展的重要杠杆之一,明清时代的龙游商帮已初步意识到它们的意义。他们利用自己的禀赋,窥测市场,注重信息,挺身而出,跻身于收益大的珠宝业和海外贸易业,凭借自身的优势,利用知识经营印书业。他们意识到社会资源开发的价值,不辞万里,融洽民族关系,"进军"大西南,开发滇黔疆,采用雇佣制的方式经营边陲的屯垦业。这是一种新的生产方式,是一大创造，表明了明清时代龙游商帮具有无远弗届、天涯贾客的大无畏精神，也展示了他们走在时代前列，具有先进的理念。他们对西部的开发做出了历史性的贡献，是开发西部的先驱者。

第四节　浙江商帮文化的现代启示

从浙江商帮的发展历程来看，浙江商帮文化在一定程度上揭示了商业活动中的道德规律，凝聚了中华民族优秀的道德精华。正是这种文化思想使得浙江商帮能在这么短的时间内崛起，它的价值原则、基本规范和要义对我国现代的所有企业都能起一定的启迪意义。

一、以吃苦耐劳、艰苦奋斗的精神积累资本

可以说，浙商能在改革开放以来取得如此大的成功，很大一部分原因在于，他们能做到吃苦耐劳和艰苦奋斗来完成资本的原始积累。经济学家李兴山曾说：浙江人有着强烈的自我创业、自我发展的欲望，有着深厚的务工经商传统和商品经济意识，有着百折不挠、自强不息的艰苦创业精神，凭着这股精神，浙江经济细胞不断裂变，发展水平不断提高，使得一些原本是掌鞋的、打铁的、缝衣服的、修打火机的等等普通劳动者成了百万富翁、千万富翁，成长为国内著名、世界知名的企业家。浙商创业模式、温州创业模式的成功，触动了其他地方商人敏感的神经。这些模式里成功典型中的许多企业老总都是白手起家的，以艰苦奋斗、永不言败的精神，用自己的创业模式和发展战略为企业注入了生命的甘泉。有许多百姓甚至有些政府部门对温州商人都有抵触思想，原因即是温州商人的炒房运作掀起了房价增高的高潮。其实就算没有温州商人，还是会有东边商人或西边商人来做，无非是温州商人的那一步跨越得比较早而已。温州人很值得敬佩，做得老板，睡得地板。任何一个家庭都可以背起包裹，闯荡

天南地北。这种创业的吃苦耐劳精神是可敬可佩的。而所谓的模式，只是对方式方法的概称，不是永久性的。必须得长期地坚持和不时地创新才会获得永久的活力。

可见，吃苦耐劳、艰苦奋斗是成功商人的基本条件。一个企业从无到有是一个质变的过程，而这个质变需要创业者平时就能吃苦耐劳，一点一滴地积累财富，才能积聚成足够的原始资本。作为现代的商人，要做到富而不骄，穷而有志，致富思源，富而思进，脚踏实地、艰苦奋斗创大业。

二、以不怕冒险、敢为天下先的勇气开拓市场

创业是需要一定魄力和胆量的。浙商的成功就是因为他们具备了不怕冒险、敢为天下先的勇气。著名经济学家钟朋荣则感慨于浙江商人有比较强的市场意识，其次，浙商有着一股不屈不挠的拼搏精神，他们永不满足。他说："在浙商眼里，没有办不成的事，而且还喜欢不断地给自己设定新的目标，不等不靠，相信市场，相信自己，因此浙商的自立性比较强。"

浙商历来具有坚毅的冒险精神和开拓精神，这在他们的商业活动中显露无遗。在19世纪末和20世纪40年代，宁波人曾两次大规模地漂洋过海，前往日本和欧美等地以及我国的香港、澳门地区创业，不少人成了当地工商界或金融界的巨子。香港是境外宁波人的活动基地。香港的两位世界船王董浩云和包玉刚都是宁波人。分布在境外各地的宁波人始终保持着经商传统。老一辈的宁波商人的后代又成为新一代的商人，在海外商界形成了"宁波风"。从理论上讲，风险与收益并存，风险越大，成功后的收益越丰厚。不少人在有了资本以后，唯恐再失去财富，因而在做投资选择时，往往选择那些风险小而收益稳的行业或是干脆固守原有的行业，结果是小步前进，难成大气候。但是浙商们就敢冒风险，锐意进取，能够把握高风险与高收益的机会。虽然他们中也有人败走麦城，但是成功者却是多数。他们都是敢于"第一个吃螃蟹的人"。曾有一个学者这样评论温州人敢于实践："他们敢去其他地方人不敢去的地方，敢做其他地方人不敢做的事情。"譬如，王均瑶先后与国内多家航空公司合作，相继开辟了多

条国内客运包机航线，创造了农民包飞机的"天方夜谭"。

浙商的理念告诉我们，创业是需要很大的勇气的，还要有冒险的精神。如果只是持有"小富即安"的想法，那就很难把企业做大做好。在越是难着手的地方，有时越是能发现和创造市场的机会。做一般人不敢做的事，去一般人不敢去的地方，就能获得别人无法获得的成功。当我们正处于事业开始阶段时，一定要勇敢面对困难，要培养自己敏锐的眼光，努力地去发现和开拓。

三、以四海为家、求真务实的态度扩大产业规模

不仅仅在北京、上海、广州、成都、武汉、沈阳等大城市，从通衢大邑到穷乡僻壤，到处都有操浙江口音的投资者和生意人。在各地的"浙江村""温州路""义乌街"，浙江话是本土语言。

浙商在省内特色产业区"集群"的同时，流动性极强成为其又一特征，浙商散布在全国甚至全球每一个角落。头脑精明、嗅觉敏锐的浙商逐"市场"而居，这是浙商足迹遍及全国每一个角落的重要原因。几乎浙江全部知名的大型专业市场都在省外办起了分市场。目前，浙江省在省外办起的大规模分市场有30多个，中小型专业市场数以千计。随着"浙产"市场在全国各地的发芽，一批又一批的浙商也被"输出"到祖国的各个角落。在东北、西北、华北地区的各类专业市场中，浙商占总经营人数的1/3—2/3。东北最大的服装专业市场西柳市场，务工经商的浙江人有35万人，占了1/2，超过了西柳镇当地居民总数。在西南最大的成都荷花池市场，1/3是浙江人。由6名乐清人投资1200万元建起的西安浙江村超级服装城中，300多间门面全部由浙江人包下，经营的80%是浙货。浙商在实践中创造出来的这种新型市场流通业态，在全国开花结果，有的地方甚至是"无浙不成市"。在有一年的全国"两会"上，一位西部省份的负责人在新闻发布会上说，假如浙江商人全部撤出，那里一半市场得关门。

不停进取的浙商并不满足于国内的市场，他们还积极地向外发展。浙商"走出去"最早的形式是，10多年前，浙江的一些企业和个体工商户就以"跑单帮"的形式到独联体、东欧和周边国家练摊经商，成为浙江境外商品市场的雏

形。再往后就是有组织地走出国门办市场。在欧洲大陆各国城市，几乎都能见到从事皮具、时装、百货、土产、托运、餐饮的浙商，特别是温、台人。他们中有新一代移民，也有已经本土化了的，但浙商精神不改。他们所从事的行业十分庞杂，"什么都敢干，什么都能干"，因此民间素有"浙商不倒"和"中国犹太人"的说法。

1998 年浙商在巴西里约市繁华的圣保罗商业区开出的占地 4000 平方米的中华商城，现已成为南美一个中国小商品集散中心。在莫斯科市有一座著名的"海宁楼"，它是 10 多位浙江海宁商户创办的专业皮革服装市场，一年的营业额已超过 15 亿美元。义乌商人在南非、尼日利亚投资数百万美元创办了南非中华门商业中心和尼日利亚贸易公司，将浙江服装百货产品销往世界各地。中国日用商品城在阿拉伯联合酋长国迪拜设立分市场，成为西亚、北非的一个商品辐射中心。目前，浙江省共计在巴西、南非、阿拉伯联合酋长国、俄罗斯、匈牙利、喀麦隆、尼日利亚等多个国家和地区筹办、设立了一批市场。

在"跑单帮"、办市场的基础上，浙商"走出去"又前进到输出资本、技术、管理以及浙江人智慧的第三阶段，在更大更激烈的市场上锤炼自身。1994 年设立的"万向集团美国公司"，已实现资金、人力本土化，"用洋人、洋钱为我服务"。如今，万向美国公司早已成为美国中西部地区最大的中资公司，而且，万向已先后收购 8 家海外公司，包括昔日领自己进门的美国"师傅"，以及纽约的上市公司。

四、以"天下之主不如买主"的心态重视顾客

在为人处世上，浙江人非常重视每一位客人，善于根据对方的身份、地位、想法来调整自己的思想，把每一位客人都当成最重要的人来对待。正如原杭州旅游集团有限公司总经理楼金炎所说："我做了 33 年的厂长，得出三句话，一是老老实实做人，二是认认真真办事，三就是诚心诚意待人。"学会诚心诚意待人，就要重视每一个人。由此可见，重视他人是世界上最小的投入，但是，产出却是巨大的，重视他人，将会带来无穷的回报。

　　浙商的经验总结告诉我们，和他人保持和谐良好的关系需要做到重视每一个人。而且，这种重视除了在观念上要有，行为上也要注意方法。重视每一个人，首先要了解每一个人，这是人际交往最基本的一步。遇到陌生的人，应该主动地打招呼，主动介绍自己，以博得对方的好感，从而建立初步的关系。其次，真诚关心他人是重视他人的主要表现。真诚关心他人就要让他人感到温暖。如果你能够让他人感到温暖，让他人感到你在关心他，估计对方会一辈子都对你有好感。当然，关心要出自真诚，不要假惺惺的。同时，关心他人时要避免涉及对方的隐私，避免使对方陷入尴尬的境地。再有，赞美是重视他人的另一种表现。有些人认为，赞美他人就是奉承，这是比较俗套的。事实上，这完全是两回事。人性的本质是希望得到赏识，你赞美他人，会让他人觉得受到了尊重，会令对方感到心情愉悦。浙江人总是喜欢赞美他人，这都是我们应该学习的地方。

　　我们应该像浙商那样，树立起顾客至上的服务理念，尊重和维护消费者的权利，尽最大的可能满足消费者的需要和要求，为消费者提供满意的购货环境，接受消费者的咨询与监督，保证产品的质量与安全，尊重消费者的选择。在服务环节上，要做到售前、售中、售后服务环节的衔接与沟通，保证顾客需要的及时满足。无论在什么环节，都要做到文明服务，平等待客，讲究服务的质量与品质。在现实的经营中，我们也应该时时处处地重视顾客。当顾客来到你的面前时，你应该热情地招呼，介绍自己的产品；如果你不理不睬，顾客自然也是毫无兴趣；如果你横眉冷对，顾客自然都跑到别的地方去了。因此，抓住顾客，让顾客感受到你的热情与周到是第一位的。

　　重视顾客，并不是要求无视自己的尊严去迎合顾客。浙商伦理告诉我们"天下之主不如买主"，主要体现了顾客在经商中所处的地位的重要性，但是，重视顾客并不是无条件地去迎合或奉承。当浙商处于行担经济时期时，由于做的都是小本生意，并且大部分的人都是走南闯北，在他乡经营的过程中，难免会受到很多人的歧视与白眼，无法得到像晋商、徽商那样大商人同样的尊重。所以，他们意识到了只有重视顾客的需求，才能做成生意。况且，商业活动的实质就是一种服务的活动，商人是服务的主体，顾客是服务的客体，只有满足顾客对服务的需要，才算得上是合格的服务。

五、以诚信经营的准则，建立企业信誉

浙商是以"仁中取利真君子，义内求财大丈夫"为其经商理念的，可以说，浙商在现代社会中是努力时时处处以诚信来要求自己。譬如，同仁泰百货店的挂牌上写明了"货真价实，薄利多销，选货精良，讲求实惠，童叟无欺，诚实可靠"的经营宗旨，并在经营过程中恪守这一宗旨，赢得了客户，为公司树立了良好的形象。曾创下数十个"全国第一"的"宁波帮"企业家、湖州商人，之所以能取得骄人业绩，也是因为他们秉承了浙商伦理思想中诚信的文化基因。这种基因经过世代的历史积累，已经对现代诚信社会的构建，产生了积极的作用。

我们每个人，尤其是企业家都应该意识到信誉的重要性。李嘉诚曾说："一个企业的开发意味着一个良好信誉的开始，有了信誉，自然就会有财路，这是必须具备的商业道德。就像做人一样，忠诚、有义气，对于自己说出的每一句话、做出的每一个承诺，一定要牢牢记在心里，并且一定要做到。当你建立了良好的信誉后，成功、利润便会随之而来。"李嘉诚不仅是财富超人，而且被誉为诚信超人。可见，每一个志在经商的人，只有树立了正确的价值观，时时刻刻以诚信来要求自己，才能给自己的企业建立很好的信誉，这样才能获得商业上的成功。

诚信不是和功利无关的纯粹形而上的理念，而是利益追求中所必须遵循的道德原则。市场经济是契约经济。所谓契约，就是市场经济时期诚信的具体文本。它是一种在内容上明确具体、操作性强的行为规范，把内在的自我软约束转为外在的法律化的硬约束。契约要能生效，义务得以履行，必须以忠诚守信为先决条件。离开了信用，正常交易就无法进行，市场经济就难以维系。诚信的要求贯穿于经济生活的整个过程和各个方面，没有诚信，商业中就会处处充满了欺诈。

今天在生产领域中仍有假冒伪劣、以次充好，销售领域的坑蒙拐骗、尔虞

我诈，管理领域的贪污腐化、欺上瞒下，在无形资产方面的弄虚作假、抄袭剽窃等现象，这些都是信用危机的表现。而扭转这种诚信危机的关键在于建立良好的信誉。在现阶段，我国正在努力地进行社会主义市场经济的诚信建设，这是前无古人的事业，没有现成的模式。如何加强当代中国的诚信体系？只有在制度建设和教育引导上双管齐下，他律与自律相结合，硬约束和软约束相统一。用于他律、硬约束的制度建设，重在建立健全的社会信用制度。而用于自律、软约束的教育引导，则显而易见。浙江商人传统的诚信观念值得提倡，历史已经证明是行之有效的。市场经济的诚信建设要落到实处，靠的还是商业领域中每个企业的自律。商业领域作为市场经济中交换的集结地，是市场经济伦理的最直观的体现，因此，商业领域信用准则的确立会对市场经济的诚信建设起到关键的作用。商业领域的诚实守信原则主要表现在商家与供货方、商家与消费者之间的关系调节上。从商家与供货方的关系来看，应该确立双方遵守协议、履行合同、买卖公道的信用体系，防止假冒伪劣、以次充好、以假乱真的产品进入市场。在与消费者的关系上，商家也需要从法律和制度上确立信用至上、信誉至上的伦理原则，做到诚实无欺、买卖公平、货真价实、真诚服务。

第四章

浙江的红色文化

红色文化是中国历史上特定时期由中国共产党领导人民在进行艰苦卓绝的革命战争、建立新中国的整个过程中产生的一种特殊文化。红色表示革命，文化则是传统意义上的物质与非物质遗产。红色文化不仅仅是红色元素与中国传统文化的随机结合，而是将中国传统文化中的红色基因与中国特定时期的历史文化相融合形成的一种具有鲜明民族特色和时代感的文化。它与近代中国不断抵抗外敌、争取民族解放和民族独立是紧密联系在一起的。同时，它随着时代的发展和进步，不断地自我完善，在不同的时代展示出不同的精神内涵。红色文化具有民族性。不同民族的文化千差万别，对于红色文化，中国人却谱写了自己的诗篇，是区别于其他民族文化的一种独特表现，是带有我们本民族人民奋斗精神的一种文化。我们党成立以来的发展史为红色文化的产生与发展奠定了基础，同时红色文化又是我们民族历史脉络的见证者和记载者，它彰显了中华民族的精神面貌和时代特色。因此，红色文化是与中华民族紧密相连的，是印有民族记忆的载体，它对于民族自尊心、自信心的培养具有举足轻重的作用。

红色文化具有地域性。不同地方的红色文化特色不同。浙江地处中国东部，东面临海，山多地少。浙江多山临海的独特地理环境，造就了浙江人民坚毅负重像山一样的品格，又养成了柔性灵活似水一般的特质。历史进入近代以来，中国面临空前的民族危机和社会危机，每一次危机均从海上而来，侵略与反侵略的斗争首先围绕近海地区展开。浙江地处海防前线，不甘落后和不愿沦为亡国奴的浙江人民，率先奋起反抗，形成了富于反抗外来侵略的斗争精神，近一个多世纪以来英才辈出，涌现出一批走在时代前列的先进人物和许多可歌可泣的动人故事，给后人留下了一批宝贵的精神财富。中国共产党成立后，浙江更是党领导人民开展革命斗争的重要区域之一。从1921年中国共产党在嘉兴南湖成立，直至浙江全境解放，中国共产党领导的革命斗争在浙江境内波澜壮阔、此起彼伏，从未中断。浙江红色文化发展史作为全国红色文化发展史的一个缩影，生动体现了马克思主义传入中国以来，中国共产党团结带领全国各族人民共克时艰，谱写中华民族顽强拼搏波澜壮阔的光辉历程，充分展示了中国共产党在领导革命、建设和改革的伟大征程中为国家和民族建立的丰功伟绩、积累的宝贵经验、形成的光荣传统和作风。

第一节　中国革命红船的起航地——嘉兴

中国共产党是马克思列宁主义和中国工人运动相结合的产物。随着马克思主义的传播及其同工人运动的初步结合，以及一批接受马克思主义的先进知识分子的出现，建立新型的工人阶级政党的任务就提上了日程。1920年初，陈独秀和李大钊开始酝酿建党；1920年夏至1921年春，上海、北京等地共产党早期组织相继建立；1921年7月23日，中国共产党第一次代表大会在上海召开，最后一天会议转移到浙江嘉兴南湖举行，宣告中国共产党诞生。在这一过程中，浙江先进分子积极参加创建中国共产党的活动，并成为建党骨干，为中国共产党的建立做出了特殊的贡献。

一、马克思主义在浙江的传播

马克思主义建党理论和政党学说是创建无产阶级政党的理论基础，也是建立中国共产党的前提条件。在创建中国共产党的过程中，浙江先进分子积极为建党做理论准备，对马克思主义的建党理论和政党学说进行了大量的宣传介绍。浙江先进分子对马克思主义建党理论和政党学说的宣传介绍主要有以下几个方面。

第一，宣传建立无产阶级政党的必要性。无产阶级在反对资产阶级的斗争中，只有建立一个与资产阶级完全对立的独立政党，才能取得斗争的胜利。浙江先进分子通过五四运动的实践和对十月革命的宣传、介绍，开始认识到决定历史发展的已经不是资产阶级，而是无产阶级，特别是认识到产业工人在中国革命中的地位及重要性。施存统明确指出："无产阶级范围很广，如工场劳动者、商店劳动者、交通劳动者，……这些无产阶级分子当中，最有力量做社会革命的，就是工场劳动者，因为他们在经济上占重要位置。"[1] 施存统这里所说的工场劳动者，其实就是产业工人。他已经看到了产业工人是新的生产力的代表，看到了他们身上所蕴藏着的巨大力量。而无产阶级要获得解放，要取得革命斗争的胜利，就有必要建立自己的革命政党。沈玄庐提出无产阶级要获得解放，"就应该要有团体"，"劳动者要求解放，正当要求劳动者所结合的团体，不当要求资本家解放"[2]。施存统认为要取得革命的胜利，要完成无产阶级的解放，"这里还有件很重要的事情，就是使无产阶级个个加入政治团体，个个与政治发生关系"[3]。邵力子则明确主张劳动者要建立自己的政党，反对依靠借助别的阶级的政党的力量。他说："劳动者应尽监督国民政治的天职，劳动团体也可以有政治活动，但劳动团体应当自己起来做一个大政党，不要利用别的政党，也不要被别的政党所利用"[4]，因为"资本家的团体靠不住，非自己赶快起来组织真正

① 施存统：《我们要怎样干社会革命》，《共产党》1920 年第 6 期。
② 沈玄庐：《劳动与妇女》发刊大意，《劳动与妇女》1921 年第 2 期。
③ 同上。
④ 邵力子：《劳动团体与政党》，《民国日报》1920 年 1 月 29 日。

的团体不可"①。他甚至更进一步提出："假使全国都成了革命党，政府无论怎样残暴，也没有方法来摧残了。"②邵力子的这种认识虽然过于偏激，也不符合马克思主义的建党学说，但反映出他至少已经认识到建立无产阶级政党的必要性。

第二，宣传和阐述无产阶级政党的历史使命。资本主义必然灭亡，社会主义必然胜利，这是科学社会主义的重要原理。而资本主义的灭亡，社会主义的胜利，必须通过无产阶级的斗争才能实现。无产阶级政党的历史使命，就是消灭资本主义，建设社会主义，实现共产主义。为什么要消灭资本主义呢？浙江先进分子认为，"在资本主义底下的劳动者，一定听资本主义的指挥，那么劳动者还能算得上真正的'人'吗？有了资本主义，所有的生产、一切都归资本主义的，那么所增进的幸福，是完全被社会上的一部分资本主义享去了"。在资本主义制度下，劳动者只不过"是'奴隶犬马'罢了，哪里还是人，哪里还是真正的'人'？"③所以，由浙江省立第一师范学校的学生为主创办的《钱江评论》在"发刊旨趣"中指出，资本主义的"社会制度，好像旧式的破房子一样，已经和现在的时势不适了，他的自身，实际上也正崩坏了，正是应该改造的时候"④。消灭了资本主义，应该建设一个什么样的社会呢？陈望道提出，要使普通劳动者过着"'人的生活'，只有高唱社会主义"⑤。俞秀松主编的《浙江新潮》第一期还转载了日本《赤》杂志上一幅《社会新路线图》，按照图示，从"功利""拜金"出发，就会达到官僚军阀富豪的社会；从"人道""改造"出发，就会达到"普遍选举"制的民主主义，或是"革命""解放""共产"的社会主义。最后一条线路，就是编者企求的路线。沈玄庐还设想了社会主义的具体内容。

第三，宣传介绍无产阶级革命和无产阶级专政理论。无产阶级政党实现自己肩负的历史使命的根本途径，就是通过无产阶级革命和实行无产阶级专政。因为资产阶级是不会自动退出历史舞台的，要消灭资本主义，就必须进行无产

---

① 邵力子：《工人底两个教训》，《民国日报》1920 年 12 月 12 日。
② 邵力子：《全国入党》，《民国日报》1920 年 10 月 8 日。
③ 《什么是现代的时代精神》，《教育潮》1919 年第 5 期。
④ 《发刊旨趣》，《钱江评论》1920 年第 1 期。
⑤ 陈望道：《评东幕君底"又一教训"》，《民国日报》1920 年 11 月 7 日。

阶级革命。马克思和恩格斯在《共产党宣言》中指出，无产阶级革命就是"用暴力推翻资产阶级而建立自己的统治"。浙江先进分子在建党过程中，已经提出了暴力革命的思想。他们提出"要适应社会非先改造社会"，主张走俄国人的路，实行阶级斗争。俞秀松等人参加起草的《中国共产党宣言》提出："要铲除资本制度，只有用强力打倒资本家的国家。"① 施存统指出中国革命有两条路，一条是激进的路，一条是缓进改良的路。他主张走第一条路，也就是俄国人走的路。他说："一切事情都是人做的，俄罗斯同志做得，难道我们就做不到吗？"他还写了许多文章，提出阶级斗争、暴力革命的主张。沈雁冰也积极主张中国人要找的"自由之路"，就是俄国人所走的路。沈玄庐专门在《觉悟》副刊上发表《劳工专政》一文，论述劳工专政的合理性和必要性。

在宣传无产阶级革命的同时，浙江先进分子还认识到，无产阶级政党在推翻了资本主义、获得政权后，还有个更加重要的任务，就是实行无产阶级专政。施存统认为"当无产阶级掌握政权"后，"要使一切生产手段都集中到国家手里。除了这种专制的侵害手段以外，再没有别的有效的方法"②。他主张无产阶级先上升为统治阶级，然后"借着政治的优势来改变经济组织"，以此来巩固革命的胜利果实。他还向那些对无产阶级专政抱有疑虑的人反问："除了劳农专政之外，还可以和绅士妥协吗？"③ 郑振铎则称赞苏俄"以劳农阶级，为国家的执政者。这种主义，实在是社会改造的第一步"④。因此，实行无产阶级专政是绝对必要的。无产阶级专政的任务是什么呢？俞秀松参加起草的《中国共产党宣言》明确提出："无产阶级专政的任务是一面继续用强力与资本主义的剩余势力作战，一面要用革命的办法造出许多共产主义的建设法。"此外，"无产阶级专政还要造出一条到共产主义的道路"⑤。他们对已经建立了无产阶级专政的苏俄倍加赞扬，认为"俄罗斯的阶级争斗变成无产阶级专政的方式，并不是一种偶

① 《中国共产党宣言》，《共产主义小组》，中共党史资料出版社，1987，第49页。
② 施存统：《马克思底理想及其实现底过程》，《东方杂志》第十九卷第六号。
③ 同上。
④ 郑振铎：《现代的社会改造运动》，《新社会》第十一号。
⑤ 《中国共产党宣言》，《共产主义小组（上）》，中共党史资料出版社，1987，第51页。

然的状态，这是人类社会发展中的自然状态"①。邵飘萍在《新俄国之研究》一文中，着重宣传了十月革命中使用革命暴力和建立无产阶级专政的思想。

上述浙江先进分子对马克思主义建党理论和政党学说的宣传介绍，为中国共产党的建立提供了理论基础。

二、浙江先进分子参与建党活动

马克思主义的广泛传播，工人运动的迅速发展，以及马克思主义和工人运动的逐步结合，标志着创建中国共产党的条件已经成熟。1920年2月，陈独秀为躲避反动军阀政府的迫害，从北京秘密迁移至上海。李大钊在护送陈独秀到天津的途中，两人商讨了在中国建党的问题，"计划组织中国共产党事"②，这就是历史上著名的"南陈北李，相约建党"。从此，中国的马克思主义者开始了建党活动。

（一）上海马克思主义研究会的骨干

陈独秀从北京到上海后，一方面，直接深入工人群众中，发动工人运动，建立工会组织；另一方面，先后与五四运动中涌现出来的一批先进分子取得了联系，其中包括《星期评论》社的李汉俊、沈玄庐、陈望道、俞秀松、施存统、陈公培，商务印书馆的沈雁冰，《民国日报》社的邵力子等人。在他们中，除李汉俊是湖北人、陈公培是湖南人以外，沈玄庐、陈望道、俞秀松、施存统、沈雁冰、邵力子都是清一色的浙江人。沈玄庐、陈望道、俞秀松、施存统等人因宣传马克思主义和十月革命在社会上有巨大影响，施存统、俞秀松曾经是杭州学生运动的领导人、工读互助活动的积极参加者。因此，陈独秀就首先找他们作为建党的骨干分子，在他们中酝酿建党的问题，其中沈玄庐是最早与陈独秀商讨建党的人之一。就这样，这些浙江先进分子团结在陈独秀的周围，为创建中国共产党而努力工作。

陈独秀在上海建党的第一步是发起组织上海马克思主义研究会。当时陈独

---

① 《中国共产党宣言》，《共产主义小组（上）》，中共党史资料出版社，1987，第50页。
② 高一涵：《李守常先生事略》，《民国日报》1927年5月24日。

秀住在环龙路老渔阳里 2 号《新青年》杂志社，浙江先进分子比较集中的《星期评论》社在白尔路三益里 17 号，邵力子的寓所在三益里 5 号，这几个地方离得比较近。他们经常在《新青年》社和《星期评论》社座谈，谈论政局时事，讨论社会主义和改造中国的问题。先后参加座谈的共有 20 多人，其中浙江籍人士除沈玄庐、陈望道、俞秀松、施存统、沈雁冰、邵力子外，还有戴季陶、刘大白、沈仲九、杨贤江、丁宝林等人，几乎占了所有参加座谈人员的一半。沈雁冰后来回忆第一次见到陈独秀时说："他，中等身材，四十来岁，头顶微秃，举动随便，说话和气，没有一点大人物的派头。我们在上海报上看到他于一九一九年夏季被捕、关押的消息，都想知道详细情况。他笑了笑，滔滔不绝地说了大堆话。但因安徽土话腔调很重，我不能完全听懂。"[①]

　　在多次座谈和讨论的基础上，1920 年 5 月，陈独秀发起组织了上海马克思主义研究会。正式参加研究会的浙江先进分子有沈玄庐、陈望道、施存统、俞秀松、沈雁冰、邵力子等人，挂着研究"社会主义"招牌的戴季陶和张东荪等因反对成立中国共产党，参加不久即退出。此外，杨贤江、刘大白、沈仲九等人也参加过研究会的几次活动。参加上海马克思主义研究会的确切人数至今尚无法确定，但可以肯定的是，浙江先进分子在其中占了一半以上，陈望道则是研究会的核心成员。上海马克思主义研究会成立后，主要任务是学习和研究马克思主义的理论，酝酿建党问题。他们通过组织座谈会、报告会，翻译进步书籍和撰写文章等方式来宣传马克思主义和社会主义学说，其中以陈望道和李汉俊、李达等 3 人写的文章最多。上海马克思主义研究会的活动，为进一步建党打下了坚实的基础。

（二）上海的共产党早期组织创始人

　　正当浙江先进分子在陈独秀的领导下积极筹备建党的时候，1920 年 4 月，经共产国际批准，俄共（布）远东局海参崴分局外国处派出全权代表维经斯基等人来华，了解五四运动后中国革命运动发展的情况和能否建立共产党组织的

---

① 茅盾：《我走过的道路》上册，人民文学出版社，1997，第 189 页。

问题。与他同行的有旅俄华人、俄共（布）党员、翻译杨明斋等人。维经斯基一行先到北京，会见了李大钊。在李大钊等人的安排下，他们参加了一系列座谈会。然后，经李大钊介绍，维经斯基一行前往上海会见陈独秀。4月下旬，维经斯基等人到上海，通过陈独秀，邀约先进分子和社会主义宣传者召开座谈会，向他们介绍俄国革命和革命后的政治、经济、教育等方面状况，列宁和布尔什维克党的理论和各项政策，还带来了共产国际出版的《国际通讯》等刊物，以及各种介绍马克思主义的外文书刊等，加速了中国共产主义者的建党过程。

参加维经斯基召集的座谈会的浙江籍人士，除陈公培回忆中提到的施存统、俞秀松、沈玄庐、戴季陶、刘大白、沈仲九外，还有陈望道、邵力子、沈雁冰、丁宝林。俞秀松是参与座谈会人员中最年轻者，并成了维经斯基与陈独秀之间的主要联络人和助手，协助他做了大量工作。他们通过与维经斯基的接触及参加座谈，大开眼界，耳目一新，看到了一个新型的社会革命和社会主义国家的轮廓，增进了依靠工农群众进行革命的信念，更加满怀信心地投入建党活动中。

在维经斯基等人的帮助下，陈独秀以上海马克思主义研究会为基础，加快了建党步伐。他多次召集上海马克思主义研究会成员开会，商讨建党问题。但是，参加研究会或座谈会的人态度并不一致，如戴季陶等人就表示反对。

为了排除干扰，尽快把党建立起来，陈独秀与李汉俊一起，首先吸收从北京工读互助团来的3名青年——俞秀松、施存统、陈公培，共同酝酿建党问题，俞秀松、施存统与陈独秀等人就建党问题取得了一致意见。1920年6月，陈独秀、李汉俊、俞秀松、施存统、陈公培5人在环龙路老渔阳里2号陈独秀寓所开会，决定成立共产党组织，选举陈独秀为书记。当事人施存统回忆说："党的上海小组成立于1920年6月间"，一开始就叫"共产党"。"上海小组成立经过：1920年6月间，陈独秀、李汉俊、沈仲九、刘大白、陈公培、施存统、俞秀松，还有一个女的（名字已忘），在陈独秀家里集会，沈玄庐拉戴季陶去，戴当时声明不参加共产党，大家不欢而散，没有开成会。第二次，陈独秀、俞秀松、李汉俊、施存统、陈公培五人，开会筹备成立共产党，选举陈独秀为书记。并由上述五人起草党纲。不久，我和陈公培出国。陈公培抄了一份党纲去法国，我抄了一份去日本。"①另一位当事人俞秀松也回忆说：在第一次会议上未能就建党达成一致意见后，"过了一段时间，在第二次会议上，我们宣布了党的存在（当然我们党正式存在是在 1920 年第一次代表大会以后的事情），并选举陈独秀为临时书记"②。俞秀松和施存统两人对建党过程的回忆基本上是一致的。

　　这次 5 人建党会议的具体日期目前无法查考，但可以确定是在 6 月 20 日前。施存统回忆自己于 1920 年 6 月 20 日去日本东京，陈公培回忆施存统是在会议的当晚去日本。特别是 1991 年发现了俞秀松日记残篇（1920 年 6—7 月），证实参加 5 人会议之一的施存统于 6 月 19 日晚登上赴日本的轮船，与施存统所说 6 月 20 日启程赴日本基本一致。俞秀松还在 7 月 10 日的日记中说，"前回我们所组织底社会共产党以后……"③根据施存统、陈公培的回忆以及俞秀松日记的记载，可知在 1920 年 6 月（20 日之前）就在上海建立了共产党组织，初步定名为"社会共产党"，标志着中国共产党最早组织的产生。1920 年 8 月，陈独秀写信给李大钊，征求对于党的名称的意见，或"社会党"，或"共产党"。李大钊的意见是定名为"共产党"，陈独秀表示完全同意，于是不再称"社会党"或"社会共产党"，而称为"共产党"。这就是上海的早期共产党组织诞生的经过。在这一过程中，最早的 5 个建党发起人，浙江就占了 2 人，俞秀松和施存统成了中国共产党最早的党员之一。俞秀松是陈独秀的主要助手，特别是陈独秀离开上海之后，他实际上成了上海的共产党早期组织的主要骨干，正如他在自传中所说："陈独秀他被委派负责四个大城市（上海除外）成立我们的组织。我作为上海的领导成员之一，实际上是一个人承担了上海的工作。"④施存统加入上海的共产党早期组织后不久，就到日本开展建党工作。

　　俞秀松和施存统不仅参加了最早的建党会议，而且在会上参与起草了党纲。这个党纲草案以马克思主义为指导，带有党章性质，共有条文十余条，确定中国共产党用下列手段，达到社会革命的目的：（一）劳工专政（或劳农专政），

①　施复亮：《中国共产党成立时期的几个问题》，人民出版社，1980，第 35 页。

②　俞秀松（自传），俞秀松个人档案，俄罗斯现代文献保管与研究中心，全宗号 495，目录号 225，卷宗号 3001。

③　《1920 年 7 月 10 日俞秀松日记》，《俞秀松纪念文集》，当代中国出版社，1999，第 132 页。

④　俞秀松（自传），俞秀松个人档案，俄罗斯现代文献保管与研究中心，全宗号 495，目录号 225，卷宗号 3001。

（二）生产合作。其他还有党的严密的组织等内容。施存统回忆这个党纲时说："我们五人起草的是党纲，不是党章，共十余条，内容已记不清。大概提到：用劳农专政和生产合作为革命手段等。那时我们没有看到苏共党章，我们的纲领，只是根据有限的几本马克思主义著作拟订出来的。"① 陈公培还记得，党纲的第一条好像是主张无产阶级专政，当时有人不理解这一条的含义，是经过一番解释才取得了一致意见的。尽管这个党纲不是非常成熟，但它毕竟真实地反映了当时先进知识分子的理论水平，在中国共产党的创建史上有着重要的地位。

上海的共产党早期组织建立后，依照成立时通过的党纲，在上海积极发展党员。继俞秀松、施存统之后，沈玄庐、陈望道和邵力子3人也于1920年下半年加入了上海的共产党早期组织。沈玄庐"加入共产主义小组后很热情，什么都不怕，工作很积极"②。陈望道加入党组织后"边学习边宣传"，参加了一系列宣传和组织活动。同年底陈独秀离沪到广州后，陈望道成为上海的共产党早期组织的负责人之一。邵力子以国民党党员的身份，以特别的方式参加党组织。经组织许可，他不经常参加小组会。对此，邵力子曾有说明："一方面是因为时间忙，白天在复旦大学教书，晚上在报馆里工作，各学校还时常找我演讲；另一方面，我担任河南路商界联合会会长，并参加上海市马路商界联合总会的工作，这些职务，都以国民党员身份活动为宜，加上那时英、法租界的巡捕房经常与我捣乱，使我不便经常参加小组生活。"③ 显然，邵力子不经常参加小组会议是既考虑到他各种事务繁忙的情况，也为了便于他开展工作，有效地保持党组织的秘密性，而且还可以充分发挥他作为一般小组成员起不到的作用。

沈雁冰作为上海马克思主义研究会的成员，经常与陈独秀保持联系。对自己何时加入上海的共产党早期组织，沈雁冰曾有两种说法：一是在1979年发表于《新文学史料》的回忆录中说，"我是在1921年二、三月间由李汉俊介绍加入共产主义小组"；二是在《我走过的道路》书中称，"我是在1920年10月间由李

---

① 施复亮：《中国共产党成立时期的几个问题》，人民出版社，1980，第35页。
② 陈望道：《关于上海马克思主义研究会活动的回忆》，《复旦学报》1980年第3期。
③ 《邵力子于1961年的回忆》，《上海共产主义小组》，知识出版社，1988，第99页。

汉俊介绍加入共产党小组"。1981 年 3 月，他在病危前曾致信党中央，要求追认他为共产党员。3 月 31 日，中共中央关于恢复他党籍的决定，明确认定他是在 1921 年二、三月间加入上海的共产党早期组织。对加入党组织以后的情况，沈雁冰后来曾回忆说："我去出席渔阳里 2 号的支部会议，从晚 8 时起到 11 时。法租界离闸北远，我会后到家，早则深夜 12 点，迟则凌晨 1 时。如果我不把真实事情对母亲和德沚（引者注：指茅盾夫人）说明，而是假托是在友人家里商谈编辑事务，一定会引起他们的疑心。因此，我对母亲说明已加入共产党，而每周一次的支部会议是非去不可的。"[①] 沈雁冰入党后，党组织考虑到他在商务印书馆工作的有利条件，决定由他担任党的交通员，负责与全国其他地方党组织的联络。外地党组织派人到上海，先找沈雁冰，然后由他报告党组织，再通知来人去某处接头。因此，在商务印书馆同仁看来，沈雁冰的活动能力很强。

沈雁冰加入上海的共产党早期组织后不久，即于同年 4 月介绍从日本回国的弟弟沈泽民入党。沈雁冰后来曾回忆说："泽民于 1922 年 1 月回到上海，……以后由我介绍加入共产党。"这里误将 1921 年说成了 1922 年。中共一大代表包惠僧也证实："沈泽民入党的一次会是在沈雁冰家里开的。""沈雁冰是 1921 年春天才加入，沈泽民是初夏才加入。"沈泽民为上海的共产党早期组织成员是可以肯定的。至此，7 位具有初步共产主义思想的浙江先进分子都先后加入了上海的共产党早期组织。

从 1920 年 6 月上海的共产党早期组织建立到中共一大召开之前，先后参加上海的共产党早期组织的有：陈独秀、俞秀松、李汉俊、陈公培、施存统、沈玄庐、陈望道、杨明斋、李达、邵力子、沈雁冰、林祖涵、李启汉、袁振英、李中、沈泽民、周佛海等共 17 人，其中俞秀松、施存统、沈玄庐、陈望道、邵力子、沈雁冰、沈泽民等 7 人为浙江先进分子，在各省市中人数列第一。他们可谓是"群贤毕至"上海滩，为上海的共产党早期组织的建立做出了卓有成效的贡献。

---

① 茅盾：《我走过的道路》上册，人民文学出版社，1981，第 179 页。

三、中共一大南湖会议

上海及各地共产党早期组织建立以后，有计划、有组织地开展各项活动，为建立全国统一的无产阶级政党迈出了实质性的一步，使中国的共产主义运动进入了有组织的实践阶段。在中国共产党诞生前夕，浙江先进分子加强了对马克思主义的宣传，进一步促进马克思主义与中国工人运动相结合，并积极参与中共一大会议的筹备工作，为一大的顺利召开做出了重要的贡献。

（一）中共一大的筹备

上海的共产党早期组织建立后，十分重视建立理论宣传阵地，首先将《新青年》改组为党的机关刊物，公开宣传马克思主义理论。《新青年》主编是陈独秀，原先采用由陈独秀、李大钊、钱玄同、高一涵、沈尹默、胡适等人轮流负责编辑的方式，他们中既有共产主义知识分子，也有资产阶级和小资产阶级知识分子，此时采取这一方式已不适应形势的需要。于是《新青年》在北京出版第七卷第六号（1920年5月）后，陈独秀便将编辑部迁回上海，从1920年9月第八卷第一号开始，对《新青年》编辑部进行改组，邀请陈望道、李达、李汉俊、沈雁冰等参加编辑工作，使《新青年》由激进民主主义的刊物转变成为社会主义的刊物。在《新青年》改组为党的机关刊物后，陈望道发挥了重要的作用。他参加编辑工作始于第八卷第一号（1920年9月），止于第八卷第四号。这4号《新青年》大力介绍马克思主义，特别是第八卷第一号上发表了陈独秀的《谈政治》一文，阐述了马克思主义的基本原理，表示了鲜明的政治立场，实际上是一篇新宣言。此外，这4号刊物突出反映十月革命，全面介绍苏俄各方面情况，专门开辟了《俄罗斯研究》专栏，译载美、英、法等国报刊上关于苏俄革命理论和实际情况的材料，包括苏俄政治、经济、法律、对外政策、劳动组织、文化教育、婚姻制度等内容。刊物的面貌与以前相比发生了很大的变化。

1920年12月，陈独秀应粤军总司令陈炯明的邀请，离开上海赴广州出任广东省教育委员会委员长，陈望道接替陈独秀任《新青年》主编。他在12月16日的一封信中提到"独秀先生明天动身往广东去，这里收稿的事，暂由我课余兼任"①,就是指的这件事。同一天,陈独秀在给胡适、高一涵的信中也提到将《新青年》交由陈望道负责一事:"弟今晚即上船赴粤,此间事情已布置了当。《新青年》编辑部事,有陈望道君可负责,……"② 由此可知,陈望道是在 1920年 12 月开始任《新青年》主编的。

陈望道主编的《新青年》第八卷第五号于 1921 年 1 月 1 日出版,但第八卷第六号刚编好,还来不及出版,承印该刊的印刷所就被法租界巡捕房查抄,稿件被没收,并且不准刊物再在上海印刷,编辑部只得由公开转入地下。由于转入地下,给编辑工作带来了极大的困难,从第九卷第二号起,刊物严重脱期。就是在这样困难的情况下,陈望道也没有灰心。为了便于编辑工作,他特地从原住地三益里邵力子家搬到老渔阳里 2 号陈独秀家,《新青年》编辑部就设在老渔阳里 2 号的楼下。在陈望道的主持下,从第八卷第五号至第九卷第六号,共编辑出版了 8 期《新青年》。

陈望道负责主编《新青年》后,与李达、李汉俊等人共同努力,不断扩大《新青年》的马克思主义倾向,使刊物成为上海的共产党早期组织宣传马克思主义的重要理论阵地。《新青年》虽然改组为上海的共产党早期组织的机关刊物,但由于它是公开性的刊物,在帝国主义和封建军阀的统治下,言论和出版都受到钳制,难以完全鲜明地举起共产党的旗帜。为此,1920 年 11 月 7 日,上海的共产党早期组织创办了理论性的机关刊物《共产党》月刊。这是一个半公开的刊物,由李达任主编。《共产党》月刊共出 8 期,最后一期实际出版时间为 1921年 9 月中旬。《共产党》月刊不仅是国内共产主义者的必读读物,也是旅居海外的一些中国共产主义知识分子争相阅读的刊物。《共产党》月刊创办后,一些浙江先进分子就积极为刊物译稿或撰稿。他们与其他一些先进知识分子一起,以《共产党》月刊为阵地,进行党的基本知识的教育和马克思主义的宣传,从思想上统一了各地共产党早期组织的认识,从而为从组织上建立统一的无产阶级政党奠定了基础。

---

① 鲁彦生:《陈望道与〈新青年〉》,《复旦学报》1979 年第 3 期。

② 同上。

　　1921 年 6 月初，共产国际代表马林和共产国际远东书记处代表尼克尔斯基先后到达上海，与上海的共产党早期组织成员李达、李汉俊建立了联系。经过几次交谈，他们一致认为应尽快召开全国代表大会，正式成立中国共产党。李达、李汉俊同当时在广州的陈独秀、在北京的李大钊通过书信商议，决定在上海召开中国共产党第一次全国代表大会。于是，他们写信通知北京、武汉、长沙、济南、广州和旅日的党组织，派代表到上海出席会议。由于会议在上海召开，上海的共产党早期组织自然就承担了会议的筹备和大量会务工作。在筹备会议的过程中，浙江先进分子也做了大量工作。其中不能不提到李达的夫人王会悟。

　　王会悟是浙江桐乡人，少年时曾与沈雁冰同窗求学，从辈分上来说还是沈雁冰的表姑母。五四运动前后，她在嘉兴女子师范预科读书时，就是学生运动的积极参加者和领导者，并因爱读《新青年》而常与陈独秀、恽代英有书信往来。预科毕业后，经沈雁冰介绍到上海，参加全国学联总会女界联合会，后担任《妇女声》编辑，当过黄兴夫人徐宗汉的秘书。1920 年，王会悟和李达结婚，同年加入上海社会主义青年团。当决定在上海召开中共一大会议后，李达把会议选址、寄发会议通知、安排与会代表食宿等会务工作都交由王会悟办理。王会悟首先碰到的一个难题就是代表的住宿问题。这个地方既要安全，不引人注目，又要离会议地点比较近。她马上想到了博文女校。博文女校坐落在法租界白尔路 389 号（今太仓路 127 号），与会议地点望志路 106 号仅隔一条马路，是一幢青红砖相间的二层房子。该校校长黄绍兰，早年毕业于北京女子师范学堂，曾在黄兴手下工作过，因此聘请黄兴的夫人徐宗汉为董事长。如前所述，王会悟曾当过徐宗汉的秘书，所以也与黄绍兰相熟。当时正值暑假，学校空着。王会悟对黄绍兰说"北京大学暑期旅行团"要借此住宿，黄绍兰就一口答应了下来。后来一大代表除李达、李汉俊、陈公博外，其他人都以"北京大学暑期旅行团"团员的名义住在博文女校。可以说王会悟对一大的顺利召开功不可没。此外，陈望道、邵力子等人也参加了中共一大会议的筹备工作。

（二）中国共产党在嘉兴南湖诞生

1921 年 7 月 23 日，中国共产党第一次全国代表大会在上海开幕。国内各地的党组织和旅日的党组织共派出 13 名代表出席一大，他们是：上海的李达、李汉俊，武汉的董必武、陈潭秋，长沙的毛泽东、何叔衡，济南的王尽美、邓恩铭，北京的张国焘、刘仁静，广州的陈公博，旅日的周佛海，以及由陈独秀指定的代表包惠僧。共产国际代表马林和尼克尔斯基也出席大会。会议的正式会址是上海法租界望志路 106 号（今兴业路 76 号）李汉俊之兄李书城的住宅，但第一天和第二天的会议是在博文女校举行的。7 月 30 日晚上，代表们正在开会时，一名陌生的中年男子突然闯入会场，环视一周后又匆忙离去。具有丰富秘密工作经验的马林立即断定此人是密探，建议马上中止会议，大部分代表迅速转移。十几分钟后，法租界巡捕包围和搜查了会场，结果一无所获后离去。

由于开会的会场受到搜查，代表们的活动受到监视，会议已无法继续在上海举行。此时，中共一大能否完成预定的各项议程，党能否正式诞生，最紧迫的任务就是要找到一个安全的新会址。为了确定新的开会地点，代表们进行了多次商量。当时考虑续会的地点，一是必须保证安全，不能到人生地不熟的地方去；二是交通要方便，从上海出发可以用一天时间来回。由于上海党组织中浙江籍人士较多，而且大多在杭州生活过，所以首先就想到了熟悉的杭州，到杭州西湖租一条游船，边游湖边开会。陈潭秋曾回忆说："在上海我们再没有适宜开会的地方，于是决定乘火车到杭州西湖继续开会。"[①] 但由于西湖游人太多，容易暴露，而且从上海到杭州也费时太多，建议未被采纳。此时，具体负责一大会务工作的王会悟建议到浙江嘉兴南湖开会，租一条游船，以游湖为掩护在船上开会。王会悟曾在嘉兴读过书，对嘉兴情况较熟悉，而且嘉兴距离上海不过百余公里，乘沪杭线火车不超过 3 个小时，当天就可以来回。于是王会悟的建议得到了代表们的赞同，决定到嘉兴南湖继续开会。

对中共一大从上海转移到嘉兴南湖开会的过程，部分当事人后来都有较详

---

① 陈潭秋：《第一次代表大会的回忆》，《中共一大南湖会议》，浙江大学出版社，1989，第 75 页。

细的回忆。王会悟说："上海已不能开会了，到哪儿去继续把会开完呢？代表的意见不一。我想到我家乡嘉兴的南湖，游人少，好隐蔽，就建议到南湖去包一个画舫，在湖中开会。李达去与代表们商量，大家都同意了这个意见。"① 担任一大会议主席的张国焘说："这个意外事件发生后，我们为了避开警探的视线，决定第二天停会，并通知各代表俟找到妥当开会地点后再行复会。……那时李达夫妇也来了，他是处理大会事务工作的负责人。他的太太王会悟是社会主义青年团团员，也帮着她的丈夫工作。我们大家便商讨开会的地址问题。王会悟非常热心地表示：如果在上海一时找不到适当的地点，可以到她的家乡去。她家住在浙江嘉兴的南湖湖畔，从上海去只需一个多钟头的火车旅程。她并说明：南湖风景优美，她可以立即去雇好一只大画舫，准备我们一面游湖一面开会，并由她布置大家寄宿的处所，即使在那里开几天会也是不成问题的。我们对于她的提议极表赞成。认为这样是万无一失的。她即根据这个决定回去布置。"② 一大代表包惠僧说："当夜我们到李达家里会谈（在渔阳里2号，是陈独秀的住宅，李达也住在此处）。大家的意见，明天的会，要改地方，即决定以游览的姿态到嘉兴南湖找一只大船，尽一日之辰来结束这个会。……李达的爱人王会悟（非同志）是嘉兴南湖人。带她去当向导。此处风景甚好，游人并不多。我们雇了一只大船，并准备了酒菜，把船开到湖心，就开始开会。"③ 此外，参加中共一大的董必武、李达、陈潭秋、刘仁静、周佛海、陈公博等人在回忆中也都讲到了从上海转移到嘉兴南湖开会的情况。由此可见，一大在上海开幕、在嘉兴南湖闭幕这个问题是没有争议的。

参加南湖会议的代表乘上海至嘉兴的早班火车离沪出发，约上午10点半抵达嘉兴，从车站直奔南湖。南湖位于嘉兴城南，又名鸳鸯湖，湖中建有烟雨楼，有历代名家留下的墨迹，是游览胜地。南湖游船可以包租，随意停泊。会议所用的中型游船，当地称单夹弄丝网船，内设前舱、中舱、房舱和后舱，中舱当

① 王会悟：《我为党的"一大"安排会址》，《中共一大南湖会议》，浙江大学出版社，1989，第183页。
② 张国焘：《我的回忆》第一册，香港明报月刊社，1980，第143~144页。
③ 包惠僧：《共产党第一次全国代表会议前后的回忆》，人民出版社，1980，第306页。

中有八仙桌。周围有茶几、凳椅。会议就在中舱举行。

中共一大南湖会议从上午 11 时开始。上海会场出事后，代表们都主张缩短会期，以一天时间结束会议。所以会上大家都加速讨论，很少长篇大论，集中研讨急需解决的具体问题。会议首先讨论通过了党的纲领和工作任务的决议。会议通过的《纲领》共 15 条，前 3 条是党纲，后 12 条是组织章程。这个纲领已分别从共产国际档案中和美国哥伦比亚大学陈公博的硕士论文中发现，俄文稿和英文稿译成中文，并无太大的差异。《纲领》明确宣布"我党定名为'中国共产党'"，规定中国共产党的奋斗目标是：以无产阶级革命军队推翻资产阶级，由劳动阶级重建国家，直至消灭阶级差别；采取无产阶级专政，以达到阶级斗争的目的——消灭阶级；废除资本私有制，没收一切生产资料归社会所有。《纲领》的组织部分规定党的组织要采取"苏维埃形式"，也就是民主集中制的形式。

在对待资产阶级议会的态度问题上，《纲领》草案中原有一条：共产党人不得担任资产阶级议会或政府的议员或官员。南湖会议讨论时曾引起激烈争论。有人主张应利用这种议会，宣传党的政见；有人反对参加这样的议会，以免陷入改良主义的倾向。最后《纲领》规定："党员除非迫于法律，不经党的特许，不得担任政府官员或国会议员。"[①]

会议通过的《决议》，确定党成立后的中心任务是组织工人阶级，领导工人运动。强调以产业工会为组织工会的主要形式。通过组织工会，开办工人补习学校，大力宣传马克思主义，提高工人的阶级觉悟，推动工人运动的发展。《决议》还要求成立工会的研究机构，着重研究中国的工人运动问题。

在对待其他党派的态度问题上，《决议》草案中关于在反对军阀和官僚的斗争中，"不准与其他党派建立任何关系"的内容，南湖会议讨论时出现过争论。有人提出，要在行动上与其他党派合作反对共同的敌人，加强自己，以利领导以后的斗争。但当时多数代表坚持并通过了草案的观点。

午饭以后，开始讨论会议《宣言》。在讨论《宣言》草案时，又涉及对南北

---

① 《中国共产党第一个纲领》，《中共一大南湖会议》，浙江大学出版社，1989，第 42 页。

政府以及对孙中山的看法和应取的态度，代表们再次出现意见分歧。有一些人认为，孙中山从成立同盟会以来所进行的革命活动是应该肯定的，孙文学说也有进步意义，应采取支持和合作的态度。但也有代表认为南北政府是一丘之貉。最后决定将《宣言》草案和代表们的意见交中央局和马林会商决定。《宣言》最终也没有发表。

最后，会议选举了中央领导机构，选举陈独秀、张国焘、李达组成中央局，陈独秀任中央局书记，张国焘任组织主任，李达任宣传主任。下午6点多钟，南湖会议完成了全部议程，大会圆满结束。代表们当夜离开嘉兴。

南湖会议标志着中国共产党正式诞生，浙江嘉兴成为中国共产党的诞生地。关于这一点，许多会议代表都说得很明白。张国焘说：南湖会议"议程讨论完毕，大会旋即宣告闭幕，举行了一个简短的闭幕仪式，由我致闭幕词。我以兴奋的心情祝贺大会的成功，并吁请各代表回到各地的岗位上，根据大会的决定，发展我们的工作和组织。这样，中国共产党便正式诞生了"[①]。陈潭秋说：南湖会议"完结了中共的第一次大会，产生了伟大的中国共产党，领导中国革命和引导中国人民的争取民族和社会解放的斗争"[②]。周佛海说："中国共产党就这样在烟雨苍茫、湖波浩渺的孤舟中，正式产生了。"[③]董必武1964年写的诗句"革命声传画舫中，诞生共党庆工农"就说得更明白，就是在南湖的画舫中，诞生了中国共产党。

嘉兴成为中国共产党的诞生地，有一定的偶然性。但偶然的背后却也蕴含着某种历史的必然性，这就是浙江先进分子积极参与中国共产党的创建活动，并成为上海的共产党早期组织的骨干成员，最终促使中共一大会议从上海转移到嘉兴南湖。可以说，浙江先进分子的建党活动，是嘉兴成为中国共产党诞生地的直接原因。

① 张国焘：《我的回忆》第一册，香港明报月刊社，1980，第146页。
② 陈潭秋：《中共第一次大会的回忆》，《中共一大南湖会议》，浙江大学出版社，1989，第74页。
③ 周佛海：《扶桑笈影溯当年》，《中共一大南湖会议》，浙江大学出版社，1989，第113页。

四、红船精神的当代价值

1921 年 7 月 23 日，中国共产党第一次全国代表大会在上海秘密召开，后因受到法租界巡捕的袭扰而转移到嘉兴南湖的一艘游船上继续开会并胜利闭幕，庄严宣告中国共产党的正式诞生。从此，嘉兴成为中国共产党的诞生地，嘉兴南湖成为人们向往的革命圣地。

为了纪念中国共产党在嘉兴南湖诞生暨中国共产党第一次全国代表大会在嘉兴南湖胜利闭幕这一重大历史事件，保护和管理好中共一大南湖会议会址，在党中央和浙江省委的关怀下，1959 年，由嘉兴市有关部门发起，建立了以一大会议所在地湖心岛烟雨楼为馆址的南湖革命纪念馆。在烟雨楼大厅内陈列展出了中共一大的史料。在烟雨楼前，湖心岛的岸边，停泊着一艘非同寻常的游船——中共一大纪念船。这艘依照原游船的式样仿制的纪念船，形象生动地展现了当年中国共产党诞生的历史场景。这艘引领中国革命航向的红色纪念船因此获得了一个响亮的名字——"红船"。红船见证了中国历史上开天辟地的大事件，成为中国革命源头的象征。从此，嘉兴南湖成为地位独特、意义深远的爱国主义教育基地和红色旅游胜地。2005 年 6 月 21 日，时任中共浙江省委书记习近平同志在《光明日报》发表署名文章《弘扬"红船精神" 走在时代前列》，首次公开提出"红船精神"的概念，并对"红船精神"的内涵进行了概括和论述，认为"开天辟地、敢为人先的首创精神，坚定理想、百折不挠的奋斗精神，立党为公、忠诚为民的奉献精神，是中国革命精神之源，也是'红船精神'的深刻内涵"[①]。

（一）红船精神的主要内容

在"红船精神"的体系中，首创精神是灵魂，是动力之源；奋斗精神是支柱，是胜利之本；奉献精神是本质，是政德之基。这三个基本内涵之间有着递进的内在关系，是一个互相联系的整体，是一个统一的思想体系。对党的性质、宗旨和使命做出了全面完整的概括。

---

① 习近平：《弘扬"红船精神" 走在时代前列》，《光明日报》2005 年 6 月 21 日第 1、2 版。

1. 开天辟地、敢为人先的首创精神

首创精神的实质就是创新精神。"创新是一个民族进步的灵魂，是一个国家兴旺发达的不竭动力，也是一个政党永葆生机的源泉"，这是江泽民同志总结20世纪世界各国政党，特别是共产党兴衰成败的历史经验和教训所得出的科学结论。开天辟地、敢为人先的首创精神作为"红船精神"的核心，始终贯穿在中国革命、建设和改革的实践中。1840年鸦片战争以后，中国逐步沦为半殖民地半封建社会。一系列侵华战争、一系列丧权辱国不平等条约的被迫签订，中华民族遭受到了前所未有的屈辱。面对着争取民族独立和人民解放、实现国家繁荣富强和人民共同富裕两大历史任务，广大爱国志士进行了一系列救亡图存的运动。他们对外抵御列强，于内探索复兴之路，先后提出了不同的主张和方案以寻求中华民族伟大复兴。然而，无论是太平天国运动还是洋务运动，无论是戊戌维新还是辛亥革命，最终都以失败告终，都没能彻底改变国家和人民的命运。在经历一次又一次的失败后，中国人民继续在黑暗中探索实现民族复兴的新道路。"一九一七年的俄国革命唤醒了中国人，中国人学得了一样新的东西，这就是马克思列宁主义。中国产生了共产党，这是开天辟地的大事变。"① "从此，中国共产党引领革命的航船，劈波斩浪，开天辟地，使中国革命的面貌焕然一新。"

自中国共产党诞生于红船至今，已经走过100年的风雨历程。纵观党的历史，实际上就是一部中国革命史、建设史、改革史和复兴史。但是，革命和建设没有现成路可走，没有现成模式可循。在"红船精神"的引领下，中国共产党开创性地借鉴了马克思列宁主义，将马克思列宁主义的普遍原理与中国革命的具体实践相结合，独立自主走自己的路，创造性地形成了毛泽东思想，指导新民主主义革命取得了伟大的胜利，开辟了一条前所未有的革命道路——从新民主主义走向社会主义的独特道路。中国共产党在探索中国革命和社会主义建设规律的同时，也伴随着所处的时代特征在实践中探索党的建设规律的过程。百

---

① 毛泽东：《唯心历史观的破产》，《毛泽东选集》第四卷，人民出版社，1991，第1514页。

年来"红船精神"穿越时空，在党的发展壮大中发挥了引领理论创新的重要作用，把党的建设的伟大工程不断推向前进。"红船精神"昭示我们，在努力实现"中国梦"的实践过程中，不能因循守旧，要始终保持开天辟地、敢为人先的精神状态，始终保持党的先进性，与时俱进，走在时代前列。以首创精神不断加强党的建设，不断推进理论创新、制度创新、科技创新、文化创新以及其他各方面创新，不断推进中国特色社会主义伟大事业向前发展。

2. 坚定理想、百折不挠的奋斗精神

坚定理想、百折不挠的奋斗精神表现在对马克思主义的坚定信念和最终实现共产主义的崇高理想，是"红船精神"的精髓，是推动中国共产党战胜一切艰难困苦、不断奋斗的精神力量。中国共产党诞生于革命与战争为主题的时代，在建党的准备过程中，反动派的势力异常强大，不断进行干扰和破坏。中国共产党的第一次代表大会在上海召开过程中，遭到了法国巡捕的破坏，会议转移到嘉兴南湖"红船"上继续召开，宣告了中国共产党的成立。从"红船"起航，我们党在长期的艰苦奋战中，由刚成立时仅50多名党员，到现在拥有9500多万名党员的壮大队伍，由小到大，由弱变强，战胜了一个又一个艰难险阻。推动中国革命和建设事业劈波斩浪、不断奋进，结束了近代以来中国内忧外患、积贫积弱的悲惨命运。正是靠这种坚定理想、百折不挠的奋斗精神，激励和感召了千百万共产党人为了人民的解放和新中国的成立，百折不挠、浴血奋战，无私地奉献自己的一切。

一百年来，中国共产党无论遭受怎样的困难与挫折，一以贯之坚定理想和百折不挠，领导中国人民为实现中华民族伟大复兴的"中国梦"进行了不懈的探索，创造了举世瞩目的成就：先后实现了从新民主主义革命到社会主义革命和建设的历史性转变；在改革开放和现代化建设时期，完成了从高度集中的计划经济体制到社会主义市场经济体制的历史性转变；现如今，开创了中国特色社会主义现代化的独特道路，引领我们全面建成小康社会。新时期，作为先进的执政党，更要继续弘扬和继承"红船精神"，以坚定理想、百折不挠的奋斗精神不断激励一代又一代中国共产党人为了实现民族复兴努力拼搏。

3. 立党为公、忠诚为民的奉献精神

立党为公、忠诚为民的奉献精神贯穿于中国革命、建设和改革的长期实践中，是"红船精神"的本质，也是中国共产党区别于其他政党的显著标志。马克思、恩格斯在《共产党宣言》中开宗明义地指出："过去的一切运动都是少数人的或者为少数人谋利益的运动。无产阶级的运动是绝大多数人的、为绝大多数人谋利益的运动。"① 并简明扼要地阐明了共产党的性质："共产党人不是同其他工人政党相对立的特殊政党。他们没有任何同整个无产阶级的利益不同的利益"②，"共产党人同其他无产阶级政党不同的地方只是：一方面，在无产者不同的民族的斗争中，共产党人强调和坚持整个无产阶级共同的不分民族的利益；另一方面，在无产阶级和资产阶级的斗争所经历的各个发展阶段上，共产党人始终代表整个运动的利益"③。

从毛泽东同志提出的"为人民服务"的思想到习近平同志的"想群众之所想，急群众之所急，解群众之所忧"这些精辟的论述中可以看出，中国共产党历代中央领导集体都坚定不移、一以贯之地将立党为公、执政为民作为党全部奋斗的核心内容。中国共产党 100 年的发展历程、72 年的执政实践、43 年改革开放的积淀，既是履行全心全意为人民服务使命的光辉历史，也是不断坚持立党为公、执政为民的宝贵经验的积累过程。党的十七大已经把立党为公、执政为民作为党全心全意为人民服务宗旨的新内涵写入了党章，这就要求"各级领导干部都要树立全心全意为人民服务的思想和真心实意对人民负责的精神"④。在新的历史条件下，我们党依然需要继续坚持和发扬"红船精神"，把立党为公、忠诚为民这一核心价值理念具体地、深入地落到实处，绝不能仅仅停留在口头上，要有一心一意为人民的责任感，这样我们党才能赢得广大人民群众的拥护和爱戴，才能巩固党的执政根基。自觉践行"红船精神"是我们党实现中华民族伟大复兴重大历史责任的重要保证。

---

① 马克思、恩格斯：《马克思恩格斯选集》第一卷，人民出版社，1995，第283页。
② 同上。
③ 马克思、恩格斯：《马克思恩格斯选集》第一卷，人民出版社，1995，第285页。
④ 胡锦涛：《在"三个代表"重要思想理论研讨会上的讲话》，《人民日报》2003年7月2日。

4. 严谨务实、持之以恒的韧性精神

"红船精神"是以马克思主义为思想根基的，马克思主义是建立在对人类文明历史的深刻分析，对资本运行内在规律的深刻分析基础上形成的科学的思想理论体系，它要求人们按照历史进步的客观规律去严谨地规范自己的思想和行为。中国共产党人所领导的革命，是在中国的历史、国情基础上展开的，必须面对现实，正视国情，盲目地走西方式的革命道路或十月革命的道路都不能顺利推进革命事业，只能以务实的态度去探索革命和建设的新道路。中国作为一个落后的半殖民地半封建社会，革命和建设的任务繁重，要推翻压在头上的"三座大山"，要改变贫穷落后的面貌，没有愚公移山的持之以恒的韧性精神，就不能完成革命和建设的历史任务。就是在这样的历史条件下，"红船精神"历史性地蕴含着严谨务实、持之以恒的韧性精神内涵。

另外，作为与浙江历史文化密切相关的"红船精神"，还能够从浙江的区域文化中寻得严谨务实、持之以恒的韧性精神的重要支撑。浙江自古人杰地灵、人文荟萃，历史源远流长，孕育了优秀的区域文化和独特的精神品格。千百年来，浙江特有的地理环境、生产生活方式造就了浙江人民兼具农耕文明与海洋文明的自强不息、严谨务实、持之以恒的文化特质。从大禹的"因势利导，敬业治水"，到越王勾践的"卧薪尝胆，励精图治"；从钱王世家的"保境安民"，到知府林启的"讲求实学"；无论是以叶适为代表的"务实而不务虚"的永嘉学派，还是以陈亮为代表的"义利双行"的永康学派；无论是黄宗羲的"工商为本"，还是龚自珍的"不拘一格降人才"的文化底蕴都包含着持之以恒的韧性精神。这种精神品格洋溢在浙江美丽的山水间、灿烂的文明里，积淀在浙江人民深层的价值观念和行为习惯中，薪火相传、历久弥新。作为浙江籍的文化大家，鲁迅先生就始终强调"韧性的战斗"对中国人的特殊意义。在改革开放进程中，浙江人形成了以"历经千辛万苦、说尽千言万语、走遍千山万水、想尽千方百计"为内核的"四千精神"，其韧性精神的内涵更为丰富和充实。

（二）"红船精神"的当代价值

"红船精神"的产生至今已经过去 100 年了，国内国际环境、历史任务、经

济生活等方面都发生了巨大的变化。在加快推进社会主义现代化建设的新的发展阶段,弘扬"红船精神",对培育社会主义核心价值观、培养合格的社会主义接班人、实现中华民族伟大复兴的"中国梦"具有重大的现实意义。

1. 弘扬"红船精神"有利于践行社会主义核心价值观

党的十六届六中全会上通过的《中共中央关于构建社会主义和谐社会若干重大问题的决定》明确指出了"建设社会主义核心价值体系"这一科学命题。它包括四个方面的基本内容:马克思主义指导思想、中国特色社会主义共同理想、以爱国主义为核心的民族精神和以改革创新为核心的时代精神、以八荣八耻为主要内容的社会主义荣辱观。这一重大课题的提出对推进马克思主义中国化的进程、实现中华民族伟大复兴、促进社会主义和谐社会的建设具有十分重要的战略意义。党的十七大报告也重点强调:"社会主义核心价值体系是社会主义意识形态的本质体现。"胡锦涛同志在党的十八大报告中指出:"要深入开展社会主义核心价值体系学习教育","倡导富强、民主、文明、和谐,倡导自由、平等、公正、法治,倡导爱国、敬业、诚信、友善,积极培育和践行社会主义核心价值观"。① 这是对社会主义核心价值观全新的概括。

虽然"红船精神"与社会主义核心价值体系所产生的时代和历史背景相差甚远,但两者都是指导中国革命、建设和改革事业取得成功的精神来源和思想保障,具有十分密切的关联性。

"红船精神"与社会主义核心价值体系在内涵上高度契合。两者具有共同的指导思想,即"马克思主义指导思想"。马克思主义不仅是"红船精神"和社会主义核心价值体系的指导思想,同时也是它们的理论基础和思想根源。这是因为,马克思主义是经过中国革命、建设和改革实践检验的具有先进性、科学性、革命性特征的科学理论体系,是关于人类社会发展规律的总结,是改造人们思想和社会发展的科学的世界观和方法论。"红船精神"和社会主义核心价值体系的形成都是马克思主义中国化实践的产物。"红船精神"与社会主义核心价值体

---

① 胡锦涛:《坚定不移沿着中国特色社会主义道路前进　为全面建成小康社会而奋斗》,人民出版社,2012,第31-32页。

系具有统一的价值理想。中国特色社会主义共同理想是社会主义核心价值体系的主题，现阶段的共同理想就是中国共产党带领全国各族人民通过中国特色社会主义道路而最终实现中华民族伟大复兴。而中国共产党在成立之初就把实现共产主义作为一种远大理想和奋斗目标，"红船精神"不断地鼓舞着中国共产党和广大人民为此进行艰苦卓绝的奋斗，先后实现了从新民主主义革命到社会主义革命和建设的历史性转变；在改革开放和现代化建设时期，完成了从高度集中的计划经济体制到社会主义市场经济体制的历史性转变；现如今，开创了中国特色社会主义现代化的独特道路，引领我们全面建成小康社会。事实证明：中国特色社会主义体现了全国各族人民的共同愿望，是最广大人民利益和要求的集中体现。"红船精神"与社会主义核心价值体系具有一致的精神风貌。"红船精神"集中体现了坚定理想、百折不挠的革命风貌。"红船精神"是把共产主义这一崇高的理想信念和爱国主义精神相结合，产生了积极进取、不怕牺牲的强大的精神动力，使中国共产党战胜了一切困难，取得革命的胜利。以爱国主义为核心的民族精神不仅是我们党过去革命取得胜利的法宝，还是现在进行社会主义现代化建设的法宝，更将是我们党带领全国各族人民实现中华民族伟大复兴的胜利法宝。这说明，社会主义核心价值体系的建设，必须高举以爱国主义为核心的民族精神和以改革创新为核心的时代精神。只有坚持这一精髓，才能保持党的先进性。

2. 弘扬"红船精神"有助于培养社会主义事业接班人

青年大学生是未来中国特色社会主义建设事业的中坚力量。在马克思主义哲学中，十分强调意识的主观能动作用以及对实践行动的指导意义。新时期，在我国着力加强大学生思想政治教育的过程中，"红船精神"势必发挥着重要的时代价值。大学生思想政治教育离不开"红船精神"的传播、继承和发扬，更离不开"红船精神"的鼓励、指导与借鉴。

在中华民族悠久的发展历史中，形成了以爱国主义为核心的民族精神，中国共产党带领全国人民在社会主义现代化建设的进程中又形成了勇于改革、勇于创新的时代精神。习近平总书记明确指出："实现中国梦必须弘扬中国精神。

这就是以爱国主义为核心的民族精神，以改革创新为核心的时代精神。"① 因此，在培养当代大学生改革创新的时代精神时，不能仅仅局限于夯实专业的理论知识和实践技能，还要与弘扬以爱国主义为核心，勇于创造、自强自立的民族精神紧密地结合起来。"红船精神"是丰富和升华的民族精神，是对马克思列宁主义基本原理的继承和发展，对我国的革命实践产生了积极的影响，体现了毛泽东等老一辈无产阶级革命家开天辟地、敢为人先的首创精神，是我们党宝贵的精神财富。大力弘扬"红船精神"，让当代大学生通过回顾我们党的光辉历史，从历史与现实的强烈对比中感受到积极向上的时代风貌和对社会主义伟大事业的坚定信心。弘扬首创精神，激发广大大学生的创新热情，使大学生主动地具有创新意识和创新能力，从而增强中华民族的创造力，真正使创新成为实现中华民族伟大复兴的不竭动力。

3. 弘扬"红船精神"有助于实现民族复兴的"中国梦"

"红船精神"与"中国梦"都是不屈的中国人在面对近代中国落后挨打的局面，在斗争中失败，在失败中奋起，在奋起中思考，最终奋起抗争的产物。"红船精神"与"中国梦"是一脉相承、相互推动、相互渗透的内在关系。

"红船精神"和"中国梦"这两个概念是习近平同志先后提出的。2005 年 6 月 21 日，时任中共浙江省委书记习近平同志在《光明日报》发表署名文章《弘扬"红船精神" 走在时代前列》，提出了"红船精神"的科学概念，把"红船精神"提升到"中国革命精神之源"的高度。在这篇文章发表之前，学术界提到中国革命精神的源头往往以"井冈山精神"为起点。习近平同志的这篇文章填补了自 1921 年中国共产党建立以后至 1927 年这一历史时期革命精神的空白。党的十八大以来，习近平总书记多次提出并系统阐释中华民族伟大复兴的"中国梦"，"中国梦"这个词一时之间在国内外引起强烈反响，成为社会各界关注的热点词汇。认真研读习近平同志对"红船精神"和"中国梦"的阐述，可以看出他一以贯之的执政理念，"走得再远、走到再光辉的未来，也不能忘记走过的过

---

① 习近平：《在第十二届全国人民代表大会第一次会议上的讲话》，《人民日报》2013 年 3 月 18 日第 1 版。

去",这就是不能忘记或丢掉革命的光荣传统。在坚持和发展中国特色社会主义伟大事业的实践中,要不断结合新的时代条件,将以爱国主义为核心的民族精神和以改革创新为核心的时代精神在内的中国精神发扬光大。

翻阅中外历史,我们不难发现:世界历史上有较大影响的国家和民族,在崛起和发展的过程中,都会迸发出影响深远的精神力量,成为这个国家和民族特有的宝贵精神财富。中国共产党的诞生作为"开天辟地的大事变"必然产生伟大的精神,这就是"红船精神"。"红船精神"诞生于中国人民追求民族复兴"中国梦"的伟大历史进程中,是实现"中国梦"的强大精神动力。100 年来,"红船精神"始终在追逐"中国梦"的奋进进程中不断创新发展;中国人民在追寻民族复兴伟大梦想的不同时期,始终得到了与时俱进的"红船精神"等中国革命精神的有力支撑与推动。此刻,实现"中国梦"的号角已经吹响,薪火传承的"红船精神"支撑和推动"中国梦"的实现越来越可期可及。

第二节　中国文化革命的伟人鲁迅出生地——绍兴

1940 年,毛泽东在《新民主主义论》里这样评价鲁迅:"鲁迅是中国文化革命的主将,他不但是伟大的文学家,而且是伟大的思想家和革命家。鲁迅的骨头是最硬的,他没有丝毫的奴颜和媚骨,这是殖民地半殖民地人民最可贵的性格。鲁迅是文化战线上,代表全民族的大多数,向着敌人冲锋陷阵的最正确、最勇敢、最忠实、最热忱的空前的民族英雄。鲁迅的方向,就是中华民族新文化的方向。"[1] 毛泽东的论断,是对鲁迅与中国共产党关系的最深刻最清晰的阐述。正因为对中国革命和文学的独特贡献,才有鲁迅在中国革命和文学史上"最伟大的最英勇的旗手"[2] 的地位和意义。

---

[1]　毛泽东:《新民主主义论》,《毛泽东选集》第 2 卷,人民出版社,1991,第 698 页。

[2]　同上。

一、鲁迅与中国共产党

早在五四新文化运动时期，鲁迅就开始接触中国共产党的早期领导人李大钊和陈独秀。1918 年，李大钊担任北京大学教授兼图书馆主任，并担任《新青年》编辑。这一年鲁迅与他相识。在《〈守常全集〉题记》中，鲁迅谈了他对李大钊的印象："我最初看到守常先生的时候，是在独秀先生邀去商量怎样进行《新青年》的集会上，这样就算认识了。不知道他其时是否已是共产主义者。总之，给我的印象是很好的：诚实，谦和，不多说话。《新青年》的同人中，虽然也很有喜欢明争暗斗，扶植自己势力的人，但他一直到后来，绝对的不是。"[①]1927 年 4 月 6 日，李大钊在北京被军阀张作霖逮捕，鲁迅此时已在广州中山大学任教，在《庆祝沪宁克复的那一边》中，鲁迅表达了对李大钊处境的深深担忧："忽而又想到香港《循环日报》上所载李守常在北京被捕的消息，他的圆圆的脸和中国式的下垂的黑胡子便浮在眼前，不知道他现在怎么样。"[②]李大钊被杀害后，鲁迅又写道："张将军的屠戮，死的好像是十多人，手头没有记录，说不清楚了，但我认识的只有一个守常先生。在厦门知道了这消息之后，椭圆的脸，细细的眼睛和胡子，蓝布袍，黑马褂，就时时出现在我的眼前，其间还隐约看见绞首台。"[③]1933 年 5 月，知道北平有人发起公葬李大钊，他立即寄去 50 元钱，以表悼念之情。

鲁迅与陈独秀的相识也缘于《新青年》。鲁迅开始写小说是为了给陈独秀的《新青年》助阵。1933 年，鲁迅在《我怎么做起小说来》中回忆："《新青年》的编辑者，却一回一回的来催，催几回，我就做一篇，这里我必得纪念陈独秀先生，他是催促我做小说最着力的一个。"[④]他又在《忆刘半农君》中写道："《新青年》每出一期，就开一次编辑会，商定下一期的稿件。其时最让我注意的是陈独秀和胡适之。假如将韬略比作一间仓库罢，独秀先生的是外面竖立一面大旗，

① 鲁迅：《南腔北调集·守常全集题记》，《鲁迅全集》第 4 卷，人民文学出版社，2005，第 538 页。
② 鲁迅：《庆祝沪宁克复的那一边》，《鲁迅全集》第 8 卷，人民文学出版社，2005，第 196 页。
③ 鲁迅：《南腔北调集·守常全集题记》，《鲁迅全集》第 4 卷，人民文学出版社，2005，第 538 页。
④ 鲁迅：《南腔北调集·我怎么做起小说来》，《鲁迅全集》第 4 卷，人民文学出版社，2005，第 526 页。

大书道'内皆武器，来者小心'，但那门却开着的，里面有几支枪，几把刀，一目了然，用不着提防。适之先生的是紧紧关着门，门上粘着一条小纸条道'内无武器，请无疑虑'。这自然可以是真的，但有些人——至少是我这样的人——有时总不免要侧着头想一想。"[1]对陈独秀的爽直坦诚，胸无城府，做了形象描述，也流露了鲁迅对陈独秀为人品行的欣赏和接纳。陈独秀后来被逮捕，引起社会各界关注，鲁迅此时频频写文章回忆陈独秀，谈自己跟陈独秀的情谊，谈陈独秀和胡适的不同，是大有深意的。可能正是由于对李大钊和陈独秀这两个共产党早期领导人的美好印象，才使鲁迅对这个政党产生信赖，为以后建立联系打下了基础。

（一）编译马克思主义的文艺理论和苏联文学作品

1928 年，创造社、太阳社一些刚学到一点马克思列宁主义的文学青年，为提倡"无产阶级革命文学"，在《文化批判》上攻击批判鲁迅。他们认为鲁迅是社会变革期中的落伍者，是资本主义以前的封建余孽；认为他不是这个时代的表现者，他的思想只能代表清末以及庚子义和团暴动时代的思想，等等。这次批判，一度使鲁迅产生"退隐于'艺术之宫'或'学术殿堂'里去"[2]的想法，如冯雪峰后来回忆说："1927 年和 1928 年之间，他也很可能回到学术的研究上去。"[3]但是，这次批判却又迫使鲁迅开始研究马克思主义的文艺理论。他在《三闲集·序言》中说："我有一件事情要感谢创造社的，是他们'挤'我看了几种科学底文艺论，明白了先前的文学史家们说了一大堆，还是纠缠不清的疑问。并且因此译了一本蒲力汗诺夫的《艺术论》，以救正我——还因我及于别人——的只信进化论的偏颇。"[4]

1929 年 2 月，鲁迅翻译日本片上伸的论文《现代新兴文学的诸问题》。4 月，翻译苏联卢那察尔斯基的论文集《艺术论》。6 月，介绍马克思主义文艺理论的《科学的艺术论丛书》陆续出版，鲁迅是丛书编译者之一。8 月，编译苏联卢那

① 鲁迅：《且介亭杂文·忆刘半农君》，《鲁迅全集》第 6 卷，人民文学出版社，2000，第 74 页。

② 冯雪峰：《回忆鲁迅》，河北教育出版社，2001，第 28 页。

③ 同上。

④ 鲁迅：《鲁迅全集》第 4 卷《三闲集·序言》，人民文学出版社，2005，第 6 页。

察尔斯基的论文集《文艺与批评》。1930 年 4 月，翻译苏联关于文艺政策的文件汇编《文艺政策》。5 月，为所译苏联普列汉诺夫的论文集《艺术论》作序。8 月，翻译苏联阿·雅各武莱夫的小说《十月》。12 月，翻译苏联法捷耶夫的小说《毁灭》。

这一时期，鲁迅通过翻译马克思主义的文艺理论著作，开始接受革命文学。1930 年 1 月，他写了长篇杂文《"硬译"与"文学的阶级性"》，第一次运用马克思主义的阶级观点，为无产阶级文学辩论。同年 3 月，在中国左翼作家联盟成立大会上，鲁迅作题为《对于左翼作家联盟的意见》的演讲，肯定"革命文学"并愿意为之承担任务。1930—1933 年，鲁迅写了一些表明自己政治思想立场的文章，如《中国无产阶级革命文学和前驱的血》《黑暗中国的文艺界的现状》《上海文艺之一瞥》等。可以说，鲁迅对于革命文学的肯定和接受，在思想观念上为他以后与中国共产党发生联系做了铺垫。

（二）加入中国左翼作家联盟

中国左翼作家联盟是由中国共产党发起成立的革命文学团体，其宗旨是宣传马列主义思想、站在无产阶级立场为工农群众服务。联盟在上海筹备期间，中共中央干事兼文委书记潘汉年曾指示冯雪峰出面邀请鲁迅参加"左联"，并就有关问题征求过鲁迅的意见，比如，是否在作家联盟前加"左翼"二字，"左联"的理论纲领及发起人名单也经鲁迅过目及同意。1930 年 2 月 16 日，鲁迅参加了"左翼"作家联盟的筹备会，3 月 27 日参加成立大会并作题为《对于左翼作家联盟的意见》的讲话，这个讲话对当时左翼文艺运动有重要的指导意义。虽然鲁迅对这次大会的印象是："一览了荟萃于上海的革命作家，然而在我看来，皆茄花色。"[1] 以后，虽然鲁迅很少出席"左联"的会议，但对于"左联"的工作是支持和参与的。实际上当时的"左联"是在双重领导下工作：一是要接受鲁迅的指导，二是要接受党的领导。这两方面的领导要做到一致而不发生矛盾，主要是靠党的组织如何与鲁迅协调，而且善于听取和尊重鲁迅的意见。1930—1933

---

[1] 鲁迅：《书信·致章廷谦》，《鲁迅全集》第 12 卷，人民文学出版社，2005，第 226 页。

年，左翼作家联盟初期的几位党团书记，都很尊重鲁迅，与鲁迅一直保持着良好的关系，鲁迅也愿意接受中国共产党的领导并努力去完成党交办的任务。比如，出版《前哨》抗议"左联五烈士"——李伟森、殷夫、柔石、冯铿、胡也频的被杀。鲁迅亲笔书写刊头，并写了《中国无产阶级革命文学和前驱的血》，为美国杂志《新群众》写了《黑暗中国的文艺界的现状》。1933 年 2 月 22 日，日本共产党员作家小林多喜二被杀，"左联"发表《小林同志事件抗议书》，鲁迅自己发了一封唁电，并与郁达夫等发起募捐，协助小林多喜二的家属。除此之外，鲁迅每月付"左联"20 元的资助，还出资协助盟员生活及出版书籍及杂志，数目都不小。

直到 1933 年下半年，周扬担任"左联"党团委书记后，由于受当时党内"左"倾路线的影响，再加上他们工作中出现教条主义和宗派主义的倾向，鲁迅对这些问题进行过原则性批评，"左联"与鲁迅之间才产生分歧和矛盾，以致后来"左联"解散后，鲁迅与周扬等人的分歧也并没有结束，甚至后来，出现了"两个口号"的论争。虽然如此，但"那时候，鲁迅先生主要的是经过了'左联'，保持着和我们党之间的尽可能的密切的联系和经常的关系的"①。

（三）与中国共产党人的联系

第一，鲁迅与李立三。1930 年 5 月 7 日，时任中共中央宣传部部长的李立三，由冯雪峰陪同前往与鲁迅会面。李立三希望鲁迅发表一篇类似法国作家巴比塞的《告知识阶级》那样的宣言。但鲁迅认为中国革命是长期的、艰巨的，不同意赤膊上阵，要采取散兵战、持久战等战术。对李立三要求鲁迅用"周树人"的真名字写文章公开骂蒋介石，鲁迅也没有同意。鲁迅后来跟冯雪峰说："要我发表宣言很容易，可对中国革命有什么好处，那样我在中国就住不下去，只好到外国去当寓公。在中国我还能打一枪两枪。"②周建人在《回忆大哥鲁迅》中也说鲁迅不同意的理由是："我主张还是坚守住阵地，同国民党进行韧性战斗，要

---

① 冯雪峰：《冯雪峰忆鲁迅》，河北教育出版社，2001，第 38 页。
② 冯雪峰：《雪峰文集》第 4 卷，人民文学出版社，1985，第 494 页。

讲究策略，用假名字写文章，这样，就能够真正同国民党反动派战斗到底。"①

第二，鲁迅与瞿秋白。瞿秋白曾以记者身份于1920年访苏，写了大量通讯散文，结集为《饿乡纪程》《赤都心史》。他是中国共产党第四、第五、第六届中央委员。1927年国民党反叛革命后，他主持召开"八月七日党中央紧急会议"，结束陈独秀右倾机会主义路线。1927年冬至1928年春，担任中共中央政治局临时书记时，犯有"左"倾盲动错误。后受王明排挤，1931—1933年在上海从事革命文化工作，经冯雪峰介绍，1931年与鲁迅开始往来，并结下深厚的友谊。鲁迅和瞿秋白初遇即有知己之感。许广平在《鲁迅回忆录》中描述了这次会面情景："那天谈得很畅快。鲁迅和秋白同志从日常生活，战争带来的不安定，彼此的遭遇，到文学战线上的情况，都一个接一个地滔滔不绝无话不谈，生怕时光过去得太快似的；又像小海婴见到杨妈妈，立即把自己的玩具献出似的，但鲁迅献出的却是他的著作、思想。两两不同，心情却是一样的。"②

1932年12月，瞿秋白给鲁迅写过这样一首诗："雪意凄其心惘然，江南旧梦已如烟。天寒沽酒长安市，犹折梅花伴醉眠。"③将自己当时的遭遇展示给鲁迅。1933年3月，瞿秋白夫妇搬到北四川路日照里居住，鲁迅亲笔写一副对联相送："人生得一知己足矣，斯世当以同怀视之。"瞿秋白将这副对联挂在墙上。这录自清代金石篆刻家何瓦琴的联语，表达了鲁迅与瞿秋白之间的知遇之情。瞿秋白在1933年三四月间写的几篇杂文，是与鲁迅一起讨论过，写成后由许广平誊抄，再由鲁迅作为自己的文章寄给《申报·自由谈》，用自己常用的笔名发表的。鲁迅对瞿秋白杂文的评论是尖锐，明白，真有才华。后来鲁迅把这些杂文编入自己的集子，以使它们不至于流失而保存下来。

瞿秋白善于运用马列主义理论，深刻观察分析问题，他的文艺论文思想透辟，鲁迅十分佩服。他多次对人说："真是皇皇大论，在国内文艺界，能够写这样论文的，现在还没有第二个人！"④1933年7月，瞿秋白编选《鲁迅杂感集》

① 周建人：《回忆大哥鲁迅》，上海教育出版社，2001，第119页。
② 许广平：《鲁迅回忆录》下册，北京出版社，1999，第1182页。
③ 许广平：《鲁迅回忆录》下册，北京出版社，1999，第1185页。
④ 冯雪峰：《冯雪峰忆鲁迅》，河北教育出版社，2001，第74页。

并为之作长达万言的序，在序中，他论述了鲁迅杂文产生的广阔而深刻的社会背景，阐明它在中国思想斗争史上的重要地位和意义。运用马克思的阶级分析理论对鲁迅及其杂感做如此全面的高度的评价，瞿秋白是第一人。在"革命文学"论争时，创造社、太阳社发表了不少文章，企图分析评论鲁迅的思想和作品，鲁迅多次指出对方没有击中自己的要害，而对于瞿秋白的这篇大论《〈鲁迅杂感〉序言》却十分折服。据冯雪峰回忆："鲁迅先生对秋白同志写的《〈鲁迅杂感〉序言》这篇文章，最有所感受的，据我的理解，还是批评和分析到他前期思想上的缺点的地方。关于秋白同志的批评，鲁迅先生自己也谈到过，他说：'分析的是对的。以前就没有人这样批评过。'他说话时候的态度是愉快而严肃的，而且我觉得还是流露着深刻的感激的情意。"①

瞿秋白精通俄文、英文，中国旧文学根底深厚，鲁迅十分佩服瞿秋白能用非常出色的中文直接翻译苏联、俄国的文艺理论著作和文学作品。据冯雪峰回忆："最初我把秋白同志口头上谈到的关于鲁迅先生从日本文译本转译的几种马克思主义文艺理论著作的译文的意见，转达给鲁迅先生的时候，鲁迅先生并不先回答和解释，而是怕错过机会似的急忙说：'我们抓住他！要他从原文翻译这类作品！以他的俄文和中文，确是最适宜的了。'鲁迅……接着又平静地说：'马克思主义的文艺理论，能够译得精确流畅，现在是最要紧的了。'"②1933年，鲁迅曾请瞿秋白翻译苏联绥拉菲摩维支的小说《铁流》的原序。

鲁迅佩服和赞赏瞿秋白思路敏捷、办事利索的才能。在冯雪峰和许广平的回忆文中都写道，鲁迅常常夸耀瞿秋白"真有才华"③。瞿秋白也很佩服鲁迅，他佩服鲁迅思想深刻，言论深刻，文字深刻。据冯雪峰回忆："对于中国社会和历史的观察与分析，两人因为有很多次长谈，是相互启发与相互影响的。在观察的深刻性上，据我理解，秋白同志无形中受了鲁迅先生的一些影响。'鲁迅看问题实在深刻'这样的话，他曾经对我说过几次，我想这就可以当作一种说明。"④

① 冯雪峰：《冯雪峰忆鲁迅》，河北教育出版社，2001，第73页。
② 冯雪峰：《冯雪峰忆鲁迅·"左联"时期》，河南教育出版社，2000，第73页。
③ 冯雪峰：《冯雪峰忆鲁迅·"左联"时期》，河南教育出版社，2000，第74页。
④ 冯雪峰：《冯雪峰忆鲁迅·"左联"时期》，河南教育出版社，2000，第76页。

在上海工作期间，瞿秋白曾三次在鲁迅家躲避国民党的搜捕。1935 年 6 月，瞿秋白在福建长汀被国民党逮捕后，鲁迅极力筹资营救。瞿秋白被杀害后，鲁迅在很长一个时期内，悲痛不已。后来，他抱病编辑瞿秋白的译文，并托日本朋友内山完造寄到日本，不惜工本印成两卷精美的《海上述林》。1936 年 10 月 15 日，鲁迅在他临终的前几天，在给别人的信中还这样提道："《现实》中的论文，……原是属于'难懂'这一类的。但译这类文章，能如史铁儿（按：瞿秋白的笔名）之清楚者，中国尚无第二人，单是为此，就觉得他死地可惜。"① 他们二人的交往正如许广平后来在《鲁迅回忆录》中所说："真个是海内存知己，神交胜比邻了。"②

（四）为中国共产党工作

1935 年前后，许多革命根据地失守，一些白区党组织遭到破坏，党中央在长征途中，全国革命形势处在危难之际。鲁迅坚持理想信念，继续为党工作，为不少组织和个人接上了与党的关系。曾在中央特科工作的吴奚如说当年："白区各地方组织残存的干部跑到上海找中央关系，大多经过鲁迅先生这一渠道，那是不胜枚举的。"1935 年，上海各中外报纸登出共产国际情报机关被破坏的消息，但并未披露被捕人员名单。可是其中有一消息令人瞩目：日本驻上海的总领事馆向国民政府提出照会，要求立即释放某作家，因他是日本方面的情报人员。中国共产党情报人员立即从这则消息看到一条线索：日本方面掌握了这一事件的内幕。中国共产党特工人员吴奚如找到鲁迅，问他能否通过日本的友好人士，把这一事件的起因查清楚。鲁迅回答说："尽力为之！"③ 三天后，即从鲁迅那里得到确切情报：这一事件是由中国情报人员被捕自首叛变引起的。中国共产党地下组织根据鲁迅提供的情报，迅速通知有关人员转移，避免了更大的损失。

1935 年，领导"一二·九运动"的中共北方局，与党中央失去了联系。刚到

---

① 鲁迅：《致曹白》，《鲁迅全集》第 14 卷，人民文学出版社，2005，第 168 页。
② 许广平：《鲁迅回忆录》下册，北京出版社，1999，第 1182 页。
③ 倪墨炎：《鲁迅的社会活动》，上海人民出版社，2006，第 282 页。

北平担任中共市委书记的林枫，要求北方学联党团书记姚依林派一合适人员，把北方局给党中央的信送给上海的鲁迅，请鲁迅转给党中央。两三个月后，此信就到了陕北党中央。这样的事实材料还有很多，不一一列举。

总之，在鲁迅生命的最后十年，他接触了无数优秀的共产党人，目睹了中国共产党艰苦卓绝的斗争和勇于牺牲的革命精神，他才更加清晰地了解到这个政党的革命目的和信念，而这跟他的思想观念是一致的。因此，他才真诚地接纳了这个政党，在中国共产党最需要的时候，竭尽所能不计个人安危地为它工作，正如1937年鲁迅周年祭日毛泽东在陕北公学纪念鲁迅逝世一周年大会上演讲指出，鲁迅"并不是共产党的组织上的人，然而他的思想、行动、著作，都是马克思主义化的"①。

二、鲁迅在绍兴

（一）鲁迅诞生地——绍兴东昌坊口

浙江绍兴东昌坊口，是我国伟大的文学家、思想家、革命家鲁迅诞生的地方。1881年9月25日（旧历八月初三），鲁迅就诞生在这里。鲁迅故居包括新台门、百草园、老台门和三味书屋，鲁迅故居受到了党和政府的珍视和保护。从1953年起，这里建立了绍兴鲁迅纪念馆。东昌坊口本是东西街，它的名称起因于西端的十字路口。"坊"是当时城市的建制单位。清末绍兴城中，称街里为"坊"，"坊"是城池区划单位之一（城中称"坊"，近城称"厢"）。绍兴旧时有不少以"坊"为名的街里，如五马坊口、大坊口等，绍兴东昌坊口的名称也就由此而来。东昌坊口的范围较大，往南行是都亭桥，往北是塔子桥、长庆寺，往西是秋官第、大云桥，往东是张马桥。一般称呼东昌坊口的地段，大概指从十字路口到张马桥为界，和覆盆桥相连接的这一带。鲁迅故居新台门、百草园、老台门、三味书屋，也就在这十字街口与覆盆桥之间。

新台门在东昌坊口东境，在现今鲁迅路208号，是鲁迅出生的处所。鲁迅在这里度过了他整个幼年和少年时代。新台门是约百年前的建筑物，原有六扇

---

① 大汉笔录：《毛泽东论鲁迅》.《七月》（重庆）1938年第3期。

竹丝大门，是周家聚族而居的地方。现在的新台门，临街是两扇黑漆石库门的台门斗，这原是开台门的边门，现已修建成为正门。从这里进口，穿过小天井，是一间泥地台门间，侧门进去有一口水井，是当年的遗物。从一条新建的长廊进去，穿过一扇小门，就到了桂花明堂。这里原有两株茂盛的金桂，桂花明堂的名称也就由此而来。夏夜，幼年鲁迅躺在小板桌上，在桂花明堂里乘凉，听祖母讲"猫是老虎的师父""水漫金山"的故事，听长妈妈讲"长毛"造反（太平天国革命）的事迹。1918 年底，鲁迅迁家北上，新台门的房子售给了东邻地主朱阆仙。次年，即被拆建，房子经翻造后已有较大改变。庆幸的是，还有近一半的房子没有被拆去，这就是鲁迅故居的中心部分。新中国成立以后，鲁迅故居部分根据鲁迅亲友的回忆与鉴定，修复后已局部恢复了原样。1961 年，桂花明堂里一棵被朱姓地主砍掉的金桂，也按照原来的位置补种上了；桂花明堂也逐渐恢复了原状。

（二）鲁迅少年读书处——三味书屋

1892 年 2 月，鲁迅奉父亲之命，进了绍兴城内颇有声望的书塾——三味书屋。直到 1898 年鲁迅去南京江南水师学堂读书，才离开这所书塾。三味书屋坐落在覆盆桥，开门临河，与鲁迅的祖居老台门隔河南北相望，与新台门相距也不远。正如鲁迅所说："出门向东，不上半里，走过一道石桥，便是我的先生的家了。"三味书屋是寿家的东配房，坐东朝西，在清嘉庆年间，由寿镜吾先生的祖父寿峰岚先生购置。鲁迅到三味书屋读书时，寿家的正屋已典给别人居住，进出须走东边的黑漆竹丝偏门。进入偏门，便是一排西向的平屋，第三间就是三味书屋。

中国的私塾是封建教育制度的产物，它从教学内容到教学方法都带有很大的腐朽性和落后性，三味书屋自然也不例外。寿镜吾先生规定学生读"四书""五经"，强令学生死记硬背，甚至连学生提问题也被禁止。鲁迅就是在如此单调、死板的学习环境中，刻苦读书，积极思考，努力掌握文化知识，为他一生的博学多才打下坚实的基础的。

三味书屋的主要学习内容是读书、背书。寿镜吾先生规定：学生在月半要背半个月中读过的书，月底要背一个月中读过的书，到年底就要背出一年中读过的书，如果背不出，就要受到责罚。鲁迅少年时代的读书方法与别人不同。他并不死记硬背，而是熟读深思，注重理解和掌握。他曾制作了一张小巧精美的书签，书签两端贴着红色的花纹图案，中间写着 10 个端端正正的工笔小楷："读书三到：心到、眼到、口到。"在读书时，他就把书签夹在书页里，每读一遍就从上往下抽盖掉一个字，读过几遍，就用默读加深对课文的理解；用不了多久，他就能熟练地将课文背出来。鲁迅出色的读书成绩，是与他平时注重思考，做到"心""眼""口"同时并用分不开的。同学们都很钦佩他，寿镜吾先生也赞许他，于是大家都学鲁迅的样，纷纷制作"读书三到"的书签。由于鲁迅读书能做到心到、眼到、口到，所以凡是他读过的书，不但能背，而且能默、能讲。

（三）鲁迅在绍兴府中学

鲁迅在南京学习了四年之后，于 1902 年 4 月取得官费资格，被派往日本留学。1909 年夏，鲁迅从日本归国，到杭州浙江两级师范学堂教书。1910 年 7 月，鲁迅离开杭州回到了故乡。其时，绍兴府中学堂正闹风潮，学校一片混乱。绍兴知府决定暂由山会初级师范学堂监督杜子（海生）兼代府中监督，杜聘请鲁迅到绍兴府中学堂教天物之学（博物学）。

绍兴府中学堂，原名"绍郡中西学堂"，是 1897 年由徐树兰捐资创办的。于这年 3 月 3 日正式开学。1899 年夏，随着戊戌变法的失败，绍郡中西学堂的"西"字被迫从招牌上擦掉，更名为"绍兴府学堂"。翌年，震惊中外的义和团反帝爱国运动爆发，"因义和团之变，地方谣诼蜂起。学生父兄，多有不愿子弟来校者。且师生间革命思潮滂沛，顽者疑惧，致筹措学款，横生阻碍"。于是，学堂曾停办一年。1902 年春，绍兴府学堂迁往城区的龙山书院。1906 年 1 月，它又改名为绍兴府中学堂，"校内一切设施，悉遵中学堂章程办理"。1907 年秋天，学校利用仓桥试院旧址，新建了校舍 50 余间，竣工后校址也由龙山书院迁到了仓桥。学校当局还派人专程赴日本、上海等地添购图书，购置大量理化仪器、化学用品、博物标本、生物模型及各项运动器械等，在师资、教学设备和校舍等各方面都做了充实。绍兴府中学堂"专收全府高等小学卒业生，授以高等之普通学，俾卒业后升入各种高等专门学堂及高等学堂"。

鲁迅在绍兴府中学堂担任监学的同时，还兼任博物教员。他虽然只工作了一年时间，但给府中师生留下了深刻的印象。

清朝末年的教育界，尊孔与反孔、守旧与革新的斗争非常激烈。绍兴府中学堂设有不少新课程，如英文、数学、博物、物理和化学等，同时还设置了修身、经学、国文等课程。低年级学生每星期要读三节课的《春秋左传》，高年级学生每星期要念三节课的《周礼》。此外，修身、国文等课程中也有许多封建主义的内容。鲁迅身为监学，并不督促学生读"四书""五经"。对这些被人奉为金科玉律的"圣书"，鲁迅往往是"睨而视之"。

鲁迅十分重视课堂教学的改革。他在讲课时，常以革命思想和科学知识启发学生。他用的讲义，是在杭州浙江两级师范学堂任教时编就的；到了府中学堂上课时，鲁迅又做了一番修改。上课时，鲁迅教态从容，说话风趣，不像府中有些教员盯着教科书照本宣科。他总是由近及远、由浅入深地进行讲解，有时借助于图表，有时助之以手势，有时还讲述自己在南京和日本时的亲身经历，使学生听起来备感亲切，印象特别深刻。鲁迅教授植物学时，常常是一边画，一边讲，有时还插几句日语或英语。鲁迅要求学生在上课时专心听讲，不必盯牢书本，有了体会随时记一点下来。他还说，学习贵在自觉，重在自修，听讲只起辅导的作用，下课后要重视复习，仔细回味和研究课本。这样，学习的效果就能事半功倍。

绍兴是一个历史悠久的文化古城，绍兴城东南十里的禹陵，相传是我国古代为民治水的英雄夏禹的葬地。他"劳身焦思，八年于外，三过家门而不入"的动人事迹，一直为后人所传颂。1911年春，鲁迅曾带领府中师生游览禹陵，对学生进行爱国主义的直观教育。出发时，鲁迅带头走在队伍的前面。参观结束时，全校师生还在禹庙百步金阶上摄影留念。为了提高教学效果，鲁迅经常带领学生走向社会，与实际社会相接触，使所读的书活起来。他还重视学习外地、外国的先进教学方法，引进各种教学参考资料和仪器、标本、药品等教学设备。

三、鲁迅与绍兴文化

故乡的一切是鲁迅创作取之不尽、用之不竭的源泉。在鲁迅作品的字里行间，镶嵌着鲁迅思想体系中熠熠生辉的对家乡的记忆表象和情感体验，这些记忆与体验游走在鲁镇、未庄和绍城的庭院里、巷道中，鲁迅播撒的，读者捡拾的，是一粒粒有关鲁迅的故乡——绍兴文化的珠子，攒起来，就成了一份瑰宝。"在鲁迅的第一部白话短篇小说集《呐喊》的 14 篇作品中，尽管从没有明确说明背景为绍兴，但有 10 篇明显具有绍兴地方特色。"[①] 虽然多年身处异地，鲜回绍兴，但是鲁迅借着作品，携着心灵与想象，进行着一次又一次的精神之旅，回到绍兴，游历故地、回访故人、写下故事，在中国的文学记忆里塑造出"绍兴"这一永恒的形象。

"故乡"在鲁迅的世界中具有深刻的复杂性。鲁迅在"故乡"主题的探索中离开故乡，选择别样的、充满坎坷荆棘的生命之路。在多年的漂泊之后，跟随心的指引，经历一次次快乐却痛着的精神返乡之旅，浸染在"乡风民俗"中，涉足于"情感河川"，当梦幻般的希望被现实模样的绝望取代，于是，再次离乡。

在大部分的文学作品中涉及的故乡主题，我们看到的是一个人在某个地方出生并在该地方长大、度过人生中的一个阶段或者一生，时间的淘沥和情感的沉浸使创作者有了对故乡独特的情感，但归乡却不是一个必需的主题。鲁迅的故乡情结经历了一个思想变化的历程，鲁迅生于故乡绍兴并在那里成长，然后又离开故乡，游历他乡数载后重回故乡，经历了离乡、归乡又离乡的乡路历程。归乡主题是人类艺术领域普遍共有的、经常生发的、最易引起审美受众共鸣的核心主题之一，结合中国近代特殊的社会历史状貌，归乡更成为中国文学中最频繁登场、经久不衰且历久弥新的主题。在鲁迅小说当中，归乡主题占有非常大的比重，归乡与鲁迅的深邃的内里情感盘根错节，交互混融。但是，"鲁迅的归乡是以作为近代体验的故乡丧失为内容的归乡"。故乡丧失是指，"离乡的

---

① 劳尔·戴维·冯铁：《鲁迅和他的绍兴》，乔丽华译，英文版序，《上海鲁迅研究》第 3 辑，上海社会科学院出版社，2009，第 175 页。

一代返乡时，故乡已经面目全非"①。鲁迅离乡再返乡，用现代意识去观照故乡，却再难寻对故乡的儿时记忆。故乡已经面目全非。因为鲁迅返乡后无法重新发现故乡并与之同化，因此在鲁迅的故乡世界里有着明显的童年与成年的情感分化，这种情感上的差异及鲁迅表达这种差异的目的与意图在鲁迅作品中对故乡自然风光与社会状态的描绘中都得以显现。

（一）童年故乡

与一些具有浓烈怀旧色彩的乡土作家所描述的乡土风情有明显不同的地方是，鲁迅的笔墨并不在家乡的山水风光上做太多逗留，仅仅是以点墨素笔稍作点染，鲁迅致力于透过风光与风俗的写意描绘，直逼人性深处，探寻社会群体心理场。

"运交华盖"时期，鲁迅孤独彷徨、内心无所攀附，在这个阶段，他创作的大量作品通过对童年往事的追寻、回忆、沉潜来给压抑的现实状况寻一个排解的出口。这些对故乡的追忆大部分都集中在《朝花夕拾》中，"《朝花夕拾》是糅合了传记成分的回忆散文集，'是从记忆中抄出来的'"②。这些记忆梗上的婀娜，披着情绪的花，无名地展开，时时绽放人性的馨香。鲁迅惦念童年故乡美味的瓜果鲜蔬，在《朝花夕拾·小引》中，鲁迅说："我有一时，曾经屡次忆起儿时在故乡所吃的蔬果：菱角，罗汉豆，茭白，香瓜。凡这些都是极其鲜美可口的；都曾是使我思乡的蛊惑。后来，我在久别之后尝到了，也不过如此；唯独在记忆上，还有旧来的意味留存。它们也许要哄骗我一生，使我时时反顾。"《社戏》《雪》《从百草园到三味书屋》，鲁迅展现了童年时期感受到的美好的故乡，美好的家园，美好的人事。《社戏》中童年鲁迅的玩伴是诸如"没有一个不会凫水，而且两三个还是弄潮的好手"的农村少年，他们共同的游戏是划船、玩水、看戏、捕鸟、抓猹、偷罗汉豆。成年后的鲁迅再回忆那些儿时的童年趣事，仍然神往，"真的，一直到现在，我实在再没有吃到那夜似的好豆，——也不再看

---

① 全炳俊：《鲁迅与作为近代体验的故乡丧失》，《上海鲁迅研究》第3辑，上海社会科学院出版社，2012，第218页。
② 木白：《新的综合　新的掘进——评〈朝花夕拾〉论稿》，《上海鲁迅研究》第1辑，上海社会科学院出版社，2009，第178页。

到那夜似的好戏了"。《故乡》中，一幅灵动的画面展开："深蓝的天空中挂着一轮金黄的圆月，下面是海边的沙地，都种着一望无际的碧绿的西瓜，其间有一个十一二岁的少年，项带银圈，手捏一柄钢叉，向一匹猹尽力地刺去，那猹却将身一扭，反从他的胯下逃走了。"散文诗集《野草》中，鲁迅也时时踏寻故乡，《好的故事》里，鲁迅回忆故乡，"我仿佛记得曾坐小船经过山阴道，两岸边的乌桕，新禾，野花，鸡，狗，丛树和枯树，茅屋，塔，伽蓝，农夫和村妇，村女，晒着的衣裳，和尚，蓑笠，天，云，竹，……都倒影在澄碧的小河中，随着每一打桨，各各夹带了闪烁的日光，并水里的萍藻游鱼，一同荡漾。诸影诸物，无不解散，而且摇动，扩大，互相融和；刚一融和，却又退缩，复近于原形。边缘都参差如夏云头，镶着日光，发出水银色焰"。童年故乡中，殷实家境不愁生计，长辈佣人疼爱有加，祖母及长妈妈口中的故事与传奇新奇有趣，有捕鸟与观跳鱼的趣闻和捉虾、看鹅的欢娱，有坐乌篷船看社戏的乐趣，也有涂油彩、捏钢叉扮鬼神的新鲜刺激。童年故乡中"爱"与"乐"与"趣"的记忆织就了一幅美丽的故乡云锦图，这里含着鲁迅的期待，期待这般的故乡长久再长久一些。鲁迅的心中也有无法割舍、无法化解的故乡情结，想到童年时代所经历的美好的故乡，鲁迅的笔也染上了七彩的颜色、甜腻的气息，尖刻的鲁迅暂时消隐了，取而代之的可能是嘴角上扬，甚至因怀念美味而咋舌的一个孩童。

　　鲁迅在他的小说中建构出了一个记忆中的童年故乡世界，在这个世界中我们随处可见船的身影。船，是鲁迅童年故乡的一个记忆符号。绍兴人的生活离不开乌篷船，船承载着鲁迅对童年故乡的美好回忆，也承载着深厚的绍兴江南水乡文化。童趣无限的《社戏》里，和小伙伴们顶着夜幕固执地去赵庄看戏是撑着乌篷船去的，水流的"哗哗"声和船两侧流过的风景成为鲁迅在童年故乡的记忆中最美好的几朵娉婷。伤感落寞、聊以告别的《故乡》中，"我"与家人是坐着闰土撑的船离开故乡的。故乡已故，旧时玩伴难觅往日美好踪影，船在水上划下的水痕成为鲁迅与故乡相连接的唯一纽带，船不停留，水痕不见，而鲁迅对于故乡从此之后"也只能算一个客子"。

（二）成年之地

童年时，对家乡的丝缕皆有对恋人一般的温柔眷恋，处处显现缱绻情怀，闪耀优美健康的光辉，少年更事起却开始怨恨憎恶，甚至想要逃遁疏离。童年时代感受过的美好的自然人性与成年后养成的决绝的抗争精神产生了矛盾纠葛。"鲁迅正时时警戒着人们（以及自己）内心深处的怀旧心理与情感，并且总要无情地粉碎一切'过去'（童年，故乡，旧人……）的美梦。"① 鲁迅在小说《故乡》中描绘了阔别二十余载后再回故乡的感受："我所记得的故乡全不如此。我的故乡好得多了。"心灵成年之后的鲁迅再见故乡时，内心不是平常人思乡心切、重归故里的温暖归属感，而是浓厚得化不开的陌生。在之后鲁迅的作品中，我们看到的既有鲁迅对童年故乡的依恋、怀念，又有对现在看到的故乡的憎恶、鄙弃、批判和痛心。对于童年故乡，他充满了柔情，有着孩子般的共鸣与向往；对于现在的故乡，他不惮于用"恶意"去推测、剖析，眼光尖锐又刻毒。

作品《故乡》中，鲁迅重返故乡，卖掉故宅，"永别了熟识的老屋，而且远离了熟识的故乡，搬家到我在谋食的异地去"。与故乡彻底做了诀别，前往他地新居。20多年之后的故乡在鲁迅的眼中已与童年时梦幻般的乐园相去甚远，此时"苍黄的天底下，远近横着几个萧索的荒村，没有一些活气"的故乡再不是那个让鲁迅20多年间魂牵梦萦的故乡。

在鲁迅记忆中的少年时代生气勃勃、健康明慧的闰土最终也被人生的风、社会的雨雕刻、冲刷成了一个刻板、呆笨、木讷而无生气的病化农夫。"先前的紫色的圆脸，已经变作灰黄，而且加上了很深的皱纹；眼睛也像他父亲一样周围都肿的通红……那手也不是我所记得的红活圆实的手，却又粗又笨而且开裂，像是松树皮了。"现代社会意识的侵入让鲁迅和儿时曾经的玩伴之间构筑起了不可逾越的生疏与隔膜的"厚障壁"。更为可悲的是，听说了闰土偷埋了十几个碗碟准备偷运回自己的家。至此，童年美好的趣事与玩伴在彻底离乡的伤感中轰然倒塌。"老屋离我愈远了；故乡的山水也都渐渐远离了我，但我却并不感到怎

---

① 钱理群：《心灵的探寻》，北京大学出版社，1999，第133页。

样的留恋。"

《故乡》《祝福》等都写回归故乡，但却处处表现故乡不再、家园已失的寥落情怀，"我是谁？从哪里来？到哪里去？这种无家可归的惶惑体现的正是现代知识者在中国现实生活中找不到自己位置的感觉。他们疏离了自己的故乡，却又对自己的归宿感到忧虑" [1]。现代社会意识的侵入在鲁迅与童年记忆的故乡之间建立了一道透明的屏障，鲁迅能看到屏障背后故乡现今的模样，这模样已大改，无法与记忆的图册覆合。现代知识者个体在历史的洪流中不断前进，故乡拘泥于传统的文化中寸步难行，这种步调的不一致在鲁迅这样的现代知识者心中造成了严重的个体与群体的错位，对于一个有着深重的社会责任感的现代知识者，这种错位必然上升为对社会的深深的忧虑。因此，"故乡丧失"才成为鲁迅童年与成年之间对故乡最深刻的体验。

（三）乡土风俗

乡土风俗，是一地人群长期历史生活中所形成的特定的文化心理，由于沉淀着世世代代人群的文化及心理的价值，集中着一方人群的生活方式，因此，往往也是人们故乡情结的核心内容和重要标志。绍兴是个有着浓烈民俗文化氛围的地域，在传统文明滋养下的绍兴崇尚礼仪，重视民俗，鲁迅从童年时期就开始生活在绍兴的社会民俗文化气氛中，有广泛接触绍兴乡土风俗的机会，同时出生在礼教规矩多而严的新台门周府，更使这些独具绍兴特色的风俗习惯涉入鲁迅的生活，与鲁迅的成长建立了密不可分的联系。在创作中的鲁迅，也处处将故乡的风俗文化牵入作品，无论是作为作品的故事背景还是具体的细节描写抑或主干情节，这些故乡风俗文化都给鲁迅作品增添了独具绍兴色彩的艺术魅力。

"鲁镇"和"未庄"是鲁迅在小说世界中创造出来的有深刻绍兴印痕的典型故乡市镇，鲁迅在很多小说中都提到了鲁镇。孔乙己的故事就发生在鲁镇的酒店里，"鲁镇的酒店的格局，都是当街一个曲尺形的大柜台，柜里面预备着热

---

[1]　汪晖：《反抗绝望——鲁迅及其文学世界》，河北教育出版社，2000，第303页。

水，可以随时温酒"。"当街的柜台""随时温酒"让我们知道在鲁镇这个虚实之间的故乡市镇里，走在街上随时要杯酒喝，顺便坐下来聊聊最近街坊市井里又有什么新故事已然成为故乡人最日常的生活了。酒客们喝酒的状态也各有不同："短衣帮的酒客，是一碟盐煮笋和茴香豆，靠柜台外站着喝；穿长衫的酒客则是踱进店面隔壁的房子里，要酒要菜，慢慢地坐着喝。"简单几句描绘出了故乡小镇里蔚然成风的等级风格。《社戏》里对鲁镇的风俗也有这样的交代："我们鲁镇的习惯，本来是凡有出嫁的女儿，倘自己还未当家，夏间便大抵回到母家去消夏。"鲁镇特殊的婚嫁风俗也已然成为鲁迅故乡记忆中值得乐道的最有趣的几件故乡事之一。祥林嫂的故事也是在鲁镇发生的，祥林嫂夫死儿亡，被迫改嫁，在鲁镇祝福的这一夜，祥林嫂的故事终成难以改写的悲剧，"我是正在这一夜回到我的故乡鲁镇的"。在鲁迅的小说中，"鲁镇"已然不再简单是所讲述故事发生的场地了，而是一块块由鲁迅的记忆和情绪的片段拼接出来的错综斑驳又看似伤痕累累的故乡。这里承载的不仅是故事人物的喜怒悲欢，更是鲁迅内心的复杂且深重的故乡情结。

在类似于"鲁镇"和"未庄"的故乡代表里，茶馆和酒很大程度上就是绍兴或者"鲁镇"的文化标签，茶馆作为一个最基本的物化人文景观，在《呐喊》《彷徨》近三分之一的作品中都曾出现。茶馆本身具有一定的叙事空间的功能，在这个有绍兴地方特色的舞台上，上演着一出出能够让我们窥见一张繁复的社会心理人际关系网的戏剧，在茶馆中，各色人的精神风貌在这种日常生活常态中直观自然地得以显现。《孔乙己》的主场景在咸亨酒店柜台内外，咸亨酒店里，有曲尺形的柜台、醇香的老酒和茴香豆，还有衣衫褴褛的孔乙己。鲁迅绍兴故居附近就有家咸亨酒店，"咸亨"意为一切顺利、通达，或许咸亨酒店为鲁迅无心写入小说中，但"咸亨"与身在其中的孔乙己的命运形成了鲜明的对照，完成了尖刻的讽刺。《药》中，一段关于人血馒头的对话发生在幽暗的华家茶馆里；《明天》中，鲁镇深夜没睡的两家，一家是单四嫂子，而另一家则是咸亨酒店里几个围着柜台吃喝起兴的朋友。在极具地方特色的绍兴古街上，茶馆、酒店这一类人群聚集的公共场所随处可见，一群茶客酒徒在其中喝酒品茶，谈笑闲聊已然是绍兴人特有的一种消遣娱乐休闲方式。出入茶馆，酒店的多是一些闲人，因为清闲，大部分人乐于对别人的事情查访打探、评头论足，人们对别人的个人私事和消息传闻异乎寻常地感兴趣。茶馆是各类新闻的集散地和传播中心，阿Q进城做了窃贼的助手，得了些钱物，阔绰地在酒店消费，阿Q成有钱人"这一件新闻，第二天便传遍了全未庄"，阿Q的发迹在茶馆、酒店里传得沸沸扬扬，各色版本，未庄尽人皆知。处于封建社会的绍兴市镇中，比如鲁镇、未庄，传播媒介不很发达，街头随处可见的茶馆、酒店，借着便利的经营方式，极易集散的三教九流、有闲人等，成为一个人们之间彼此相互交流、沟通的最佳场地。"相对于闭塞的社会环境，这里无疑成为一个舆论形成的空间，并且舆论如果一经产生，通过社会心理互动扩展舆论空间，引起更多人的关注和兴趣，舆论也就会随之辐射扩散。"① 茶馆、酒店在当时社会中具有强有效的信息的集散和传播的功能，同时还扮演着非常重要的社区政治的角色，茶馆、酒店的所有者在市镇里拥有相对较大的政治权力，经济的富有膨胀了政治的野心，财富的集中为称霸乡里提供了便利的条件，掌管着茂源酒店大小生意的赵七爷就凭借他的资本运作政治权力，在鲁镇掀起了一场让人惶恐不安的辫子风波。

　　绍兴古有饮酒风气，阮籍、嵇康乐得饮酒成仙，周作人也曾言，"把宇宙性命都投在一口美酒里的耽溺之力"。酒醉是忘却现实忧患与情愁的妙法，绍兴人深谙其道，《在酒楼上》里的酒店叫"一石居"，酒店里的酒客喝的是绍酒，吕纬甫的希望被生活所毁灭时喝酒买醉，茶馆、酒店为酒客们提供了一个自我麻醉，逃避现实的避难所。《明天》里，酒客们喝的酒是黄酒。酒店、酒客，茶馆、茶客与绍兴文化之间形成了母婴脐带般的天然联系。"鲁迅小说中一个个富有鲜明地缘文化个性的浙东茶馆、酒店，作为旧中国社会生活及文化心理的缩影，正是以其平实鲜活的生活气息和生命形态，获得了具象的思想呈现和至深的艺术感染力。"②

　　除喝茶饮酒的风尚在鲁迅作品中多有表现外，其他的关于绍兴人民的社会

---

① 李蔷：《鲁迅小说中酒店茶馆之文化功能探析》，《济宁师范专科学校学报》2003年第24期。
② 同上。

生活、心理以及绍兴社会风貌的风俗习惯表现也成为鲁迅作品中深刻的绍兴文化印痕。《祝福》中，鲜活地展示了鲁镇新年之际热闹非凡的祝福的场景，新年新气象，鲁镇人民也希冀通过祝福的仪式谋求来年的幸福。"这是鲁镇年终的大典，致敬尽礼，迎接福神，拜求来年一年中的好运气。杀鸡、宰鹅、买猪肉，用心细细的洗，女人的臂膊都在水里浸得通红，有的还带着绞丝银镯子。煮熟之后，横七竖八的插些筷子在这类东西上，就可称为'福礼'了，五更天陈列起来，并且点上香烛，恭请福神们来享用；拜的却只限于男人，拜完自然仍然是放爆竹。年年如此，家家如此，——只要买得起福礼和爆竹之类的，——今年自然也如此。"鲁迅将故乡祝福的场景描绘得栩栩如生，在这样一个有着绍兴文化的故事背景下展开主人公祥林嫂的悲剧命运，喜庆与悲惨的强烈对比中，读者感受到的不仅是独特的地域风俗文化，更有深刻的对礼俗社会戕害弱者的批判、对浓厚封建思想覆盖人性的披露。

故乡的各类风俗文化就如同一幅幅精美的小插画在鲁迅的文字间时隐时现，《风波》的开篇展现了绍兴民间夏天吃晚饭的情形，"男人老人坐在矮凳上，摇着大芭蕉扇闲谈，孩子飞也似的跑，或者蹲在乌桕树下赌玩石子。女人端出乌黑的蒸干菜和松花黄的米饭，热蓬蓬冒烟"。《药》中以人血馒头治痨病的习俗，《离婚》中离婚纠纷的调节过程，《五猖会》中的迎神赛会，《故乡》里闰土颈戴银项圈的习俗，等等，无一不是带有浓厚绍兴色彩的风俗文化现象。但是鲁迅对这些绍兴社会风俗的描写并不是孤立的文化呈现，而是有着特殊的情感与目的。"鲁迅不可能是单纯的乡土风俗的画手与歌者，他少年时期对乡土风俗的原初体验以及越地先贤的文化启迪，凝聚成洞穿民族文化传统的智慧泉和力量源。"① 鲁迅认为："真正的革命者，自有独到的见解，例如乌略诺夫先生，他是将'风俗'和'习惯'，都包括在'文化'之内的，并且以为改革这些，很为困难。我想，但倘不将这些改革，则革命即等于无成，如沙上建塔，顷刻倒

---

① 叶继奋：《"越文化"：鲁迅研究的一个重要母题——读王晓初〈鲁迅：从越文化视野透视〉》，《上海鲁迅研究》第 2 辑，上海社会科学院出版社，2012，第 183 页。

坏。"[①]鲁迅对故乡风俗文化的描绘更着力于通过文化表象的呈现来反映社会的本质，以期达到"引起疗救的注意"、改造社会及国民性的目的。

第三节　土地革命战争时期红十三军军部所在地——永嘉

1930 年夏，中国工农红军第十三军（简称"红十三军"）在浙南地区诞生，同时成立了中共浙南特委。红十三军是当时中共中央军委编入正式序列的全国 14 支正规红军之一，这支红军在浙南地区迅速壮大，很快就拥有 6000 余人，他们活动在东海之滨、瓯江两岸和括苍山地区，游击范围包括浙南的温州、台州、丽水及金华地区的 20 多个县，经历大小战斗百余次，坚持武装斗争历时 4 年。浙南特委在中共中央的直接领导下，重点领导武装斗争，积极进行建党和发动群众，开展土地革命，筹建红色政权。红十三军在浙南的崛起，沉重地打击了国民党反动派的统治，牵制了敌"围剿"中央苏区的部分兵力，对中央苏区及其他地区的革命武装斗争起了积极的支持作用，在浙南人民心中播下了革命火种，为后来浙南游击根据地的建立奠定了基础。

一、红十三军成立前浙南地区的革命斗争形势

（一）中共温州独立支部的建立

早在 1924 年 8 月，设在上海的中共中央派谢文锦到家乡宣传马列主义和全国革命形势，建立隶属中共上海区委的中共温州独立支部，领导各县党的工作，筹建党团组织。他一方面在学生、工人、农民中广泛宣传马列主义，另一方面着手细致地组织工作，先后介绍温州实业界、教育界知名人士郑恻尘、胡识因夫妇和林平海、庄竞秋、胡惠民、戴树棠、孙道济等人加入中国共产党。经过

---

① 鲁迅：《二心集·习惯与改革》，《鲁迅全集》第四卷，光明日报出版社，2012，第 224 页。

认真筹备，1924 年 8 月，中共温州独立支部（简称"温独支"）在信河街侯衙巷新民小学成立，胡识因任书记，直属中共中央领导。同时谢文锦还介绍戴宝椿、金贯真、李得钊等人加入社会主义青年团，成立中国社会主义青年团温州支部，戴宝椿任书记。"温独支"成立时，温州只有几个国民党员，尚无国民党组织机构，郑恻尘等以个人身份加入国民党并帮助发展国民党员、筹建国民党地方党部，温州地区实现了第一次国共合作。

1925 年五卅惨案后，"温独支"和国民党左派人士发动温州学生成立"温州学生救国联合会"和"温州五卅惨案后援会"。发动商人罢市、工人罢工、学生罢课，开展抵制外货、查禁漏海活动。6 月 6 日，温州城区举行万人集会和游行。瑞安、乐清、平阳等地相继成立"沪案后援会"或"救国会"，抵制帝国主义，声援上海人民的正义斗争。"温独支"还逐步开展工农运动、组织行业工会，在农村开办平民夜校，宣传革命真理。1926 年 10 月，"温独支"成员王国桢、张培农参加毛泽东主持的广州第六期农民运动讲习所学习归来，以中央农运特派员的身份分别到永嘉、平阳领导农民运动。至年底，永嘉、瑞安、平阳、乐清等地，许多镇、乡、村都成立了农民协会。

1927 年，蒋介石加紧了反共活动，4 月初，密谋以暴力手段实行"清党"，随后提出对全国各地共产党员应先"看管"的，有包括毛泽东在内 197 人的名单，其中"温独支"和温州籍共产党员有胡公冕、胡识因、唐公宪、郑恻尘、林平海、金贯真、孙道济、庄竞秋、戴国鹏、苏眉如、何葆桢（何志泽）、黄胤等人。接着反动派大肆逮捕、残酷屠杀共产党员，4 月 11 日，温州地区共产党组织的创始人、南京地委书记谢文锦在南京被秘密杀害后沉尸秦淮河。同日，国民党浙江省党部商民部部长、"温独支"主要领导人郑恻尘在杭州被捕，后遭杀害。4 月 12 日，蒋介石在上海发动反革命政变，大肆搜捕共产党人和革命群众，浙江的国民党右派继宁波、杭州后在温州开始"清党"，大肆搜捕共产党员和共青团员，陈仲雷、戴树棠、苏中常、童伯吹、蔡雄等先后被捕被害。随后"温独支"成员全部转入地下，温州地区的革命斗争遭受了严重的挫折。

中共温州独立支部自成立至遭破坏的三年时间里，遵照中共中央及上级党组织的指示认真宣传马列主义，积极建党建团，实现地方国共合作，广泛唤起民众，开展国民革命运动。"温独支"虽遭破坏，但在浙南大地撒下了革命的种子，为此后中共党组织在浙南的重建和农民暴动奠定了基础。

（二）浙南农民武装暴动

1927年，八一南昌起义和八七会议后，中共中央临时政治局派出许多干部到各地传达会议精神，恢复和发展党组织，领导农民开展武装斗争。9月下旬，中共中央特派员王若飞来浙江传达八七会议精神，选举产生了新的省委机构。1928年1月，省委特派员郑馨来温州，建立中共永嘉县委，到2月，浙南地区就建立了永嘉、瑞安、平阳、临海、温岭、遂昌、武义、兰溪、永康、东阳、宣平等县委。永嘉、瑞安、平阳建立的县委，分别由郑馨、林去病、游侠任书记。从此，浙南地区农民运动迅速发展，无田会、贫农团、雇农会纷纷建立，开展了减租、抗粮，增加雇农工资和平粜粮食的斗争。一些地方开始组建区委一级党组织和成立农民赤卫队。

1928年3月14日—16日，浙江省委扩大会议在上海召开，出席会议的有党中央代表周恩来，浙江省成员和温州、台州、嘉兴等地的代表。温州代表为林平海和王屏周。会议听取了周恩来所做的全国政治状况报告。会议认为浙江党组织当时的任务是激发和领导群众开展斗争，"以达到武装暴动的前途"①。

1929年，永嘉中心县委与上海的党中央联系密切，至10月共收到党中央通告、通电、宣言等件，各种书刊册。1929年6月，中共中央巡视员邵天民、徐英到浙南检查贯彻党的六大决议情况，要求各地加紧革命宣传，领导农民以反对苛捐杂税、土地陈报、村里制为内容的日常斗争，为发动农民武装暴动、建立红军创造条件。到同年10月，永嘉、瑞安、平阳三县共建立了106个农村党支部，计有党员984人。为贯彻省委扩大会议的精神，林平海、王屏周回到温州后，加紧武装暴动的准备工作。当时浙南大地连遭水旱风虫自然灾害，"温

---

① 中共温州市委党史征集研究办公室编：《浙南革命烈士传》第1辑，1984，第59页。

属六县饥民达四十万以上"[①]，而国民党政府向农民征收的苛捐杂税有增无减，农村阶级矛盾进一步激化，迫使农民揭竿而起，纷纷开展闹荒、抗租税等斗争。不少地方先后形成了农民武装暴动的中心区域，其中最著名、最活跃的是永嘉县的西楠溪，这里有谢文锦、胡公冕、金贯真等一批我党早期共产党员，到苏联莫斯科东方大学学习过的就有 13 人，参加早期黄埔军校的达 30 多人，他们曾在家乡传播革命思想，发展党的组织。到 1929 年 10 月，西楠溪党员发展到505 人。加上该地区群山叠嶂，地形险要，民性尚武，民间藏枪颇多，对开展武装斗争十分有利。11 月 13 日，永嘉西楠溪 84 个村庄，4000 多农民手执刀枪棍棒，臂缠红布，鸣锣为号举行暴动，袭击省保安队及民团，捣毁昆阳公安分局。针对这一形势，永嘉中心县委召开会议，因势利导，决定成立浙南革命委员会和组织红军游击队。

永嘉中心县委委员雷高升、李振声在西区集中多人的武装队伍，编为 4 个中队。1930 年初，西楠溪组织了 20 多支农民武装，瑞安的北区、西区，平阳的江南，温岭、仙居的西南区，黄岩的西区，天台的北区等先后成为农民武装暴动的中心区域。此外，丽（丽水）金（金华）地区也出现了数支农民武装，他们与温台地区的农民武装斗争遥相呼应。各级党组织的建立和发展壮大，此起彼伏的大规模农民武装暴动，为红十三军的建立创造了各方面的基础和条件。

二、红十三军的创建

浙南农民武装暴动的浪潮迭起，引起了中共中央的重视。1930 年 1 月，党中央派金贯真巡视温州、台州。2 月初，金贯真在瑞安县肇平垟主持召开永嘉中心县委第二次扩大会议，做出了政治、组织、工运、农运和开展武装斗争等决议。决定在永嘉西楠溪、平阳江南一带组建红军，开展游击战争。会后，金贯真主持举办了为期 3 天的县区负责人训练班。28 日，金贯真向党中央写了长达 1.5 万字的关于温台地区政治形势、群众斗争、武装暴动、党和工人及群众

---

① 中共浙江省委党史资料征集研究委员会、浙江省档案馆、中共温州市委党史资料征集研究委员会编：《红十三军与浙南特委》，内部印行，1988，第 244 页。

组织等的详细报告，同时向在上海主持中央军委工作的周恩来建议，派胡公冕到浙南负责军事指挥。

3月初，中央军委派胡公冕到浙南，同来的有刘蜚雄、金国祥（蓝尘侣）。他们在永嘉县白岩与王国桢等领导的农民武装会合后，率部到达永嘉县黄皮，在黄皮寺成立浙南红军游击总指挥部。胡公冕任总指挥，刘蜚雄任参谋长，金国祥负责经济工作，王国桢、李振声负责政治工作。不久，党中央又派陈文杰到浙南。3月下旬，金贯真赴上海向党中央汇报浙南武装斗争情况，31日，党中央致信浙南党组织："应当坚决在浙南以永嘉、台州为中心组织地方暴动，建立红军。浙南地方暴动的前途就是夺取浙江一省政权的前途。"并指出："为使党更能敏捷地指导推动工作，有成立浙南特委的必要。"[1]为贯彻中央指示，金贯真回到浙南，于4月中旬召开永嘉中心县委第五次扩大会议，会议决定："温州游击队暂编为浙南红军第一独立团，台州游击队暂编为浙南红军第二独立团，永康游击队暂编为浙南红军第三独立团，同时准备筹建浙南特委。"[2]5月初，西楠溪红军游击队攻下枫林镇后，会合瑞安、平阳、仙居、青田等县的部分游击队员在该地进行整训。整训期间，浙南红军游击总指挥部根据中共中央通知，宣布浙南红军游击队统编为中国工农红军第十三军，正式设立红十三军军部，军长胡公冕，政委金贯真，政治部主任陈文杰，军部设在永嘉县五尺村。红十三军建立后，以各地游击队武装为基础，先后建立了3个团。

红一团是1930年5月与红十三军军部同时宣布成立的，是由永嘉县西楠溪30多支红军游击队整编而成，团长雷高升，政委金国祥，下辖3个大队，大队长分别由雷高升（兼）、胡协和、谢文侯担任。不久瑞安北区游击队500多人，黄岩、仙居游击队各200多人，青田和缙云两地的部分游击队200多人也编入红一团。红一团共计3200多人，是红十三军中人数最多、战斗力最强的一个团。

红二团是以台州地区的温岭坞根游击队为基础，于同年7月组建而成的。坞根位于温岭县的西南，与玉环、乐清两县接壤，紧靠乐清湾，海域广阔，岛

---

① 中共永嘉县委党史研究室、永嘉县新四军研究室编：《血染的丰碑——红十三军斗争纪实》，内部印行，2008，第184页。

② 中共温州市委党史研究室编（万邦联执笔）：《中共温州简史》，浙江工商大学出版社，2011，第24页。

屿密布，群众基础较好。1930年3月，根据台州中心县委指示，已经成立坞根游击大队，下设20多个分队，共300多人，有长短枪100余支。7月，根据中央与浙南特委指示，坞根游击队正式改组为红十三军第二团，团长柳苦民，政委赵胜，并由赵胜、柳苦民、程顺昌、叶勉秀、赵裕平组成红二团团委，指挥部设在坞根洋呈村，全团约1200人。下设3个大队和1个直属特务队，程顺昌任坞根游击大队大队长，陈洪法为青屿游击大队大队长，应保寿为楚门（海上）游击大队大队长，程小林为直属特务队队长。红二团成立后，集中在西门岛（今属乐清县），由赵胜负责整训。

红三团的前身是永康、缙云的红军游击队。1928年后，地处永康、缙云、仙居三县边境的黄余田（今属磐安县）地区，在党的领导下，出现了数支农民武装，1929年成立了红军游击队。1930年5月，永康中心县委书记应焕贤从温州参加浙南红军和浙南特委的筹建工作回去后，将永康、缙云、仙居的红军游击队1500多人集中在永康方山口祠堂整编，宣布红十三军第三团成立。程仁谟（后叛变）任团长，楼其团任政委，下设3个大队、9个中队、1个独立中队，大队长分别为王振康、王伸、吕岩柱，全团有长短枪900多支、土炮4门、手提机枪4挺，是红十三军中武器最精良的一个团。

在组建红十三军的同时，浙南党组织也有了很大发展，当时有376个农村支部，多数分布在游击中心区。1930年5月，王国桢以温台游击区域的代表身份，在上海参加了全国苏维埃区域代表大会，6月初回温后，于6月18日—22日在瑞安渔潭中村召开浙南第一次党代表大会，参加会议的有永嘉、端安、平阳、乐清、玉环、临海、黄岩、温岭、天台、仙居、永康等县代表，以及工人、妇女、游击队、红十三军代表共25人，会上通过了《政治问题决议案》《组织问题决议案》《农村运动决议案》《妇女运动决议案》，选举产生了浙南特委，书记王国桢，组织委员曹珍，宣传委员赵胜，军事委员陈文杰，农运委员应焕贤，工运委员朱绍玉，妇运委员杨德芝，秘书金缄三。浙南特委直属党中央领导。

三、红十三军的主要战斗

红十三军的主力红一团，其主要战斗有奇袭丽水城、智取虹桥镇、攻打平阳城、陶山歼敌、拔除李茅十三地民团、昆阳退敌、下嵊保卫战、歼灭"救乡团"、攻克缙云县城、袭击瓯渠、万山阻击战、东征乌岩等。

1930 年 5 月 15 日，胡公冕、雷高升率领红一团 900 多人从永嘉表山出发，途经青田平桥时，击溃国民党省保安队两个连后，继而进入瑞安，袭击了陶山镇警察所，夺取了全部武器。23 日晚，红一团和瑞安农民赤卫队 700 多人会合进入平阳县境，平阳县委书记吴信直及叶廷鹏分别率江南、万全赤卫队共 600 多人前来接应，24 日上午 9 时，分别从平阳县南门、西门、北门攻入，缴获国民党守军连部、警察所的部分枪支，占领了县政府，砸开监狱，释放了被关押的 40 多名群众。后国民党守军反扑，红军与赤卫队浴血奋战到下午 3 时撤出战斗，牺牲 40 人。攻打平阳之前，政委金贯真到平阳部署战斗及做国民党军策反工作，在 5 月 20 日返程途中，于温州城内被捕，当晚牺牲。

6 月 25 日，红一团等 600 多人在中队长徐定奎率领下，与一支黄岩农民武装会合，准备夺取海门（今椒江）国民党驻军的枪械，但在温岭附近遇到国民党军拦截，战斗不利，决定返回永嘉。27 日，部队途经乐清大荆隘门岭时，遭到乐清大荆民团的伏击，红军和农民武装除少数突围外，大部分在战斗中牺牲或被俘，大荆民团头目蒋叔南对被捕红军指战员和穷苦农民逐一审问后拉往大荆炭坊枪杀，然后合埋于百岗岭船山，人称"千人坑"。血战隘门岭是红十三军众多战斗中牺牲人数最多的一次，共计 471 人。6 月 30 日，红一团攻克由反动民团驻守的永嘉李茅等 13 个自然村，击毙民团 11 人，伤多人，活捉并镇压永嘉县民团副团总，群情振奋。7 月至 8 月上旬，红一团三营在西楠溪下嵊村三战浙保四团和地方民团，毙俘敌各 10 余人。8 月 30 日，陈文杰和雷高升率 900 余人从永嘉与缙云交界的上董出发，准备攻打山城缙云，第二天拂晓到达缙云县城南郊。红军在当地赤卫队的配合下分两路发起攻击，国民党守军用机枪封锁铁索桥，20 多名红军战士组成敢死队，在匍匐前进中击毙敌机枪手。红军战士乘机冲过铁索桥击溃国民党省保安队一个连，缴获机枪 2 挺、长短枪 70 余支、子弹 9 担。红军占领县城后，缴获了县政府大印，烧了县署文契，打开监狱，释放了 200 多名"犯人"，并在城内四处张贴标语，宣传党和红军的主张，将没收的盐、布匹、铜圆分给穷人。但由于国民党调集大批敌人分几路向缙云逼近，红军考虑守城不利，四天后主动撤离县城。攻克缙云县城是红十三军百余次战斗中最成功的一次。

9 月 9 日，红一团又乘胜袭击永嘉瓯渠。瓯渠距温州城区 30 千米，驻有国民党省保安部队一个连和地主武装，并筑有碉堡。国民党守军慑于红军攻克缙云的声威，不战而逃，红军兵不血刃占领了瓯渠，没收了地主豪绅的大量浮财，然后退回永嘉表山。陈文杰留在上董养病，因叛徒董祖光出卖而被捕，9 月 20 日在温州英勇就义。9 月 20 日，胡公冕率领部队 700 余人准备攻打台州乌岩镇和黄岩县城，但在顺利占领乌岩镇后发现敌我力量悬殊而决定放弃攻打黄岩县城，撤回永嘉。这一时期，红一团出击非常频繁，除了上述战斗和军事活动外，攻打虹桥镇（乐清县）、夺取李茅十三地（永嘉县）均属较大的战斗。

红二团的主要战斗有西山下之战、火烧上旺营、乐清劫牢反狱、湖雾大捷、叶藤岭失利、坞根借雾退兵、外马道夜袭水警队、横山缴枪、攻打茶头村、诱敌观音寺、伏击琛山保卫团等。

红二团以温岭坞根为中心，在温岭、玉环、乐清三县的边区，积极开展游击活动，进行大小战斗多次。1930 年 7 月 8 日，柳若民、程顺昌率红二团主力 200 多人分三路包围敌保卫团驻地茶头村，经过激战，拔掉了据点。7 月 10 日和 9 月 15 日，敌人两次进攻坞根，均被击溃。10 月，红二团数度遭敌"围剿"，不得不分散到沿海岛屿上活动。10 月上旬，浙南特委再次派赵胜到坞根整顿队伍，打算与黄岩、临海各地游击队会合，夺取玉环、温岭、黄岩等县城。但由于红二团领导内部发生矛盾，致使特委意图未能实现。特别是 12 月 12 日，柳若民被内奸杀害后，内部矛盾加剧，军心开始涣散，赵胜无法立足而离去。1931 年 2 月，叶勉秀部署攻打海门，他亲率 11 名战士密抵温州，准备夺取从温州开往海门、上海的"广济"轮。当"广济"轮驶至乐清黄华海面时，被国民党水警队"超武"号兵舰拦截，叶勉秀和 11 名战士被捕，攻打海门计划没有实现。2 月 18 日，红二团又在温岭遭敌袭击，程顺昌等 18 人战死，队伍基本走散，赵裕平等去上海寻找军长胡公冕，应保寿会集余部。继续坚持在玉环一带活动。

红三团的主要战斗有新楼除霸、南湖缴枪、金山头突围、唐市毙敌、方山口告捷等。

红三团开始时分散活动于永康、缙云、仙居交界地区。1930 年 8 月，他们先后在缙云金竹、唐市和永康方山口、铜山岭等战斗中，歼敌数十人，缴获枪支 60 余支。9 月 5 日又准备攻打壶镇，3 个支队共 9 个中队计 1600 多人在新楼集结并向壶镇进发。由于敌人事先获得情报，破坏了该镇北端石龙头的石板桥，加上连日大雨，溪水暴涨，攻打石龙头的队伍受阻。英勇的红军战士冒着敌人的猛烈火力，连续多次发起强攻，后因仙居红军没能按时到达，红军腹背受敌而只得撤回方山口，此战红军牺牲 34 人。由于国民党浙保七团和缙云、永康民团对游击中心区域进行残酷的"清剿"，永康、缙云边境烧毁了红军家属与群众房屋 720 多间，100 多名共产党员和革命群众遭杀害。在此情势下，楼其团、钱双全、王振康等率领部分红军在缙云、仙居、永嘉交界处坚持斗争。

四、红十三军的失败及其余部的斗争

为了指导浙南党组织的工作，加强对红十三军的领导，1930 年 8 月，党中央曾派遣潘心元等到浙南。潘心元在瑞安、永嘉、海门等地巡视了一个多月后回到上海。10 月 19 日，潘心元作为红十三军主要领导人，再次被党中央指派到浙南工作。12 月，他在玉环遭逮捕杀害。潘心元的牺牲，使党中央重整红十三军的工作受挫。

红十三军武装斗争和浙南党组织的不断发展，严重威胁着国民党政权的统治，国民党派重兵"清剿"红十三军，同时到处捕杀共产党人和革命群众。面对国民党优势兵力的"清剿"，红十三军决定分散游击，军长胡公冕和军部几位外来干部也先后转移到上海。至此，由于红十三军主要领导人先后牺牲或离去，军部实际上已不存在。

红十三军军部虽不存在,但各团仍继续坚持战斗。雷高升等率领红一团在永嘉、青田、仙居边境打游击,国民党视其为心腹之患,"温台剿匪指挥部"集中 2000 多人,将红一团围困在不到 200 平方千米的人烟稀少且极度贫穷的横坑一带山林中。雷高升虽率领部队多次打退国民党的进攻,但靠野菜山果充饥的生活,已使红军陷入极端的困境。此时,国民党把单纯的军事"围剿"改为"剿抚兼施",国民党浙江省政府主席鲁涤平密令:对雷高升部"设计诱缉"。他们蒙骗红军的一些亲友、老师、同学进山游说,许以红军部队改编为"永嘉巡缉队",仍驻岩头,不予分散,发给钤印,撤销通缉令以及优惠给养等条件。雷高升开始予以拒绝,后在强敌压境、粮弹短缺、部队回旋余地日益缩小、处境更为艰难的情况下,轻信了敌人"允诺"的条件。于 1932 年 5 月 23 日,率 70 余人下山。敌人把他们集中在永嘉岩头东宗祠堂,并将干部、战士分开。敌人下令集中在四房祠堂的 13 名干部放下武器,雷等始知上当,戴元谱立即持枪抵抗,英勇牺牲。雷与另外几名干部被捆绑。集中在另一处的战士听到枪声,知道有变,便四散奔突,敌人用机枪扫射,22 名红军战士当场牺牲。雷高升等人被押往温州。雷高升在绑赴刑场时,高呼"共产党万岁",后从容就义。这就是国民党制造的"岩头事件"。

"岩头事件"标志着红十三军斗争的失败,但是浙南的武装斗争并未就此偃旗息鼓。红一团余部 100 多人在金永洪带领下坚持在永仙边境顽强斗争。西楠溪一带坚持斗争的 9 支武装,1933 年 9 月以后分散为零星队伍继续活动,其中有的坚持到 1938 年,直到与中共永嘉西楠溪中心区委重新接上关系。

红二团的赵裕平,1932 年从外地返回温岭后会集余部,与应保寿部在乐清湾、旋门湾等岛屿上,依靠群众坚持斗争。1935 年 8 月赵裕平牺牲后,应保寿继续打着红十三军的旗号,打官兵,镇土劣,护贫民。1936 年应保寿牺牲后,其部下继续坚持海上活动。红三团的钱双全、程义仁等在中共永康县工委的领导下,会集余部重建武装,开展斗争。1934 年秋成立了浙西游击队,后改称浙西工农红军第一、第二大队。1935 年 11 月,与粟裕、刘英领导的红军挺进师在永康、缙云边境的黄弄坑会师。此外，红一团的郑秾，在参加攻打乌岩战斗后，于 1931 年到兰溪县包郎殿居住，以行医、传授武术为掩护，深入兰溪、龙游、汤溪、寿昌的毗邻地区，在两年多时间里，秘密发展红军 1500 余人，打出"中国工农红军第十三军第二师"的旗号，自任师长。1933 年 10 月，由于内奸出卖，红军地下组织遭到全面破坏。郑秾 10 月 30 日被捕，12 月 15 日，在龙游西门外英勇就义，同时被捕牺牲的还有红二师主要骨干张自强等人。

五、红十三军失败的原因及其历史功绩

1930 年 3 月，周恩来赴共产国际汇报工作（8 月 18 日回沪），这期间，李立三在党中央内部起主要决策作用，他的"左"倾冒险主义路线在中央占统治地位，提出了"赤化浙江"和集中兵力攻打中心城镇的指导思想。浙南地区处于国民党统治的心腹地带，反动势力顽固强盛。红十三军在"左"倾冒险主义错误思想指导下，不顾敌强我弱的客观情况，频频出击、劳师远征、连续攻打县城和集镇，屡次遭受巨大的牺牲和损失。在红十三军和浙南特委活动时期，浙南地区有 1700 多名共产党员和红军战士为革命献出了宝贵的生命，连以上干部大部分殉难。尤其是主要领导人的先后过早牺牲，无法形成一个稳固的领导核心，严重削弱了红十三军的指挥力量和战斗力量。部队中党的建设与政治思想工作薄弱，红军部分指战员存在极端民主化思想，内部矛盾时有发生。这些都导致红十三军难以适应复杂斗争环境以及实现其所肩负的历史使命。

红十三军的革命虽然失败了，但其历史功绩是不可磨灭的。红十三军在浙南坚持斗争先后达四年之久，沉重地打击了国民党反动派的统治和农村的封建势力，在一定程度上牵制了敌人"围剿"中央苏区和闽浙赣革命根据地的兵力，对中央苏区及其他地区的斗争起了支持作用。红十三军在浙南人民中宣传了党和红军的主张，播下了革命种子，为后来红军挺进师的活动和浙南游击根据地的建立及党组织的进一步发展奠定了基础。红十三军所谱写的血染的历史将永放光芒！

第四节　浙东抗日革命根据地——宁波

在新民主主义革命时期，浙东广大军民在毛泽东同志和党中央的领导下，在毛泽东同志革命路线指引下，为推翻帝国主义、封建主义、官僚资本主义的反动统治，建立无产阶级专政，进行了前仆后继、英勇顽强的斗争。

早在大革命时期，浙东就有我党的活动。为了响应北伐战争，党组织过工人、农民和盐民的斗争。在第二次国内革命战争时期，浙东有过地方红军，由于受到"左"倾机会主义路线的影响，在强大敌人的围攻下失败了。抗日战争爆发后，浙东兴起了轰轰烈烈的抗日救亡运动，有的地区还组织了地方武装，实行武装自卫，袭击敌人。"皖南事变"和"浙赣战役"后，根据形势的变化，遵照毛泽东同志和党中央的指示，在党的领导下，创建了浙东革命根据地。抗日战争时期的浙东根据地，包括四明山、会稽山、三北和浦东四个地区，位于杭州湾两岸、沪杭甬之间，东濒东海，南迄东阳、宁波公路，西跨浙赣路金萧线两侧，北达黄浦江东岸地区，是个战略要地，为当时全国 19 块解放区之一。

一、浙东抗日根据地开辟前的形势

从"七七"卢沟桥事变到"八一三"上海事变，日本帝国主义向我国发动了全面的进攻。在毛泽东同志和中国共产党的号召和领导下，中国人民奋起抵抗，全国人民进入抗日战争。1937 年 8 月 22 日，我党领导的西北主力红军 3 万人，改编为国民革命军第八路军（后又称十八集团军），由陕甘宁边区开赴华北抗日前线。10 月间，长征后坚持在南方八省十四个地区的红军游击队 12000 千人，改编为国民革命军新编第四军，先后进入大江南北，抗击日本侵略军。由于八路军、新四军实行我党全面抗战的路线，开展游击战争，建立敌后抗日根据地，不久以后便发展成为抗日战争的主力。但是，由于国民党统治集团代表大地主大资产阶级的利益，一方面与日寇进行秘密的乞降活动，另一方面反对共产党领导人民起来抗战，推行了一条不要人民群众参加的单纯政府的片面抗战路线，即反人民战争的路线。因此，在日军进攻面前，国民党军队出现了大溃退的局面，仅一年零三个月时间，便从北平、天津、上海、南京、杭州、广州和武汉一直退到四川。抗日战争进入相持阶段以后，在日本帝国主义的引诱下，国民党亲日派汪精卫集团公开投敌，国民党英美派蒋介石集团实行消极抗日和积极反共的方针，掀起了一次又一次的反共高潮。

日军为了巩固其对京沪杭中心地区的占领，对东南沿海地区发动了进一步的侵略。1941年春，日军趁国民党反动派在浙江大肆反共之际，发起了宁绍战役，大举入侵浙东地区。3月，日军侵占萧绍等地；4月，另一路日军由镇海要塞登陆，连陷镇海、宁波、慈溪、余姚等县。当时，驻守在宁绍一线的国民党正规军和杂色部队不下10万人，但是，在国民党的"消极抗日，积极反共"的政策指使下，他们对日军入侵却一触即溃，望风逃窜，仅一个多月时间，浙东北部纵横400余里的富庶平原，全部落入敌手。

日军侵陷浙东后，到处进行残酷的掠夺、烧杀、奸淫。悲惨之声遍彻原野，凄凉之景不忍目睹。仅以余姚为例：1941年4月23日余姚沦陷后，在后青门外火车站旁的树林下及小玉皇山两地，被日军杀害的抗日志士和无辜群众达300多人，在龙山下罗家大厅被日军用警犬咬死的有100多人。在国民党政权瓦解、日军势力无法深入的广大农村，一时成为空隙地带，散兵游勇和地痞流氓无法无天，趁火打劫扰乱民生。逃避到姚南、慈南地带的余姚和慈溪的国民党县政府，不但压制人民起来抗日，还极力收编土匪部队，给以"合法"名义，借以霸占一方，鱼肉人民，压榨百姓，使浙东敌后人民处于痛苦不堪、灾难深重的境地。但是，具有革命传统的浙东人民，在日本法西斯强盗的烧杀淫掠和国民党顽固派的压榨欺凌面前，决不屈服，英勇顽强，同仇敌忾，拼死抵抗，不断掀起抗日救亡的巨浪。

这时，浙东中共党部在日军强大压力和国民党顽固派的阴谋反共之下，领导人民开展敌后游击战争，抗击日军的侵略、拯救人民于水深火热之中。绍兴、诸暨、余姚、慈溪、新昌、嵊县、鄞县、定海等县党组织，为建立武装曾做了努力，如姚南四明山区，地方党组织派朱之光等组织了南山自卫大队，诸暨北乡也组织了抗日自卫大队。浙东中共党部利用统战关系，开展抗日自卫斗争。同时，先后派遣干部打入国民党军队和杂色地方部队，进行兵运工作。中共余姚县委在余姚沦陷后，曾派县委委员赵树屏（化名王益生）到国民党三十四师残部孙彦龙连去联络，组织了敌后抗日的"余上游击大队"，由原连长孙彦龙任大队长，王益生任大队教导员，并陆续动员一批进步青年参加，还组织了一个随军服务队。该部迅速发展到300余人，编为3个中队，拥有轻机枪3挺、步枪百余支、枪榴筒3个。由于余姚党部放弃了领导权，不去大力改造这支旧军队，孙部即在日军的诱降下，于6月25日以"挺进周巷，出发打鬼子"为名，杀害了赵树屏，投敌为逆，造成了浙东中共党部初建武装的失败。失败的根本原因是路线错误。它反映了浙江党内某些负责人受王明、项英右倾机会主义路线的影响，不敢放手发动群众，不敢独立自主地放手扩大军队、坚决地建立根据地，不敢超越国民党所允许的范围，向一切敌人占领区发展，而是认为战胜日军必须依靠国民党及其"正规军"。在开始搞武装工作时，一直是眼睛只看着国民党的军队，派去一些同志，不去掌握和改造这些军队，却为国民党招兵买马，自愿地放弃党对武装的领导权。因此，除个别地区外，浙江多地的武装建设都先后遭到失败。

二、中共浙东区党委的成立和浙东抗日根据地的建立

在国民党顽固派发动第二次反共高潮，制造了震惊中外的"皖南事变"后，1941年1月22日，毛泽东同志在延安，以党中央革命军事委员会发言人的名义发表谈话，彻底揭露了国民党反动派发动"皖南事变"的罪恶行径，号召新四军坚持敌后抗战，并满怀信心地指出："该军在华中及苏南一带者尚有九万余人，虽受日寇和反共军夹击，必能艰苦奋斗，尽忠民族国家到底。"2月，毛泽东同志、党中央在关于华中战略任务的指示中，指示华中局加强对浙东、闽浙赣边地方党组织的领导，准备于条件成熟时向这些地区发展，创立游击根据地。

浙江地方党组织在余姚、慈溪、镇海、会稽山等地区，发动武装抗日斗争后，毛泽东同志、党中央根据浙闽沿海的新形势，又指示华中局增派干部开展浙闽沿海游击战争，准备成立一个战略单位。华中局为了贯彻这一指示，决定将浙东、浙西党的工作，暂时划归苏南区党委领导。苏南区党委随即指示浦东特委（以黄浦江东之南汇县为中心，1941年2月前属上海党领导，以后归苏南区党委领导），组织力量向浙东敌后挺进。

早在1939年8月，浦东特委就建立了抗日游击武装南汇县抗日自卫团第四中队。到1941年春，浦东特委已有两支武装：一支是由坚持抗日的南汇县抗日自卫团第四中队扩编而成的国民党第三战区淞沪游击队第五支队（支队长连柏生），下辖两个大队，即五支一大、五支四大；另一支是在伪军第十三师二十五旅五十团中为我党所掌握的一部分武装。1941年5月间，浦东特委根据苏南区党委指示，决定将埋伏在伪军十三师中的部分武装力量分批南渡杭州湾，向浙东三北地区（姚江以北的余姚、慈溪、镇海三县地区）发展。首先派姜文光、朱人侠、张大鹏、姚镜仁、陆扬等分率武装（近两个连）陆续南渡到三北地区。党经过统战关系，与在余姚的国民党第三战区淞沪游击指挥部（即宗德公署）薛天白部和顽忠义救国军孙云达部建立关系，借他们的名义发展武装，分别取得"宗德公署第三大队"与孙部"海防第一大队"的番号。姜文光为宗德三大队大队长，朱人侠为海防一大队大队长。部队分别在浒山、横河和新浦沿一带开展抗日游击活动。

6月中旬，浦东特委又派林友章（即林达）、蔡群帆（即蔡正谊）等率五支四大第二批100余武装南渡到三北，又与薛天白建立关系，扩编为第三支队，又称"达谊部队"，林达为支队长，在慈北、镇北一带开展抗日游击活动。9月18日，浦东特委再派朱人侠、黄明等率伪军十三师中掌握的三个连第三批南渡到达三北相公殿。这支部队经过另一统战关系，编成"苏鲁战区淞沪游击队暂编第三纵队"（简称"暂三纵"，姚北人民爱称"老三纵"），纵队司令朱人俊。暂三纵下辖六个大队，计有方晓（即洪尚洁）的特务大队，朱人侠的一大队，黄明的二大队，姜文光的三大队，姚镜仁的四大队，蔡葵的五大队。（"宗德三大"与"海防一大"在党内均由"三纵"工委统一指挥与领导）在东起新浦沿线，中经长河市、第泗门、临山，西迄上虞北乡灵惠一带，开展抗日游击活动。

我党领导的浦东游击队三批南渡到三北，深入群众，宣传抗日，开展游击战争，给浙东的抗日斗争打开了新的局面。

当我"达谊部队"刚到三北在相公殿宿营的第二天（即6月18日）清晨，驻庵东的日军四五十人，耀武扬威地到相公殿"扫荡"。为了狠狠地打击敌军，鼓舞人民的斗志，我军在当地群众的支持下，进到相公殿西的许家村，在日军的归途上设下了埋伏，待日军进入我军伏击圈后，发起突然进攻。结果，毙伤敌人20余名，我军无一伤亡，相公殿首战大捷。这是浙东人民武装抗击日军的第一次大的胜利，也是三北人民第一次看到真正抗击日本侵略者的军队。战斗结束，附近群众担茶送水、送点心，热情慰劳抗日军队。同一天，许家村10多名青年自愿报名参加抗日游击队。相公殿战斗胜利后，"五支四大"和"宗德三大""暂三纵"转战三北，互相配合，互相呼应，又在施公山、长汉岭等战斗中连歼日军。10月间，"宗德三大"在横河的遭遇战中，在敌人强大火力的伏击下，不屈不挠，血战一个半小时，我军大部英勇牺牲，姜文光、姚镜仁等壮烈殉国。"五支四大"和"暂三纵"继续战斗，不断歼灭敌伪。11月间，"暂三纵"总部率特务大队、三大队在余姚、上虞边界活动时，与日军在梅园丘发生遭遇战。三大队指导员陆阳与陈大队副在激烈战斗中牺牲。我军二大队闻讯自黄家埠驰援，夹击敌人，日军仓皇逃回五夫据点。自此，日军知道在三北有很多抗日游击队，遂于12月底调集1000多兵力，实行大"扫荡"。由于我军早有准备，各部队分散活动，未受任何损失。

为了加强党的领导，苏南区党委路南特委先后派吕炳奎、王耀中到三北，成立浙东军分会，吕炳奎任书记，并分工抓"五支四大"，王耀中抓"暂三纵"。此后，部队不断得到发展壮大，成为以后新四军浙东游击纵队建制的基础。

随着敌后人民抗日武装的建立和军事上不断取得胜利，部队党委遵照毛泽东同志关于"尽可能迅速地并有步骤有计划地将一切可能控制的区域控制在我们手中，独立自主地扩大军队，建立政权，设立财政机关，征收抗日捐税，设立经济机关，发展农工商业，开办各种学校，大批培养干部"的指示，着手开始做敌后人民抗日政权的建设工作。1941年10月间，"五支四大"在镇北、慈北地区先后成立了龙头场、蟹浦觉渡寺、古窑浦、沈师桥等后方办事处和一个总办事处；"暂三纵"在姚北、虞北地区先后成立了逍路头、长河市、临山、岑仓堰等办事处和一个总办事处。办事处和武装部队一起，宣传抗日，组织与武装群众，发展抗日力量，征收抗日捐税，解决部队给养，初步执行政权机关的任务，成为后来浙东抗日民主政权的雏形。至此，我军在浙东敌后开辟了三北游击根据地。

1942年春，日军在浦东加紧"清乡"，党委决定连柏生的五支队跳出"清乡"区，转移到三北。与此同时，日军为固守杭甬线与三北地区，在姚江两岸增设据点，并不时向四明山区国民党部队发动小股突击，国民党军退守梁弄以南一线，四明山区北部一度比较空虚。我军为考虑以后发展计，乃于3月间，在地方党委的朱之光等配合下，派蔡正谊率三支二大挺进慈南山区，派黄明率三纵二大进入姚南山区。不久，浙赣战役爆发，我军为重新部署战略，命三支二大与三纵二大主动撤回三北。5月，我军与"宗德公署"薛天白所辖的第一支队顾小订部联合，成立了"第三战区司令长官部驻沪办事处淞沪游击指挥部三北游击司令部"，下辖三个支队，以顾小订部为第一支队，连柏生部为第二支队，林达、蔡正谊部为第三支队。不久，朱人俊的"暂三纵"也编入为第四支队。

三、中共浙东区党委的成立和创建浙东抗日根据地的方针政策

1941年12月太平洋战争爆发后，日军为了确保浙江沿海地区，封锁浙赣路，并解除衢县机场空军对日本本土轰炸的威胁，于1942年5月中旬发动了浙赣战役。敌人调集4万兵力，不到两个月时间，连陷诸暨、义乌、金华、衢县、江山，直趋上饶，又一度占领永康、丽水、温州等地，先后侵占20多个县城。国民党军队30多万人纷纷溃败，三北的"宗德公署"薛天白部也逃往诸暨。浙江广大地区的人民再次遭到日军的浩劫。不甘当亡国奴的浙江人民，在我党领

导下纷纷起来，实行武装自卫。

我党领导的三北地区游击队，执行毛泽东同志的全面抗战路线，更加活跃于三北平原上。1942年2月，中共浙江省委机关在温州被国民党顽固派破坏，省委书记刘英被捕，不久牺牲。为此，华中局即派谭启龙到上海，向路南特委书记顾德欢和三北部队党委的负责人王耀中分别传达了华中局的指示，并要求朱人俊到上海向谭启龙汇报浙东武装斗争的情况。华中局指示浙东武装要坚持原地斗争，部队党要很好地保护地方党委，听候华中局的进一步指示。5月，华中局和新四军军部根据毛泽东同志、党中央的历次指示，和浙赣战役爆发后浙东地区的形势，确定了进一步发展浙东敌后地区的方针：争取有利时机，扩大与发展武装，大刀阔斧地进行工作，创造敌后抗日根据地，广泛开展统一战线的工作，采用多种形式与工作方法达到发展的目的。同时，决定成立浙东区党委，统一领导浙东和上海外围地区的斗争，将浦东、浙东连成一个战略单位，先派谭启龙率部分干部和武装到三北开展工作。

谭启龙到达三北后，即成立了浙东工委，统一领导浙东的部队党组织和地方党组织。为了发动浙赣路沿线敌后游击战争，6月初组织了南进支队，由蔡正谊、朱之光、黄明各率所部组成三支二大，约200人，挺进会稽地区。南进支队在击溃顽军"奋勇队"、解放枫桥镇后，与绍属特委领导的武装——诸暨北乡抗日自卫大队会合，以诸暨的帆桥为中心开展游击战争，多次予日伪军以有力打击。8月20日的龙凤山战斗，毙敌尉官柳泽春夫以下30余名，生俘1名，大大鼓舞了敌后人民的斗志，部队迅速发展。南进支队转战诸暨、义乌、浦江、东阳、嵊县等地，英勇地抗击敌人。

7月18日，谭启龙在三北敌后某地召开了第一次干部扩大会议，传达了毛泽东、党中央关于开展敌后游击战争，建立巩固的敌后抗日根据地的一系列重要指示，传达了华中局的决定，做了形势和任务的报告。这次会议对开辟浙东游击根据地的工作做了具体部署。7月下旬，中共浙东地区委员会（简称"浙东区党委"）在慈北成立，由谭启龙任书记，委员有何克希、张文碧等五人，统一领导浙东地区和浦东的党政军工作。

浙东区党委的成立，使浙江人民的抗日斗争有了坚强的领导核心，为浙东抗日根据地的建立、坚持和发展并取得抗战最后胜利，提供了根本的保证。浙东区党委对浙赣战役爆发后的浙江政治形势做了全面的正确的分析，充分估计了我党发展浙江敌后抗日游击战争、建立抗日根据地的主客观条件。这些条件是：第一，由于民族敌人深入国土，因此中日之间的民族矛盾是主要矛盾，阶级矛盾是处于次要的地位。国民党顽固派虽然反共，但是他们在敌后的活动是要受到一定的限制的，内部又存在着矛盾，很难联合一致对付我们。第二，我们有着毛泽东同志和党中央的正确领导。在抗战初期，浙江党的组织曾经有很大部分恢复和发展，虽然在政局逆转后遭到极大破坏，但是，基本上保存了下层的组织和干部，他们仍然在继续坚持着斗争。这些力量有了正确的领导，在新的形势下，将发挥更大的作用。第三，有良好的群众基础。浙江在第一、第二次国内革命战争时期，受到过我们党的深刻的革命影响，开展过各种斗争。全面抗战以来，在我党的领导和号召下，抗日情绪高涨。第四，浦东特委的武装转移到浙东后，由于和地方党的组织取得了密切的联系，因此，在比较困难的条件下，不但已经站住了脚跟，而且一年中武装力量有了初步发展。许多地方在当地党组织领导下，也建立了部分武装。此外，还有许多有利条件，如浙东地处山岳地带，地理条件优越；敌军兵力不足，无法对敌后做全面的控制，存在广大的空隙地区；华北、华中开展游击战争已积累了丰富的经验，可供我们利用等，并且指出：有了这些主客观条件，我们在浙东建立抗日根据地是完全可能的。而且我们党有正确的方针、政策，善于充分利用有利条件，克服困难，是能够把这种可能性变成现实的。根据浙东的实际情况和中共中央华中局的指示，浙东区党委确定了"独立自主地放手发动群众，发展敌后游击战争，建立抗日根据地，打击日寇，争取抗战最后胜利"的总方针，并规定了实行总方针的各项基本政策，这就是：第一，要广泛地团结各党派各团体各阶层人民，巩固和扩大抗日民族统一战线。第二，要大力发展党所领导的武装，加强及扩大现有的武装力量，培养有战斗力的坚强部队，广泛组织抗日人民武装。第三，要执行中央关于土地政策的决定。第四，要加强党的建设，巩固党的团结。这是完成党的各项任务的根本保证。此外，还规定了财政经济、文化教育、锄奸等政策。总之，它全面地正确地贯彻了毛泽东同志、党中央所规定的抗日时期党的各项基本政策。浙东区党委关于发展敌后游击战争、建立抗日根据地的总方针和各项基本政策的规定，为浙东抗日根据地的开辟和坚持指出了明确的方向。从此，浙东的抗日游击战争出现了新的局面。浙东区党委成立后，华中局又派何克希、张文碧、刘亨云、张浪、戈阳、罗白桦、张季纶等到浙东，加强领导，并统一整编了三北地区的人民武装。8 月间，在慈北宓家棣成立"三北游击司令部"，司令员何克希，政委谭启龙，参谋长刘亨云，政治部主任张文碧。下辖第三、第四、第五支队，原三支不变，林达为支队长；原朱人俊部为第四支队，刘亨云兼支队长；原连柏生部为第五支队，连柏生为支队长，共 700 人左右，作为巩固三北和发展四明、会稽的基本力量。另外，又派朱亚民率 13 人组成一支精干武装，回浦东地区继续坚持斗争，以保持党在上海外围的抗战阵地。该部以后发展成为浦东支队。

1942 年 8 月 1 日，浙东区党委将以前各部队的后方办事处转为地方政权，正式成立"三北总办事处"，以王耀中为主任，金如山等为副主任。接着设立了"经济计划委员会"，主任由连柏生兼，副主任为陆慕云。为了解决部队作战及生活需要，又创办了小型的被服厂、修械所、后方医院，并建立了地方武装自卫队、冬防队等民兵组织。

1942 年 8 月初，进犯浙赣线和浙南之敌退守金华、兰溪，并在宁波、绍兴和三北地区恢复与增设据点，增调伪十师来浙东加强守备力量；并对国民党地方部队加紧诱降，对我军发动"扫荡"。与此同时，国民党顽固派也乘机加紧反共摩擦。在这种情况下，与敌伪顽三角斗争的形势骤然紧张，更加复杂。华中局和新四军军部及时向浙东区党委指出：日军退守金兰后，浙东游击区仍然存在着发展的可能，但不宜抱过度的奢望，我军应坚持向敌后发展的方针，在沿海、山区打下长期坚持游击的基础；要利用各种矛盾，多交朋友。一切组织和工作注意保持地方性、群众性，埋头苦干，采用隐蔽方式，力求保存与发展自己，达到在浙东保持战略支点的目的。浙东区党委根据上述指示，在党内和军内进行了动员贯彻。经过分析研究，认为三北地区人口稠密，盛产棉、盐、粮食，经济富裕；北临杭州湾，南连四明山，中隔姚江，山低地平，杭甬铁路横贯三北平原，交通发达，又是日军控制的重地。我们在三北力量的发展，给予宁波、杭州的敌伪以严重的威胁，因此，日伪是一定要来争夺的。而该地区东西狭长、南北短，水陆交通纵横发达，有利于敌人进扰，我军则不易回旋。所以，经济上虽比较富裕，但不适合建立领导整个浙东抗战的中心根据地。而姚江以南的四明山区，则地形复杂，层峦叠嶂，南接天台山，西通会稽山，是余姚、慈溪、鄞县、奉化、新昌、嵊县、上虞七县的边界，游击战争大有回旋余地，是一个进可攻、退可守的基地。这里敌人的控制力量薄弱，当地人民有光荣的革命传统，群众基础很好。虽然四明山地区的财政给养不及三北地区富裕，但有三北根据地支援，可以成为长期坚持浙东抗日游击战争的战略支点。浙东区党委根据这些情况，制定了"坚持三北，开辟四明"的工作方针。并决定由谭启龙、何克希率领第三、第五支队于 9 月间挺进四明山区；由刘亨云率领第四支队分散游击，坚持三北，并积极开辟海岛工作，加强海上活动力量，以保持与华中局的交通联系。

10 月间，日军动用 8000 兵力对三北地区进行"扫荡"，遍设据点，到处出扰，反复搜索，企图将我军三北抗日武装消灭。我军流动性日益增大，部队疲劳，地方政权也被破坏不少。国民党顽军也配合日军行动，乘机袭击我军政机关。我军第四支队指战员发扬英勇作战的战斗作风，实行灵活机动的游击战术，神速活动，四处伏击，狠狠打击敌军。10 月初，蜀山渡一战，伏击敌军，首战告捷。

第一次反顽自卫战争的胜利，保卫了三北根据地，锻炼了部队，发展了武装，鼓舞了浙东广大军民，是我军开辟浙东敌后抗日根据地的关键性一仗，为以后浙东抗日武装的发展和浙东敌后根据地的建立与扩大奠定了胜利的基础。至此，整个三北地区东西 200 里、南北 60 里，以及四明地区纵横 60 里方圆的广大地区，除少数敌伪据点外，都为我军所控制，共辖 18 个行政区（办事处），人口达 120 万。武装部队壮大到 2000 人左右，除原来的第三、第四、第五支队外，新建制了海防大队、教导大队、特务大队等。

第一次反顽自卫战争胜利结束后，我军主力第三、第五支队按原定工作方针，于1943年初再次挺进四明山。为了克服部队分散游击、缺少训练、军事技术不高的缺陷，第三、第五支队到达四明山后立即投入整训。3月，召开了浙东区党委扩大会议，确定了坚持统一战线，巩固和发展根据地，发展地方武装，加强浦东和会稽地区工作，整训和扩大主力部队等任务。经过3个月整训，广大指战员的政治觉悟和军事技术显著提高，士气高昂。当我军第三、第五支队回兵三北投入反顽自卫战争时，伪军第十师一个营260余人乘机盘踞四明山区的政治、经济中心梁弄镇，构筑碉堡工事，自吹是中国的"马其诺防线"，"固若金汤"，企图阻止我军第三、第五支队向南发展。为了配合三北、会稽等地的反"清乡"斗争，驱逐梁弄伪军，打开四明山地区局面，区党委应四明山人民的要求，决定于1943年4月下旬进攻梁弄。4月22日晚，第三、第五支队从晓岭出发，分三路奔袭梁弄，拂晓前合围接火。左右两路先后攻克镇东北与西北的要隘铁猫山与狮子山的伪军碉堡，配合中路协力攻打伪营部（黄家祠堂）和一连连部（民教馆）。在战斗中，攻打伪军火力密集的碉堡时，我军一女战士机警地避开敌人火力网，猛冲上去用手榴弹炸死敌机枪手，夺过机枪，掉转枪口，封锁住敌碉堡的火力口，掩护部队冲锋，很快就攻下了阴工山的敌堡。战士李福良和邹同春用湿棉被裹身滚进铁丝网防线，用一排手榴弹炸掉最后一个碉堡，保证了战斗的胜利。激战到下午2点，迫使守敌残部往西北上虞方向逃窜。到下午4点左右，余姚、上虞两处日伪军一百七八十人分两路来援，又被我军英勇阻击分别打退。经17小时反复激战，终于在下午7时完全攻占梁弄。梁弄战斗共计毙伤伪军官兵40余人，俘伪军官兵40余人，摧毁坚固碉堡大小共10座，缴获机步枪60余支、弹药数千发以及其他大宗军用物资。

梁弄战斗的胜利，对于开辟浙东根据地具有重大的意义。梁弄是四明山区的心脏，姚南的唯一大镇，四周群峰叠峦，绵亘数百里，是我军向南发展的重要门户，战略位置非常重要，打下梁弄就可控制整个四明山区。由于攻克梁弄的胜利，迅速地推动了四明山及姚江两岸政权的建设，余上、姚南、虞东、慈南等县级办事处相继成立。浙东区党委和三北游击司令部也进驻梁弄（不久移驻横次头）。至此，梁弄就成为浙东抗日根据地的指挥中心，四明山根据地初步建立。

与此同时，在会稽地区，自我军南进支队和诸暨北乡自卫大队奉调到三北参加反顽自卫战争后，马青率领十几个伤员坚持在诸北斗争，发动群众，重建武装，开展游击战争。部队很快发展到 200 多人，并在诸暨北乡建立抗日民主政权，初步开辟了会稽山根据地。这支党领导的武装，群众亲切地称为"小三北"（也有叫"小三八"的），以怀念离别了的蔡正谊三支二大队和诸暨北乡自卫大队，这就是后来金萧支队的基础。在三北地区，日伪于 1943 年春季发动了 2000 余兵力的大规模"清乡"，我军发动群众，依靠群众，大力开展了反"清乡"斗争。第四支队不断主动出击，先后在黄沙湖、郑巷、天元市、三灶、宁波市郊西成桥等地连战皆捷，歼日伪军数百人，缴获武器弹药、军用物资无数，取得了反"清乡"斗争的胜利。

在浦东地区，坚持斗争的浦东游击支队在反"清乡"斗争中，采取隐蔽坚持的方针，开展了争取中间派的工作，控制了部分伪自卫队，坚决镇压了少数罪恶深重的特务、汉奸，以灵活的游击战术，机敏地打击日军，保存和发展了自己，并在 1942 年 10 月派出小股武装，到浙北的平湖、海盐开辟新游击区。

自浙东区党委成立以来，经过广大军民的艰苦奋斗，在和日伪顽的三角斗争中取得了一系列的胜利，不仅坚持了三北游击根据地，保存了浦东的原有阵地，还开辟了四明山、会稽两块新根据地，初步建立起以四明山为中心的浙东抗日游击根据地，使之成为我党在浙东敌后长期坚持游击战争，坚决抗击日军，争取抗战最后胜利的战略基地之一。

第五节　中华人民共和国成立初期解放浙江激战地
——一江山岛

一江山岛战役发生在 1955 年 1 月，是由时任华东军区参谋长的张爱萍组织所属陆、海、空部队，对国民党据守的浙江省东部一江山岛进行的进攻作战，这是我军历史上第一次对近海敌占岛屿的诸军兵种联合登陆作战。这次战役的胜利，有力地挫败了美国和蒋介石反动派"共同防御"阴谋，沉重打击了浙东沿海岛屿的国民党守军，并迫使其从大陈各岛屿仓皇撤逃，浙东南沿海岛屿获得全部解放。1955 年 11 月 5 日，毛泽东同志在视察黄浦江时，高度评价此次战役："一江山岛登陆作战，打得很好！我军首次联合作战是成功的。"

一、清理"门户"，时不我待

朝鲜战争结束后，美国为进一步加强与台湾的军事联系，使其在台湾的军事行动合法化，频繁与台湾接触，秘密协商所谓的美台《共同防御条约》。同时，国民党出于将福建、浙江沿海所占岛屿纳入美军协防体系的目的，亦积极响应美国号召。为了防止台湾问题国际化，同时也为了彻底解决因朝鲜问题而搁置的解放东南沿海国民党占据的岛屿，消灭其残余部队的遗留问题，为继续解放沿海岛屿和最后解放台湾创造条件，1953 年底，中央军委在杭州专门召开会议。会议决定将解放台湾分两步走，第一步就是清理"门户"，即解放沿海敌占岛屿，进而打通海上要道；第二步为解放台湾。

1954 年 7 月 20 日，中央军委又在中南海怀仁堂召开会议，毛泽东同志决定攻打大陈，解放浙江沿海敌占岛屿。会后，华东军区司令员陈毅将攻打大陈的任务交予张爱萍全权负责。在综合考虑地理位置、敌情我情等各方面因素后，华东军区决定将战役的突破口放在一江山岛，决心先取一江山岛，后取大陈本岛。在作战计划得到军委同意后，浙东前线指挥部批准建立，张爱萍任司令员兼政委，同时决定：1955 年 1 月发起—江山岛登陆作战。

二、提前筹划，周密部署

按照中央军委指示，华东军区组织各参战部队，从 1954 年 8 月到 1955 年 1 月，进行了为期 4 个多月的临战准备。建立健全指挥机构。为统一指挥诸军兵种行动，1954 年 8 月 27 日，华东军区专门成立了浙东前线指挥部，下设登陆指挥所、海军指挥所、空军指挥所、政治工作组和联合后勤部，具体负责各参战部队的战斗准备和实施工作。展开敌情侦察。八九月间，浙东前线指挥部统一组织各军兵种侦察力量，通过隔海观察、抵近观察、航空侦察等手段，对一江山岛进行渗透侦察，基本掌握了该岛的滩头地形、敌军阵地编成和主要火力配置，以及交战地区的气象水文情况，反复进行临战训练。8 月至 12 月上旬，组织各参战部队进行分练，重点解决登陆作战的技战术问题和兵种内部的协同问题。12 月中旬至次年 1 月上旬，各参战部队选择与作战地域相似的大、小猫山，按照先分后合的步骤，对三军联合渡海登岛作战进行协同演练。积极筹措物资。张爱萍亲自出面从军地各方征调船只 100 余艘，基本解决了渡海登岛作战运输工具的问题。浙江省支前委员会在沿海 15 个县组织动员了 3 万多名群众参加支前，征集担架近 6000 副，以及一批海上救护船等急缺物资。邻近的上海市也组织了 110 名工人和技术人员，在 21 天内突击抢修了 77 艘舰船，为我军实施登陆奠定了坚实的物质基础。

三、三军联合，誓拔"门闩"

一江山岛虽是弹丸之地，但由于其地理位置重要，加之地形险要，在国民党军防御体系中占有重要地位。国民党将大陈岛看作"台湾的北大门"，而一江山岛则是"北大门的门闩"。所以，欲攻大陈，必先取一江山岛。

1955 年 1 月 14 日，浙东前线指挥部正式下达作战命令。从 16 日起，登岛部队 4 个营从穿山半岛训练基地进至石浦港待机地域。17 日清晨，按照预定战斗编组，在海、空军掩护下，向头门山阵地开进。1月18日8时，我3个轰炸机大队和2个强击机大队对一江山岛和大陈岛分别进行了第一次航空火力打击。12时15分，登岛部队搭乘70余艘登陆艇，在海、空军和炮兵掩护下，分三路以双纵队队形向一江山岛驶进。13时30分，我军轰炸机3个大队、强击机3个大队，对一江山岛守敌实施了第二次火力打击。14时10分，登陆部队第一梯队先后在大茶花礁一线完成战斗部署，并全速向登陆地段冲击。14时29分，步兵一七八团第二营五连、六连首先在北江乐清礁、北山湾地段登上一江山岛。随后，步兵一八〇团第二营六连、七连在胜利村、田岙湾地段成功登陆，占领160高地。第一梯队在登陆成功后，按计划快速向敌纵深发展进攻。14时55分，一七八团一营连续攻克190高地和中心村。二营五连、七连协同作战，于15时5分攻占敌主要核心阵地203高地。至19日2时前，全部肃清守岛残敌，其中毙敌519人，俘虏567人，我军伤亡1276人。

四、总结经验，填补空白

一江山岛战役是解放军历史上第一次三军联合作战，标志着我军由单一兵种作战向诸军兵种联合作战转变，在我军战史上写下了光辉篇章，也填补了我军在联合作战方面的空白，其中的成功经验值得总结和推广。

一是隐蔽作战企图，达成迷惑目的。此次登陆作战，由于准备时间长、涉及范围广，随时都面临暴露企图的危险。为此，浙东前线指挥部采取了各种措施，隐蔽作战意图。比如，为了使敌人误判我军的真实作战目标，我军对大陈岛、披山岛、一江山岛长期进行不规律的断续轰炸和炮击，迷惑麻痹敌人，使其无法判明我军的真实企图。

二是理顺指挥机制，保持步调一致。建立统一的指挥机制，是确保联合作战胜利的重要保证。此次登陆作战，浙东前线指挥部组建伊始，就由军区参谋长张爱萍亲自挂帅，把军区空军和海军副司令、参谋长，以及浙江省军区司令员，都纳入前线指挥部指挥体系中。在此基础上，前线指挥部又相继组建各军兵种指挥所并联合后勤部，从而形成了完整的联合指挥框架。

　　三是加强组织协同，发挥整体优势。这次作战，参战兵种多，作战行动复杂，各部队能否进行密切协同，对夺取战斗的最后胜利，起着至关重要的作用。为了更好地发挥部队的整体优势，防止"各自为战"，前线指挥部明确提出"以步兵的需要为需要，以步兵的胜利为胜利"的思想，组织参战部队互相学习，取长补短。同时，按照总体作战意图和计划，周密拟制协同计划表，并依据此计划，认真细致地组织各军兵种协同演练，为下一阶段实战打下坚实基础。

　　四是发扬海空火力，创造登陆先机。夺取和保持制空、制海权，对于整个登陆作战具有重要意义。只有掌握了作战地域的制空、制海权，才能有效地限制敌方活动自由，确保登陆作战的主动权。此次作战，浙东前线指挥部利用5个多月的时间进行海空准备，先后组织海空军和炮兵，对大陈岛、一江山岛实施了80多天的火力打击和封锁，有效削弱了敌海空力量，进一步掌握战场制空、制海权。

第五章

浙江的发展文化

改革开放以来，浙江人民在国家没有给予特殊政策优惠的情况下，依靠自己的力量，锐意进取，务实创新，奋力拼搏，走出了一条极具特色的发展道路，形成了浙江现象，创造了浙江奇迹，引起了全国的广泛关注。2000年7月，中共浙江省委十届四次全体（扩大）会议把浙江精神概括为"自强不息，坚韧不拔，勇于创新，讲求实效"。2006年，时任浙江省委书记习近平同志提出，浙江精神需要与时俱进地培育和弘扬，他把浙江精神概括为"求真务实，诚信和谐，开放图强"①。2012年6月，中共浙江省第十三次党代会提出积极倡导"务实、守信、崇学、向善"的当代浙江人共同价值观。随着浙江经济社会的发展，浙江精神的内涵不断丰富与发展，充分展现了浙江人民高度的文化自觉和文化自信。2015年5月，习近平总书记到浙江考察时，赋予浙江"干在实处永无止境、走在前列要谋新篇"的新使命。2016年9月，G20杭州峰会落实了"西湖风光、江南韵味、中国气派、世界大同"的理念，向全世界展示了中国方案、中国道路、中国智慧的鲜活样本。峰会期间，习近平总书记提出了"秉持浙江精神，干在实处、走在前列、勇立潮头"的新要求。浙江精神是浙江发展文化的主要表征。

---

① 习近平：《与时俱进的浙江精神》，《哲学研究》2006年第4期。

第一节　浙江精神的历史成因

浙江精神诞生于浙江大地，是历史的产物，是人民的杰作，是经济社会的文化写照。浙江精神蕴含辩证逻辑，是马克思主义方法论在浙江落地生根的产物。揭示浙江精神生成和发展的动因，就是充分挖掘浙江精神内在对立与统一的辩证关系。从总体性方法论来把握浙江精神的生成逻辑，浙江精神的生成和发展是由特殊的自然环境、文化传统和生产方式等各种因素共同作用的结果，是历史文化、革命文化与现代文化相互激荡的结果，必须在历史与现实、理论与实践的统一中去把握。

浙江精神的孕育生成，无疑与浙江人民生存的自然条件有着密切的关联。浙江是海防的重点区域，在长期的抗战过程中，浙江人民形成了深厚的爱国主义传统；资源匮乏、灾害频发的地理特征锤炼了浙江人民自强不息的奋斗精神；多山临水的地理环境使得浙江人民求真务实、敢于创新、敢于冒险，敢于突破重农抑商的传统观念束缚。浙江精神彰显历史性与时代性。从跨湖桥到河姆渡、从王阳明到蔡元培、从宁波帮到温州商人、从越剧到婺剧，浙江精神是浙江数千年历史的产物，被赋予丰富的历史内涵。深挖浙江精神，就是搭建数千年以来浙江大地的历史记忆。一幅浙江精神的图卷，就是中国历史纵向脉络的重要构成部分。

浙江精神源自浙江厚重的历史文化传统。春秋时的吴越争霸、越国的转败为胜，初步彰显了浙江精神坚忍柔韧、奋发图强、刻苦务实的特质。秦汉中国统一以后，浙江人民辛勤劳动、积极进取，不仅改造了本地区恶劣的自然环境，而且还创造了优秀的文化成果，使得浙江从一个相对落后的地区一跃成为文明富饶的文化之邦。在南宋、元、明、清之际，浙江成为人文荟萃之地。近代以来，浙江大地革命志士、文化名人群星璀璨，浙江精神得以大大弘扬。尤其令浙江人民自豪的是，嘉兴南湖红船见证了中国共产党成立这一中国历史上开天辟地的大事变，成为中国革命源头的象征。在中国共产党创建的历史实践中孕育产生了伟大的红船精神。在红船精神的指引下，中国人民踏上了争取民族独立、人民解放的光明道路，开启了实现国家富强、人民富裕的壮丽征程。总之，在历史的变局挑战之中，浙江人民从容应对，勇敢走在时代前列，彰显求真务实、包容和善的文化特质。这种文化传统构成代代相传的文化基因，形成了浙江特有的文化精神和人文优势，凝练成了以人为本、注重民生的观念，求真务实、主体自觉的理性，兼容并蓄、创业创新的胸襟，人我共生、天人合一的情怀，讲义守信、义利并举的品行，刚健正直、坚贞不屈的气节，以及卧薪尝胆、发愤图强的志向。浙江精神是历史文化，也是当代文化、朝阳文化。孕育浙江精神历经数千年，然而，中国共产党领导下的改革开放和深化改革才是浙江精神最终诞生的时代催化剂，改革时代浙江民营经济的发展奇迹成为浙江精神诞生的"临门一脚"。浙江精神是过去的，也是当下的，更是未来的。深化改革没有完成时，只有将来时。浙江精神内含向心力，发挥凝聚力，是支撑改革再出发的时代动力。改革开放迸发浙江精神的生命，深化改革还将铸就浙江精神的新生。

浙江精神具有区域性与全局性。浙江精神萌发于浙江大地，它讲述的是一个地区的精神状态和价值内涵，是浙江大地独特风俗人情、自然环境、行为方式的产物。正是因为所有因素汇聚在浙江大地，使其成为孕育浙江精神的土壤。习近平同志惊叹于浙江没有特殊政策、没有特殊资源情况下取得的惊人成就，旨在从中挖掘独属于这片土地及其人民的特有精神品质。浙江文化传统要想走出历史的尘封，焕发生机，必须与浙江人民当下的实践结合起来，在当下的生活世界和精神世界的土壤中寻找生长点。改革开放以来，浙江人民不断冲破思想束缚，敢为人先、开拓进取、改革创新，用创业创新的实践铸就了一部浙江精神的拓展史。浙江各级党委、政府坚持干在实处、走在前列、勇立潮头，尊重人民的首创精神，激发人民的创造活力，以高度的文化自觉铸就了一部浙江精神提炼史。浙江精神是浙江人民在传统文化基础上创造性活动的文化总结，是改革开放以来浙江传统文化与现代实践有机结合产生的现代新文化精神。浙江精神的生成和发展是由其生产方式的变化发展所决定的。马克思、恩格斯指出："意识在任何时候都只能是被意识到了的存在，而人们的存在就是他们的现实生活过程。"对任何一种社会意识的考察都不能脱离产生它的物质生产方式而抽象地进行。不同时代的生产方式、交往方式和生活方式的内在统一共同构成人类的现实生活，为人们提供现实的生存空间，决定了人们的存在方式，形成了各自时代不同的文化类型。在实践唯物主义看来，实践活动的展开过程既是文化的生成过程，又是文化的运演过程；而文化的展开过程既是实践的展开过程，又是文化创造的实践过程。文化的流变与创新，其本质都是人的实践活动在精神领域的自觉展开与创造。正如马克思所说："工业的历史和工业的已经生成的对象性的存在，是一本打开了的关于人的本质力量的书。"就是说，尽管生产力具有物的外观，但其实质上是人类本质的对象化，负载着人类的文化价值意义。生产方式不仅是生产物、生产人的方式，也是生产文化的方式，生产了人类的整体生活和与之相应的文化。不同的生产方式创造着不同的人类文明。

浙江精神是中国精神的组成部分，浙江精神融入中国精神，获得持续发展的动力。浙江精神与中国精神是逻辑相通和互为一体的。马克思主义方法论认为，部分是整体的部分，离开了整体，部分也就无所谓部分。在实践中华民族伟大复兴的进程中，文化自信体现的中国精神是浙江精神的再生，浙江精神是其中的血脉。因此，浙江精神不独属于浙江大地，更是中华民族文化自信的推动因素。

浙江精神蕴含实用性与理论性。哲学家李泽厚认为，实践理性是中国传统思想的特色，执着于人间世道的实用探求。改革开放中的浙江是这一理论的真实写照。浙江人民在生产和生活中回望改革开放 40 多年，浙江人专注于勤劳致富，致力于美好生活，在迷雾中探索，在挫折中不屈，在波浪中前进，形成了浙江人独特的宝贵经验。坚持实践导向，使得浙江人民能够稳健地迈步于改革之路。

独特的生产方式是浙江文化得以形成与延续的最重要的物质条件与社会基础。商品经济的发展和对外开放的环境，使浙江形成了比较浓郁的商业文化传统，其显著特点是追求实际，注重功利，重视工商，不尚空谈。在历史上，唐宋时浙江就已开始对外开放。当时的杭州、明州（今宁波）、温州既是国内贸易的大港，也是对外贸易的重要口岸。两宋经济的发展促进了文化上的全面进步，其时浙江的文化教育事业十分发达，书院、乡学等遍布各地，学术思想、科学技术、文学艺术等方面都走在前列。江南早期工业化是浙江精神孕育和历练的一个重要时期。明清两代的浙江，无论在农村还是在市镇，资本主义因素都获得不同程度的发展。商品经济的发达使得浙江文化紧贴时代的脉搏，成为明清新思想和新思潮的主要发源地。以黄宗羲为首、章学诚殿后的浙东史学，革新学术风气，鼓吹民主思想，提倡经世致用，抨击经学和理学，成为当时启蒙思潮的生力军。可以说，明清两代浙江思想界在某种程度上主导了当时思想的发展。反过来，这种文化传统又有力地推动了市场经济的发展，其内在的浙江精神在推动浙江经济发展中起了重要的作用。改革开放以来，浙江在缺少国家投资、缺少国家优惠政策、缺少陆域自然资源的条件下，大胆探索、勇于创新，深化改革，扩大开放，逐渐形成了民营企业发达、市场化程度高、块状经济突出、县域经济发展快的鲜明特点。这些成就充分印证了浙江精神的力量。浙江精神是对浙江人民实践的高度提炼，是对浙江人民实践品格的理论升华。理论来源于实践，但却是思辨的产物。十二字的浙江精神是抽象的思想产品，是形而上的思想凝练，体现浙江人民的高度文化自觉。理论高于实践，但又赋予实践新的生命力。习近平同志推动浙江精神的生发，旨在从浙江大地过往实践中找到发展原动力，并将其重新注入浙江经济、政治、文化、社会、生态以及党的建设中。

浙江精神体现人民性与精英性。人民是历史的创造者，浙江人民的日常实践是浙江精神的物质源泉。1978 年，浙江 GDP 为 123.72 亿元，总量排名全国第 12 位，城镇和农村人均可支配收入分别只有 332 元和 165 元。在先天不足的情况下，浙江人民在改革开放中走出大山，奔赴全国，遍布世界，大胆地闯出去，干起来。凭借一代又一代浙江人的勤劳和智慧，浙江不仅实现了富起来，被誉为"藏富于民"，更实现了强起来，出现了本土企业收购海外巨头的"蛇吞象"奇迹。可以说，浙江精神缘起于浙江民营经济，发展于全体浙江人民。马克思历史唯物主义认为杰出人物始终顺应历史，对历史有推动作用。2003年，习近平同志敏锐地意识到浙江在改革历程中的文化动因和精神力量，进而将"进一步发挥浙江人文优势，加快建设文化大省"作为"八八战略"的重要组成部分，把文化建设纳入浙江发展总体布局。2004年开始，习近平同志又逐步提出与时俱进地弘扬浙江精神的任务和要求。在时任省委主要领导的高度重视以及省委有关部门和省内外专家学者的共同努力下，建构了与时俱进的浙江精神。

因此，从总体看，所谓浙江地方文化发展，就是以自然环境和地形地貌为物质前提，以优秀传统文化的传承为基础，为物质的生产方式内在决定而形成的特色文化。浙江精神是浙江文化的内核，是一种以精神形态存在的浙江文化，它制约和影响着人们的生活方式和思维习惯。

第二节　浙江精神的时代内涵

一、浙江精神的总体内涵

从词源上考察，在古汉语中，"精神"是由"精"和"神"构成的合成词。《说文解字》中指出，"精，择也，精，从米"，意思就是挑选，引申义为"精华"，即挑选而成的"精华"。如《庄子·外篇》中所说："吾欲取天地之精，以佐五谷，以养人民。""神"有三层含义：一是指原始宗教崇拜中的神灵，如《论语·述而》中的"子不语怪、力、乱、神"；二是指人的理智、情感和意志；三是"神化"的意思，即万物精妙细微之变化。"精神"一词的内涵十分丰富。从哲学的角度理解"精神"的含义，有以下几个层面。第一，本体论层面的"精神"，指的是与物质相对应的哲学范畴，常与"意识"视为同义。马克思主义哲学认为，任何意识都不是人脑中本来就有或是凭空产生的，就其本质而言是特定社会存在的反映。意识的形成及其内容受主体的思维能力、客观环境等因素的影响和制约。第二，认识论层面的"精神"，指的是人们在实践过程中认识和把握客观世界的思维、意念、意志、欲望、情感等，既包括理性也包括非理性的因素。第三，生存论层面的"精神"，指的是人们在实践活动中表现出来的神志状态、心神面貌和风采神韵。第四，价值论层面的"精神"，指的是能够反映、体现和表征价值主体的价值观念特征、价值思想内涵的价值意识。例如中国共产党的革命精神，"红船精神""井冈山精神""苏区精神""长征精神""延安精神""西柏坡精神""雷锋精神""焦裕禄精神"等表征的就是这个意思。

从总体性方法论看，浙江精神的内涵包括以上几个层面的含义。在本体论层面，浙江精神属于社会意识的范畴，是浙江人民在改造世界的实践中形成的，具有浙江特色的群体意识，这种群体意识在浙商群体中表现尤为明显。传统浙商"以民为本、注重民生的人本观念，工商皆本、义利并举的文化价值传统，坚韧不拔、锐意进取的开创意识，灵活变通、兼收并蓄的博大胸怀"，继承了浙江的文化基因、传承了浙江的人文精神。当代浙商"勤奋务实的敬业精神，灵活创新的变通精神，抱团合作的团队精神，恪守承诺的诚信精神"，推动了浙江精神的丰富和升华。[1] 在认识论层面，浙江精神表征的是浙江人民在实践活动中的思维方式，这种思维方式充分体现在改革开放以来浙江人民在党和政府的引导下，坚持干在实处、走在前列，全面推进中国特色社会主义在浙江的创新实践中。在生存论层面，浙江精神是浙江人民在生产生活实践中展现的精神风貌，是浙江人的文化特质，体现在普通百姓特别是千千万万个走南闯北的"浙江老板"身上，例如温州人身上的"白手起家、艰苦奋斗的创业精神；不等不靠、依靠自己的自主精神；闯荡天下、四海为家的开拓精神；敢于创新、善于创新的创造精神"[2]，这种精神风貌和文化特质体现着浙江人民的科学文化素质和劳动质

---

① 林吕建、唐玉：《论当代浙商精神的科学内涵》，《浙江社会科学》2011年第8期。
② 陈俊贤：《浅论"温州人精神"》，《人民论坛》2004年第1期。

量，代表着浙江的人力资源和人力资本状况，赋予了浙江经济社会发展生机盎然的创造性活力，为浙江改革开放以来各行各业的发展准备了一大批更能吃苦耐劳、拼搏进取、开拓创新的劳动者和具有独立经营能力的小企业家。在价值论层面，浙江精神是浙江人民在实践活动中表现出的价值取向。《首届世界浙商大会宣言》中提出的秉承浙江精神、立足创业自强、着力自主创新、坚持科学发展、恪守诚信之本、勇担社会责任、谨记义行天下、合力回报家乡等倡议正是这种价值取向的集中体现。

因此，浙江精神具有总体性的内涵，它是浙江人民在长期的生产生活实践中形成的，被浙江人民广泛认同的，具有浙江特色的群体意识、思维方式、精神风貌和价值取向的理论概括。也就是说，作为浙江人一以贯之的精神诉求，浙江精神不仅具有价值论的意蕴，也是一种思维方式、一种生存方式。

二、浙江精神的主要内容

世纪之初，长期走在改革开放前列的浙江遭遇了一系列"成长中的烦恼"，粗放型增长暴露出来的种种弊端，迫切要求浙江以壮士断腕的勇气实现凤凰涅槃、浴火重生，浙江模式转型升级的大趋势也迫切要求浙江精神与时俱进。习近平同志始终高度重视改革创新事业的精神支撑。在总结浙江改革发展的历史经验时，习近平同志曾经深刻指出："浙江在没有特殊政策、没有特殊资源的情况下，之所以能取得今天这样的成就，一个很重要的原因就在于，浙江有着深厚的文化底蕴，而且浙江的文化传统非常适应市场经济的要求。浙江历史上各种文化的交汇融合，在改革开放中孕育和造就了'自强不息、坚韧不拔、勇于创新、讲求实效'的浙江精神，推动了文化与经济的相互交融，构成了浙江综合竞争力的软实力，极大地促进了社会生产力的解放和发展。"[①] 为进一步提振全省人民干在实处、走在前列的精神状态，全面推动"八八战略"的贯彻落实，2005 年 6 月 21 日，习近平同志在《光明日报》发表署名文章《弘扬"红船精神" 走在时代前列》，首次将红船精神概括为"开天辟地、敢为人先的首创精

---

① 习近平：《干在实处 走在前列——浙江推进新发展的思考与实践》，中共中央党校出版社，2006，第 317-318 页。

神，坚定理想、百折不挠的奋斗精神，立党为公、忠诚为民的奉献精神"①。显然，无论是敢为人先的创新精神，还是百折不挠的拼搏意志，红船精神的内涵均与浙江区域文化的优秀精神传统息息相通。2006 年 2 月 5 日，习近平同志又在《浙江日报》发表署名文章《与时俱进的浙江精神》，强调要"坚持和发展'自强不息、坚韧不拔、勇于创新、讲求实效'的浙江精神，与时俱进地培育和弘扬'求真务实、诚信和谐、开放图强'的精神，以此激励全省人民'干在实处，走在前列'"。如果说"自强不息、坚韧不拔、勇于创新、讲求实效"侧重的是对改革开放以来浙江涌现出来的创业创新精神的概括总结，那么，"求真务实、诚信和谐、开放图强"的浙江精神，则是对浙江干部群众精神世界变革提出的新要求。一方面，顺应浙江"新发展"的要求，回应改革进入攻坚阶段的挑战，全面推进浙江模式转型升级，浙江干部群众的精神面貌就不能仅仅停留于改革初期那种以艰苦创业为核心内容的初始状态，就必须大力培育和提升与成熟的市场经济体系、完善的法治社会等等相适应的思想观念和行为方式。另一方面，落实中央对浙江提出的"走在前列"的要求，切实肩负起"探路者"的角色，就必须切实增强忧患意识，大力提升敢为人先的创新精神，通过创造性地开展工作，积极为全国提供有益的浙江经验。

"求真务实、诚信和谐、开放图强"作为浙江人民精神世界变革的新坐标，着眼于激励浙江人民干在实处，走在前列，将弘扬改革开放以来浙江涌现出来的创业创新精神与推进浙江精神与时俱进有机地统一起来，将红船昭示的革命精神与人民群众追求幸福生活的创业精神有机地融合起来，推动了浙江精神的历史性升华。这里，"求真"顺应了发展方式转型的大趋势，要求深入探索和把握经济转型升级的内在规律，实现由被动倒逼向主动选择，从"适应性改革"向"预见性改革"的转变；"务实"反映了直面现实挑战，以实干求实效，努力破解"成长中的烦恼"，是实现浙江模式凤凰涅槃、浴火重生的现实需要。"诚信"深刻地体现了浙江市场经济体系从初期形态向高级形态迈进对市场主体和社会

---

① 习近平：《弘扬"红船精神" 走在时代前列》，《光明日报》2005 年 6 月 21 日第 3 版。

成员提出的新要求，并落实于不断深化的"信用浙江"建设实践中；与"平安浙江""法治浙江""文化大省"建设相匹配的"和谐"精神的高扬，则集中体现了社会全面进步和人的全面发展的内在要求。"开放"顺应了以开放促改革的新趋势，以跳出浙江、发展浙江的胸襟和气魄，在更大的范围、更广领域、更高层次参与国内外的经济技术合作和竞争；"图强"则着眼于浙江在全面建成小康社会的基础上提前基本实现现代化的战略定位，着眼于努力为全国贡献浙江经验的大局意识，来高扬奋勇争先的精神状态。显然，"求真务实、诚信和谐、开放图强"基于高度的文化自省、文化自觉和文化自信，顺应浙江走在前列的新方位，赋予了浙江精神丰富的新的时代内涵。如果说"八八战略"擘画了浙江先行先试路线图的话，那么与时俱进的浙江精神则为浙江坚持"八八战略"一张蓝图绘到底，在全面建成小康社会和社会主义现代化建设上走在全国前列，提供了重要的精神引领。

三、浙江精神的价值观

德国社会学家马克斯·韦伯曾指出，从事件与关系的内在一致性上分析，各文明古国未生成普遍应用的公理系统，如中国的史学，印度的政治思想，西方以外的音乐艺术、建筑、高等教育、行政管理、权力机制，都不如西方那么严密、合理。西方独具宗教观、经济生活、技术、科学研究、军事训练、法律和行政机关的理性化特征，尤其是具有能够采取理性化行动类型的社会精神气质。而在中国，儒家维护现存社会，主张中庸之道，重视血缘关系、剥夺统一人格的追求，从而限制了理性的成长、职业的分途、劳动的合理组织与计算，外加道教的遁世观念的影响，以及有效率的货币制度的缺乏，加上官僚制度的低效率行政体系、血缘体系的超法律运作及城市行会的非独立性，导致了东西方精神文化的差异。马克斯·韦伯的这种类型分析，其特点：一是以复合体看待伦理与社会的互动，克服了要素分析以局部论证整体的局限；二是透过经济现象，在其背后寻找出支持某一经济行为类型的精神气质，克服了要素分析难以抓住问题实质的弱点；三是理论判断与经验事实有着完全的一致性，可以解释资本主义在西方发生的必然，和在中国发生的不可能性，克服了要素分析不能说明中西同具某一条件，为何西方发生了资本主义生产方式而中国却未曾发育而出的缺陷。姑且不论马克斯·韦伯观点的局限性，但这种分析路径对于认识和理解浙江精神及所体现出来的价值观也有一定的借鉴价值。

精神是指人的意识、思维活动和一般的心理状态，也指表现出来的活力，因此它是一个中性词。但在实际运用中，它是中性褒用。具体到浙江精神，主要是指在改革开放以来，浙江经济发展所取得的巨大成就所体现出来的一种浙江特质。2000年，中共浙江省委扩大会议将"浙江精神"定义为"自强不息、坚韧不拔、勇于创新、讲求实效"十六字，这个提炼很有意义。浙江精神可以概括为四重结构：适时的人文精神、进取的商业精神、务实的科学精神、诚信的职业精神。

所谓适时的人文精神是就浙江的历史文化背景而言的，它体现为"经世致用"和"工商为本"两个方面。我们知道，从经济发展的外在要素说，浙江有"四缺"，即缺天赋的自然资源、缺良好的工业基础、缺外资的推动力、缺特殊的优惠政策，但浙江的经济发展成就突破了这四点的制约，一个重要原因是浙江本土文化包含着经济发展所必需的经世致用和工商为本的人文精神。关于这一点，陈锐教授、方同义教授等专家学者对浙东学术文化中的"重利"和"重商"思想展开了诸多分析。我想补充的是，这种文化是浙江自发自生的，是地域本土化的一种推动力。是在潜意识里就有的"天人相分"因子对传统中国"安息于土地"社会价值观的扬弃。

所谓进取的商业精神是就浙江民营企业即浙商良好的冒险与创业精神以及企业创新精神产生的创业效应现实而言的。主要体现为自主创新和图强勤勉两个部分。就目前研究现状看，有学者如张宗和指出了当代浙商精神体系的三大主观要件：求富意识、创新意识和学习意识。从浙商精神的内涵和要素来看，有学者如林吕建（曾任浙江省社会科学院党委书记）等提出的概括与提炼应从两个阶段进行：创业期和守业开拓期。认为创业期的浙商精神具有一个显著的特点，即"炽烈企业家精神"，他们不怕苦、敢冒险、敢为天下先、求实而乐于探索。而守业开拓期的浙商，主要是通过艰苦奋斗和改革创新，稳定持续地保有自己的商业成果，并使之进一步巩固与扩大。

所谓务实的科学精神是就浙江本土地域中所包含的理性与感性有机结合的求真特质而言的。它体现为浙江贪大而不拒小、求富而不嫌贫、求变而不弃稳三个方面。初看浙江的商业表现，其成就很大部分是在传统以外的"非边际"制度创新方面先走了一步的结果，诸如一发而不可收的私人经济、"浙江特色"的股份合作制、"遍地开花"的各种专业市场等等，但从社会角度看，这恰恰又是主张唯真理是从、崇尚脚踏实地、注重实效的科学精神的体现。尤其是改革开放以来，这种务实求真的科学精神得到了发挥的土壤。浙江企业的初创大多靠吃苦耐劳，但也可看到，企业对科学技术的投入使得浙江企业家有"知识英雄"称谓，经营层次越来越高。在这个意义上说，有时精神资源比物质资源具有更为关键性的意义。

诚信的职业精神是学界在总结浙江精神时容易忽视的一个方面。它是指浙江人讲实际、肯学习、善经营、重实干、求成效的职业操守中的重要方面。如商业行为发展出的信用观念和体系的确立在成为推动经济发展的社会文化资本的同时，又成为浙江社会能够持续稳定发展的动力源。而且随着市场经济的发展，这种观念体系还在不断地创新和发展。

价值观是指对经济、政治、道德、金钱等所持有的总的看法。一般而言，由于人的社会地位不同，价值观有所差异。价值观念作为一种社会意识，属于上层建筑，它的存在和发展必然反作用于社会经济基础。在一种社会经济结构变为另一种社会经济结构时，价值观念变化着、发展着，并反映着现存的社会经济关系。

从浙江精神的概括中可以看出，其价值观取向主要体现为通世变、重实利、善运作三个方面。所谓通世变是指浙江在其经济、社会、文化发展中能否不拘一格，根据其所处的不同环境适时地确立自己的行动策略。如陈立旭教授所指出的，当代浙江现象的基本特征可以概括为"民间诱致"和"政府增进"的制度创新与经济社会发展模式。二者是一个自下而上与自上而下相互结合的过程。自发与内生的动力来源于民间力量。民间的力量对于浙江经济社会的发展，起着自发组织的作用。民间自主谋生与自主创新就是通世变价值观的具体体现。所谓重实利是指自立自主意识和注意维护活力及权益的价值取向。它强调理想、信念、精神要与现实生活相协调、相适应。在改革开放的大潮中，他们讲求实效，不断吸收外来经验，并与浙江实际相结合，闯出富有浙江特色的发展道路。他们"不搞争论""拿事实说话"，看准了的就大胆地试，大胆地闯，埋头苦干，努力求利，走上了一条"以市场为目标、以市场求生存"的发展路径，如在不同时期不断调整和优化的产业结构。所谓善运作是指浙江人在市场经济中行为方式的价值取向，也就是浙江人在经商行动中很善于找路子、拉关系、拜码头、跑靠山。当然在这里，"运作"不是一个贬义词，而是一个中性词。我们知道，浙江奇迹主要是靠民间的力量自下而上推动的，浙江模式是内生型的发展模式，隐藏在它后面的是浙江人的奋发进取的精神、敢为人先的气度和吃苦耐劳的品质。但在外无项目引导、内无政策支持的背景下，如何"闯"，就成为一个先决条件。运作就是民间群众自主的自创性行为的产物，也成了一个富有特色的价值观。

但要指出的，任何价值观都有其时代性，也有其局限性。特别是目前随着社会主义市场经济的建立，社会转型时期特定的社会背景和因素使价值观面临一些新的问题。传统与现代的矛盾冲突使得人们的价值观念处在变化中。浙江在市场经济基础上产生和发展起来的诸如自立意识、效益观念、竞争意识、开拓进取精神、务实精神等价值观，对社会进步和经济发展具有历史的进步意义，无疑是当今社会所必需的。但是诸如过分追逐个人利益、无序竞争、权钱交易等不符合我国社会主义核心价值观的现象也应该被纠正，只有这样才能使浙江精神与核心价值观有机结合，从而达到浙江经济、社会、文化发展的有序推进。

四、浙江精神与社会主义核心价值观的契合

浙江精神被概括为"自强不息、坚韧不拔、勇于创新、讲求实效"。这十六个字是浙江人栩栩如生的写照。

浙江精神作为中华民族精神的重要组成部分，既有对中华民族精神的继

承，又具有自己的特色。其中，"自强不息、坚韧不拔"就是中华民族的传统美德，而"勇于创新、讲求实效"是浙江精神与众不同的鲜明特点，是浙江精神特色的标志。其核心内涵是开拓的个性精神与务实的事功精神。这种精神的实质是"义利并行"的实践理念。这种理念在中国传统的"舍利取义、以农为本"的农耕社会中无疑是一个大胆的创新。但是任何思想观念的形成都有其文化土壤，浙江精神也不例外。这种"义利并行"的实践理念是在浙东学术文化背景下形成的。众所周知，中国历史上占统治地位的儒学是春秋末期孔子创立的重要学派。在义利关系上，孔孟虽然重义，但也并非完全轻视利，他们认为符合义的利是可以追求的。但经董仲舒直至朱熹，则把儒学推向"重义轻利""舍利取义"的极端。幸而，南宋时，与当时占统治地位的朱熹理学相对立，浙江出现了叶适的永嘉学派和陈亮的永康学派。它们是浙东学术文化的代表，反对崇尚权威，主张道德与事功的统一。明中叶以后产生的阳明心学，更是反对拘守经典，认为"求之于心而非，虽其言出于孔子，也不敢以为是也"。表现出对人之个性及主体精神的弘扬。正是在这种精神的引领下，浙东学术文化中才会有不同于传统精神的"重利"和"重商"的事功精神的内容。如叶适在承认农业生产重要性的前提下，反对政府限制工商业的发展，批评"抑末厚本"的思想，主张"以利合义""义利并立"；陈亮指出，虽然商业只有在农业的基础上才能"立"，但农业依赖商业而"行"，因此，应使二者互通有无，"求以相补"，提出"义利双行"的思想。到了清代，黄宗羲更从商业的社会功能出发，提出"工商皆本"的主张。可见，在这种文化背景下形成的开拓的个性精神与务实的事功精神的实质就是"义利并行"的实践理念。

但是浙江精神也有其缺陷的一面。所谓的"义利并行"是在追求功利的同时遵守"义"的原则。然而有人却认为"义利并行"就是"以利合义"，义成为养利的手段。这在现实活动中表现为：为了获得利益而不择手段，讲求实效而不重视构筑契约关系，为了眼前利益而不守诚信，等等。因此，"自强不息、坚韧不拔、勇于创新、讲求实效"的浙江精神，又被与时俱进地拓展为"求真务实，诚信和谐，开放图强"的精神。这里"诚信和谐"又被进一步解释为"重规则，守契约，讲信用"。显然，这种阐释本身就已经将问题指出，并且表明，随着改革开放的深入、经济的腾飞，浙江精神也要有新的内容。

价值观是人们对价值的根本看法，是人对自身生活意义的反思，它体现着主体的价值追求和价值取向。社会价值观是以群体为主体的价值观，体现着社会群体主体的价值追求和价值取向。因此，任何一个开放的社会价值观念都具有多元化的特征。

我国计划经济时代的价值观念具有一元性的特点。在计划经济时代，人们既没有经济上的独立性、主体性，也没有政治上的独立性、主体性，每个人都是属于国家的，为国家所养，人们的价值主体意识是整体意识，个人的需要、发展是从属于国家、集体的。改革开放后进入市场经济时代，作为整体的人们变成了一个个独立的个体，其生存和发展要靠自身的主体性和积极性，这同时表明，个人追求利益已经合法化。由于不同的主体、不同的群体都有自己独立的利益，而且不同主体、群体之间的利益必然会有冲突，因此，价值观念的多元化不可避免。

所谓社会核心价值观是指占主导地位的若干社会价值观念，它对多元社会价值观念及其冲突具有引导作用。社会核心价值观既具有相对的稳定性，又会随着社会发展而变化。社会核心价值观的一个重要特征是，它必须与时代精神相符合。只有这样，社会核心价值观才能在多元价值观的社会中居于主导地位，才能引领社会群体的价值取向。

浙江精神是时代精神的体现，是走在改革开放前沿的地域文化的代表，既具有鲜明的时代特征，又具有时代的引领作用，较恰当地体现了现代社会群体主体的价值诉求，表征了社会发展在当代的价值目标。因此，浙江精神的诉求与社会核心价值观是一致的。新时代的浙江精神强调在"求真务实、注重事功"的基础上"重规则、守契约、讲信用"，而这也是现时代社会核心价值观的应有之义。西方世界经过启蒙思想家们的理论探索与资产阶级革命的社会实践，已经将"自由、平等、民主、人权"作为社会核心价值观的主要内容，并且将其作为政治制度的基本价值原则。现阶段，我们不应只重视经济的发展，而不顾公平正义，不顾人应具有的价值。我们的价值观应该将"公正""诚信"等居于主导地位，成为核心价值观。

第三节　浙江精神的现实意义

浙江精神的现实意义，包括两个层面：一是作为浙江文化内核的浙江精神在浙江经济社会发展以及人的发展中的意义；二是浙江精神的提炼和理论概括对浙江社会发展的意义。

就第一个层面而言，就是要在社会有机体的总体视域中把握浙江精神对社会发展的意义。马克思把社会看成一个由一定要素组合而成的有机整体。列宁指出，按照马克思主义的辩证法，必须"把社会看作处在不断发展中的活的机体，而不是机械地结合起来因而可以把各种社会要素随便配搭起来的一种什么东西"①。就是说，社会是由经济、政治、文化三要素构成的密切相关的有机系统。经济、政治、文化三要素之间相互联系、相互作用、不可分割，它们之间存在着决定与被决定、作用与反作用的关系，并由此构成社会有机体发展的内在动力。从总体性角度来理解，社会发展就是一个多要素共同作用的社会历史总体化过程，在这一过程中，各个要素之间构成复杂的动态关联，诸要素之间的作用方式及其结果对整个社会进程将产生积极或消极影响。正因为此，邓小平强调："为了建设现代化的社会主义强国，任务很多，需要做的事情很多，各种任务之间又有相互依存的关系，如像经济与教育、科学，经济与政治、法律等等，都有相互依存的关系，不能顾此失彼。"②只有正确处理社会经济、政治、文化的有机结合、运动和发展，我们的社会才能形成一个相对稳定，并具有自我更新和自我完善能力的生命有机整体。文化为社会进步提供精神动力、智力

① 《列宁选集》第一卷，人民出版社，2012，第32页。
② 《邓小平文选》第二卷，人民出版社，1994，第249页。

支持和价值引导。精神是被文化塑造出来的，离开文化形态，精神也就无法延续或者存在。浙江精神作为浙江文化的精神内核，根源于浙江人民的社会生活，是浙江人民群众的思想意识、生活方式、价值取向的集中表达，是浙江人民在千百年奋斗历程中孕育出的宝贵精神财富，是凝聚浙江人民共同奋斗的精神纽带，为浙江经济社会发展提供了不竭动力。

另一方面，浙江精神对构建浙江人民共有的精神家园具有重要意义。社会进步的本质是人的进步与发展，社会进步的目标是人的自由而全面地发展，并最终表现为一种文化形态。因为人的本质属性——社会性必然表现为一种文化属性。社会的人都是特定文化中的人，是由特定文化教化、哺育的人，人由此获得文化属性，具有对特定文化的归属感，形成对特定文化的认同。人总是生活在文化之中。就是说，人具有对特定传统、习俗、价值观、理想和信念等的遵守、认同，并通过人的行为方式呈现出来。人类生存的空间不单是一种物质性的空间存在，更是一种用文化铸造的精神空间，具有总体性的价值蕴含。文化的发展与进步既是社会进步的重要精神动力，也是社会进步的重要体现。物质的进步如果不能够最终转化为一种文化价值并实现人的塑造，并不能说是社会的进步。因此，社会发展不仅要满足人的物质生活需要，还必须满足人追求、拥有精神文化的需要。高水平全面建成小康社会，不仅只是单纯的经济指标，而是物质文明、政治文明、精神文明和生态文明高度统一的社会发展指标。社会主义的共同富裕是物质富裕与精神富裕的统一。美丽浙江是良好的生态环境和人文环境的统一，美好生活是物质生活与精神生活的统一。因此，我们需要"用浙江历史教育人民，用浙江文化熏陶人民，用浙江经验鼓舞人民，用浙江精神激励人民，形成了共同的精神认同和文化认同"①。以浙江精神为核心的文化场域是浙江人民求真、向善、创美的精神家园。

就第二个层面而言，浙江精神的提炼和理论概括彰显文化自觉与自信。马克思把社会生产系统看作是一个由人类自身生产、物质生产、社会关系的生产

---

① 习近平：《与时俱进的浙江精神》，《哲学研究》2006 年第 4 期。

和精神生产相互作用的有机整体。精神生产本质上是一种"思想、观念、意识的生产"，其直接目的是满足人们的精神文化需求。浙江精神的提炼、理论概括属于精神生产的范畴。社会发展离不开文化自觉和自信。国家和民族的兴盛，离不开文化的支撑。民族复兴包含文化的复兴，文化复兴源于文化自觉。我们提炼浙江精神，从"自强不息、坚韧不拔、勇于创新、讲求实效"到"求真务实、诚信和谐、开放图强"再到"务实、守信、崇学、向善"，就是要充分发挥文化在发展中国特色社会主义中的重要作用，通过自觉的文化实践，推动浙江经济社会发展。马克思指出："人们自己创造自己的历史，但是他们并不是随心所欲地创造，并不是在他们自己选定的条件下创造，而是在直接碰到的、既定的、从过去继承下来的条件下创造。"[1]中国特色社会主义文化的建构，浙江精神的提炼需要广大的理论工作者具有对浙江文化发展演变的历史源流、现实境遇与未来趋向的理性自觉和对文化发展规律的正确把握。只有坚持批判性继承与创造性转化，才能真正使传统复活起来，才能提炼出适应当今时代要求的浙江精神。文化自信是文化自觉的逻辑延伸，体现了我们对自己的文化，对浙江经济社会发展取得的成就有足够的信心和底气。

习近平同志到浙江工作后，在深入调研和分析的基础上，"用欣赏的眼光看别人，用挑剔的眼光看自己"[2]，对浙江新发展阶段面临的挑战和问题，进行了全方位的诊断，指出"我们虽然在经济社会发展上取得了长足的进步，也面临着'先天的不足'和'成长的烦恼'，一些老问题从未根本上解决，一些新问题又不同程度地比全国先期遇到。比如经济发展中高投入、高消耗、高排放、低效益的粗放型格局尚未根本改变，人多地少、资源紧缺，能源、土地、水等资源要素和环境承载力的制约不断加大，社会公正、社会治安和社会矛盾问题、公共安全和安全生产问题、市场经济秩序问题等都亟待解决。我们要充分认识到，先发地区必然遇到先发问题，某些方面走在前列并不意味着所有问题都能

---

[1] 《马克思恩格斯选集》第一卷，人民出版社，1995，第585页。

[2] 习近平：《干在实处　走在前列——浙江推进新发展的思考与实践》，中共中央党校出版社，2006，第11页。

迎刃而解"①。习近平同志深刻地意识到，破解浙江发展的瓶颈，日益呼唤打造新的"文化支撑力"，推动浙江新一轮的发展，"更需要作为文化核心价值观的浙江精神的引领和激励，支撑我们在未来的实践中奋发图强，励精图治，与时俱进"②。正因如此，"我们必须用战略的思维、时代的要求、发展的眼光来审视文化建设"③，以全新眼光来认识文化的力量、精神的力量，在更高层次、更宽视野、更大力度上发挥文化的作用、精神的作用。文化的力量、精神的力量是影响社会发展的重要力量。正是在这一意义上，斯特斯·林赛说，"一个国家能否繁荣，文化是一个重大的决定因素，因为文化影响到个人对风险、报偿和机会的看法"；"在人类进步的过程中，文化价值观确实是重要的，因为它们影响到人们对进步的想法"。④ 马克斯·韦伯也指出："不是思想，而是利益（物质的和思想的）直接支配人的行为。但是，观念创造出的'世界图像'，时常像扳道夫一样决定着由利益驱动的行为的发展方向。"⑤ 文化发展不仅影响经济社会发展，而且也是社会发展的重要组成部分、衡量社会发展水平的重要尺度。

时任浙江省委书记习近平同志对"浙江现象"以及浙江新阶段"如何发展"、破解先发问题的深入思考，引发了他对于深深熔铸在民族生命力、创造力和凝聚力之中的文化力量、精神力量的更深层思考。他认为，对文化力量的深刻认识、对发展先进文化的高度自觉、对推进文化大省建设的工作力度，是关系今后一个时期浙江"实现什么样的发展"、能否"继续走在全国前列"的重大课题。从经济的角度看，任何经济都离不开文化的支撑，文化赋予经济发展以深厚的人文价值，文化赋予经济发展以极高的组织效能，文化赋予经济发展以更强的竞争力。因此，"在新的历史条件下，我们必须坚持先进文化的前进方向，进一步弘扬和发展浙江精神，不断发掘其历史积淀，不断丰富其现实内涵，实现浙

---

① 习近平：《干在实处　走在前列——浙江推进新发展的思考与实践》，中共中央党校出版社，2006，第7页。
② 习近平：《与时俱进的浙江精神》，《浙江日报》2006年2月5日第12版。
③ 习近平：《干在实处　走在前列——浙江推进新发展的思考与实践》，中共中央党校出版社，2006，第289页。
④ 斯特斯·林赛：《文化、心理模式和国家繁荣》，塞缪尔·亨廷顿、劳伦斯·哈里森：《文化的重要作用——价值观如何影响人类进步》，新华出版社，2002，第186页。
⑤ 苏国勋：《理性化及其限制——韦伯思想引论》，上海人民出版社，1988，第84页。

江人文精神的与时俱进，使之与社会主义市场经济发展的要求结合得更加紧密，与人民群众积极性和创造性的发挥结合得更加紧密，从而不断增强浙江经济社会发展的软实力，不断创造浙江经济社会发展的新优势"①。不仅如此，习近平同志还从社会全面发展的高度，重新审视了文化的力量，把文化的力量比喻为经济发展的"助推器"、政治文明的"导航灯"、社会和谐的"黏合剂"，总是"润物细无声"地融入经济力量、政治力量、社会力量之中。这就表明，在浙江新的发展阶段，文化的地位和作用必须由仅仅服务于粗放型经济增长时期的"搭台"和"配角"，上升为转变经济发展方式、破解浙江"成长烦恼"和"先发问题"、推进科学发展与社会和谐的精神动力，在现代化总体布局中，彰显出文化的强大力量。

在这一背景下，2003 年 7 月，习近平同志把进一步发挥浙江人文优势，加快建设文化大省作为"八八战略"的重要内容，提出了浙江文化建设的顶层设计，体现了他立足浙江、站在党和国家全局的高度，对先进文化发展道路先行探索先行实践的高度自觉。2005 年 7 月，中共浙江省委制定《关于加快建设文化大省的决定》，系统阐述了加快建设文化大省的时代背景和战略意义、指导思想和总体目标、主要任务和保障措施。这就把"八八战略"中关于"加快建设文化大省战略"的内容系统化和具体化了，成为指导未来浙江文化建设的行动蓝图。在谋划和部署加快建设文化大省的同时，习近平同志适时提出了与时俱进地弘扬浙江精神的新任务新要求。显然，加快建设文化大省和与时俱进地弘扬浙江精神，是一脉相承的，两者存在着内在的关联，都聚焦于推动浙江新一轮发展这个目标，打造新的"文化支撑力"。

2006 年 2 月 5 日，《浙江日报》发表了时任浙江省委书记习近平同志的《与时俱进的浙江精神》一文，梳理、总结和归纳了浙江精神的优秀历史传统以及浙江精神在当代的生动展现，提出了浙江精神在新时期新阶段必须与时俱进的新任务新使命。习近平同志从践行与时俱进的马克思主义理论品质、推动浙江

---

① 习近平：《干在实处 走在前列——浙江推进新发展的思考与实践》，中共中央党校出版社，2006，第 319 页。

"干在实处、走在前列"的发展新实践出发，提出浙江精神的优秀历史传统"不仅与浙江人民的历史生命相伴，而且更与浙江人民的现实生活与未来创造相随。在加快全面建设小康社会的今天，只有让这源头活水畅流于我们的实践中，才能不断滋润我们的生命，进一步开拓我们的未来"①。习近平同志指出，我们不仅要坚持和发展"'自强不息、坚韧不拔、勇于创新、讲求实效'的浙江精神"，而且要"与时俱进地培育和弘扬'求真务实、诚信和谐、开放图强'的精神，以此激励全省人民'干在实处、走在前列'"②。这就深入地阐明了两个版本的浙江精神之间的内在逻辑联系，明确了不同的侧重点。2000年中共浙江省委提出的四句话、十六字的浙江精神版本，即"自强不息、坚韧不拔、勇于创新、讲求实效"，要"坚持和发展"；新提出的三句话、十二字的浙江精神版本，即"求真务实、诚信和谐、开放图强"，则要"与时俱进地培育和弘扬"。有学者指出，两个版本的浙江精神体现了不同的时代主题。以"自强不息、坚韧不拔、勇于创新、讲求实效"为核心的浙江精神"原初版本"，产生于浙江市场经济的形成时期，"其内涵鲜明地体现出'释放'主题。所谓'释放'，就是要人们从'割资本主义尾巴'的极'左'思潮影响下，从'姓社姓资'的空洞争论中，从传统的'本末'观念熏陶下解放出来，使许多在传统伦理评价中受到压抑和贬斥的但却有利于社会主义市场经济形成的伦理资源得到充分释放"③。它们对于浙江率先形成具有区域特征的市场经济，使浙江尽快"走在全国的前列"产生了巨大的推动力。而"求真务实、诚信和谐、开放图强"的精神，则是浙江精神的"升级版本"。如果从字面上看，与原初版本的浙江精神相比较，这个版本特别增加了两个新的要素：一个是"求真"，即"追求真理、遵循规律、崇尚科学"，充分认识浙江社会主义市场经济可持续发展的客观规律；另一个是"诚信和谐"，其中"诚信"，就是"重规则、守契约、讲信用、言必信、行必果"，其中"和谐"，就是"民主法治、公平正义、诚信友爱、充满活力、安定有序、人与自然和谐相

---

① 习近平：《与时俱进的浙江精神》，《浙江日报》2006年2月5日。
② 同上。
③ 李河：《让文化发展也成为硬道理》，载张晓明、李景源主编：《浙江经验与中国发展（文化卷）》，社会科学文献出版社，2007，第70页。

处"，"它标志着为适应浙江社会主义市场经济走向成熟的要求，浙江人正在市场经济伦理方面实现着从自发到自觉的转变。在这里，以'释放'为主题的思想解放开始转换为以引入'约束'或'规范'为主题的思想解放"[1]。"如果说原初版本的浙江精神旨在概括、表彰或推荐浙江民众中的那种强烈的创业意识，那么升级版本的浙江精神则鲜明体现出缺什么就补什么的'治疗'特性。"[2]

这一看法较为清晰地勾画了两者之间的辩证关系。四句话、十六字的"浙江精神"，即"自强不息、坚韧不拔、勇于创新、讲求实效"，是在浙江长期的历史过程中特别是在当代发展市场经济实践中逐步形成的，是对浙江人群体身上"已有"精神个性、浙江现象背后精神动因的总结、提炼和概括，是一种特别有利于社会主义市场经济形成的群体意识、观念因素。由于这种群体意识、观念因素的推动，浙江在很短的时间内从一个经济社会发展位居全国中游的省份成长为一个走在全国前列的省份。也是在这个意义上，习近平同志指出，"在浙江的改革开放和现代化建设中，'自强不息、坚韧不拔、勇于创新、讲求实效'的浙江精神极大地促进了经济快速发展，成为能动的经济创造力；极大地促进了社会全面进步，成为巨大的社会凝聚力；极大地促进了文化大省建设，成为核心的文化竞争力"[3]。习近平同志进一步强调，伴随着世界的变化、时代的进步、形势的发展，"自强不息、坚韧不拔、勇于创新、讲求实效"，既需要"坚持"，也需要不断挖掘、与时俱进地丰富其现实的内涵，"使之与社会主义市场经济发展的要求结合得更加紧密，与人民群众积极性和创造性的发挥结合得更加紧密，从而不断增强浙江经济社会发展的软实力，不断创造浙江经济社会发展的新优势"[4]。

而三句话、十二字的浙江精神，即"求真务实、诚信和谐、开放图强"，则

[1] 李河：《让文化发展也成为硬道理》，载张晓明、李景源主编：《浙江经验与中国发展（文化卷）》，社会科学文献出版社，2007，第71页。
[2] 李河：《让文化发展也成为硬道理》，载张晓明、李景源主编：《浙江经验与中国发展（文化卷）》，社会科学文献出版社，2007，第75页。
[3] 习近平：《与时俱进的浙江精神》，《浙江日报》2006年2月5日第12版。
[4] 习近平：《干在实处　走在前列——浙江推进新发展的思考与实践》，中共中央党校出版社，2006，第319页。

聚焦于新的历史起点，聚焦于破解先发问题，聚焦于打造推动浙江新一轮发展的新的"文化支撑力"。它是在浙江区域市场经济走向成熟过程中得以提炼和概括的，着眼于形成浙江人群体开拓未来"应有"的精神个性，适应于由被动"倒逼"转向主动选择、从"适应性"改革向"预见性"改革转变以实现"腾笼换鸟""浴火重生"飞向新高的要求，从而构成了浙江经济社会发展新阶段所必须或应该具备的精神条件。这就深入地阐明了浙江精神"与时俱进"的丰富内涵。

第四节　浙学与浙江精神

浙江地域人文积淀深厚，浙东文化名人辈出。在浙江数千年区域文化发展、演化过程中，涌现出了大禹、越王勾践、范蠡、王充、吴越王钱镠、吕祖谦、陈亮、叶适、王阳明、黄宗羲等历史文化名人。这些人物尽管处在不同时代、从事不同职业、成就不同伟业，但他们的作为、业绩、精神背后却同样有着深厚的文化渊源。他们的思想观念、精神品格、文化价值呈现为共同的区域人文印记，深刻影响着当代浙江人的价值观念、行为取向、精神风貌，为当代浙江精神注入了深层次的文化因子。

一、自强不息、坚韧不拔的自主精神

在 7000 多年漫长的历史长河中，浙江人民在逆境中生存，在生存中不断抗争，形成了身处逆境而气节不改、斗志不衰、努力不懈的精神品格，培育了自强不息、坚韧不拔的性格特征，孕育了具有浙江特色的思想和精神。从历史上涌现出的"艰苦奋斗、敬业治水"的大禹到"卧薪尝胆、励精图治"的越王勾践，再到"威武不屈、凛然赴死"的方孝孺，都展示了自强不息、坚韧不拔的"浙江魂"。关于大禹治水的故事，《越绝书》和《史记·夏本纪》中均有记载。《越绝书》卷八说："禹始也，忧民救水，到大越，上茅山，大会计，爵有德，封有功，

更名茅山曰会稽。及其王也，巡狩大越，……因病亡死，葬会稽。"《史记·夏本纪》记载了大禹艰苦卓绝的治水故事：当帝尧之时，"汤汤鸿水滔天，浩浩怀山襄陵，下民其忧"，禹奉命治水，"劳身焦思，以行七年"，"三十未娶"。这时，他"行到涂山，恐时之暮，失其度制"，才娶涂山氏女娇为妻。他"闻乐不听，过门不入，冠挂不顾，履遗不蹑"，倾心于人民生死存亡的事业上。即使娶涂山氏女为妻时，也是"仅四日，复往治水"。经过 13 年努力，才完成了治水伟业。大禹精神最核心的是艰苦奋斗、坚韧不拔的敬业精神。在治理洪水的艰苦岁月中，大禹吃的是粗茶淡饭，穿的是破旧衣服，住的是简陋房屋，把所有财物都用于治理洪水的事业上；在外奔波，为了赶时间，陆地上就赶车，水路就乘船，沼泽泥泞之地就乘橇板；用左手确定平直，用右手测量长度，一年四季，都在为治理洪水而奔波劳碌。他亲自拿着锄头、铲子走在人民前面，累得大腿没有了肉、小腿磨得不长毛。正是他这种身先士卒、艰苦奋斗、坚韧不拔的敬业精神，成为我国历史上第一个人类战胜自然、人定胜天的典范。大禹精神集中体现了浙江人民自强不息、艰苦奋斗的求生存、求发展的坚强意志和历代杰出人物公而忘私、为民造福的奉献精神。

越王勾践卧薪尝胆、励精图治的典故发生在春秋时期。勾践不忘俯首称臣于吴国之耻，卧薪尝胆、励志奋发，付出了令人难以置信的艰辛和努力。他为了激励自己，将苦胆挂在门前，外出回家都要品尝苦胆以磨炼意志。他忍辱负重、委曲求全、身体力行、积聚力量，"十年生聚，十年教训"。经过 20 多年努力，勾践终于卷土重来，打败了吴王夫差，灭掉了吴国。越王勾践卧薪尝胆、励志奋发的典故，体现了一种刚健有为、不畏艰难、不怕困难、勇于拼搏、奋发图强、忍辱负重的自强精神。这种精神品质深刻影响了历代浙江人的精神气质和性格特征。当代浙江人能吃苦、有韧劲的自主拼搏精神，经受各种艰苦环境的磨炼，实现既定目标的埋头苦干精神，不怨天尤人、不灰心气馁、坚韧不拔的求真务实精神，在很大程度上来源于勾践卧薪尝胆、自强不息精神的启迪。

方孝孺（1357—1402），字希直，一字希古，明台州宁海人，以修身、治国、平天下为己任。他一生著作很多，有《大易枝词》《周礼考次目录》《武王戒书注》《宋史要言》《基命录》等，但都没有流传下来。现在只有《逊志斋集》一部流传于世。方孝孺威武不屈、拒不草诏、凛然赴死的壮举发生在明初"靖难"事变中。明成祖用武力从他的侄儿建文帝那里夺取了皇位，命令建文帝老师方孝孺起草即位诏书，方孝孺拒不从命。明成祖威胁说不从命，就杀了他，而且要灭他九族。方孝孺回答说，即便灭了我十族，又能够怎样。明成祖恼羞成怒，叫手下把他的嘴撕裂，一直到耳根为止，又派人把他的亲族、朋友、学生共计800多人全部抓来，并在他面前一个一个杀死，方孝孺仍然不从命。明成祖没有办法，只好用极端残酷的方法将他杀死。方孝孺一门480余口，连同朋友、学生873人惨遭杀害，他的死表现得轰轰烈烈、荡气回肠。鲁迅先生对方孝孺十分推崇，认为在他身上体现了"台州人的硬气"。此后浙江的于谦慷慨赴死，抗清义士夏完淳的杀身成仁，民主革命先驱秋瑾的英勇就义，甚至是封建遗老王国维的自杀身亡，都能看到方孝孺精神品格的烙印。今天浙江人不畏艰难、奋起抗争、充满韧劲的性格特征，也可以从方孝孺精神中找到痕迹。

二、勇于开拓、善于进取的创新精神

浙江人民具有勇于开拓进取的性格特征和创造精神。这种精神也集中体现在浙江各个时期的思想家、学者、文人身上。王充学术具有鲜明的批判精神，王阳明学术开宗立派、振聋发聩，黄宗羲在黑暗的清王朝高压下，发出民主的呐喊。他们不仅在社会实践上身体力行、勇往直前，而且在学说上力求创新、开拓进取，形成了浙江区域文化中难能可贵的创新特色。

王充，字仲任，会稽上虞人，东汉时期杰出的思想家、文学评论家。他终身仕进困顿、家境贫寒，甚至"贫无供养"，把毕生精力埋头于著书立说，撰写了《论衡》《讥俗》《政务》和《养性》等著作，其中《论衡》一书流传至今。王充青年时期曾在京师太学学习，他不满足于太学教学，不受儒家章句束缚，不盲目崇拜偶像、权威，博览百家之学，独立钻研成己之说。他太学毕业后曾先后两次出任地方小吏，但都因性格耿直，不贪富贵、不慕高官、不肯趋炎附势而辞官回家。之后，王充冲破种种阻力，坚持著书立说，甚至晚年"贫无一亩庇身，贱无斗石之秩"也不改初衷。王充个性张扬、不墨守陈规、勇于创新、包容万物又耿直顶真，毕生都致力于批判陈说旧论，《自纪》中阐发了他写作《论衡》的目的是求真理、正是非。《论衡》批判了对各种天神鬼神的迷信及其禁忌，认为天地日月星辰都是自然物质，"系于天，随天四时转行"。王充否定君权神授。他说："人，物也，虽贵为王侯，终不异于物。"指出帝王也是人生的，不是什么天神产生的后代。王充驳斥了当时主流的天人感应学说，指出自然灾害和君主、官吏的政绩得失之间没有什么必然联系。最为可贵的是他对封建社会统治思想支柱的孔孟之道的批判，在《论衡》中专门写了《问孔篇》和《刺孟篇》，对孔孟的"圣言"中自相矛盾的地方逐条提出了质问和驳斥。王充学说对南方学术和浙江学人的影响深刻而长远，可以说是浙江学术文化传统的奠基人。他不墨守成规的创新精神、不同流合污的叛逆态度以及独树一帜的异端思想，都给历代学者寻求思想解放和创立新说以深刻的启迪和反思，成为推动思想文化历史发展、实现价值转型的重要武器。

王阳明，名守仁，字伯安，学者称阳明先生，余姚人。王阳明的思想具有强烈的开拓创新精神。他强调学术的主体性、思想的创新性，主张学问贵在"自得"，成一家之言。他对"掇拾修补于煨烬之余"的汉儒经学传统和本质上接续经学的"空疏谬妄、支离牵滞"的宋明理学传统都给予了深刻批判。对于与自己思想相近的陆九渊心学思想，他也毫不留情，指出陆九渊的思想虽然颇得"易简"之宗旨，但是在一些问题上，仍然与程朱理学纠缠不清，不能够做到完全的"自得"。王阳明的心学对于前人的思想进行了深入的批判，具有十分鲜明的批判精神。同时他的思想不保守，具有极大的包容性，比在此之前的宋明理学具有更加广泛的思想来源，从而最终形成了完整创新的心学体系。王阳明还把"六经"等同于"吾心"，置之于"吾心"的轨迹之中，"六经者非他，吾心之常道也"，"故六经者，吾心之记籍也"，实际上是否定了"六经"作为神圣经典的崇高地位。他又把批判的锋芒指向孔孟儒家思想，反对盲目地服从封建的伦理道德，强调个人的能动性，提出"致良知"的哲学命题和"知行合一"的方法论，具有要求冲破封建思想禁锢，呼吁思想和个性解放的意义。

从东汉王充到南宋永嘉学派、永康学派，再到明代王阳明心学，前后延续、相互传承着浙江学术强烈的开拓创新精神，不仅要在传统的文化学术领域开拓创新，而且要在文化思想、思维方式、行为举止方面开拓新领域、形成新气象。当代浙江人敢于冲破各种僵化、陈旧的框框的束缚，大胆尝试一切有利于生产力发展，有利于提高生活水平的创新实践，应该说与这种特质文化精神的熏陶和感召有着极大的关系。

三、强调功利、经世致用的求实精神

浙江文化蕴含着强烈的求实精神，学术上讲求经世致用，思想上反对空言说教，行动上主张经世致用。浙江历史上不少思想家主张治学要究实理、讲实效，主张尊重客观规律，要求学问与社会的实践、百姓的生产和生活紧密结合起来，反对脱离实际的高谈阔论。汉代王充批判天人感应的神秘空洞的说教，主张凡事讲"证验"和"实效"；陈亮、叶适的"义利双行""以利合义"命题；吕祖谦的"育实材而求实用"；王阳明的"知行合一"；黄宗羲的"经世应务"，都体现了"注重实践、崇尚务实"的学术个性和"经世致用、义利并重"的精神品格。这种学术个性和文化品格不同程度上影响了浙江区域文化精神特质，渗透在浙江的传统人格精神之中。其中主张经世致用、强调功利的陈亮、叶适以及主张"经世应务"的黄宗羲对浙江人文精神的影响较为深刻。

陈亮，字同甫，学者称为龙川先生，婺州永康人，一生致力于主张抗战和批判理学事业。他力主抗金以收复中原，因而不断受到当权者迫害，被诬陷连遭大狱，出狱后仍不改初衷，一生坎坷而又不屈不挠。在学术上，陈亮高举有利于国计民生的功利主义旗帜，其思想直接开启了后世"经世致用"之学，传世之作有《龙川文集》。叶适，字正则，学者称之为水心先生，永嘉人。他学识渊博，造诣独到，主要观点与陈亮相同。他反对空谈义理，主张重视实际事功，在政治、经济等各方面，都提出了见解，如强调重民、宽民、理财非聚敛等观点。他的著作有《水心文集》《水心别集》《习学记言序目》等。陈亮、叶适思想是后代浙江人文精神发展的哲学基础，对当代浙江精神的形成、发展起到了精神导源的作用。首先，"经世致用"功利主义思想成为后代浙江人文精神的哲学基础。陈亮、叶适的学说是一种"事功之学"，具有极为强烈的功利意识，不仅主导了南宋以后全国学术思想的发展，而且还对浙江人文精神的品格产生了深远影响。叶适提出的"扶商惠工"思想，成为近现代以来浙江商品经济发展的指导思想。其次，陈亮、叶适"事功之学"强烈的批判、开拓精神直接开启了当代浙江人敢为天下先的思想观念。陈亮文为"学海之川流"，叶适文为"微言大义之散疏"，都表现了可贵的进取精神和批判精神。这种学术思想开一代学风之先，历经数百年的传播积淀而成为独特的区域文化心理，成为今天浙江人的文化优势，深远地影响着浙江人的精神气质、性格特征。再次，求真务实、重视实践的做法对当代浙江人行为方式产生深远影响。陈亮、叶适砥砺气节，躬行实践，注重将其学术思想付诸现实的政治实践中。这种学术思想的精神实质是，大到整个国家的发展，小到个人的治学、修身，都要付诸实践，经受实践的检验。

黄宗羲，余姚人，字太冲，号南雷，又号梨洲。黄宗羲一生著述宏富，主要有《宋元学案》和《明儒学案》《明夷待访录》《易学象数论》《黄梨洲文集》《黄梨洲诗集》《行朝录》等。他是明清时期"经世致用"新学风的开创者，在批判程朱理学"束书不观，游谈无根"的基础上大力提倡经世致用、实事求是之学。黄宗羲又批评明末读书社的文人不务实学，"本领脆薄，学术庞杂"。他鄙夷那些空谈道德性命而无真才实学的道学家们，指斥他们"封己守残，摘索不出一卷之内……天崩地解，落然无与吾事，犹且说同道异，自附于所谓道学者"。在经世致用思想的指导下，除了经学史学外，黄宗羲还致力于天文、地理、数学、历法等自然科学知识的研究，把学术研究的范围从儒家经典扩大到了自然、社会和思想文化领域。在黄宗羲的思想和学术风格熏陶下，在他本人身体力行、言传身教的倡导下，形成了以甬上证人书院弟子为主力、其流风波及浙东乃至全国，其学脉传于乾嘉以至清末的清代浙东学派。经世致用思想对当时浙东的经济和文化都起到了促进作用，是当时资本主义商品经济思想的催化剂，为中国传统自然经济通往近代的商品经济架起了桥梁，为自然经济的瓦解和商品经济的发展奠定了理论基础。经过数百年的文化传承和积淀，陈亮、叶适、黄宗羲等浙东学派的"经世致用"思想已经渗入浙江人民的血脉之中。个性、个体、能力、功利、注重实际等成为浙江人的个性特征和主导思想。当代浙江人注重实际、讲求实效，注重学习别人的先进经验但不盲从，注重书本又能突破本本主义的束缚，都是这一文化品格的生动再现。

四、海纳百川、兼收并蓄的开放精神

浙江地处东南边陲，历史上较少发生大规模战乱，成为中原人口因战乱影响而大规模南迁的首选地带。人口的大规模流动带来了文化的融合和碰撞，形成了多元价值与文化并存的局面。加上浙江又处于民族文化与外来文化交流的前沿，能够经常沐浴外来文化的清新之风。因此，浙江人民比其他地区的人民更容易保持活跃的思想状态、对新事物的敏锐意识以及形成兼收并蓄、博采众长的宽容开放心态。我们可以从吕祖谦、王阳明、黄宗羲等人注重对不同思想观念的兼收并蓄、博采众长、整合创新的学术思想中非常清楚地看到这种精神特质。

吕祖谦，字伯恭，世称东莱先生，金华人，是南宋著名理学家、史学家、教育家、文献学家。吕祖谦一生以讲学布道、著书立说为己任，对传统典籍进行全面整理和纂修，撰写了许多学术专著，如《东莱吕太史文集》《吕氏家塾读诗记》《书说》等，计900万字。吕祖谦在学术上以"杂博"著称，这反映了当时社会思潮的特征。南宋时代学派林立，当时能成鼎立之势的主要有以朱熹为首的理学派，以陆九渊为巨子的心学派，以陈亮、叶适为代表的永康、永嘉学派。吕祖谦在学说上折中了朱熹、陆九渊的学术思想而又吸取永康、永嘉学派经世致用的功利之学，打破了各学派之间的门户之见，采取"泛观广接""未尝倚一偏，主一说"的居中持平态度。他对待学术有宽宏开放的气度，对各种"相反之论"都能虚心听取，并予以尊重。他说："人之相与，虽道合志同之至，亦不能无异同，且如一身早间思量事及少间思之，便觉有不尽处。"他认为"近日思量吾侪所以不进者，只缘多喜与同臭味者处，殊欠泛观广接，故于物情事理多所不察……"。吕祖谦坚决反对"道不同不相知"的观点，认为这未免"缺乏广大温润气象"。他多次强调，评价某种学术思想或某位学者"须要公平观理，而撤户牖之小"，要求门人"毋得品藻长上优劣，訾毁外人文字"。吕祖谦在学问上能够博采众家之长，以综合众家之说为己任，终集南宋理学之大成。特别是他以自身宽和、谦厚的人格成功地调解了朱熹和陆九渊之间的学术分歧，成就了历史上"鹅湖之会"的美谈。吕祖谦在学术上持求同存异的态度，学术上博采众长的气度，善于与持不同意见的学者友善交往的品格，直接开启了明清浙东学派王阳明、黄宗羲等人的学术思想。王阳明学问上的最大成就，就是对宋代以来的朱熹理学与陆九渊心学思想之间的分歧和争论做出了深刻总结。"范围朱（熹）、陆（九渊）而进退之""尽融其高明卓绝之见而底于实地"，将浙东的事功之学与心学融为一体，并立足于"实地"，形成了他自己的思想。反对门户之见，提倡善学善用。黄宗羲在考察宋明道学之流变后，认为道学内部"理学"与"心学"之争已成为门户之见，危及儒学的前途。要消除门户之见，就必须承认各家均是儒学内部的分支，都体现了圣人之道，只不过功夫不等，所见稍异罢了。为学要有大儒的兼容气度，不可效仿陋儒的"门户相攻"。

吕祖谦、王阳明、黄宗羲等人破除门户之见、兼收并蓄、海纳百川的作风和求实求真、重在实践、严谨扎实的态度，有助于浙江文化得风气之先，形成开放型、创新型的思维模式。而当代浙江人又把浙江文化"开拓创新"的特性贯穿在民众生产、商贸活动中，形成了当代浙江精神的大气开放的精神品格。当代浙江人思想解放，眼观六路、耳听八方，想方设法、灵活变通，不仅在市场竞争中因地制宜，充分发挥自己的特长，甚至可以创造出"无中生有""无米找炊"的"零资源"奇迹来，应该说与这种大气开放的精神品格不无关系。

五、以人为本、安民和众的和谐精神

浙江传统文化是在吴、越两种文化背景下生成的。吴文化受中原礼仪影响很大，受周文化的精髓——中和之美、中庸之道影响较大，强调对立面相互调和，主张"温柔敦厚""整体和谐"。越文化则受中原文化的影响较少，不理会中原礼制，还有很多原始的野性，形成了主体独立价值追求、率真浪漫的情感和雄俊耿直的文化人格。在两种气质迥异的文化类型影响下，浙江传统文化中，既包含着自强、坚韧、创新、实干的文化因子，也有儒雅、崇善、和谐、灵活的文化精神。

崇尚和谐的文化核心的精神传统是"以人为本"的民本思想。越大夫范蠡"不乱民功，不逆天时；五谷睦熟，民乃蕃滋"的政策主张，南宋吕祖谦"取民有制""与民安息"的经济思想，王阳明"人皆可以为尧舜""良知良能，愚夫愚妇与圣人同"的主体自觉意识，都是这种民本思想的体现。黄宗羲对浙江古代的民本思想进行了集大成，从民主政治的角度，开启了人民对于自身主体地位、要求民主解放的意识。他大胆地宣称，"我之出而仕也，为天下，非为君也；为万民，非为一姓也"，强烈抨击"私天下"的"一家之法"，倡导建立有利于百姓的"天下之法"，让国家之权还归于民。他又提出，"有生之初，人各自私也，人各自利也"，从反君主专制的思想高度对人实现自我价值时所具有的社会功利性给予了充分的肯定。黄宗羲又阐述了"主体自觉、民主启蒙"的民主思想，倡导豪杰意识，实现主体的自我价值。他的这一思想虽然带有理想色彩，但对近代浙江民主思想的启蒙具有直接影响。

钱镠"顾全大局，保境安民"的做法，则集中体现了"以人为本"的思想。钱镠（852—932），字具美（又作巨美），杭州临安人。钱镠所处时期，军阀割据，战火纷繁，民生凋敝。因长年战乱，较为富庶的江浙一带也受到了严重破坏。在这一特定历史背景下，钱镠经过长期斗争，基本上平息了江浙一带的战乱，使江浙人民不再遭受战乱之苦。建立吴越国后，钱镠从所处国情出发，采取了休兵息民、安民和众的国策，对内修明政治、发展经济，对外平息干戈、臣事中朝，"世方喋血以事干戈，我且闭关而修蚕织"，"善事中国，勿以易姓废事大之礼"，从而使百姓免遭兵燹之难，使吴越国以两浙弹丸之地，安然度过了军阀割据、战火纷飞的动荡时期。钱镠在当时天下分裂、战祸频仍的情况下，臣顺中原、保境安民、繁荣经济的大政方针是深得民心的。他采取和平政策的根本目的固然是维护其割据政权的统治，但在客观上却有利于经济社会发展，有利于人民。

今天的浙江人既有注重功利、讲求实效的一面，同时又有乐观平和、尚儒唯美、崇尚和谐的一面，这不能说与钱镠臣服中原、保境安民的做法没有文化上的渊源关系。这种和谐精神也是当今社会需要大力弘扬的。

六、厚德载物、讲义守信的诚信精神

在长期的商业活动中，浙江历代商人都十分重视商业伦理的规范。无论从春秋战国时期"务完物，取有道"的范蠡，到清代"重然诺，守信用"的龙游商人胡筱渔，"慷慨好施、交友诚信"的徽籍浙商汪廷俊，以及"减价以贸，赈济灾民"的徽籍浙商刘准，还是被称为红顶商人的清代巨贾胡雪岩，等等，都自觉把民族传统道德伦理付诸经商活动中。在商业活动中讲究诚信，"真实无妄""货真价实""童叟无欺"，依靠诚信取信于民，形成了浙江长期以来崇尚诚信立业的商业传统，集中体现了浙江商贸文化的独特内涵，也深刻影响了当代浙江精神的孕育生成。

范蠡（生卒年不详），字少伯，楚国宛地三户（今南阳）人，春秋末年政治家、大商人。他先为越国大夫，事越王允常，后为勾践谋臣，越国被吴国打败后，他赴吴国为人质两年，回越国后帮助越王勾践发愤图强，十年生聚，十年教训，终于灭掉吴国。帮越王洗雪了会稽之耻后，他乘扁舟漂游大江湖泊之上，易名换姓，居于陶（今山东定陶），开始了商业经营活动。他在陶精心经营产业，在19年的经商中，三次赚得千金的财富，被当时世人推崇为"陶朱公"，也被历代商贾尊奉为中华商主。范信奉"务完物，无息币。以物相贸易，腐败而食之货勿留，无敢居贵"。"务完物"，是对商业道德、伦理诚信的崇尚。货物要保证质量，不囤积居奇，更不容腐败的食物进入贸易市场。对诚信的恪守，正是范蠡商业实践追求的道德境界。面对求富者，范蠡告诫曰："人为财走，鸟为食飞。财也，食也，人之需也。不醉也，不可奔也，正心求也，不可责也，邪念追也，不可学也。"范蠡认为，经商获利，要取之有道，取之有度。范蠡的实践，真正达到了"人富而仁义附的境界"，所以，太史公在《史记》中赞曰：

"十九年之中三致千金，再分散于贫交疏昆弟，此所谓富好行其德者也，……故言富者皆称陶朱公。"积累了财富，又散赠贫者。范蠡的致富实践，真正体现了中国传统道德的理想："仓廪实而知礼节，衣食足而知荣辱。"

胡雪岩，生于1823年，名光墉，字雪岩，安徽绩溪人。早年在杭州的钱庄当学徒，后来自己开设阜康钱庄。太平军进攻浙江时，他为左宗棠筹粮有功而受到信任，后来便协助左宗棠兴办洋务，得益颇多。清光绪四年（1878），被皇帝赐黄马褂，一品顶戴，成为显赫一时的红顶商人。同治十三年（1874），他为了"济世于民"，在杭州筹建国药号。光绪四年（1878），建成庆余堂药店。胡雪岩奉行诚信经商的道德准则，他说："有诚信便能立世，无诚信则会失世。"奉行"采办务真""真不二价"和"戒欺"的经营理念和商业伦理。他在创办胡庆余堂国药号时，深知药是直接关系人的生命安危的大事，便在《胡庆余堂雪记丸散全集·序》中强调要做到"真"。他申明："大凡药之真伪难辨，至丸散膏丹更不易辨，要之，药之真，视之心之真伪而已，莫谓人不见，须知天理昭彰，近报己身，远报儿孙，可不敬乎，可不畏乎！"他还亲自制作了"戒欺"匾，上写道："药业关系性命，尤为万不可欺。余存心济世，誓不以劣品弋取厚利，惟愿诸君心余之心，采办务真，修制务精，不至欺予以欺世人……"从胡庆余堂的"戒欺"匾上，我们看到的是道德上的自觉。它秉承了浙江传统文化中最基本的道德，这种道德首先表现在对生命的尊重。胡雪岩要求他的店员以诚待客，以信取民，严禁欺诈客户，在采办药材时用货真价实的地道原料，精制而成各种成药。依靠诚信，"胡庆余堂"声名远播，"南有庆余堂，北有同仁堂"，庆余堂和同仁堂成为著名的南北两家国药老店。

提倡诚信精神，弘扬诚信精神，实践诚信精神，是浙江社会走向进步、民族精神获得提升的表现。随着社会主义市场经济体制的日益完善，承接浙江历史文化传统、顺应时代发展需求的诚信精神，越来越受到浙江老百姓特别是广大企业家的推崇，越来越成为浙江人在开拓市场、发展经济中的自觉行为，也是新时期所需要大力弘扬和倡导的人文精神。

第五节　红船精神与浙江精神

红船精神是中国共产党建党精神的集中体现，它展现了早期共产党人在建党实践中以及建党初期从事革命活动时的崇高理想信念和价值追求。"求真务实、诚信和谐、开放图强"的浙江精神是浙江人民在改革开放实践中形成的价值取向，反映了浙江人民在建设中国特色社会主义伟大事业中的精神风貌。红船精神与浙江精神具有内在的一致性。

一、创新实干

创新和实干是红船精神、浙江精神的要义。自古以来，浙江人民思想解放、敢于创新。王充、沈括、王阳明、黄宗羲、龚自珍等思想家就是其中的杰出代表。求真务实是浙江传统文化的另一突出特征。创新和实干已经融入浙江人民的血脉，铸就了浙江作为中国改革开放先行地的崇高荣誉。

民营经济是浙江的一张亮丽名片，进入中国民营企业 500 强的浙江企业，数量已经连续 21 年位列全国首位。在反映老百姓富裕程度最关键的指标——人均可支配收入上，浙江多年名列第三，仅次于上海和北京。更难能可贵的是，浙江是全国发展最为均衡的省份。当前，中共浙江省委、省政府进一步推动"八八战略"再深化、改革开放再出发，深化"最多跑一次"改革，努力构建亲清新型政商关系，全面推进浙江经济转型升级发展。这些举措淋漓尽致地展现出浙江人民创新和实干的文化传承。

习近平总书记指出："实现中华民族伟大复兴的中国梦，就是要实现国家富强、民族振兴、人民幸福。"[①] 实现这一伟大梦想的基本政治前提是民族独立和

---

① 习近平：《在第十二届全国人民代表大会第一次会议上的讲话》，《人民日报》2013 年 3 月 18 日第 1 版。

人民解放。翻开中国近代史，我们发现一个曾经创造过伟大文明并长期处于世界前列的中国，昔日的辉煌已不复存在，到了 19 世纪，中国已经变得衰败不堪，最终沦落到任人宰割的地步。在复兴中华民族的召唤下，南湖"红船"上诞生了担负实现"中国梦"责任与使命的领导者——中国共产党。从那天起，中国共产党为了使国家"变为一个政治上自由和经济上繁荣的中国""变为一个被新文化统治因而文明先进的中国"①，领导广大人民致力于民族民主革命，最终推翻了国内外反动势力的统治，实现了民族独立和人民解放，建立了新中国。在第二次国内革命战争时期，面对国民党实行的堡垒政策，毛泽东则明确指出："真正的铜墙铁壁是什么？是群众，是千百万真心实意地拥护革命的群众。这是真正的铜墙铁壁，什么力量也打不破的，完全打不破的。"②他还指出："人民，只有人民，才是创造世界历史的动力。"③可以看出，他坚信人民是实现美好历史发展的动力，人民群众团结的力量是无穷的，是不可战胜的。

马克思主义认为，社会存在决定社会意识，社会意识又具有相对独立性和能动反作用。作为"红船精神"形成之地的浙江，以国家独立和进步为己任的传统同样深厚。不仅在革命中，浙江人民为党的创建、大革命的兴起做出过重大贡献，抗日战争中，也有过"全国抗战看浙西"的美谈。新中国成立以后，浙江由于地处东南沿海，既没有国家的重要投资、良好的工业基础，也缺少特殊的优惠政策，国家对浙江的投资非常少，浙江工业基础非常薄弱，是一个典型的以农业为主体的工业小省，但浙江人民在党的领导下，不畏艰难，为国家的现代化做出了重要贡献。改革开放后，国家除了把宁波、温州列为沿海开放城市之外，没有另外给予浙江更多的优惠政策。同时，由于浙江交通等投资环境不好，在吸收和利用外资方面也大大低于其他沿海省份。面对众多不利条件，浙江人从不抱怨，不等不靠、自力更生、自强不息，依靠自己实实在在的努力，较快走上了发展之路，表现了强烈的创新和实干的精神。习近平同志在总结浙

① 毛泽东：《毛泽东选集》第二卷，人民出版社，1991，第 663 页。
② 毛泽东：《毛泽东选集》第三卷，人民出版社，1991，第 139 页。
③ 毛泽东：《毛泽东选集》第三卷，人民出版社，1991，第 1031 页。

江精神和浙江文化的关系时，有一段全面和华美的阐述："在漫长的历史实践过程中，从大禹的因势利导、敬业治水，到勾践的卧薪尝胆、励精图治；从钱氏的保境安民、纳土归宋，到胡则的为官一任、造福一方；从岳飞、于谦的精忠报国、清白一生，到方孝孺、张苍水的刚正不阿、以身殉国；从沈括的博学多识、精研深究，到竺可桢的科学救国、求是一生；无论是陈亮、叶适的经世致用，还是黄宗羲的工商皆本；无论是王充、王阳明的批判、自觉，还是龚自珍、蔡元培的开明、开放；无论是百年老店胡庆余堂的戒欺、诚信，还是宁波、湖州商人的勤勉、善举，等等，都给浙江精神奠定了深厚的文化底蕴。浙江精神得以凝练成了以人为本、注重民生的观念，求真务实、主体自觉的理性，兼容并蓄、创业创新的胸襟，人我共生、天人合一的情怀，讲义守信、义利并举的品行，刚健正直、坚贞不屈的气节，和卧薪尝胆、发愤图强的志向。"[1] 这虽是在更广层面的论述，但也包含浙江勇于担当、不断奋进的精神，可以让我们进一步理解"红船精神"以创新和实干为己任形成的依据。

浙江经济快速发展的一个不容忽视的重要原因，是在中央一系列重大决策的激励下，浙江民众在改革开放的伟大实践中，观念世界和精神状态发生了深刻的变革，率先冲破了僵化思想观念的禁锢，摆脱了"等、靠、要"的依赖心理和传统小生产观念的束缚，激发出了创新实干的创业激情，形成了波澜壮阔的创业大潮。在改革大潮中喷薄而出的千百万人民群众生机勃勃的创新激情，作为一种特殊的人力资本优势，在相当程度上弥补了浙江经济社会发展所存在的种种不利条件，为浙江经济发展提供了强大的精神动力。

勇往直前、敢闯敢创的开拓创新勇气，是浙江精神的"硬气"所在。创业的激情驱散了墨守成规、安土重迁等种种小生产观念，激发出了浙江老百姓四海为家的市场开拓勇气。为了寻找商机，开创事业，一批批连普通话都不会讲，双脚沾满泥巴的浙江农民就这样前赴后继、义无反顾地走四方、闯天下，足迹遍布天南海北。他们不畏艰险，跑遍了大江南北。弹棉花的风餐露宿，一路弹

---

① 习近平：《与时俱进的浙江精神》，《哲学研究》2006 年第 4 期。

到拉萨；补鞋的四面出击，深入到东北、西南的各个县市；经商办市场的更是天涯海角无处不在。越是没人去的偏僻、艰苦的地方，浙江人越觉得充满商机，越是要抢着去。南到三亚，北到漠河，几乎全国的每个大中小城市，都有浙江人在经商务工。他们在全国各地形成了上百个"浙江村""温州城""义乌路""台州街"，以至出现了"哪里有市场哪里就有浙江人，哪里有浙江人哪里就有市场"这样一种奇特现象。20世纪90年代后期以来，浙江企业家又成群结队地进军中西部地区去开拓事业的新天地。随着事业的发展，浙江人还大胆地走出国门，甚至大字不识两箩筐的农民也照样无所畏惧地走出国门去闯荡国际大市场。从南非到俄罗斯，从美国西海岸到巴西圣保罗，到处都活跃着他们忙碌的身影。伊拉克战争的硝烟还没有散，大批浙江人早已四处探路，准备在那里大展宏图。可以说，正是这样一种勇往直前的开拓勇气，造就了无数的市场经济的开路先锋，孕育出了浙江这一全国首屈一指的市场大省。

"创新是一个民族进步的灵魂，是一个国家兴旺发达的不竭动力。"浙江人民在创业过程中表现出的一种可贵的精神品质，是思想解放，敢于冲破各种僵化、陈旧的框框的束缚，大胆尝试一切有利于生产力发展，有利于提高生活水平的创新试验。正是这样一种敢为人先的创新精神，使得浙江人民的聪明才智得到了充分发挥，使浙江的改革发展充满了创造性的活力，在经济发展，特别是市场化改革和个体私营经济发展方面，先行一步，打了一个漂亮的"时间差"，获得了体制创新的丰硕回报。

脚踏实地、讲求实效的实干品格，是浙江精神的价值归宿。浙江人不善张扬，不好争论，注重实干，崇尚"多做少说，做也不说"，踏踏实实，一步一个脚印。这种埋头苦干的实干精神使他们抓住了一个个机遇，赢得了许多宝贵的时机。面对指责和压力，不急于，甚至不屑于争论和解释；面对成绩，也不愿四处张扬，习惯于韬光养晦，含而不露，由此形成了"真富、民富、不露富"的可喜局面。讲求实效的风格贯穿于浙江改革实践的整个过程。能否带来实实在在的收益，是浙江人民在改革开放的探索实践中一切行为取舍的最终依据。浙江人重视学习别人的先进经验，但从不盲从；对于符合本地实际、能带来实效的路子，无论外界有什么议论和压力，都能毫不动摇地坚持。为了在计划体制的缝隙中找到创业发展的空间，浙江的创业者积极稳健，不过激，不过火，不拘泥名分和个人的眼前得失，宁可委曲求全，不争一时之短长，尽量避免与旧体制发生正面冲突，以循序渐进的务实策略来谋求生存的空间，同时最大限度地利用旧体制松动提供的机遇，在推动经济发展和体制改革方面都取得了很好的实效。

基于强烈的求富欲望，立足于自主创业，以百折不挠的韧劲、勇往直前的硬气和善于变通的灵气，脚踏实地地争取创业的实效，这就是千百万浙江创业者身上表现出的具有特殊的人力资本意义的创业精神。作为浙江精神的核心，这种创业精神构成了浙江风起云涌的大众化创业大潮的强大的内在精神动力，为浙江经济的持续快速发展注入了生机盎然的活力。

二、文化自信

红船精神与浙江精神的提炼，是中国共产党人文化自信的重要表现。习近平同志历来重视文化的力量，在浙江工作期间撰写的《之江新语》中，"文化"一词出现了 160 多次，提出了"文化是灵魂""文化育和谐"等科学论断。他强调，提炼红船精神要有全局眼光和战略思维，要放到全国大背景中去思考、去研究、去把握。他亲自倡导开展"与时俱进的浙江精神"大讨论，并指出改革开放以来浙江经济社会持续快速健康发展的深层原因，就在于浙江深厚的文化底蕴和文化传统与当今时代精神的有机结合。如今，红船精神与浙江精神已经显现出文化的巨大力量，不断激励着浙江人民在新时代中国特色社会主义道路上劈波前行。

2002 年 10 月，时任浙江省委书记习近平同志专程到嘉兴南湖瞻仰了革命"红船"，接受革命精神教育并指出："如果我们的党员同志能够来到南湖看一次展览，听一次党课，学一次党章，观一次专题片，瞻仰一次红船，重温一次入党誓词，有利于'精神传承、思想升华'。"① 可以看出，这时习近平同志已经对"红船精神"的提炼有所思考，这为"红船精神"的提出提供了最早的思想来源。嘉兴南湖根据领导指示，在开展保持党的先进性教育活动中充分依托南湖红色文化资源，于 2005 年开始建设南湖先进性教育基地，打造以"看一次展览，听一次党课，学一次党章，重温一次入党宣誓，观一次专题片，瞻仰一次革命红船"为活动形式的"六个一"先进性教育大课堂。让每一位党员和群众通过瞻仰革命"红船"，回顾党的光辉历史，学习毛泽东、董必武等老一辈无产阶级革命家坚定的理想信念和伟大的爱国情怀，从而得到生动形象的先进性教育，激励广大党员和群众传承"红船精神"，使之逐渐成为日常生活的行动准则。

2005 年 1 月—6 月，嘉兴市按照中央部署开展保持共产党员先进性教育活动。为了使教育活动具有嘉兴的区域特色，南湖区以独特的政治资源"红船"为载体，以如何挖掘、提炼、弘扬"红船精神"为主线，在全区党员中就新时期什么是"红船精神"的深刻内涵和如何弘扬"红船精神"进行了一场意义深远的讨论活动。为了集中党员的智慧，广泛吸收群众的意见，将"红船精神"的深刻内涵挖掘好、提炼好，活动范围进一步扩展，面向社会广泛开展了"红船精神"表述语征集活动，让党员干部和群众都能在参与的过程中接受革命教育。在这次创新的主题实践活动中，人民群众的首创精神得到了很好的体现，仅半个月时间，关于"红船精神"的表述语共征集到了 663 条。最终，有关专家将群众的智力成果进行归纳、概括，形成了"开天辟地、坚定信念、劈波斩浪、扬帆引航"等 4 条"红船精神"表述语的初选方案。根据"红船精神"大讨论和表述语征集活动的创新实践，为"红船精神"的科学提出进行了理论研究与实践探索，进一步推动了"红船精神"的提出。经过广大党员和群众的集思广益，初步总结出来的表述语虽然已经触及"红船精神"的核心，但是还不够精练。

"红船精神"作为中国革命精神的源头，需要更加全面、凝练、权威的诠释，以至将"红船精神"普及全国。历史经验告诉我们，人民群众中蕴藏着无穷

---

① 习近平：《乘"红船"而"走在前列"》[EB/OL].（2006-12-01）[2006-12-18]. http://cpc.people.com.cn/GB/64242/64253/5181386.html.

的智慧，容易产生出有价值的思想，但这些思想往往略显散杂、不全面、不凝练。优秀而伟大的党政领导和理论家们通过在群众智慧成果的基础之上进行总结与升华，就可能产生出重大的思想理论成果。"红船精神"大讨论活动一直得到浙江省、市各级领导的密切关注与高度重视。时任浙江省委书记习近平同志曾多次派专人到嘉兴调研听取有关"红船精神"大讨论的汇报，并指出对于"红船精神"的认识与概括不光从嘉兴南湖区，也要从浙江省乃至全国的大局出发认真加以提炼。2005 年 6 月 21 日，习近平同志亲力亲为、集中民智、高瞻远瞩，经过深思熟虑后在《光明日报》发表署名文章《弘扬"红船精神" 走在时代前列》。文章中系统阐述了"红船精神"的科学概念及深刻内涵。明确地指出："红船，见证了中国历史上开天辟地的大事变，成为中国革命源头的象征。""红船所代表和昭示的是时代高度，是发展方向，是奋进明灯，是铸就在中华儿女心中的永不褪色的精神丰碑。'红船精神'正是中国革命精神之源：中国共产党历史上形成的优良传统和革命精神，无不与之有着直接的渊源关系。""'红船精神'充分体现了走在时代前列的精神，这也就集中体现了党的先进性，是党的先进性之源。"[1] 并且进一步通过在总结历史经验和具体实践的基础上将"红船精神"提炼为"开天辟地、敢为人先的首创精神；坚定理想、百折不挠的奋斗精神；立党为公、忠诚为民的奉献精神"。[2] 至此，"红船精神"科学、客观、权威的表述语正式提出。

1999 年 12 月，在浙江省社联第四次代表大会上，时任浙江省委书记张德江同志首次提出了"提炼浙江精神，总结浙江经验，开拓浙江未来"的重要任务，由此启动了浙江社科界、文化界等对"浙江精神"的率先研究。2000 年 7 月，中共浙江省委十届四次全体（扩大）会议，在大力实施调研的基础上对"浙江精神"进行了初步提炼，形成了"自强不息、坚韧不拔、勇于创新、讲求实效"十六字的表述语。毫无疑问，这是浙江人基于民间风俗形式的浙江精神形态从自发走向自觉的良好开端。2005 年 1 月，时任浙江省委书记习近平同志做

---

① 习近平：《弘扬"红船精神" 走在时代前列》，《光明日报》2005 年 6 月 21 日第 3 版。

② 同上。

出了关于"深入研究浙江现象、充实完善浙江经验、丰富发展浙江精神"和"浙江精神的调研应从浙江文化的历史传承、社会精神文明、文化综合实力的作用等诸角度进行"的重要批示，亲自确定了"与时俱进的浙江精神"研究的方向和基本框架，并修改和审定研究报告。在充分调研的基础上，大家进行了广泛深入的讨论、总结和提炼，基本达成共识：一方面，"浙江精神"的十六字表述语，较好地概括了改革开放以来浙江人民在传承浙江优秀文化的基础上努力摆脱贫困、走向富裕过程中的精神状态，它历经多年的实践培育并检验，已被事实证明是正确的、成功的，因而我们必须继续坚持和发展；另一方面，也应看到，随着世情、国情和省情的巨大变化，尤其是党的十六大之后，浙江的改革开放和现代化建设进入了新的时期，"浙江精神"所赖以生存和发展的基础也随之发生着显著的变化，因而"浙江精神"的内涵迫切需要得到与时俱进的充实。毫无疑问，后续的"与时俱进的浙江精神"概念以及"求真务实、诚信和谐、开放图强"十二字表述语的阐扬，是浙江人的文化自觉和文化自信的高度体现，意味着对"浙江精神"的认识已提升到了自觉状态。

　　一条蜿蜒曲折、逶迤东进的钱塘江成就了"浙江"。它养育了勤劳的浙江人民，培育了浑厚的浙江文化。"红船精神"产生于浙江，"红船"起航于浙江，这既有历史的偶然性，也有历史的必然性，"红船精神"的产生与浙江悠久的历史文化有着密切联系。浙江是中国古代文明的发祥地之一，历史绵长，文化灿烂。早在中更新世，地处浙北的安吉就已有远古人类活动的踪迹，掀开了浙江历史的序幕。在旧石器时代中晚期，原始人类"建德人"已生活在浙江西部山区。随后，跨湖桥文化、河姆渡文化、马家浜文化、良渚文化的相继出现，浙江大地更是进一步呈现出文明的曙光。先秦时期，浙江先民创造了丰富优秀的物质文化和精神文化成果，使得浙江文化的发展有了一定的累积，步入了成长期。秦汉六朝时期，随着北方移民的南迁，先进的学术文化和技术文明推动着浙江文明史进程发生根本性变化，实现了从民族文化到区域文化的转变，浙江文化进入嬗变时期。这一时期，大思想家王充撰写了具有划时代意义的哲学著作《论衡》，其唯物主义、无神论哲学思想体系影响深远。隋唐五代时期，江南运河的开通，极大地方便了浙江与中原地区政治、经济、文化的交流，思想开放，文化发达，造就了文学艺术的空前成就，是浙江文化的成熟期。两宋时期，特别是南宋定都杭州以后，浙江成为全国的政治中心、经济中心和文化中心，浙江文化也从边缘文化走向主流文化，是浙江历史上学术最为繁荣的时期。"浙东学派"生发出了各具特色的支派，如以吕祖谦为首的金华学派、以叶适为首的永嘉学派、以陈亮为首的永康学派。南宋时期产生的浙学，对浙江人民的文化心理和价值取向的形成起到熏染陶冶作用，对浙江乃至中国此后的思想文化运动产生深刻而久远的影响，可以称之为浙江文化的灵魂。同期，浙江科技文化、文学艺术同样辉煌绚烂。毕昇发明的活字印刷技术，是中国古代最伟大的"四大发明"之一。科学家、政治家沈括编写的具有世界性影响的著作《梦溪笔谈》，被称为"中国科学史上的里程碑"。以辛弃疾、陆游和客居浙江的李清照等为代表的诗人、词人，在中国的诗词史上留下了无数流传万世的千古绝唱。元代实行十分宽容的文化政策，从而促成了元代浙江社会经济和文学艺术创作的发展和繁荣，对外文化交流也进入了高峰时期，浙江文化继续保持在全国领先的地位。明清两朝，浙江在社会经济、思想学术和文学艺术等领域具有较高的成就，此时的浙江文化走向辉煌期。明代中叶，王阳明创立了"心学"，在之后的一百多年，其"心即是理""致良知""知行合一"的学说一直都统治着中国思想界。清初启蒙思想家、史学家黄宗羲编撰了《明夷待访录》《明儒学案》等一大批政治、经济、哲学、自然科学、历史和文学方面的著作，在他的发动之下，开创了浙东史学派，其"天下为主，君为客"的政治思想、"工商皆本"的经济思想、理气心性一体圆融的哲学思想等在国内外具有深远影响。民国时期是中国历史上大动荡、大变革的时期，革新运动风起云涌、波澜壮阔。当此之时，浙江的知识分子阶层不断发展壮大，更是发变革之先声，宣传新思潮，传播科学文化。特别是在五四新文化运动中，浙江籍的先进分子积极宣传科学、民主、自由，为中国共产党的创建做出了特殊贡献。浙江绵长而绚丽的历史文化历经千百年的传承和创新，在保持固有优秀文化特质的基础上，兼容并蓄外来文化的精华，形成了具有鲜明区域特色、深厚历史底蕴、丰富思想内涵的浙江文化，为"红船精神"的产生提供了充足的文化养分。

文化塑造人，人也在不断地创造属于自己特色的文化。一方面，浙江区域文化在一定的时空格局之中，塑造了一个崭新的群体，培育了当代浙江精神。浙江传统文化是浙江精神的重要源流；另一方面，浙江精神又存活于今天社会主义时代的浙江新文化环境中。因此，浙江精神的建设在很大程度上需要加强对浙江传统文化的挖掘和研究工作，同时又要切实抓好今天浙江的社会主义新文化建设。2000年，中共浙江省委对"浙江精神"进行了高度概括，提出了"十六字精神"："自强不息、坚韧不拔、勇于创新、讲求实效。"进入新世纪以后，随着世情、国情和省情的巨大变化，浙江的改革开放和现代化建设又有了很多新进展，浙江精神所赖以生存的基础发生了变化，浙江精神的内涵也迫切需要充实。为了迎接新的变化，也为了提升新时期浙江人的形象，增强浙江人的忧患意识和拼搏意识，中共浙江省委对浙江精神重新提炼和概括。时任中共浙江省委书记的习近平同志为此专门撰文进行了阐述，并将新的浙江精神界定为"求真务实、诚信和谐、开放图强"十二个字，还提出了浙江精神"与时俱进"的要求。2012年，中国共产党浙江省第十三次代表大会上提出了"建设物质富裕精神富有的现代化浙江"的历史新使命，积极倡导以"务实、守信、崇学、向善"为内涵的当代浙江人共同价值观。当我们深刻审视和思考浙江精神之时，会清晰地发现，在浙江精神中有古代传统文化的积淀，有当代改革开放精神的呈现，更有五四运动以来中国革命传统文化精神的蕴含，有"红船精神"的神韵。

"浙江精神"是"红船精神"在新时代的继承和发展，是在特定历史条件下形成的浙江特有的时代精神，必将为推动中国特色社会主义伟大事业向前发展提供强大的精神动力和不竭的力量源泉。

三、开拓未来

"红船精神"与"浙江精神"的提炼，形式上是总结历史经验，本质上是为了开拓未来，反映了习近平同志对浙江如何续写辉煌，对整个中华民族如何实现伟大复兴的深邃思索。在新时代，我们要继续发挥好红船精神与浙江精神的凝聚力，把情感和意志融合起来，把思想和行动统一起来，把个人力量与集体力量结合起来，形成强大的实践合力。我们要继续发挥红船精神与浙江精神的推动力，大力弘扬开天辟地、敢为人先的首创精神，继续解放思想，不断拓宽发展思路，最大限度地激发全社会的创造活力。我们要继续发挥红船精神与浙江精神的引领力，借助文化的力量提升人的精神境界，不断满足人民群众对美好生活的向往。

进入 21 世纪以来，浙江经济社会发展继续沿着快速轨道运行，"浙江现象"也因此而进一步凸显出光彩夺目的魅力。"自强不息、坚韧不拔、勇于创新、讲求实效"的浙江精神不仅在省内得到日益广泛的认同，而且在全国范围内产生了重大的影响。浙江的改革开放实践和经济社会发展涌现出了诸多新的亮点，无数浙江创业者的创新实践正在不断赋予浙江精神新的时代内涵。可以说，不断发扬光大的浙江精神已经成为浙江拥有的一笔重大的精神财富。

能否实现经济的可持续发展，已经成为中国经济发展面临的一个严峻的现实问题。对于浙江这样一个资源小省来说，这一问题更是表现得尤为突出。近两年来，全省工业用电频频告急，能源的瓶颈作用不断加剧，江南水乡遭遇日益严重的"水荒"困扰，等等。这一切都意味着浙江粗放型经济增长方式同资源、环境的矛盾已经接近一个关键性的临界点。在这样的新形势下，通过弘扬、提升浙江精神，强化浙江发展的内在精神动力作用，就有了特别重要的战略意义。对于长远发展来说，精神资源往往重于物质资源。区位条件优越、物质资源丰富的国家没有进入发达工业化国家行列，甚至长期没有摆脱经济落后局面，而物质资源相对贫乏，工业化初始条件相当平凡的国家，却凭借奋发进取的民族创业精神，迅速跻身世界最发达国家或工业化国家行列的事例，在全世界范围内并不鲜见。世界工业化、现代化进程的历史充分证明，任何一个民族、国家或地区的现代化，都离不开精神动力的支撑。强烈的进取精神、高亢的创业激情、坚韧不拔的拼搏意志，可以充分调动人的各种潜能，激发和凝聚全社会的智慧和力量，给社会发展注入生机盎然的活力。相反，一个社会大多数成员萎靡不振，精神压抑，或人们的价值追求同时代发展潮流背道而驰的民族，是不可能在日趋激烈的国际竞争环境下取得工业化、现代化建设的突出成就的。没有全社会昂扬向上的创业精神，就不会有经济社会的繁荣、国家的强盛和民族的兴旺。改革开放40多年来，浙江人民正是凭借"自强不息、坚韧不拔、勇于创新、讲求实效"的浙江精神，在没有特殊优惠政策扶持的情况下，克服了资源贫乏、区域市场狭小等不利因素，成为中国经济发展速度最快的省份，从一个经济小省迅速崛起成为一个充满活力的经济大省。这同样充分证明，对于区域经济社会的健康发展来说，精神资源比物质资源具有更为关键性的意义，创业意识、创业激情的激发将会在很大程度上弥补物质资源短缺的局限，极大地促进大众化创业浪潮的迸发。

在区域经济发展的竞争日趋激烈的新形势下，决定一个经济区域竞争实力的，不仅有区位条件、资源禀赋、经济实力、技术力量等硬实力，还有无形的软实力，如国民的文化素质、精神状态，社会关系的和谐程度，区域文化的感召力等。在经济全球化过程中，既具有时代特征又具有本土化特点的以人文精神为内核的文化力，往往正是一个地区所拥有的难以模仿的核心竞争力。自1990年哈佛大学教授约瑟夫·奈在《软实力：世界政治的制胜法宝》首次提出"软实力"概念以来，"软实力"的概念迅速在世界范围内产生了广泛的影响，成为国家和地区制定竞争性发展战略的重要参照因素。洋溢着鲜明的理性主义、功利主义气息的浙江区域文化传统，孕育了浙江民众强烈的自主创业精神，在发展商品经济、市场经济的过程中充分显示出了强大的文化力。作为浙江精神的集中体现，民间广泛而强烈的自主创业精神已经构成浙江最重要的软实力和核心竞争力。能否进一步弘扬光大这种自主创业精神，将浙江大众化的创业大潮不断推向新的境界，直接关系到浙江经济社会的发展能否始终保持生机盎然的活力，关系到浙江的发展能否继续保持领先的态势。

因此，我们一定要从战略高度重视浙江精神的弘扬和提升，把创业精神和创业文化视为最宝贵的文化精神财富，视为区域发展的核心竞争力。要根据科学发展观的精神，牢固树立以人为本的发展理念，充分尊重人民群众的首创精神，最大限度地保护好、发挥好人民群众的创业热情。无论是制定发展战略，还是出台重大政策，都要把是否有利于保护和发挥人民群众的创业热情作为重要依据。要根据党的十六大报告提出的那样，"对为祖国富强贡献力量的社会各阶层人们都要团结，对他们的创业精神都要鼓励，对他们的合法权益都要保护，对他们中的优秀分子都要表彰，努力形成全体人民各尽其能、各得其所而又和谐相处的局面"。通过优化社会环境，努力营造出"凭劳动赢得尊重、让知识成为财富、为人才搭建舞台、以创造带来辉煌"的创业氛围，让更多的群众投身到创业致富的热潮中来，使浙江真正成为创业发展的热土，使浙江精神真正成为推动浙江经济社会持续健康发展的"第一推动力"。

浙江精神不是封闭的一成不变的观念系统或心理状态，而是随着社会生活实践的演变发展不断丰富发展的。正如马克思所说的那样，"人们的观念、观点和概念，一句话，人们的意识随着人们的生活条件、人们的社会关系、人们的社会存在改变而改变"。过去40多年来浙江精神推动浙江改革发展发挥了重要的作用，但客观地讲，浙江精神并没有成为浙江民众普遍具有的精神素质，浙江人的思想观念和精神状态也存在许多同时代精神不相协调的局限。更重要的是，浙江精神本身是一个开放的系统，需要随着改革开放和现代化建设实践的发展，不断赋予其新的时代内涵。因此，要在全社会大力推广、普及浙江精神，在全社会营造出一种以自主创业为荣，不思进取为耻的良好社会氛围，形成人人争当创业先锋的局面的同时，进一步强化忧患意识，不断丰富和拓展浙江精神新的时代内涵。其中，追求卓越的品格和大气开放的气质的塑造无疑是目前最为紧迫的。追求卓越是支撑创业者不断超越自我，实现永续发展的重要精神品格。对于真正的创业者来说，永无止境的创业历程本身就是其生命价值的最高体现。只有超越了金钱、财富的目标，将拓展事业当作自己的生命，当作自己的精神追求，创业者才能不断超越自我，不断提升创业精神的生命境界。

作为马克思主义政党，中国共产党的先进性是理论和实践的统一、历史和现实的统一，是在长期的革命、建设、改革实践中形成和发展的。中国共产党自诞生之日起，就旗帜鲜明地把马克思主义作为自己的行动指南，把工人阶级作为自己的阶级基础，把广大劳动人民的根本利益作为自己的最高利益，以中华民族伟大复兴作为自己的崇高使命，这就在本质上决定了它具有其他政党无可比拟的先进性。中国共产党成立之时形成的"红船精神"蕴含着体现时代要求的先进性，是党的先进性的集中表现。以"开天辟地、敢为人先的首创精神，坚定理想、百折不挠的奋斗精神，立党为公、忠诚为民的奉献精神"为主要内涵的"红船精神"表明，中国共产党的创立本身就是马克思主义先进思想和中国先进分子相结合的产物。"红船"从浙江扬帆起航之时，就代表着中国先进生产力的发展要求，代表着中国先进文化的前进方向，代表着中国最广大人民群众的根本利益，走在时代的最前列。"红船精神"穿越百年时空，一脉相承，引领我们党和全国各族人民战胜了各种风险的挑战，把积贫积弱的旧中国建设成人民生活总体上达到小康、正在蓬勃发展的社会主义现代化的新中国，是中国共产党人的一面精神旗帜。

"红船"是中国共产党的根脉。中国共产党人从这里起航，从这里走向全国，从这里走向辉煌。"数往知来"，"红船精神"的提炼展现了习近平同志深刻的历史思维，体现的是他对"中国共产党为什么能"这一问题的深刻思索。浙江是改革开放的先行地，"浙江精神"的提炼不仅仅是习近平同志对浙江人民的赞许，更突出地反映出习近平同志破旧立新、敢为人先的实践勇气。红船精神与浙江精神的内在一致性，必将为中华民族伟大复兴的新征程提供澎湃动力！

参考文献

［1］　陈坚．浙江现代文学百家［M］．杭州：浙江人民出版社，1988．

［2］　蔡敏华．浙江旅游文化［M］．杭州：浙江大学出版社，2005．

［3］　陈永昊，余连祥，张传峰．中国丝绸文化［M］．杭州：浙江摄影出版社，
1995．

［4］　陈荣富．浙江佛教史［M］．北京：华夏出版社，2001．

［5］　董平．浙江思想学术史：从王充到王国维［M］．北京：中国社会科学出版
社，2005．

［6］　戴宁．杭州菜谱［M］．杭州：浙江科学技术出版社，1988．

［7］　戴宁，林正秋．浙江美食文化［M］．杭州：杭州出版社，1998．

［8］　邓广铭．岳飞传［M］．北京：人民出版社，1983．

［9］　方杰主编．越国文化［M］．上海：上海社会科学院出版社，1998．

［10］　本社编．浙江风物志［M］．杭州：浙江人民出版社，1985．

［11］　管敏义．浙东学术史［M］．上海：华东师范大学出版社，1993．

［12］　顾长声．传教士与近代中国［M］．上海：上海人民出版社，1981．

［13］　何宏．中外饮食文化［M］．北京：北京大学出版社，2005．

［14］　金普森，陈剩勇．浙江通史［M］．杭州：浙江人民出版社，2005．

［15］　金宜久．伊斯兰教史［M］．南京：江苏人民出版社，2006．

［16］　刘克祥．蚕桑丝绸史话［M］．北京：中国大百科全书出版社，2000．

［17］　李永鑫．胆剑精神文集［M］．浙江绍兴市社联编印，2005．

［18］　毛祖法，梁月荣．浙江茶叶［M］．北京：中国农业科学技术出版社，
2006．

［19］　钱茂伟，明代史学的历程［M］．北京：社会科学文献出版社，2003．

［20］　曲铁华．中国教育发展史纲［M］．哈尔滨：东北师范大学出版社，2006．

［21］ 卿希泰. 中国道教史［M］. 成都：四川人民出版社，1996.

［22］ 任继愈. 中国佛教史［M］. 北京：中国社会科学出版社，1988.

［23］ 邵祖德，张彬. 浙江教育简志［M］. 杭州：浙江人民出版社，1988.

［24］ 盛钟健. 浙江省文学志［M］. 北京：中华书局，2001.

［25］ 滕复，叶建华，徐建春，等，浙江文化史［M］. 杭州：浙江人民出版社，1992.

［26］ 王旭烽. 走读浙江［M］. 杭州：浙江大学出版社，2004.

［27］ 王凤贤，丁国顺. 浙东学派研究［M］. 杭州：浙江人民出版社，1993.

［28］ 王明煊，胡定鹏. 中国旅游文化［M］. 杭州：浙江大学出版社，1998.

［29］ 王炳照. 中国古代书院［M］. 北京：商务印书馆，1998.

［30］ 王慕民. 河姆渡文化新论：海峡两岸河姆渡文化学术研讨会论文集［C］. 北京：海洋出版社，2002.

［31］ 王嘉良. 浙江世纪文学史［M］. 北京：中国社会科学出版社，2000.

［32］ 徐宏图. 浙江戏曲史话［M］. 杭州：浙江古籍出版社，2002.

［33］ 香港中国旅游出版社. 游走浙江［M］. 汕头：汕头大学出版社，2008.

［34］ 谢恩光. 浙江教育名人［M］. 杭州：浙江教育出版社，1994.

［35］ 袁行霈. 中国文学史［M］. 北京：高等教育出版社，1999.

［36］ 佘德余. 浙江文化简史［M］. 北京：人民出版社，2006.

［37］ 佘德余. 越中曲派研究［M］. 北京：中国文联出版社，2000.

［38］ 杨仁恺. 中国书画［M］. 上海：上海古籍出版社，2003.

［39］ 叶大兵. 浙江民俗［M］. 兰州：甘肃人民出版社，2003.

［40］ 应舍法. 名山·名水·名城·名窟［M］. 杭州：浙江人民出版社，2006.

［41］ 杨楠. 良渚文化与中国文明［J］. 中原文物，2002(2).

［42］ 姚国坤，朱红缨，姚作为. 饮茶习俗［M］. 北京：中国农业出版社，2003.

［43］ 张荷. 吴越文化［M］. 沈阳：辽宁教育出版社，1996.

［44］ 张慧禾.古代杭州小说研究［M］.杭州：浙江大学出版社，2007.

［45］《中国戏曲志（浙江卷）》编委会.中国戏曲志（浙江卷）［M］.北京：文化艺术出版社，1997.

［46］ 浙江省民间文艺家协会.浙江民俗大观［M］.北京：当代中国出版社，1998.

［47］《中国民间文学集成（浙江卷）》编委会.中国民间故事集成（浙江卷）［M］.北京：文化艺术出版社，1997.

［48］ 张彬.浙江教育史［M］.杭州：浙江教育出版社，2006.

［49］ 张彬.从浙江看中国教育近代化［M］.广州：广东教育出版社，1996.

［50］ 詹石窗，盖建民.中国宗教通论［M］.北京：高等教育出版社，2006.

［51］ 镇海口海防历史遗迹领导小组编.中法战争镇海之役110周年学术研讨会论文集［C］.北京：人民出版社，1996.

［52］ 浙江省饮食服务公司.中国名菜谱·浙江风味［M］.北京：中国财政经济出版社，1988.

后　记

　　地方文化是一个地方社会发展进程的具体体现。一个地区人民的凝聚力来自广大人民对本地区文化的认同感与自豪感。浙江山清水秀，人文荟萃。千百年来，特有的地理环境和生产生活方式，历史上多次的文化交融，造就了灿烂辉煌、底蕴浑厚的浙江文化传统。从史前河姆渡、良渚文化，到大禹治水、勾践图治；从南宋定都，风云际会，到五四潮起，人才辈出；再到改革开放，"走在前列"，浙江文化世代传衍，历久弥新，始终显示出强大的生命力。继承与传播浙江文化，就是要通过对浙江历史文化的解读与当下现实发展的有机结合，提升浙江人民的文化自豪感和责任感，达到增强文化凝聚力的作用。

　　与此同时，也应该看到，浙江有着丰富的历史文化资源和源远流长的文化传统，是名副其实的文化资源大省。但文化资源大省不等于文化强省，全省文化生产力的发展与浙江文化的丰富资源尚有距离。要让文化资源发挥作用，复兴传统文化，发展文化产业，建设文化强省，必须在人才培养上实现创新，充分发掘历史文化资源，最大限度地提升现有文化层次和文化品位，提高浙江文化的整体竞争力和辐射力。因此，系统研究、梳理浙江文化以及浙江人文精神，是培养浙江经济建设人才的需要，是浙江文化产业发展的需要，是浙江社会长远发展的需要。今天的学科知识，就是明天的生产力。我们有理由相信，这一研究，终将促进浙江文化有机地转化为能动的经济创造力、巨大的社会凝聚力、核心的文化竞争力。《浙江地方文化研究》一书愿为此贡献绵薄之力。因能力所限，书中难免存有谬误，敬请批评指正。

作者

2021 年 8 月 4 日

图书在版编目（CIP）数据

　　浙江地方文化研究/陈园园著.—杭州：浙江大学
出版社，2022.7
　　ISBN 978-7-308-22723-0

　　Ⅰ.①浙… Ⅱ.①陈… Ⅲ.①地方文化－研究－浙
江 Ⅳ.①G127.55

　　中国版本图书馆CIP数据核字（2022）第099202号

浙江地方文化研究

陈园园　著

责任编辑	赵　静
责任校对	胡　畔
装帧设计	林智广告
出版发行	浙江大学出版社
	（杭州市天目山路148号　　邮政编码　310007）
	（网址：http://www.zjupress.com）
排　　版	杭州林智广告有限公司
印　　刷	杭州宏雅印刷有限公司
开　　本	710mm×1000mm　1/16
印　　张	20.5
字　　数	340千
版 印 次	2022年7月第1版　2022年7月第1次印刷
书　　号	ISBN 978-7-308-22723-0
定　　价	98.00元